Breakdance

WO SPORT SPASS MACHT

Stefan Sauter

breakdance

breaking für bboys und bgirls

Get ready
4 Olympia

TRAINING für Einsteiger und Lehrer

WWW.HIPHOP-NAVIGATOR.COM

Meyer & Meyer Verlag

Breakdance

Breaking für Bboys und Bgirls

Auckland, Beirut, Dubai, Hägendorf, Hongkong, Indianapolis, Kairo, Kapstadt, Manila, Maidenhead, Neu-Delhi, Singapur, Sydney, Teheran, Wien

Member of the World Sport Publishers' Association (WSPA), www.w-s-p-a.org

Gesamtherstellung: Print Consult GmbH, München

MIX
Paper from responsible sources
FSC® C084279

ISBN 978-3-8403-7680-1

E-Mail: info@m-m-sports.com

www.m-m-sports.com

Inhalt

Wieso dieses Buch?

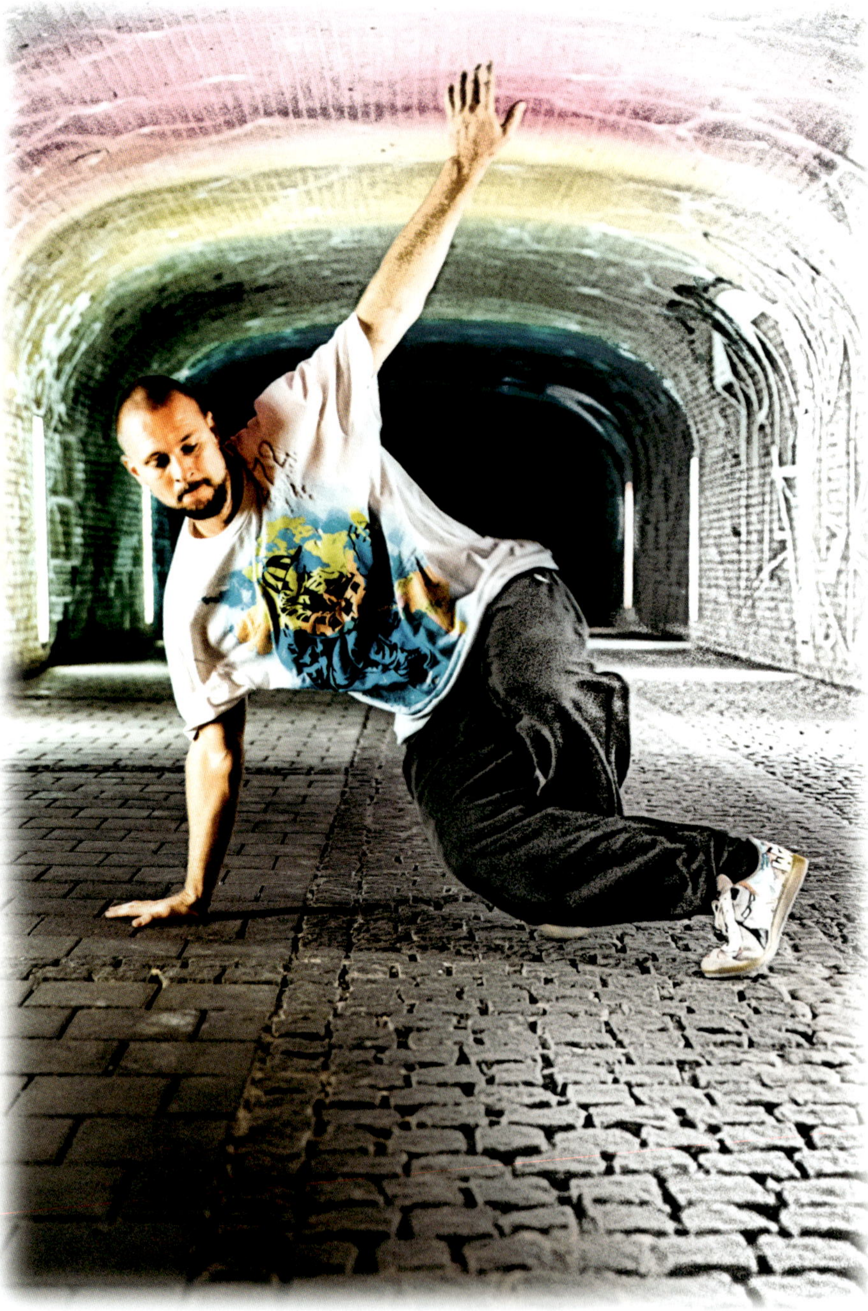

In fast jeder Tanzschule dieser Welt wird Breakdance angeboten. In fast jedem Jugendhaus dieser Welt wird gebreakt. Auf den Show- und Kunstbühnen dieser Welt hat Breaking längst einen hohen Stellenwert und Tänzer, die als (Zusatz-)Qualifikation Bboying/Bgirling haben, sind sehr gefragt. Da war es für mich nur logisch, dass es darüber auch Lektüre geben muss. Dass es aber kaum Bücher darüber gibt, ist vermutlich ein Hinweis auf die Technisierung unserer Zeit. Statt etwas zu schreiben, werden einfach gleich Videos gemacht und direkt im Internet zur Verfügung gestellt. Auch die *Footwork Fundamentals* von Niels „Storm" Robitzki sind ein Video, da ein Buch diesen Inhalt auch niemals fassen könnte. Dieser Tanz lebt einfach von der mündlichen Überlieferung von Mensch zu Mensch.

Wir leben jedoch in einer sehr schnellen und oberflächlichen Zeit. Die mündlichen Überlieferungen werden durch den schnellen und oft flüchtigen „Blitzkonsum" im Internet unvollständig oder gar verwässert. Wenn also nie jemand eine Sammlung dieses Wissens aufschreibt, geht wichtiges Wissen verloren. Natürlich kann ich nur meine mir überlieferten Geschichten und Erfahrungen weitergeben. Und es sind meine ganz persönlichen und individuellen Interpretationen der Sachverhalte, die hier niedergeschrieben sind. **Dennoch hoffe ich, dass ich mit diesem Werk alle, die noch mehr darüber wissen, dazu anrege, es mir gleichzutun. Es ist wie bei einem Cypher – einer muss den Anfang machen!**

Der ureigene und tiefste Grund, warum ich ein solches Buch geschrieben habe, liegt allerdings darin, dass ich die Breaker, die sich durch Unterrichten und Battles ein Zubrot verdienen wollen, mit dem Wissen ausstatten möchte, das mir heute zur Verfügung steht. Ebenso will ich denjenigen den Tanz näherbringen, die nie große Überschneidungen damit hatten, aber daran interessiert wären. Je mehr Menschen diesen fantastischen Tanz ausführen, lernen oder durch ihr Interesse fördern, umso mehr Kraft bekommt diese Kultur.

Die Breaking-Kultur kommt ohne Herkunftsfragen, ohne Rassismus, ohne Vorurteile, ohne Altersbeschränkung, ohne Religionshintergrund und ohne kriegerische Geschichte aus. Hingegen bringt sie Freiheit, Bewegung, Kreativität, multinationale Kommunikation und Begegnung mit. Diese Kunstform und Subkultur der HipHop-Bewegung hat es einfach verdient, dass ihr jemand ein Buch widmet!

In diesem Buch werde ich mich ganz spezifisch mit dem Breaking beschäftigen, um einen erweiterten Blick in Welt des Breakens zu ermöglichen. Es bietet vielfältige und vielschichtige Werkzeuge für das Unterrichten von Bboying/Bgirling und beschreibt alle Spielweisen, die es in diesem wohl am stärksten ausdifferenzierten Tanzstil der HipHop-Kultur gibt. Somit gehört dieses Buch meiner Meinung nach zu einem der fundiertesten Nachschlagewerke über Breakdance überhaupt.

BEVOR ES LOSGEHT

Breakdance, Bboying, Bgirling oder Breaking – der „RICHTIGE“ Name für den Tanz?

In einer Bewegung, die sich durch die Menschen, die sie betreiben, entwickelte, wird es immer spannende Themen geben. Eines dieser Themen ist der Name des in diesem Buch beschriebenen Tanzes und die Kultur um ihn herum. Die Erfinder und älteren Generationen der Kultur und dieses Tanzes nennen ihn *Bboying/Bgirling*, die Medien nennen ihn *Breakdance* und die nun festgelegte politisch korrekte Bezeichnung, die auch bei Olympia eingesetzt wird, ist *Breaking*.

Die Begründung dafür ist recht einfach. *Bboying* und *Bgirling* separiert männlich und weiblich und könnte den Eindruck machen, dass dies zwei verschiedene Dinge sind. *Breakdance* ist eine Medienbezeichnung, die unwissentlich und ohne Rücksicht und Respekt gegenüber der Kultur verwendet wurde und nur kommerziellen Zielen diente. Dem nachzueifern, wäre ein Hinterherlaufen von Trends gemäß dem Spruch: „Affen folgen Affen!" Daher ist *Breaking* als allgemein gültiger Begriff für den Tanz neu zu definieren.

Was ist also richtig? Ich gebe jedem die Möglichkeit, selbst zu entscheiden. Ich verwende einfach alle Begriffe bunt gemischt ohne bestimmte Präferenzen, da alle Begriffe in der Kultur ganz natürlich und ohne eine böse Absicht verwendet werden. Wer damit nicht klarkommt und stattdessen andere für ihre Meinung verurteilt, hat vielleicht die Zielsetzung der HipHop-Kultur in ihren freien und offenen Zügen noch nicht vollständig verstanden.

Feminin und maskulin

Wenn du hier Personenbezeichnungen wie Lehrer und Lehrerin, Schüler und Schülerin oder Bboy und Bgirl liest, wirst du feststellen, dass ich mich entschieden habe, oftmals nur die maskuline Form zu wählen, ohne dass dies bitte als diskriminierend oder separierend zu betrachten ist.

Ich benutze zum Beispiel der Einfachheit halber den Sammelbegriff „Schüler" als Bezeichnung für den Menschen oder die Menschen, die sich im Unterricht befinden und die sowohl weiblich als auch männlich sein können. Genauso halte ich es bei „Lehrern" und „Tänzern".

Das Wort *Bboying* aber bezeichnet den Tanz allgemein und schließt die weiblichen „Bboying" tanzenden Bgirls nicht aus. Es wird deshalb auch *Bgirling* genannt. Auch verwende ich die neutrale und politisch korrekte Bezeichnung *Breaken* oder *Breaking* genau wie alle anderen Bezeichnungen des Tanzes. Ich bitte hiermit alle weiblichen Leserinnen, sich nicht diskriminiert oder vernachlässigt zu fühlen, wenn ich oft nur die maskuline Bezeichnung verwende, um den Lesefluss zu erhalten.

Diese Begriffe schließen natürlich alle Tänzerinnen und Tänzer (und auch alle Diversen dazwischen) mit ein. Ebenso bitte ich die politisch korrekten Leser, mir zu verzeihen, dass ich nicht darauf beharre, was jetzt wohl richtig oder falsch sein soll. Apropos, richtig und falsch:

Richtig und falsch

Wenn wir vom Tanz als einer Kunstform sprechen, die er nun einmal ist, obwohl er auch als Wettbewerbssport gehandhabt wird, dann gibt es kein „Richtig" oder „Falsch"! Natürlich ist es wichtig, einen Gruppentanz oder eine Choreografie synchron zu tanzen. Sollte das die Zielsetzung sein, dann gäbe es ein „Falsch", wenn jemand ungeplant aus der Reihe tanzt.

Da Tanz in erster Linie aber der körperliche Ausdruck einer Emotion ist und der Tänzer seinen Körper ausdrücken lässt, wie er die Musik empfindet und interpretiert, ist es so, wie es ist, ohne dass es „richtig" oder „falsch" wäre! Der Erwerb der dazu notwendigen Techniken im Basisunterricht dient dabei als Grundlage und Hilfestellung für den Unterricht genauso wie für die Stilartenunterscheidung, die ästhetische Arbeit und die Kommunikation darüber.

Ein „falscher" Schritt ist aber immer eine Bewegung, die von selbst geschieht, die ganz rein und unschuldig von innen heraus entspringt und somit etwas über die momentane emotionale Situation des Tänzers aussagt. Selbst wenn es der Übung, dem Tanz oder der Synchronität scheinbar nicht dienlich ist, es ist trotzdem „richtiger" Tanz.

Im Breaking gibt es da eine Art Regel:

„Wenn du einen Fehler machst oder ‚crashst' – mache was draus!
Wir nennen so etwas dann ‚Style'!"

Namen für Bewegungen

Für alle Profis und erfahrenen Breaker möchte ich vorausschicken, dass ich mir darüber im Klaren bin, dass es für alle Bewegungen im Breaken klar definierte Namen gibt. Wenn man sich aber wie ich in der Welt umgesehen und sich viele Male mit anderen Breakern über die Namen der Moves unterhalten hat, wird man feststellen, dass die Begrifflichkeiten oft für die gleiche Sache unterschiedlich sind. Die im Buch verwendeten Namen für Bewegungen sind die, meiner Meinung nach, am häufigsten benutzten und populärsten Namen.

Und für manche Dinge, für die es keine Namen gibt oder mir der Name nicht bekannt ist, nutze ich einfach eine sinnvolle Bezeichnung für den Unterricht. Das hilft mir und den Schülern bei der Kommunikation. Somit gibt es hier auch kein Richtig oder Falsch.

Zeichnungen für Bewegungen

Es ist noch wichtig, zu erwähnen, dass in diesem Buch Zeichnungen für die Erklärung von Bewegungen verwendet werden. Eine Zeichnung kann niemals einen flüssigen Ablauf wie ein Video darstellen. Die Grafiken sind immer nur eine Momentaufnahme, sozusagen eine Zwischenstation einer dynamischen Gesamtbewegung. Das aktiv-praktische Ausprobieren und Verbinden aller erklärten Zwischenstationen ist hier von entscheidender Bedeutung.

Deshalb ist dieses Buch vor allem auch ein Arbeitsbuch, um dich, lieber Leser, ins Bewegen, Ausprobieren und Experimentieren zu bringen. Deine Erfahrung mit deinem Körper wird letzten Endes dein Schlüssel zum Erfolg. Dieses Buch kann dich allerdings dabei unterstützen, deinen Erfolg besser zu definieren.

Was mich zur „Bboy WarMachine“ machte

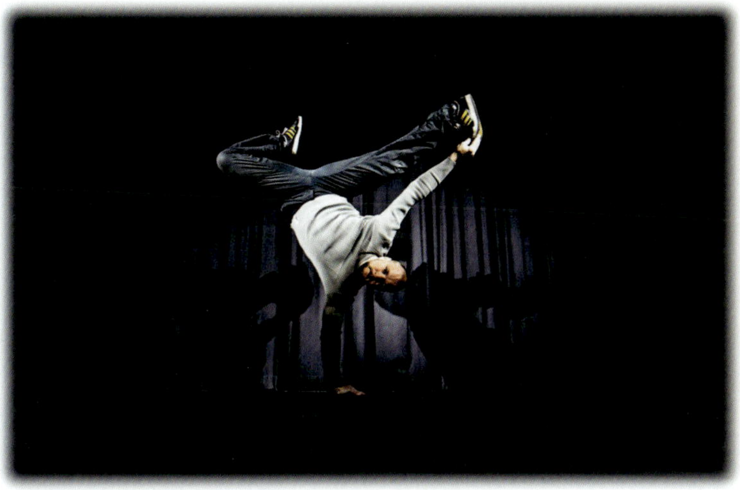

In meinem ersten Buch *HipHop-Navigator* habe ich an dieser Stelle die Geschichte erzählt, wie ich allgemein zum HipHop gekommen bin. Hier möchte ich Ausschnitte über meine Begegnungen mit Menschen erzählen. Denn Breaken war für mich nie ein Tanz im eigentlichen Sinne, sondern ein Gruppenerlebnis, eine Tätigkeit des Austauschs auf einer Sprachebene, die aber keine Worte braucht.

1993, bei den Vorbereitungen zur Abschlussfeier für die Absolventen meiner Realschule, sah ich den Absolventen türkischer Abstammung, Gabriel, der Teil der Tanzgruppe, die dort auftrat, war. Er drehte sich in einem Solo mit weit gestreckten Beinen und dem Oberkörper am Boden so schnell um die eigene Achse, dass man seine weißen Turnschuhe – wie man das damals noch nannte – nur noch als verschwommene Streifen durch die Luft jagen sah. Ich war so sehr beeindruckt, ich wollte das können. Darum schloss ich mich der hiesigen HipHop-Gruppe an der Schule bei Carola an.

Es war eine Balletttänzerin mit Plateauschuhen, die mir damals meinen ersten „Six-Step“ beigebracht hat. Simone, deren Mutter Tosca ein Tanzstudio hatte, brachte mich nicht nur dazu, meinen ersten Break-Move zu lernen. Sie hat wenig später auch bewirkt, dass ich im Studio ihrer Mutter Tosca begonnen hatte, Ballett und Ballett-Hebefiguren zu lernen. Und das war richtig toll: „Lauter hübsche Mädchen und ich als einziger Junge, da bleibe ich erst mal!“ Mit diesem Gedanken war auch geklärt, dass es auch mit den Menschen zu tun hatte, warum ich zu tanzen begann.

Diese sehr naive, fast schon orientierungslose innere Haltung, ohne Zielsetzung, gab mir aber schon immer eine wirklich schöne Balance zwischen technischem Lernen und dem spielerischen Umgang mit Bewegung.

Auf der anderen Seite stand der große Held meiner Jugendzeit, der Rektor meiner Realschule, Hannes Hann. Er hat mir (und vielen anderen) Turnen, Leichtathletik, Schwimmen und Englisch auf eine Weise beigebracht, wie vorher niemand dazu in der Lage war. Vorbild, Meister, Förderer und Pädagoge, wie er im Buche steht. Eine Begegnung, die mich zu Leistungen trieb, die ich niemals erwartet hätte, erreichen zu können. Mein erster Spitzname war geboren. Er nannte mich gern *Stier*, da ich schon immer ein zäher und unnachgiebiger Sportler war. Das hatte ich vermutlich auch dem Umstand zu verdanken, dass ich mit 11 Jahren durch einen Unfall eine viel zu lange Zeit an den Rollstuhl gefesselt war.

Weiter ging es mit Steffi und ihrer bezaubernden Art, Ballett zu tanzen. Oh, sie war meine Traumprinzessin. Wir standen zusammen auf der Bühne. Sie als Däumelinchen, ich als der Elfenprinz. In dem Stück habe ich meine Beziehung zum Tanz entwickelt. Später tanzte ich mein erstes Crossover-Solo, das Tosca mit mir zusammen entwickelte. Es war der Mix aus Breakdance, Ballett und Modern Dance. Mir war es fast peinlich, so was zu machen, aber ich dachte mir: „Gescheit oder gar nicht! Meine Bboy-Kollegen werden mich vielleicht über das, WAS ich tat, auslachen – niemals aber über das WIE!" Hier ist der Wille geboren, alle Dinge immer voll und ganz zu machen.

Zu dieser Zeit habe ich von vielen „Straßenkriegern" gelernt. Chatri und Bechchet, die für meine heimliche Kampfkunstkarriere verantwortlich waren. Aber das ist wieder eine ganz andere Geschichte. Meine ersten Bboy-Kumpels waren die Leute von *Too Funky* aus Biberach, der *Funky Family* aus Augsburg und *Crazy System* aus Ulm. Ich wurde wie ein Bruder behandelt und mit einer Herzlichkeit aufgenommen, die ich heute in manchen Bboy- und HipHop-Communitys leider vermisse.

Die *Funky Family* mit Paulo, Fikri, Durdu und Erol, zusammen mit den Jungs von *Crazy System*, Mo und Marco, haben mir gezeigt, dass ein Nachmittag auf der Straße mit Musik und einem PVC-Boden ein unvergessliches Event werden kann. Genau wie die Jungs Jay (Serdar), Andi, Joker (Daniel) und Trick 17 (Hans-Martin) von *Too Funky*, die bis heute mehrere Generationen an Tänzerinnen und Tänzern der *Funky Kidz* in Biberach und Umgebung zum Tanzen inspirieren.

Unsere Heimat waren Battles und Jams, die Straßen, Partyräume, Trainingsräume, Tanzräume, Jugendhäuser der gesamten Umgebung. Unser Spielplatz, unser Sportplatz, unsere Samstagabendpartys, unsere Tempel des Tanzes, unsere philosophische Straßenuniversität.

Realisiert habe ich das alles aber erst so richtig, als ich damals gefragt wurde, ob ich den Jungs eines ortsansässigen Jugendhauses Breakdance (Projekt *MIR*) beibringen wollte. Am besten erinnern kann ich mich noch an Roman, Sergej, Gennadi und Max.

Sie hatten zur Zielsetzung, dass sie auf das „Battle of the Year" wollten. Ich war zwar so blank wie ein leeres Blatt Papier, aber mein Wissen vom Tanz und Unterrichten, das von einem Übungsleiterschein des regionalen Sportbundes kam, reichte dafür anfangs aus. Ich organisierte Trainingsräume, Sponsoren, Sportkleidung und Auftritte.

Wir haben wirklich hart trainiert und wurden richtig erfolgreich, sogar bis ins Fernsehen haben wir es geschafft. Hier erhielt ich dann den Namen *Machine*, da ich zäh und unverwüstlich wie eine Maschine trainierte. Als es dann aber darum ging, auf richtige Battles zu gehen, machten sie einen Rückzieher und wollten nicht mehr so hart trainieren, sondern lieber nur entspannt tanzenderweise eine gute Zeit haben. Enttäuscht zog ich mich zurück und war wieder ein freier Solo-Bboy wie zuvor.

Zur gleichen Zeit, als ich die *Bad Boys* trainierte, habe ich bei Tosca HipHop und Breakdance zu unterrichten begonnen. Dort hat sich mit der Zeit die erste Schülergruppe herauskristallisiert. Jana und Romina waren hier die Vorreiterinnen. Dazu kamen dann immer mehr Leute. Dies kollidierte allerdings aufgrund von menschlichen Differenzen. Übrig blieben hier *Headspin*-Stefan und *Bboy Smart* (Stefan). Seine Geschichte ist mit eine der spannendsten.

Irgendwann zwischen den HipHop-Stunden kam ein leicht untersetzter „Dorfjunge" mit Karrottenjeans, etwas zu großen Turnschuhen, rot-weiß kariertem Hemd und brauner Lederjacke zur Tür herein und fragte im ortsansässigen Dialekt: „Ka´ma´da HipHop lerna?" Oh, Mann, und wie man das konnte! Er hat eine Tanz-Lern-Karriere im HipHop und Breaking hingelegt, die seinesgleichen sucht. Ein sehr langer, treuer und loyaler Kamerad. Bis er viele Jahre später heiratete, was sein Leben etwas umzukrempeln schien.

Zu dieser Stefan (*Bboy Smart*), Stefan (*Headspin*-Stefan), Stefan (ich selbst)-Crew gesellten sich mit der Zeit Nicole (Lolle), Felix, Denise und Ester dazu und wir nannten uns *Just 4 Style*. Eine gute Zeit mit Freunden zu verbringen, zu tanzen und irgendeinem imaginären Ziel hinterherzujagen – das war das Motto. Wir wollten (wie alle anderen zuvor) groß rauskommen.

Zu dieser Zeit genoss ein anderer Breaker aus Kalifornien internationale Aufmerksamkeit. Sein Name war und ist *Machine*. Er war auch für mich eine große Inspiration, da dieser Höllenjunge einfach jeden Beat „gekillt" hat. So zog ich meine Namensgebung erst einmal zurück. Der Plan, mit *Just 4 Style* groß rauszukommen, scheiterte nach einigen Auftritten an der zu niedrig angesetzten Motivation der Leute, hart zu trainieren und auch an menschlichen Differenzen. Parallel zu dieser Story machte ich mich dann als Tänzer, Tanzlehrer, Kampfkunsttrainer, Personal Trainer und Coach selbstständig.

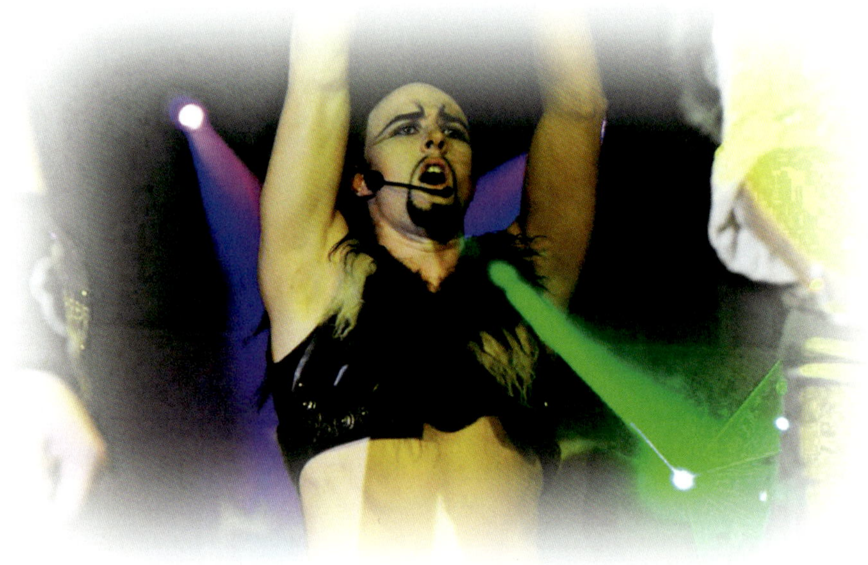

Ich war dann über fünf Jahre international als Musicaldarsteller mit Corinna, Evi, Attilla und Claus unterwegs. Eine ganz andere Welt. Ich kam einmal aus Kazan (Russland, Tardistan) von einer Show zurück, um in Würzburg bei einem einwöchigen Workshop als Ersatz für den ausgefallenen HipHop-Lehrer zu unterrichten. Einen Tag davor lag ich noch in einem Sechs-Sterne-Hotel in einem Kingsize-Bett und wurde als Krieger *Yassa* auf der Bühne von Tausenden gefeiert.

Dort, in Würzburg, durfte ich dann den harten Kontrast mit einer Matte in einer Turnhalle spüren und wurde auch noch von der eingeschworenen Lehrer- und Betreuergemeinde gemobbt. Sie haben mich dafür verurteilt, dass ich die Meinung vertrete, dass HipHop eigene Stile hat, dass Jazz Dance nicht wirklich zu den HipHop-Tänzen gehört und *L.A.-Style* (den es so nicht gibt) nur ein Marketingbegriff für *New Style* ist, um zwei gleiche Kurse mit unterschiedlichen Namen verkaufen zu können.

Die haben mich dort deshalb so fertiggemacht, dass ich nach den Abschlussshows in einer stillen Ecke in Tränen aufgelöst zusammengebrochen bin. Hier habe ich gelernt, dass es nicht darauf ankommt, ob sich Menschen als Teil der HipHop-Kultur sehen oder nicht. Es kommt darauf an, wie man etwas tut und woher die Motivation für etwas kommt. Das waren zwar auch HipHop-Tänzer und Breaker, dennoch ohne Herz und ohne genügend Verstand, um respektvoll mit Andersdenkenden umgehen zu können.

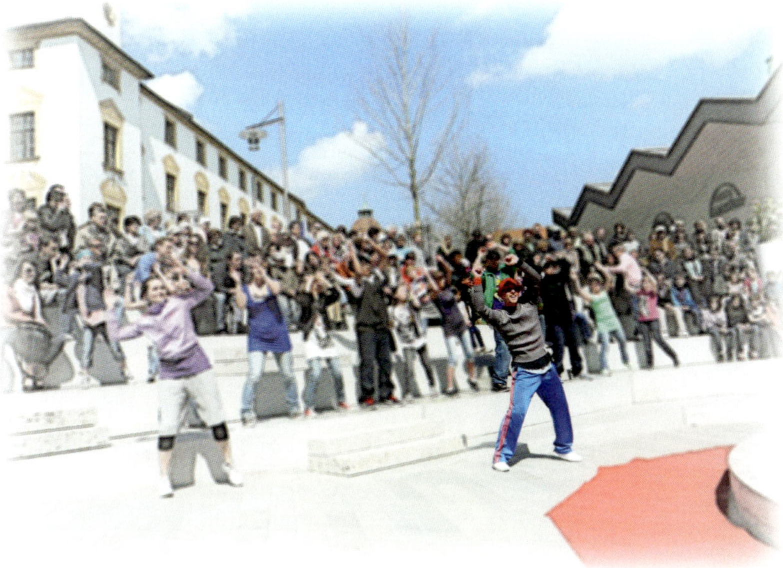

Für die war ich ein Fremder, der ihre kleine, hübsche Fantasiewelt mit anderen Denkweisen bedroht hat. Ich lege ja auch gern Regeln und Definitionen fest. Ich bin aber jederzeit bereit, diese aufzubrechen, offen zu diskutieren und dahin gehend zu verbessern. Ich kann heute stolz darauf sein, dass ich von den Breakern meiner Anfangszeit gelernt habe, mit Andersdenkenden positiv und aufgeschlossen umzugehen. Diese Menschen und deren Haltungen haben mich dazu inspiriert und motiviert, das Tanzen zu beginnen.

In dieser Zeit war ich schon dabei, mit meiner damaligen Partnerin Stefanie unser gemeinsames Studio für Tanz und Kampfkunst, *dance for style*, in Kempten aufzubauen. Jetzt feuerten wir als *dance for style* mit Shows und Veranstaltungen aus alles Rohren. Bedeutsame Menschen waren in dieser Zeit Steffi und Sergej, mit denen ich hunderte Breakdance- und HipHop-Shows durchgezogen habe. Dazu gesellt hat sich dann auch wieder *Bboy Smart* und später auch Patrick. Eine professionelle Show nach der anderen auf verschiedensten Veranstaltungen.

Mit Patrick war ich dann auch als *Eye of the Tiger* auf Shows und Battles unterwegs. Wir schafften nie den ersten Platz, waren aber erfolgreich und genossen großen Respekt in der Szene. Auch deshalb, weil ich dabei beteiligt war, das *Allgäu-Battle*, das *Schwaben-Battle* und das *Reutte-Battle* mit ins Leben zu rufen.

Mit vollem Schwung bin ich dann auch in die Ausbildung bei Niels „Storm" Robizky und Marco „Marcal" Wehr gestürmt. In dieser Zeit habe ich schon an meinem

Buch über die HipHop-Kultur geschrieben. Mit der Hilfe von Thessi, die die HipHop-Pädagogen-Ausbildung bei mir gemacht hatte, wuchsen die Niederschriften ins Unermessliche. Später musste ich feststellen, dass ich all das Wissen auf mehrere Bücher aufteilen musste.

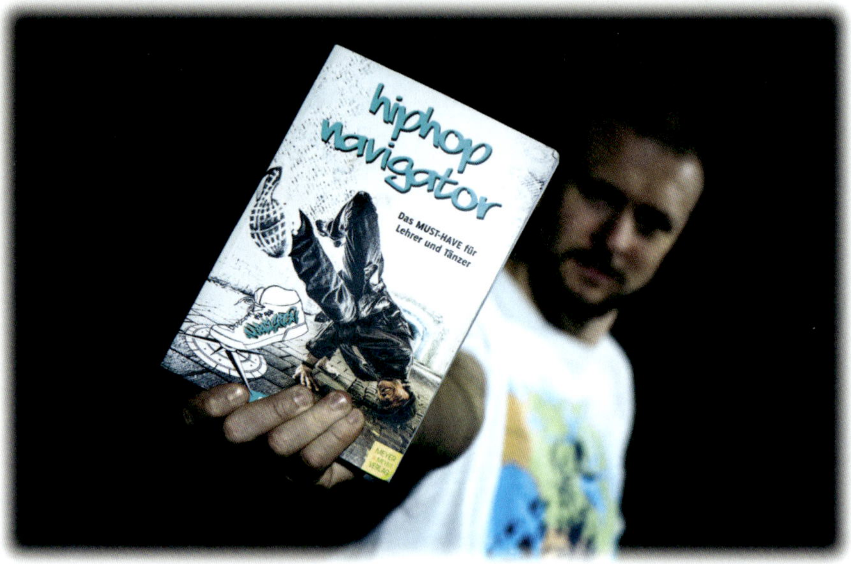

Den Anfang dafür machte das Buch *HipHop Navigator*, in dem ich über den Einstieg in die HipHop-Welt erzähle. Dort beschreibe ich auch, wie ich meinen Freundeskreis in New York aufgebaut habe und dabei Carlos *Ironman360°* Cordova kennenlernte. In meinem Jahresurlaub bei Carlos in New York haben wir 2012 die Bühnen in Manhattan gerockt und zu einer engen Bboy-Bruderschaft gefunden, was sich dann auch durch den *Workshop of Legends* mit *Storm* und *Ironman* in unserem Studio in Kempten äußerte.

Ganz nebenbei konnte ich durch den zur Verfügung stehenden Raum meine eigene Theaterproduktion aus dem Boden stampfen. Die Modern-Dance- und Ballett-tänzerinnen Melanie und Nadja sind zu *dance for style* dazugestoßen und binnen von neun Monaten war das Stück *a live wire* auf der Bühne und auf Tour. Parallel dazu habe ich eine superengagierte Popping-Gruppe unterrichtet, die sozusagen als Vorgruppe mit uns auf Tour ging: die *Puppet Box* mit Emmi, Pius, Sven, Timo, Chris, und Debora. Christopher hat uns mit seiner Lichtfirma ins richtige Licht „gerückt" und geholfen und unterstützt, wo er nur konnte. Das war eine höllisch gute, aber auch wahnsinnig anstrengende Zeit.

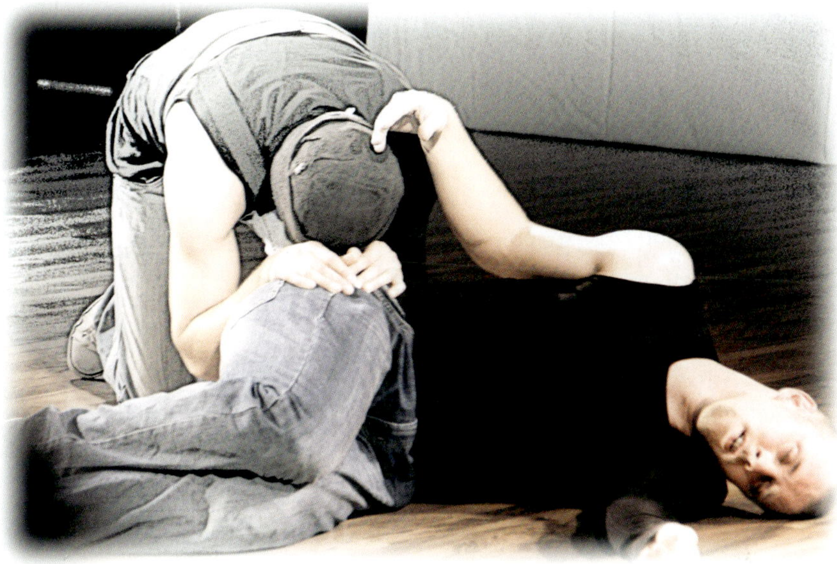

In dieser Zeit wurde ich auf dem „Battle of the Year" getauft. Ich habe die ganze Woche über mit Ironman trainiert und ihm Kampfkunst- und Ninjutsutricks beigebracht. Er hat mir im Gegenzug dann die tiefen Geheimnisse des Bboyings beigebracht. In dieser Auseinandersetzung mit unseren ähnlichen Lebensgeschichten und den Umständen, dass ich ein harter, blasser und stählerner Bboy war und er die puertorikanische Version davon, war das Ergebnis unumgänglich: Wenn er, als Dunkelhäutiger nach dem Helden in rot-goldener Rüstung *Ironman* benannt wurde, musste ich sein silbern glänzender Bruder, *Warmachine*, sein. Krieger, Maschine und aggressiv wuchtiger Tänzer – was könnte hier besser passen, als das in einen so bedeutungsträchtigen Namen zu packen!

Zur Person

Stefan Sauter, geboren am 8. Juni 1981

- Bboy „WarMachine", HipHop-Tänzer, Musicaldarsteller mit weit über 1.000, zum Teil weltweiten Auftritten und Produzent eigener Tanz- und Theater- und Showprojekte.
- Zertifizierter Tanzpädagoge für integrative Tanzpädagogik (DIT) und Übungsleiter (BLSV) mit weit über 16.000 Stunden Unterrichtserfahrung.
- Kampfkunstlehrer und Coach für Selbstbehauptung, Sozialkompetenz und Gewaltprävention.

***Mehr über HipHop und Breaking unter:** www.hiphop-navigator.com*

Tutoren, von denen ich am meisten gelernt habe:

Tanzpädagogik:

- Werner Huschka (Direktor des Deutschen Institut für Tanzpädagogik)

HipHop:

- „Storm" Nils Robitzky (Popping/Locking) (Deutschland)
- „Marco Marcal" Marco Wehr (House/Ragga) (Deutschland/Brasilien)
- Mammadou Seck (HipHop) (Frankreich)
- „Niako" Michael Lamarre (Krumping) (Frankreich)
- „Luam" Luam Keflezgy (HipHop, Lyrical) (Afrika, NY)
- José (HipHop/New Style) (Frankreich)
- Le Ung Hoang (HipHop/New Style/Lyrical) (Japan)

Bboying:

- „Storm" Nils Robitzky (Deutschland)
- „Breakeasy" Richard Santiago (USA, NY)
- „Ironman" Carlos Cordova (USA)
- „Kwikstep" Gabriel Dionisio (USA, NY)
- „Hawk" Ralf Habicht (Deutschland)
- „Jay" Serdar Bektas (Türkei, Deutschland)
- Gabriel Onar (Türkei, Deutschland)

Andere Dances:

- Prof. Randy James (Contemporary Dance) (USA)
- Donald Fleming (New Dance) (USA)
- Tamas Geza Moricz (Forsythe Ballet) (Deutschland)
- Prof. Jacqueline Davis (Improvisation/Composition/Bartenieff Fundamentals) (USA)
- Benno Voorham (Contactimprovisation) (Schweden)
- Abou Lagraa (Contemporary Dance) (Algerien, Frankreich)
- Chris Parker (Modern dance – Limón technique) (Deutschland)
- Klaus Wintersteller (Haka – Maori dance) (Österreich)

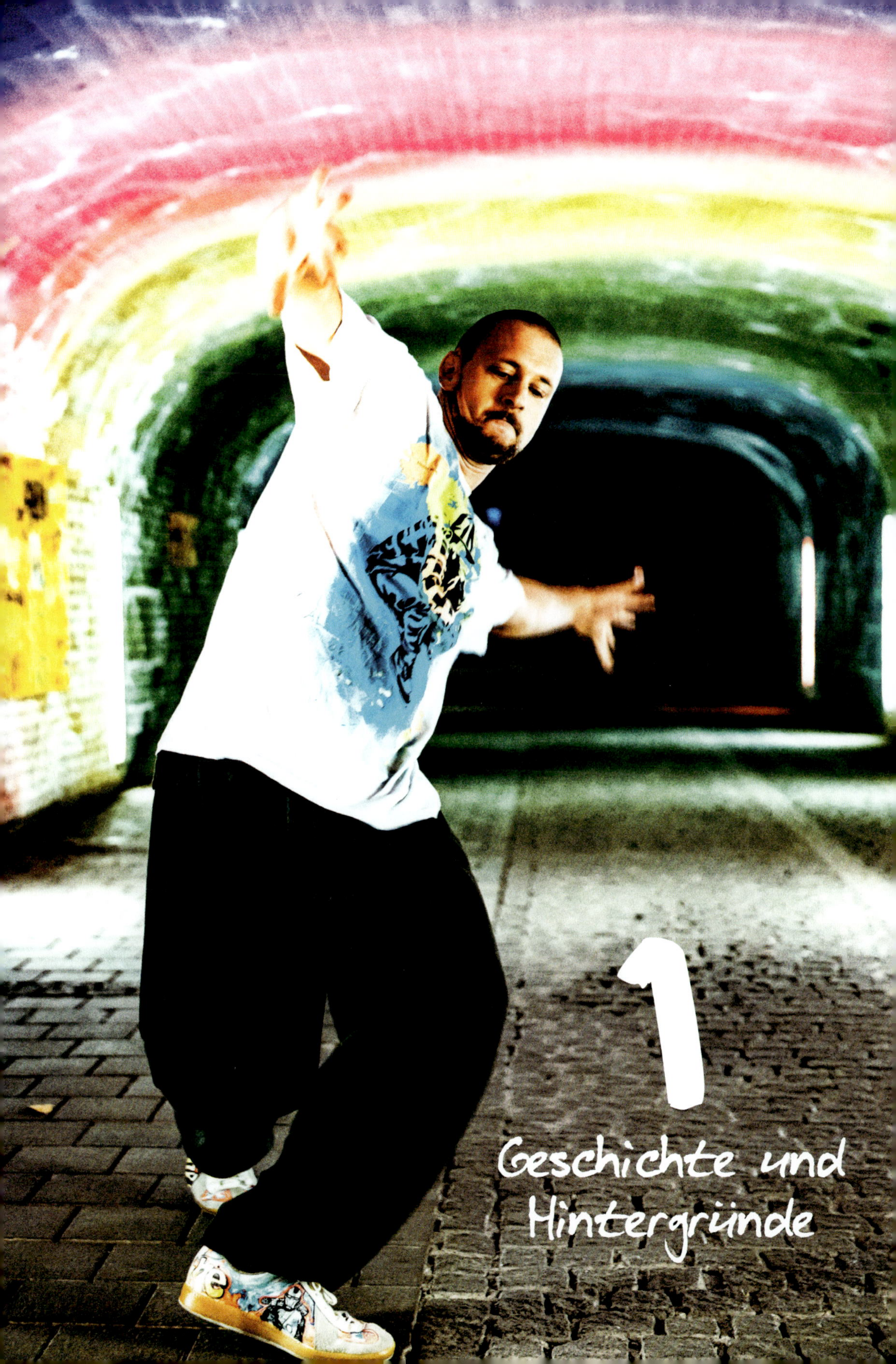

1 Geschichte und Hintergründe

1 Geschichte und Hintergründe

Gleich zu Beginn möchte ich damit einleiten, wie viele Aspekte des Lebens bei dem vom mir genannten Weltkulturerbe „HipHop-Kultur" hinter nur einer einzigen Stilart liegen. Neben der unangefochtenen Freude und dem Spaß, der auch in den Medien schön dargestellt wird, steckt aber weit mehr, als man Bboying auf den ersten Blick zutrauen würde. Die Geschichte, wie es dazu kam, ist ein Hinweis darauf, warum so ein immenser erzieherischer Effekt und eine so starke sozialentwicklungsfördernde Wirkung daraus resultiert. Nun, lieber Leser, möchte ich dich gern dazu einladen, ein Briefing über unser bevorstehendes Abenteuer „Breaking" zu genießen, damit du dir im Klaren darüber werden kannst, worauf du dich da eingelassen hast.

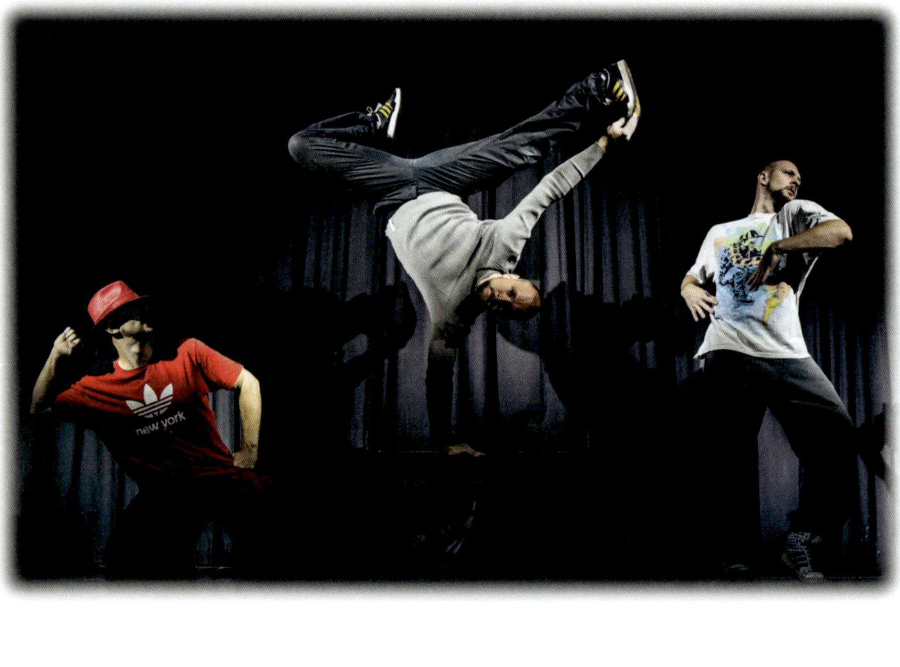

1.1 GESCHICHTE, EINFLÜSSE UND ÜBERLIEFERUNGEN

Für völlig unbedarfte Beobachter der Medien könnte man Breaking umgangssprachlich eine „akrobatische Hochleistungstanzsportart" nennen, die in den 1970er-Jahren ursprünglich in den Parks und den Straßen von New York getanzt wurde. Als Teil der HipHop-Bewegung ist Bboying damals mit der Rock- und Funk-Musik entstanden. Der Tanz wurde zuerst unter afroamerikanischen Jugendlichen und dann dominierend unter Latinos, wie vielen Dominikanern, Kolumbianern, Panamaeren, Venezuelanern und Kubanern in Manhattan und der südlichen Bronx in New York öffentlich getanzt.

Ein von den Medien erfundener Mythos ist, dass es den sozial niedrigeren Gesellschaftsschichten eine Alternative zur Kriminalität der städtischen Straßengangs und eine Möglichkeit, legal Geld zu verdienen, bieten sollte. Tatsächlich war es die Bewegung der *Street Hitter*, so werden sie in New York genannt, die seit der Entstehung des Bboyings besteht und die Szene getragen hat. Bekannt sind das Breeze Team, Transformers, USA mit Klown und Kwikstep. In heutiger Zeit sind Tata und K-mel wohl zwei der bedeutendsten Hitter.

Andere populäre Namen für *Breakdance* sind *Bboying*, *Bgirling* oder politisch korrekt *Breaking*. Bboying hat sich seit damals zu einer in der Kunst genutzten Tanzform entwickelt und wird nicht nur zu Funk-Musik oder den üblichen Breaks getanzt, sondern wird auf den Bühnen und Theatern auch zu jeglichen Klängen und Sounds als Bewegungsmaterial eingesetzt. Am ursprünglichsten und beliebtesten ist es jedoch nach wie vor, zu Funk-Musik beziehungsweise zu Breaks zu tanzen.

Der Tanzstil *Bboying* ist eine Kunstform aus der freien, offenen HipHop-Kultur, die sich als frei von Barrieren der Herkunft, des Geschlechts und des Alters begreift und somit auch als Medium der Kommunikation dient. Es fördert die soziale Kontaktfähigkeit in einer Gruppe und erleichtert die Integration. Der Tanz fordert eine hohe Disziplin von den Tänzern, die sich nur durch hartes und regelmäßiges Training über Jahre hinweg diese athletischen Fähigkeiten aneignen können. Diese werden beim Training zum Beispiel in einem *Circle* oder auch *Cypher* zusammen trainiert und der Dialog geübt, beim „Battle" mit anderen gemessen und sind als Präsentation in Shows oder als Tanzstücke geeignet. Wobei das Training an einzelnen Elementen und allein wohl am ergiebigsten ist und weitaus mehr Stunden verschlingt.

Das *„Battle"* ist eine Art sportlicher Wettstreit, der z. B. beim *Battle of the Year* (Gruppe gegen Gruppe) oder dem *Red Bull BC One* (einer gegen einen) auf internationaler Ebene ausgetragen wird. Ab 2024 wird Breaking als olympische Disziplin anerkannt. Man steht sich im Kreis oder in zwei Fronten gegenüber und es gibt einen ganz klaren Spielplan mit Spielregeln. Innerhalb dieser Regeln kann jeder Tänzer frei agieren und zeigen, dass er die Zeit der Performance besser zu nutzen weiß. Es geht zwar auch um die Darbietung des eigenen Styles des einzelnen Tänzers, aber nicht darum, so „speziell" wie möglich zu sein. Entfernt sich der Tänzer zu weit vom „Bronx-Erbe", hat er ein Problem, da er dann nicht mehr dem Rahmen der kulturell gewachsenen Werte entspricht.

Es wird eine tänzerische Debatte zur Musik geführt, die von einer Jury aus erfahrenen Bboys/Bgirls bewertet wird. Entschieden wird dann nach verschiedenen Gesichtspunkten wie zum Beispiel Originalität, Performativität, Narrativität, Dramaturgie, Rhetorik, Variety, Personality, Spontanität und weitere mehr.

Ausführung, Schwierigkeitsgrad, Körpersprache, Umgang mit der Musik und Kreativität spielen ebenfalls eine Rolle dabei, welcher der Kontrahenten gewinnt. Eine grobe Einteilung, die wir für den Tanz und seine Grundelemente vornehmen könnten, wäre:

- **Top-Rocks/Up-Rocks** (Basic: z. B. Outlaw und der Indian-Style mit vielen Indian Steps);
- **Down-Rocks/Footworks** (Basic: z. B. Six-Step);
- **Powermoves:** Spinning Moves, Glides, Airmoves, Jumps (Basics: z. B. Windmill, Turtle, Headspin);
- **Blow-ups:** z. B. Pumps, Jumps, Slides, Whips und Flexes;
- **Freezes und Bboy-Stances** (Basics: Chair Freeze, Baby Freeze).

Dies sind die Bezeichnungen für die Grobeinteilung der Disziplinen innerhalb der beiden Säulen Top-Rock und Down-Rock. *Breaking* vereint vielfältige, kreative Anteile mit anspruchsvollen und fordernden akrobatischen Bewegungen. Ein Alleinstellungsmerkmal, durch das sich Bboying von den meisten anderen Tänzen rund um den Erdball unterscheidet, sind die meist in der Hocke ausgeführten *Footworks*. Das sind Bewegungen, die, sehr grob beschrieben, den Zweck erfüllen, mit den Beinen und Füßen um die auf dem Boden aufgesetzten Hände zu tanzen.

Beispiele für Musikinterpreten, deren Breaks im Breaking verwendet werden

Funk-Musik

James Brown, Incredible Bongo Beat Band, The Jimmy Castor Bunch, Alan Shacklock, Herman Kelly, Isaac Hayes, Bob James, Rhythm Heritage ...

Rap-Musik

Public Enemy, Lords of the Underground, Tribe Called Quest, Beasty Boys, Young MC, Stetsasonic, House of Pain, Naughty by Nature, LL Cool J, Madstyle ...

Elektro-Musik

Afrika Bambaataa, Propellerheads, The Prodigy, Fatboy Slim, The Chemical Brothers, The Roots ...

Bekannte BBoy DJs

DJ Woodoo, DefCut, DJ-Z-Trip, DJ Nas'D, DJ Shadow, DJ IceY, DJ Illegal, DJ Pablo, DJ Ice C, Kid Cut, DJ Billy Brown, DJ Kid Stretch, DJ-Twist1, DJ Lean Roc, DJ Renegade, DJ Piggo, DJ Smirnov, DJ Fleg ...

1.2 LEGENDEN, HIERARCHIE UND GODFATHERTUM

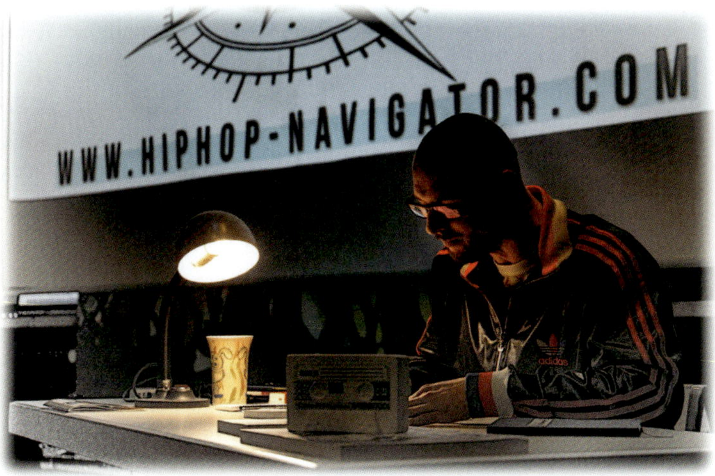

Wir sind beim Breaken bereits ungefähr in der siebten oder gar achten Generation angekommen. Wir steuern auch darauf zu, dass von den Ältesten der Szene, also den Erfindern des Bboyings, so langsam nur noch deren Geschichte auf der Erde verweilt. Leider gibt es sehr wenige Mitschriften und Menschen, die dieses Wissen schriftlich oder in ausführlicher Videoform wirklich festhalten. Viele wollen nur die Erfinder sein oder diejenigen sein, die einen neuen Impuls für die Szene generiert haben. Jeder will sein eigenes Ding machen, zur Dorflegende werden und andere dabei ausschließen. Ein trauriger Zustand, den ich auch mit diesem Buch attackieren möchte. Aus dem Alter bin ich selbst raus und teile hiermit all mein gesammeltes Wissen.

1.2.1 Legenden

Wie schon erwähnt, gibt es in der Szene Legenden und Erfinder, die heute noch aktiv an der Szene teilnehmen. Das sind Menschen, die tatsächlich sehr großen Einfluss auf die Entwicklung der Bboy-Szene hatten und oftmals immer noch haben. Es sind Menschen, nach denen Bewegungen benannt sind, die eine weltweite Trainingsfamily aufgebaut haben oder von ihrer Umgebung zu sogenannten *Godfathers* ernannt wurden. Ein *Godfather* (zu Deutsch: *Pate*) ist nichts anderes als ein Oberhaupt einer Gruppe von Menschen, die das gleiche Interesse teilen.

Diese Gruppe versammelt sich um diesen Menschen, da er etwas zu erzählen hat und sein Wissen teilt. Wenn man diesem Menschen wirklich zuhört, kann man viel lernen und an Gesagtem wachsen! Am allerwichtigsten ist jedoch, dass man von diesen Menschen inspiriert und nicht verurteilt wird.

Es sind Menschen, die eine Idee vorleben und ihre Vision von der Sache verbreiten und mit anderen teilen. Es sind Menschen, die unbeirrt – gegen jeden Widerstand – ihre Idee der Sache verfolgen und niemals aufgeben. Diese Menschen haben irgendwo auf verschiedene Weise Leistungen vorzuweisen. Ob auf großer Bühne, über Bücher, Videos oder einfach per Mundpropaganda und Gespräche verbreitet, sie sind in aller Munde. Hier folgen die Menschen, an deren Erbe ich Anteil haben durfte und wobei die Bekanntschaft über die Begegnung hinausging.

Storm

Eine der größten Legenden in der Szene ist zweifellos Nils „Storm" Robizky. Einer der einflussreichsten Bboys, weltbekannter Künstler und Dozent in verschiedenen Tanzstilen der HipHop-Kultur, Video- und Buchautor der ersten großen Werke der Break-Szene (Buch: *Von Swipe to Storm*, Film: *Footwork Fundamentals*), Judge auf hunderten internationalen Wettbewerbsveranstaltungen, Entwickler der Semantik des Jurysystems, um Bboying als Disziplin bei Olympia einzuführen, jetzt auch mit eigenem Kleidungslabel und vielem mehr.

Storm hat früher wie heute sehr großen Einfluss auf die Szene und auf die Entwicklung der gesamten Kultur. Er war einer der ersten Breaker, die in den 1990er-Jahren von Europa nach New York zogen, um dort nichts ahnend die untergehende Szene durch Vernetzung mit der europäischen wiederzubeleben.

Kwikstep und Rocafella

Bei dieser Aktion traf *Storm* damals auf Gabriel *Kwikstep* Dionisio, einen der letzten zähen Breaker, die durchgehalten haben. Die Szene zerbrach zu jener Zeit, nachdem das Medienmonster die jungfräuliche HipHop-Kultur gefressen, zerkaut, ausgesaugt, verdaut und wieder ausgespuckt hatte. So sind *Kwikstep* und auch seine Frau Ana *Rocafella* Garcia heute noch Meilensteile der gesamten HipHop- und Break-Szene in New York. Sie sind „Godfather und Godmother" der *Full-Circle-Family*.

Full-Circe ist, wie viele andere Familys, eben eine dieser Menschengruppen, die in der Gemeinschaft tanzen, Musik machen, Partys und Jams veranstalten und die Kultur lieben und leben.

Breakeasy

Ich selbst traf nach vielen Jahren des Umherirrens persönlich zuerst auf Richard *Beakeasy* Santiago (alias *Bboy Suave* oder auch liebevoll *Papa Rich*). Ich war direkt bei ihm zu Hause und hörte seine Geschichte, wie die Rocking-Szene in Brooklyn der Vorbote der Bboy-Szene wurde. Er ist der Godfather der *Breaking-in-Style-Family* und ebenfalls weltweit bekannt.

Und natürlich gibt es noch etliche mehr, ja eine lange Liste an Bboys, die erwähnenswert sind. Dennoch waren es für mich diese Legenden, die mich dazu inspiriert haben, unbeirrt auf meinem Weg zu bleiben und mich nicht von Trends oder Gegenreden ablenken zu lassen.

Unbedingt zu erwähnen ist aber dennoch eine der ältesten und vermutlich größten Familys oder gar Organisationen weltweit, die *Zulu-Nation*. Da diese *HipHop awareness group*, wie sie sich auch nennt, mit all ihren Anteilen ein eigenes Buch füllen würde, kann ich nur empfehlen, sich auch mit diesem Teil der HipHop-Geschichte einmal auseinanderzusetzen.

1.2.2 Hierarchie

Trotz aller Freiheit und Unabhängigkeit gibt es auch in der HipHop-Szene eine Art hierarchischer Ordnung. Die Qualifikation dafür steckt allerdings nicht unbedingt hinter den Worten oder den finanziellen Möglichkeiten einer Person oder Organisation. Die Hierarchie, von der wir hier sprechen, liegt in den Taten und Leistungen in und für die Szene. Der leistungsstärkste Breaker in der Runde oder einer Stadt – ob bewusst oder unbewusst – gibt oftmals den Ton an und sein Wort wird von seiner Umgebung oft als höherwertig eingestuft.

Viel wichtiger als die künstlerische/sportliche Leistung sind für die hierarchische Ordnung aber die organisatorischen Fähigkeiten und das Wort eines Menschen, der etwas für die gesamte Szene tut. Jemand, der Battles, Jams oder Partys organisiert, die auch der Szene gerecht werden und dadurch z. B. auch Tänzer und Zuschauer von weiter weg anziehen, hat in der Szene immer Anerkennung und Respekt. Ebenso wichtig, wie Veranstaltungen umsetzen zu können, sind die Fähigkeiten lehren und Menschen motivieren zu können. Ob nur zu einem kleinen Training aufzurufen, den Ort zu organisieren und vielen Menschen Bescheid zu geben, oder bei einem kleinen Seitengespräch ein paar konkrete oder auch philosophische Tipps zu geben, hier spielt sehr viel hinein, um in dieser Anerkennungshierarchie aufzusteigen.

1.2.3 Godfathertum

Wenn man also nach vielen Jahren einmal den hohen Status in der Hierarchie erreicht hat, eine gewisse Godfatherfigur zu werden, hat man sich auch einen guten Ruf erarbeitet. So wird man mit der Zeit und mit den Menschen, die von einem gelernt oder einfach viel Spannendes mit einem Menschen erlebt haben, zum „Oberhaupt" ernannt. Die Menschen, für die dies entschieden wurde, sind einfach immer ein Garant für eine gute Veranstaltung, schöne und lehrreiche Erlebnisse und den richtigen Unterhaltungswert.

Die Bezeichnung *Godfather* verliert hier ihren Schrecken, da ein wirklicher „Godfather" eher uneigennützig und für alle zugänglich für seine Umgebung sorgt. So jemand ist für jeden und alle offen und in der Szene uneingeschränkt anerkannt. Diese Menschen sorgen für den Erhalt und die Vervielfältigung der Kultur und sind wichtiger Bestandteil der Entwicklung und des Fortbestands rund um das Thema, das sie antreibt.

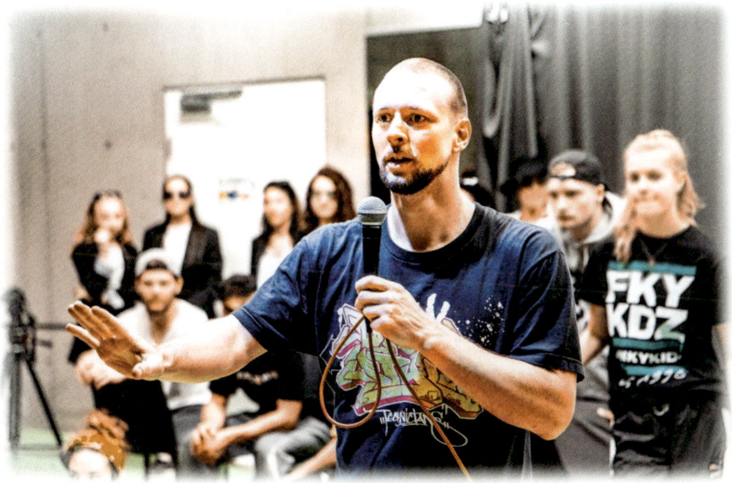

1.3 PHILOSOPHIE UND MYSTIKEN DER SZENE

Breakdance schafft ein Umfeld mit körperlicher Höchstleistung, gepaart mit schweren Niederlagen und Schmerzen im Training. Ebenso kommt es zu gesellschaftlichen Hochgefühlen auf Partys, gepaart mit harten Competitions auf Battles. Und nicht zu vergessen, das gesamte emotional-künstlerische Milieu der HipHop-Szene.

Somit ist es nicht verwunderlich, dass sich über die Zeit philosophische Ansätze und mystische Ideen finden lassen. Es sind Fragen wie:

- „Warum tut man sich das an?", oder:
- „Wie schafft man es, weiterzumachen?" und:
- „Was habe ich eigentlich davon?".

Man beschäftigt sich mit dem Leben, der Liebe, den schönen und nicht so schönen Dingen und dem Ursprung, wo die ganze Energie eigentlich herkommt und oder wo sie hingeht.

Aus diesen Gefühlen und daraus resultierenden Gesprächen haben sich ungeschriebene Grundsätze entwickelt. Es sind unausgesprochene ästhetische Ausgangspunkte, die alles umgeben und einen Rahmen dafür geben, warum, wieso und überhaupt ...!

Hier eine Aufzählung der wichtigsten ästhetischen Ansätze und Ideen, die Bboying so sehr von anderen Tänzen (auch den anderen HipHop-Styles) unterscheidet.

1.3.1 Der Bboy ist kein Tänzer, er ist Instrument

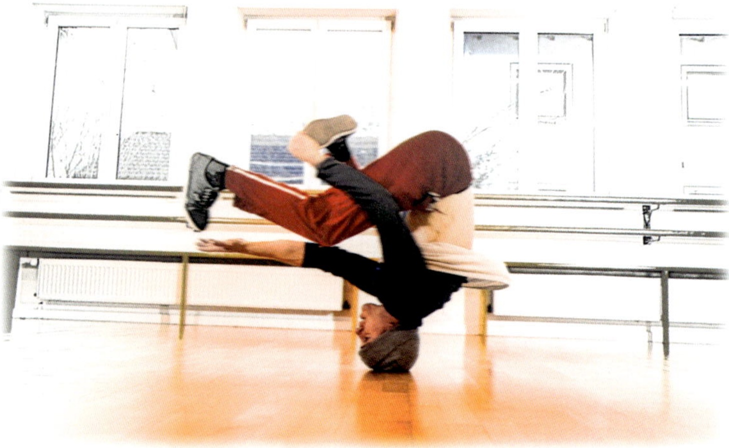

Ähnlich wie sich Jazzmusiker einer Jazzband mit Tönen, Rhythmen und Solos miteinander unterhalten, unterhalten sich Bboys über die Körpersprache und Bewegungen miteinander. Wenn man beispielsweise eine Weile bei einem Circle oder Battle von fortgeschrittenen Breakern zusieht, erkennt man schnell, dass eine wirkliche Konversation stattfindet. Es finden sich oft Bewegungsmuster des vorhergehenden Tänzers im Set des nachfolgenden Tänzers wieder.

Ebenso kann man die Tänzer allesamt dabei beobachten, dass sie versuchen, superpräzise auf die Musik und deren Spielweisen zu arbeiten und damit zu spielen. Sie arbeiten daran, die Beats, Töne und Melodien mit ihren Bewegungen zu interpretieren und sichtbar zu machen.

Ein Breaker versteht sich nämlich eigentlich nicht als Tänzer, sondern als *Instrument*: als optisch wahrnehmbares Instrument zu einer akustischen Umgebung. Das Spiel von Bewegung und Musik ist dabei das Höchste der Gefühle. Wenn man es schafft, schwierigste Bewegungsmuster perfekt abgestimmt zu den Highlights in der Musik umzusetzen, dann spürt das der ganze Raum. Teile davon nennt man auch *Blow-up*, weil es neben der „aufgeblasenen" Bewegung auch zu einer Explosion der Gefühle beim Tänzer und beim Publikum führt. Und das äußert sich dann durch ein gemeinsames gejubeltes: „Yooouu!"

Das versteht man alles aber erst so richtig, wenn man eine ganze Weile tanzt. Wenn man weiß, wie schwer es ist, genau diesen Aspekt sauber abbilden zu können. Darum ist es ja auch ein Mysterium und keine offenkundige Tatsache.

1.3.2 Attitude

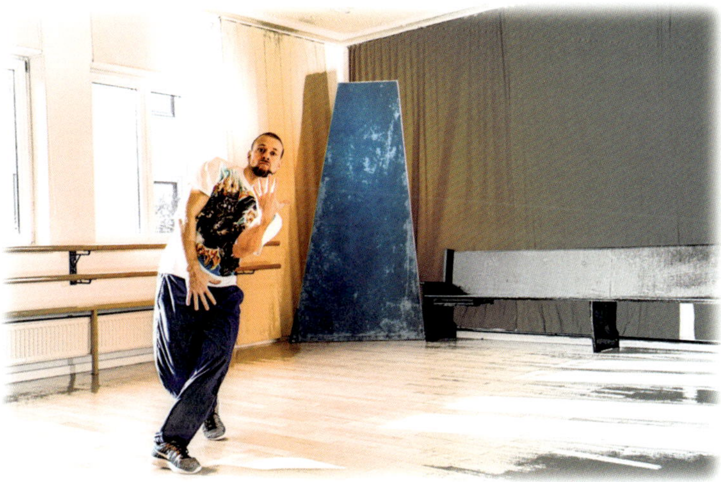

Ein weiteres Mysterium ist das Auftreten und das Offenlegen der *inneren Haltung* während des Tanzens. Ich hatte einmal ein sehr intensives und langes Gespräch mit dem Direktor des Deutschen Instituts für Tanzpädagogik, Werner Huschka, über den Ausdruck von Gefühlen im Tanz bzw. durch Tanz. Wir versuchten, zu ergründen, mit welchen Tanzstilen Gefühle besonders gut dargestellt werden können und welche Tanzstile eher nicht dazu geeignet sind.

Wir sind einstimmig zu dem Schluss gekommen, dass im HipHop allgemein eine eher fröhliche, starke und kommunikative Stimmung herrscht. Dies entspricht auch dem Ursprung der HipHop-Stile, da sich viele Tänze auf Partys und in fröhlichen oder aggressiven Momenten entwickelt oder weiterentwickelt haben. Es ist also nur durch den Einsatz von Elementen aus dem Contemporary Dance und Polaritätenverschiebung – also einer Veränderung von Kraft, Geschwindigkeit oder Weg einer Tanztechnik – möglich, eine größere Emotionsvielfalt darstellbar zu machen.

Im Breaken ist es eher so, dass es keinerlei Regeln oder Hilfestellungen gibt, mit welcher Energie herangegangen werden muss. Ganz im Gegensatz zum Beispiel eines eleganten, leidenschaftlich schwebenden Ausdrucks eines Walzers. Und dennoch kann man den ästhetischen Ausdruck, der vor allem auch bei Wettbewerben und Battles als eine Bewertungsgrundlage gilt, mit drei Eigenschaften umschreiben.

1.3.2.1 Den Funk des „James Brown"

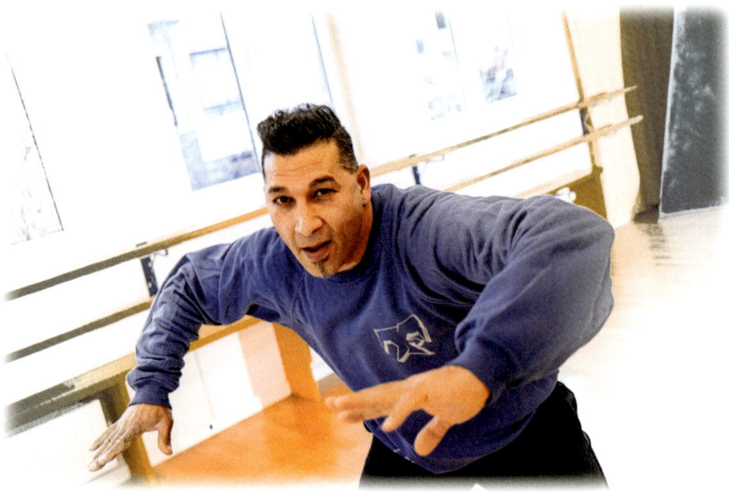

Der unsterbliche „Mr. Dynamite" und „Godfather of Soul", James Brown. Wie man an diesen Namen schon erkennen kann, handelte es sich bei ihm um eine besonders auffällige Persönlichkeit. Ein Funk- und Soul-Musiker durch und durch. Er prägte die genannten Musikstile öffentlich sichtbar wie kein anderer. Heiße Beats, schrille Schreie, provokante Texte und Tanzeinlagen bis zum Umfallen. Das war James Brown! Um nicht mit Lobeshymnen ins Unendliche abzuschweifen, dies ist also der Teil der Attitude, der für Bboys und Bgirls ausschlaggebend ist.

Dies soll aufzeigen, dass man sich nicht verstecken soll. Man muss seine Technik mit Leben füllen und den Spaß, Witz und die Extase der Tanzbewegungen in ein Funk-Flavor tauchen. Es muss gut aussehen und wenn dies nicht der Fall ist, dann muss es wenigstens den extatischen und authentischen „Funky Style" eines James Brown widerspiegeln. Man soll sich von Hemmungen befreien und die Freude, den Style und die Energie der Musik sichtbar und spürbar nach außen transportieren.

„When I'm on stage, I'm trying to do one thing: bring people joy. Just like church does. People don't go to church to find trouble, they go there to lose it." *– James Brown*

1.3.2.2 Die Kraft und Geschwindigkeit des „Bruce Lee"

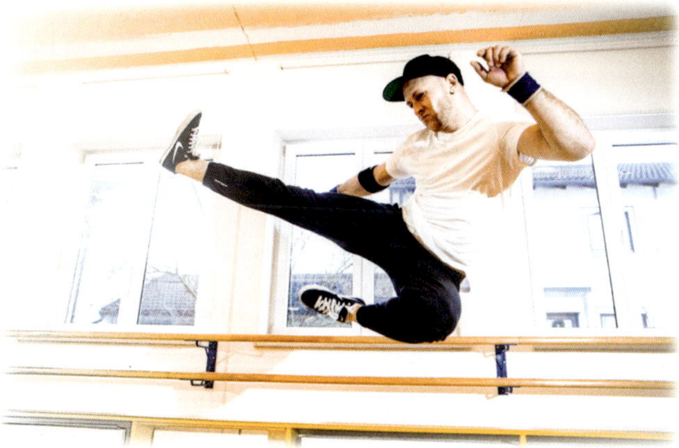

Bruce Lee gehört in der heutigen Zeit nicht mehr zur Allgemeinbildung der jungen Generation. Dennoch wird es wohl keinen Kampfkünstler und Schauspieler mehr geben, der der Erste seiner Art ist und so enorm viel für die Verbreitung seiner Idee und Kultur getan hat, wie er. Warum? Weil dies alles schon durch Bruce erledigt wurde und somit im Westen Tür und Tor für all diese Ideen schon von Bruce Lee geöffnet wurden.

Seine Geschichte ist so einzigartig, wie die von jedem anderen Pionier. Es waren besonders zwei Eigenschaften, durch die Bruce besonders bekannt wurde und seither damit unsterblich wurde: Kraft und Geschwindigkeit!

Bruce hat mit Vorführungen und Beschreibungen seiner „Jeet Kune Do"-Technik die Welt begeistert. Ob der „One Inch Punch" oder die unglaubliche Tritt- und Schlaggeschwindigkeit. Mit diesen und vielen anderen Fähigkeiten lehrte er seinen Kontrahenten das Fürchten. Keine Angst, ehrenvolle, aber dennoch aggressiv-progressive innere Haltung und ein immerwährendes Lächeln zeichnete sein Dasein aus.

Dies soll aufzeigen, dass man als Breaker extrem hart an seinen Skills arbeiten muss. Man sollte unbedingt in voller Geschwindigkeit, mit hoher Präzision und mit einem offensiven, wenn nicht sogar attackierenden Stil auftreten. Auch sollte man beim Tanzen immer mit der besten Version von sich selbst antreten und alles geben. Hierbei ist die Aufgabe, sich nicht vor der Konfrontation mit sich und anderen zu scheuen, sondern seine Bewegungen und seinen Ausdruck aggressiv, präzise, blitzschnell und fordernd zu gestalten.

„Put, going the extra mile' to work as part of one's daily habit."
– Bruce Lee

1.3.2.3 Das Heldentum und die Unbesiegbarkeit von Superhelden

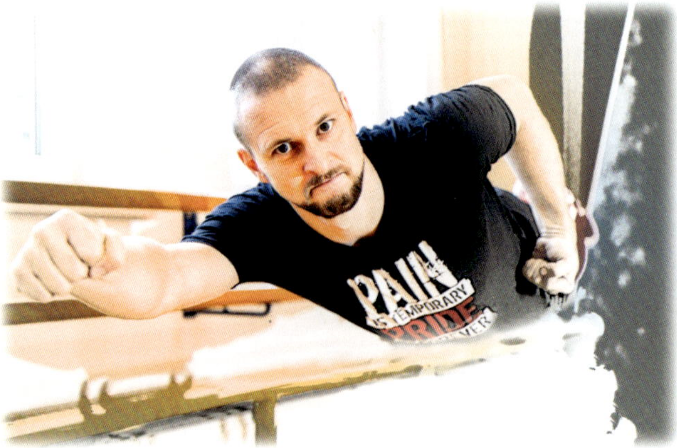

Ein Breaker soll das selbstsichere und heldenhafte Auftreten eines Superhelden wie z. B. Superman haben! Unbesiegbar, ohne Schmerzen, ohne Fehler, aber mit außergewöhnlicher Kraft. Ich nenne explizit Superman, da es auf der Hand liegt und es wird im Film *Kill Bill* von „Bill" wunderbar erklärt. Ich gebe es mal in eigenen Worten und in Bezug auf Breaken wieder: Machen wir einmal den Vergleich zwischen „Spiderman" und „Superman".

Spiderman ist als ein schlauer, aber schwächlicher Junge aus ärmlichen Verhältnissen, namens Peter Parker, geboren. Peter Parker hat durch einen Unfall, also eigentlich ein Missgeschick, seine Kräfte erlangt. Peter Parker verkleidet sich als Spiderman und ist im normalen Leben eher unscheinbar mit dem Alter Ego Spiderman.

Superman hingegen ist als Superman geboren. Er kam dann zwar durch so etwas wie einen Zufall zur Erde, dennoch ist er im normalen Leben Superman. Um im gewöhnlichen Erdendasein nicht aufzufallen, verkleidet sich Superman als Clark Kent. Dieser spielt den schüchternen und schwächlichen Reporter mit Brille, obwohl er in seinem wahren Leben ständig die Welt rettet.

Dieser Vergleich soll aufzeigen, dass man sein darf, wer man ist oder sein möchte und was man im Erdendasein gerne für eine Rolle spielen möchte. Aber wenn man als Tänzer in den Circle tritt, soll man zeigen, dass man das Zeug dazu hat, in seine Kraft zu gehen. Es ist praktisch die Aufgabe, nicht nur den Helden zu spielen, sondern wirklich, ehrlich und vollendet der Held zu sein.

„Ich habe hochentwickelte Alientechnologie." *– Superman*

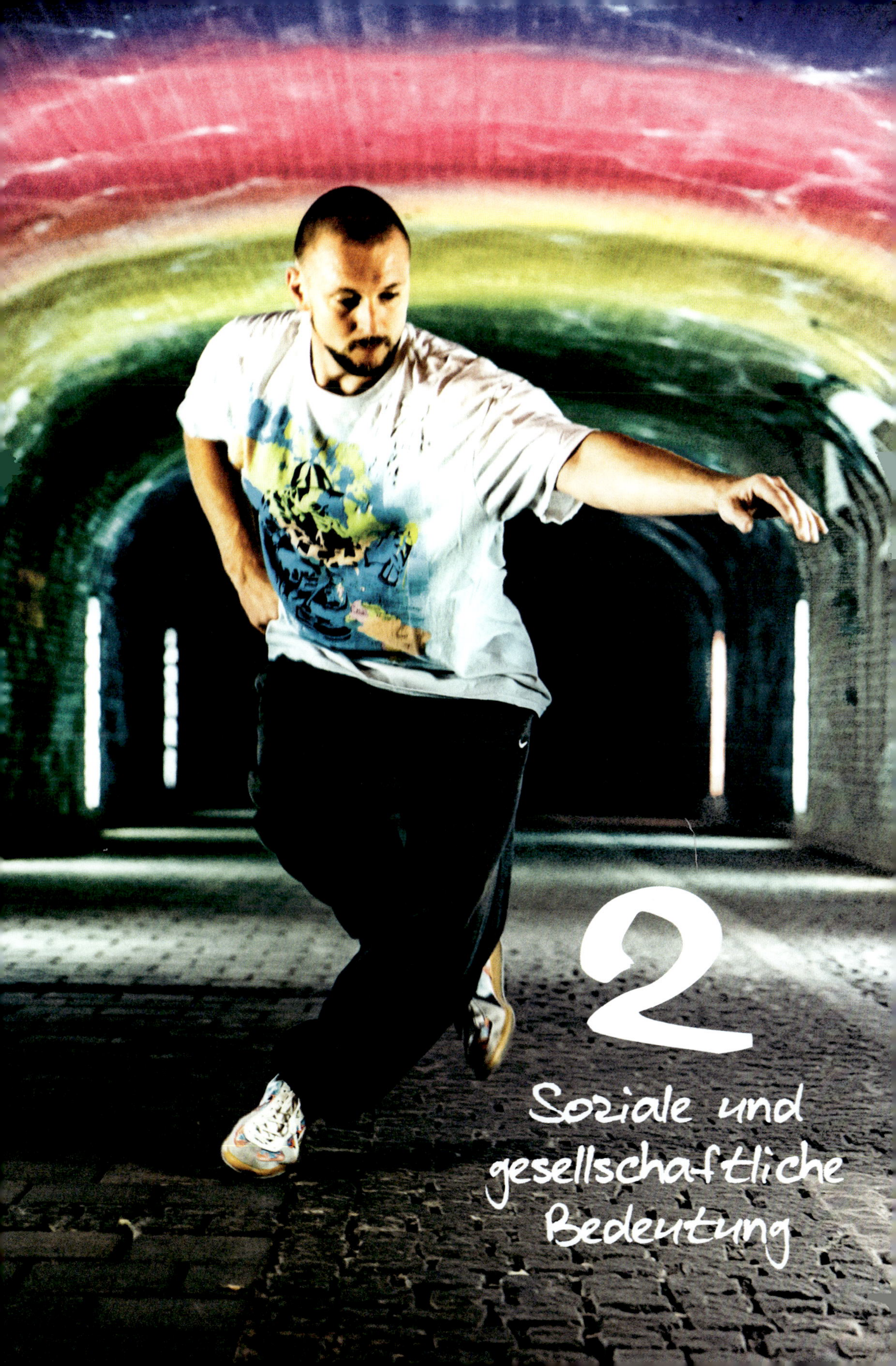

2 Soziale und gesellschaftliche Bedeutung

2 Soziale und gesellschaftliche Bedeutung

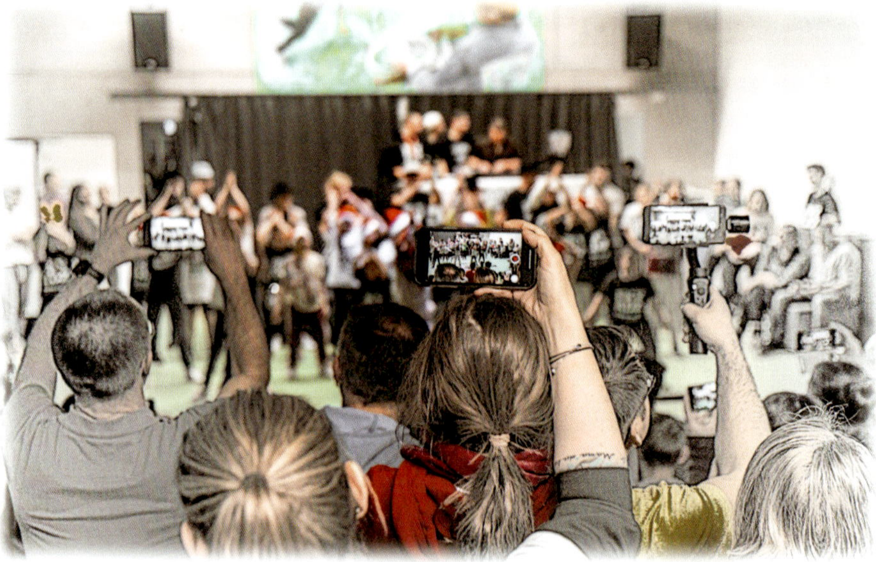

Viele, die heutzutage entscheiden, mit Breaken beginnen zu wollen, werden durch die außergewöhnlich beeindruckenden artistischen Leistungen, die man in den Medien verfolgen kann, angezogen. Diese suchen sich dann meist Unterricht in Tanzschulen, Vereinen oder Institutionen, die Breakdance als Unterricht anbieten. Es gibt jedoch auch eine ganze Gruppe von Jugendlichen und Kindern, die in offenen sozialen Projekten, wie z. B. einem Jugendhaus, einen gehörigen Teil ihrer Freizeit verbringen und dort mit den Tänzern und Breakern als fester Bestandteil des Angebots zum freien Training integriert sind.

Es ist nach wie vor so, dass in Jugendhäusern und Communitys dieser Welt sozial niedriger gestellte Kinder und Jugendliche Zuflucht und Rückhalt finden. Die Hintergründe sind zu vielschichtig, um sie umfassend zu beschreiben. Fakt ist, diese Kinder und Jugendlichen sind lebensfroh und begeisterungsfähig, wie alle anderen Kinder auch. Sobald die Flamme der Begeisterung fürs Breaken auf sie übergegangen ist, wird Tanzen ein Bestandteil ihres Alltags. Dieser Vorgang ist die erste Stufe ihrer Selbstentwicklung und Selbstverwirklichung, da diese aus einem Eigenantrieb heraus entstand. Man beginnt Breaken in Jugendhäusern auch nur aus Eigenantrieb, weil das anders ist und spannend aussieht. Man bleibt auch nur dabei, wenn man sich durch das dort herrschende Umfeld inspiriert, motiviert und wahrgenommen fühlt. Diese Kids, ob in Tanzschulen oder Jugendzentren, sind umgangssprachlich beim Training „aufgeräumt". Sie lernen durch die dort herrschende Trainingsgemeinschaft Sozialverhalten in einem losen, aber dennoch strukturierten Umfeld außerhalb des familiären und schulischen Systems. Dazu kommt aber noch „on top", dass es die Shows und Auftritte sind, die einen großen Beitrag dazu leisten, dass die Selbstwahrnehmung und die Selbstsicherheit der Kinder verbessert wird.

Die nachfolgenden Entwicklungen finden allgemein und in ähnlicher Form auch bei verschiedenen Individual- und Teamsportarten statt. Dennoch hat Bboying einen vollkommen anderen gesellschaftlichen Stand, da es eine junge Kultur ist. In der äußerlichen Wahrnehmung muss dieser Tanz immer noch an Stellenwert gewinnen. Im Vergleich zu früher, als kein Kind oder Jugendlicher zu breaken begann, „weil das alle tun", wie z. B. in einem heimischen Fußballverein zu spielen, bin ich froh, dass das Angebot und der zur Verfügung gestellte Raum heute stetig weiter wächst.

In Kap. 7 finden sich übrigens die pädagogischen Techniken und Methoden, wie die folgenden Wirkungen als Lehrer gefördert, unterstützt und erreicht werden können.

2.1 SOZIALE STRUKTUREN

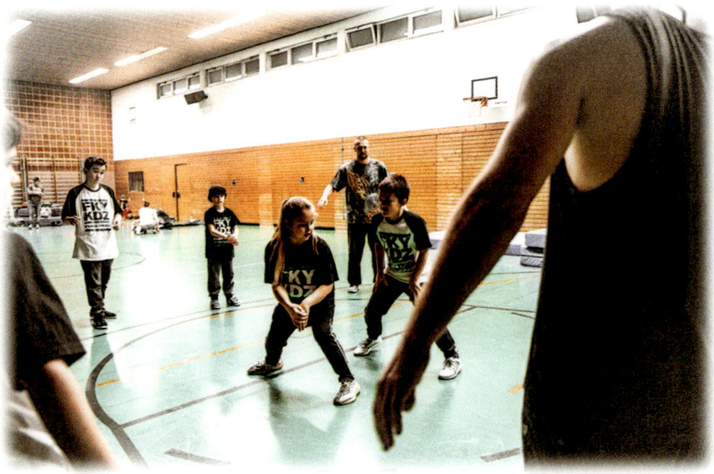

Am Beispiel des Circles (auch Cypher genannt) kann man die soziale Schulung recht leicht erklären. Eigentlich gibt es keinerlei Regeln, es ist ein offener Raum für alle, die trainieren oder nur zusehen möchten. Im Wort „eigentlich" ist hier aber etwas versteckt. Genau wie es bei einer Gesprächsrunde „Dos and Don'ts" gibt, so ist ein Circle ebenso ein Gesprächsraum. Wie schon erwähnt, ist Breaken ebenso eine Sprache und es darf in so einem Circle jeder zur Sprache kommen. Um das zu ermöglichen und um Zusammenstöße zu vermeiden, ist es nur eine logische Konsequenz, dass hier aufeinander geachtet wird. So entwickelt sich ganz automatisch ein System, das man als Regelwerk verstehen kann:

1. Es tanzt immer nur einer im Inneren des Kreises, außer, der Raum ist groß genug, um mehreren das Üben zu ermöglichen.
2. Alle anderen stehen außen herum, warten oder klatschen, können direktes Feedback geben und müssen aufpassen, dass sie dem eventuellen Zusammenstoß mit dem in der Mitte Arbeitenden ausweichen.
3. Wenn der im Kreis Arbeitende fertig ist, kommt der Nächste. Es ist allerdings keine Reihenfolge festgelegt.

Wirkung der Regeln in Bezug auf die sozialen Strukturen

1. Jeder, der in die Kreismitte geht, um zu tanzen, bekommt von allen die volle Beachtung zur gleichen Zeit. Ein Erfolg wird genauso empathisch mit allen geteilt, wie auch ein Misserfolg. Hiermit sind zwei der höchsten Bedürfnisse des Menschen gestillt: **Aufmerksamkeit und Empathie!**
2. Jeder ist Teil dieser Gemeinschaft und alle sorgen gemeinsam für den Einzelnen im Inneren des Kreises. Allein durch ihre Anwesenheit. Bei einem eventuellen Ausbrechen aus dem Kreis in Richtung der Wand oder eines Möbelstücks stoppt man den Tänzer durch Zurufen oder bewahrt diesen vor einem möglichen Zusammenstoß durch Ausweichen. Hiermit ist ein weiteres wichtiges Grundbedürfnis des Menschen gedeckt: **Schutz!**
3. Es stellt sich schon die Frage, woher die Trainierenden wissen, wer als Nächstes dran ist. Hierüber gibt es sogar wissenschaftliche Ausführungen von Prof. Dr. Eva Kimminich in ihrem Booklet: *Tanzstile der Hip Hop Kultur – Bewegungskult und Körper-Kommunikation* (2003). Fakt ist, dass die Gruppe ein Kollektivgefühl entwickelt (selbst mit wildfremden Teilnehmern) und jeder Einzelne durch Beobachtung des Geschehens und des eigenen Gefühls genau weiß, wer als Nächstes tanzen wird und sogar erahnen kann, was dieser vorhat. Daraus ergeben sich soziale Fähigkeiten: **Sozialkompetenz!**

Diese Ausführungen machen deutlich, dass Bboying (aber auch andere, im Kreis ausgeführte Tänze) viele soziale Lernfelder eröffnet und diesen Lehrauftrag erfüllt, ohne dass der Fokus hierauf gelegt werden muss. Diese Struktur ist so stark, dass nach kurzer Zeit der Übung Neuankömmlinge integriert sind und diese „Regeln" auf die nächsten Neuankömmlinge übertragen.

2.2 PSYCHOLOGISCHER EINFLUSS

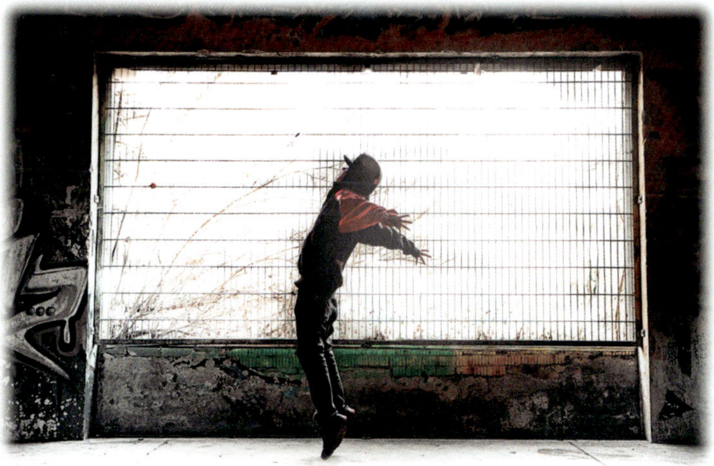

Die schon genannten sozialen Entwicklungsmöglichkeiten wirken auch in der psychologischen Ausbildung der Übenden. Damit ergibt sich eine ganze Reihe weiterer Übungsfelder, die ganz individuell wirken und sehr tiefe Veränderungen hervorrufen können.

2.2.1 Erfolg und Scheitern

Ca. 85 % der konkreten Übungszeit von Bboy-Bewegungen (ohne Warm-up, Training und Tanz im Circle) sind geprägt von Hindernissen, Verständnisschwierigkeiten, Koordinationsproblemen, harten „Crashs" (das scheiternde Zu-Boden-Fallen aufgrund einer misslungenen Übung) und dem Bewusstwerden der fehlenden Kraft. Das fortwährende „Wiederaufstehen und Weitermachen" und die Motivation hierfür, die Anfänger im Unterricht auch beim Lehrer oder fortgeschrittenen Schülern beobachten können, bilden die Rahmenbedingungen, um psychisch, physisch und emotional resistent und resilient* werden zu können. Die 15 % beschwingte Trainingszeit, die durch Erfolgserlebnisse und voranschreitende Fähigkeiten gekennzeichnet sind, werden dadurch als eine so große Befriedigung empfunden, dass die quälenden Misserfolge an Bedeutung verlieren.

** **Resilienz** (von lateinisch resilire „zurückspringen" „abprallen") oder psychische Widerstandsfähigkeit ist die Fähigkeit, Krisen zu bewältigen und sie durch Rückgriff auf persönliche und sozial vermittelte Ressourcen als Anlass für Entwicklungen zu nutzen. Mit Resilienz verwandt sind Entstehung von Gesundheit, Widerstandsfähigkeit, Bewältigungsstrategie und Selbsterhaltung.*

2.2.2 Durchhaltevermögen und Leidensbereitschaft

Vorangegangener Umgang mit Erfolg und Scheitern, das daraus resultierende Durchhaltevermögen und der immer stärker wachsende Glaube an sich selbst führen zu immer weiter expandierender Leidensbereitschaft. Körperlicher und emotionaler Schmerz wird somit nur noch zu einem nervigen, aber verkraftbaren Wegbegleiter. Man lässt sich immer weniger durch kleine Verletzungen und Schmerzen aufhalten, da man ein Ziel oder eine Vision verfolgt und sich durch „Kleinigkeiten", wie Prellungen, Stürze oder Schürfwunden, nicht mehr aufhalten lässt.

2.2.3 Transfer von Aggression (≠ Wut**) in kreative Kraft

Die beschriebene Stufe der inneren Haltung wird mit fortschreitendem Training nochmals auf die Probe gestellt. Denn es kommen immer schnellere, schwierigere und räumlich höhere Techniken hinzu, die im Falle des Scheiterns immer härtere Stürze verursachen. Hier muss erwähnt werden, dass dies erst bei weit fortgeschrittenen Tänzern der Fall ist und die Fertigkeiten des sicheren Fallens und verletzungsfreien Abfangens schon sehr weit entwickelt sind. Die somit trotzdem noch schmerzhafteren Rückschläge verursachen wiederum einen höheren emotionalen Aufwand.

Dieses Durchhalten im Scheitern wird bald so frustrierend, dass es zu Aggressionen führen kann. Und diese Aggression ist von enormer Wichtigkeit, denn hieraus lässt sich Kraft schöpfen. Wenn man diese Kraft weiter in die Übung, das Training und die Widerstandsfähigkeit kanalisieren kann, wird das ganz sicher zum lang erkämpften Erfolg führen.

****Am Rande bemerkt:** Aggression ist nicht gleich Wut! Dies ist ein Missverständnis, das in unserer Gesellschaft zur Abgrenzung und Negativbewertung geführt hat. Wut ist etwas, das das Verhalten und Handeln eines Menschen in negativer Weise beeinflusst. Aggression hingegen ist etwas Neutrales, das sowohl negativ als auch positiv genutzt werden kann. Ein aggressives Verhalten ist um einiges zielgerichteter, fokussierter. Es ignoriert äußere Einflüsse zwar in hohem Maße (vergleichbar: Jagdinstinkt), legt aber das Bewusstsein des Menschen nicht lahm. Dies positiv eingesetzt und für etwas Produktives oder Kreatives verwendet, verleiht es dem Anwendenden Flügel und gibt ihm Kraft – kreative Kraft!*

2.2.4 Bewusstwerden der eigenen Grenzen und der Versuch, diese zu durchbrechen

Wie vorausgehend beschrieben, beschreitet der Schüler in sehr engmaschiger Regelmäßigkeit viele Grenzerfahrungen seiner Leistungsfähigkeit und seines Könnens im Training. Sich der Grenzen bewusst zu werden, ist ein erster Schritt in diesem Prozess. Aber der wirkliche Entwicklungsschritt bei diesem Vorgang ist die Erfahrung, dass diese Grenzen wirklich durchbrochen werden können. Das ist ein Ergebnis, das sich durch die stetige Vertiefung von einfachen Inhalten über viele Wiederholungen hinweg erzielen lässt.

Auch hier wird das Selbstvertrauen geweckt, der Glaube an sich selbst initiiert und weiterentwickelt. Genauso wie der Glaube an sich selbst steigt, so steigt auch das Vertrauen in den Unterricht und in die Worte des Lehrers. Nur dann, wenn etwas, was der Lehrer sagt, auch in die Realität umgesetzt werden kann – also funktioniert –, dann schenkt man auch tieferes Vertrauen. Die gegebenen Aufgabenstellungen, auch wenn sie anfangs noch so unvorstellbar oder unmöglich erscheinen, werden zu Spielfeldern, um sich auszuprobieren und um zu experimentieren.

2.2.5 Erfahrungstransfer in andere Lebensbereiche

Alle Erfahrungen und Erlebnisse, die vorausgehend beschrieben wurden, sind ein perfektes Übungsfeld fürs Leben. Es ist ein geschützter Raum, in dem man diese Fülle an emotionalen und geistigen Vorgängen beim Tun und Üben mit sich selbst, also seinem eigenen „Selbst", ausmachen darf und muss.

Dies geschieht in einem Umfeld, in dem weder sozial noch emotional bei anderen Schaden angerichtet werden kann. Es werden auch keine Nachteile im weiteren Verlauf des Lebens eines Schülers riskiert. Hier eröffnet sich nun die Chance, die gewonnenen Erkenntnisse und Einsichten auf andere Lebensbereiche zu übertragen und auch nutzbar zu machen. Fertigkeiten, wie Durchhaltevermögen, Leidensbereitschaft, das „Dranbleiben" und Neugierde, aber auch die Fähigkeiten der Selbstmotivation, das Wissen über eigene Grenzen und diese durchbrechen zu können und eine gestärkte innere Haltung durch kleine Erfolgserlebnisse sind bereits durch das Training etabliert und können direkt angewendet werden. Das Ergebnis liegt auf der Hand: Erfolg! Einerlei, bei was, dies sind alles Erfolgskriterien, um im Leben mit fast allem zurechtkommen zu können!

2.3 BREAKING UND WELTWEITER STELLENWERT DER TRAININGSSZENE

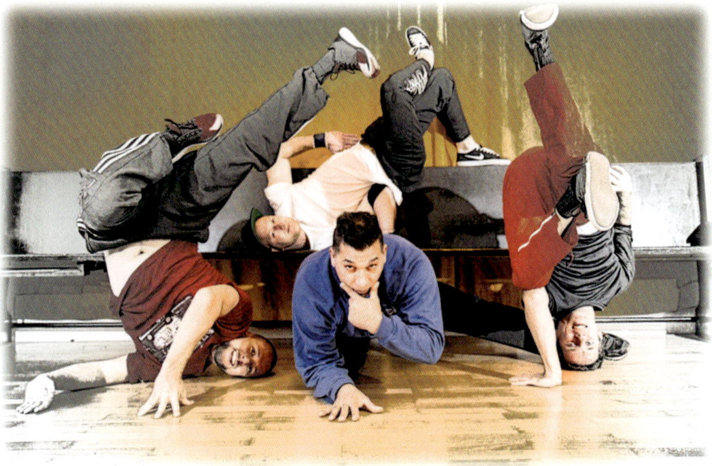

Wenn man sich einige Jahre mit dem Training des Bboyings beschäftigt und auch auf Veranstaltungen geht, wird man erkennen, dass immer Leute aus vielen verschiedenen Nationen zusammenkommen. Selbst wenn es sich nur um eine kleine „Hinterhof-Jam" handelt, ein Training im Jugendhaus oder auf einem anderen öffentlichen Trainingsspot (so nennt man einen lokalen Treffpunkt, den Bboys/girls meist eigenständig organisieren). Die Community ist durch die sozialen Netzwerke und große internationale Veranstaltungen stark geworden.

Jedoch war das eigentlich schon seit den 1980er-Jahren der Fall. Es verhält sich ein wenig wie bei einer weltweit auftretenden Motorradgang. Man kann weltweit einen Trainingsspot aufsuchen und findet jemanden, der bereit ist, einen aufzunehmen und – nur des Tanzens wegen – Zeit und Aufwand zu investieren.

Man wird Teil einer internationalen Gemeinschaft. Allerdings ohne Probezeit, Aufnahmerituale, Ehrenverpflichtungen und Mutproben. Einfach der Fakt, dass man es durchgehalten hat, sich über Jahre hinweg mit dem Tanz zu beschäftigen, sich der Schwerkraft, den Schmerzen und Misserfolgen zu stellen und dennoch erfolgreich, motiviert und enthusiastisch zu bleiben, ist genug Beweis dafür, das Recht zu haben, dabei zu sein.

Aber selbst darum geht es nicht, da man auch als Einsteiger aufgenommen und ernst genommen wird. Es geht darum, dass man bereit ist, eine völlig neue und universale Sprache/Körpersprache zu lernen und sich, über fremdsprachliche Barrieren hinweg, weltweit mit einfach jedem, der diese Sprache spricht, unterhalten (tanzen) kann. Auch die oben genannten sozialen Fakten machen es für alle Anwesenden leicht, die Persönlichkeit eines Menschen während nur eines Trainings kennenzulernen. So verhält es sich übrigens auch mit den meisten anderen Gruppierungen, die eine oder mehrere klare Stilrichtungen der HipHop-Kultur üben und tanzen.

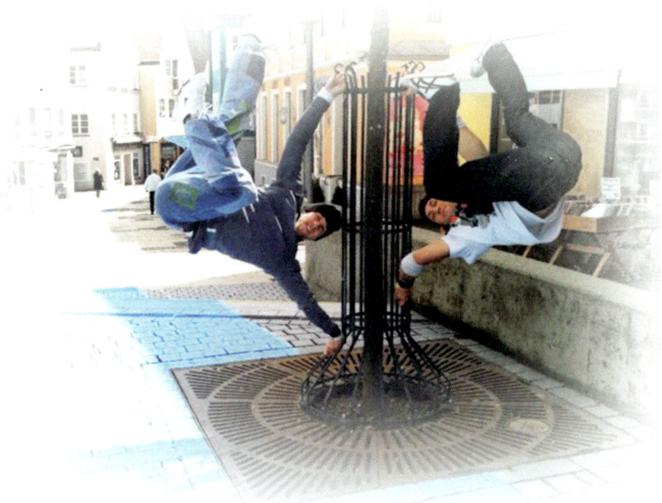

Story

Hierzu habe ich schon im Prolog einige Geschichten erzählt, dennoch finde ich zu diesem Thema noch eine besonders spannend zu erzählen: Ich trainiere seit vielen, vielen Jahren im Kemptener Jugendhaus. Verschiedene Leute gingen hier immerzu ein und aus, waren jahrelang dabei und sind wieder spurlos verschwunden.

Über ungefähr fünf Jahre hinweg war dort ein Breaker, mit dem ich irgendwie eine sehr enge Verbindung empfunden hatte. Wenn wir beide im Training waren, haben wir uns auch ständig mit lustigen Aktionen veräppelt und einfach während des Trainings erheitert. Wer mich besser kennt, weiß, dass ich heute wie früher eher hart und eisern trainiere und meist wenig Platz für Spielereien ist. Gleichgültig, wie er es machte, er hielt es ganz genauso hart und wir erlebten dadurch eine recht raue, aber gute Zeit.

Tatsache ist allerdings, dass ich über drei Jahre nicht mal seinen richtigen Namen kannte. Das spielte auch keine Rolle, da wir uns stundenlang mit Breaken super unterhalten haben und weit über die körperliche Kommunikation hinaus auf der Herzensebene ausgetauscht haben – ohne auch nur ein Wort zu wechseln. „Bboy Doom" – Dominik Priziwarra, ist heute noch jemand, mit dem ich keinen Small Talk halten kann, da unsere Verbindung durch das Breaken einfach sehr tief und innig wurde ... wie gesagt – ohne viel sprachliche Kommunikation.

Dies ist eine große von ganz vielen kleinen Geschichten, die auch zum Teil unangekündigt und unmittelbar bei Trainingsbeginn im letzten Winkel der Erde mit verschiedensten Menschen passiert sind. Ein klarer Beweis, von mir persönlich wiederholt erlebt, für die weltweite Wirkung in der Szene, die hinter dem Tanz und auch hinter der gesamten HipHop-Kultur steht.

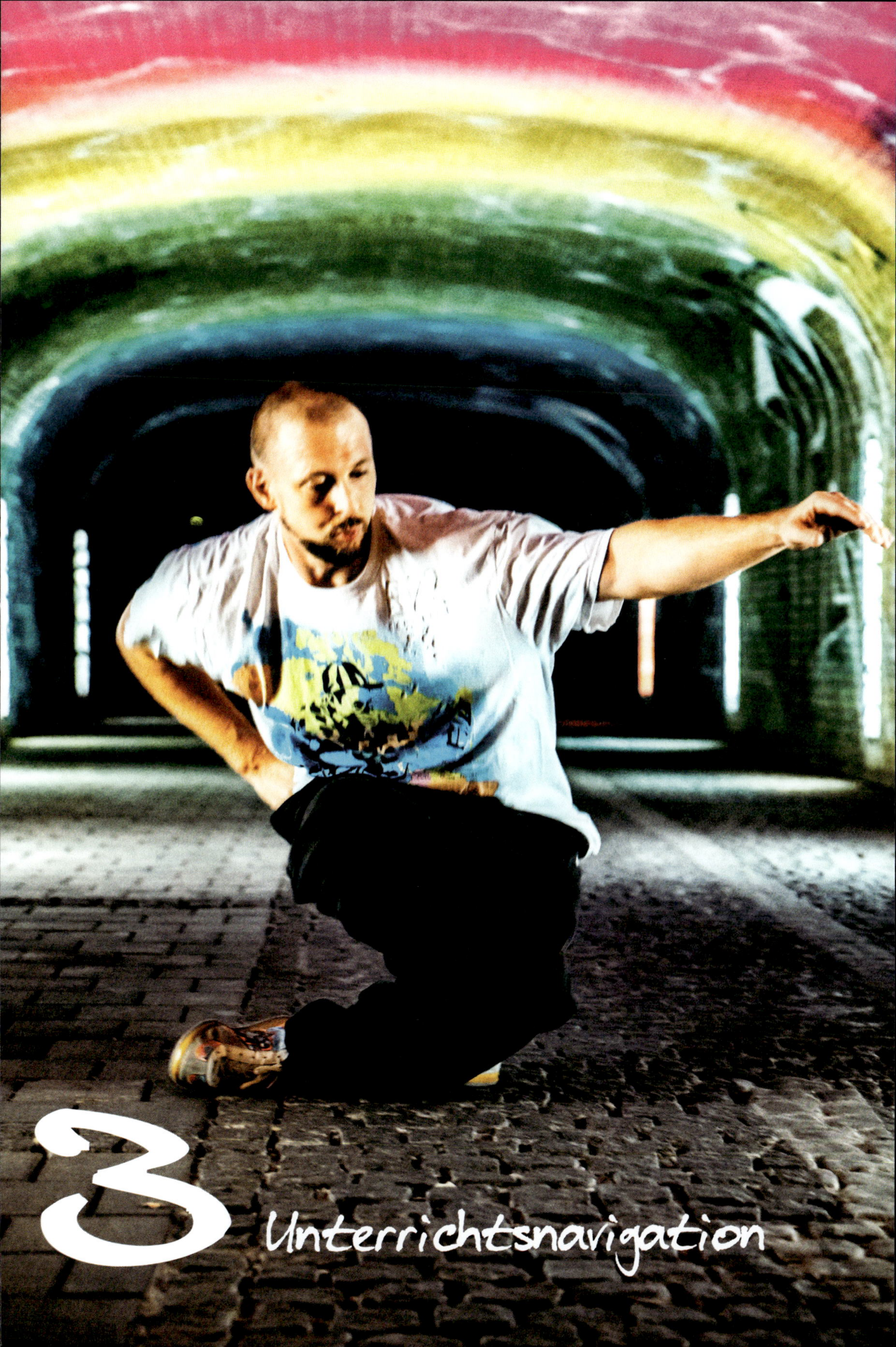

3 Unterrichtsnavigation

3 Unterrichtsnavigation

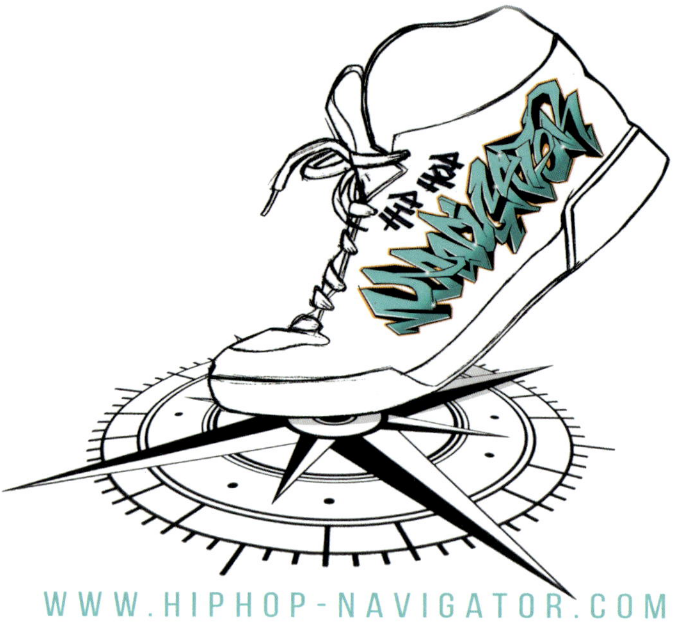

Im *HipHop-Navigator* habe ich die Methodik, Didaktik und Pädagogik für den Hip-Hop-Unterricht allgemein erklärt. Ich habe die HipHop-Tanzwelt mit einer Wildnis verglichen und wie man den Weg hindurch findet. Da Bboying „eigentlich nur" eine Stilart der HipHop-Kultur ist, stellt man sich die dort herrschende Wildnis auf den ersten Blick übersichtlicher vor. Doch sobald man sich in diese Richtung auf den Weg gemacht hat, wird es fortwährend undurchdringlicher. Auf dem Weg durch diese Breaking-Wildnis hilft eine Beschilderung zur Unterstützung für die Navigation:

ERKLÄR-BÄR

Der Erklär-Bär (Karte) – die Didaktik vom Einfachen zum Schweren

Beim *Didaktik-Icon* in bläulichem Dunkelgrün handelt es sich um die Beschreibung der didaktischen Reihenfolge der Informationen. Diese Beschreibungen behandeln, wann, was in welchem Ablauf nacheinander unterrichtet werden sollte, um vom Einfachen zum Schweren, aufeinander aufbauend, den Stoff zu erarbeiten. Dieses Buch und der inhaltliche Aufbau ist im Gesamten ebenfalls didaktisch von einfachen Grundlagen zu Beginn bis zu komplexen Inhalten gegen Ende hin aufgebaut.

TRAININGSKONZEPTE

Unterrichtsmethoden oder Trainingskonzepte (Kompass) – die Art der Umsetzung

Beim *Methode-Icon* im bläulichen Dunkelrot handelt es sich um die Information und Beschreibung der Methoden und Konzepte, wie ein Thema im Unterricht umgesetzt werden kann. Die Methoden und die Konzepte sind Vorgehensweisen innerhalb der Anwendung einer Unterrichtstätigkeit, einerlei, ob theoretisch oder praktisch. Hiermit gibt man die Richtung an, wohin oder worauf der Fokus in einer Übung gerichtet ist. Methoden und Konzepte gibt es viele, welche passt, steht unter diesem Icon.

ORGANISATIONSSTRUKTUREN

Organisationsstrukturen (Fernglas) – die Raumnutzung

Beim *Fernglas-Icon* in Hellgrün handelt es sich um Informationen zur Raumnutzung durch eine Organisationsstruktur. Dies sind Hinweise darauf, wie man die Schüler für den jeweiligen Unterrichtsstoff oder die gewählte Unterrichtsmethode im Raum platziert, also organisiert. Dies ist wichtig, um den Schülern einen leichteren Zugang zum Unterrichtsstoff zu gewähren und Verständnis für das angesprochene Material zu vereinfachen, während man für sich selbst die Übersicht behält.

TRAININGSTOOLS

Trainingstools (Turnschuh) – die praktische Arbeitsaufgabe

Durch das orange gehaltene *Praktische-Arbeitsaufgabe-Icon* ist gekennzeichnet, dass nachfolgend eine Arbeitsaufgabe beschrieben ist, die wirklich im Tun umgesetzt werden sollte. Dies heißt, aufstehen, ein bisschen Platz schaffen und die Bewegung mit dem Buch in der Hand oder vor sich liegend, ausprobieren. **TUN!** **T**ag **U**nd **N**acht – **N**icht **U**nnötig **T**rödeln!

PÄDAGOGIK

Pädagogik (Sonne) – die unterstützende Vorgehensweise für die Persönlichkeit der Schüler

Hinter dem gelben *Pädagogik-Icon* ist eine Menge Wissen und Erfahrung versteckt, wie man Menschen mental und psychologisch unterstützen kann. Unter diesem Icon sind Tipps und Handlungsempfehlungen zu finden, die den fördernden Umgang und die sinnvolle Kommunikation mit dem Schüler im Unterricht beschreiben, damit der Schüler den Wert des Unterrichts erkennt. Denn, es spielt keine Rolle, wie gut der Unterricht ist, am Ende zählen der Wille und die Motivation des Schülers, das Erklärte auch umzusetzen.

Im HipHop-Unterricht haben wir meist eine frontal ausgerichtete Tanzklassenaufstellung, bei der alle Schüler dem Unterrichtenden folgen und gleichzeitig dieselben Unterrichtsinhalte mit- und nachvollziehen, um am Ende einen Tanz gemeinsamen synchron tanzen zu können. Break-Unterricht hat eine völlig andere Organisation, Ausrichtung und Zielsetzung als HipHop-Unterricht und ist daher insgesamt anders aufgebaut. Aufgrund des hohen improvisatorischen Anspruchs eröffnen sich hier viel mehr Details, vor allem in der Pädagogik.

Statt eines gemeinsamen Gruppenerfolgs wie beim HipHop-Unterricht steht der individuelle Lernfortschritt jedes einzelnen Schülers, mit seinen ganz eigenen Bedürfnissen, im Mittelpunkt des Unterrichts. Dies verändert die Unterrichtsstruktur grundlegend, da die Lerngeschwindigkeit und Begabung jedes einzelnen Schülers meist anders ist. Das ist beim HipHop zwar auch so, die Bewegungen sind allerdings nicht so extrem von der körperlichen Fitness (Kraft, Ausdauer, Beweglichkeit, Vorerfahrung etc.) abhängig wie beim Bboying und man hat nicht absolute Anfänger und Halbprofis mit ihren völlig unterschiedlichen Anforderungen gleichzeitig im Unterricht.

Es muss einfach von vornherein bedacht werden, dass Breaking der wohl aufwendigste und anstrengendste Tanzstil der Welt ist! Außer dem Bodenturnen gibt es kaum einen Breitensport, der für diese Art der Bewegungen wirklich vorbereitet oder hilfreich ist. Vielleicht kommt es nun zu einem Aufschrei bei einigen Lesern: „Aber dieser oder jener Tanz ist auch sehr anstrengend!" Und natürlich habt ihr recht, wenn man einen Tanz intensiv betreibt, ist jeder total fordernd und anstrengend. Aber es tut mir leid – fangt an, ernsthaft zu breaken, dann versteht ihr, was ich meine.

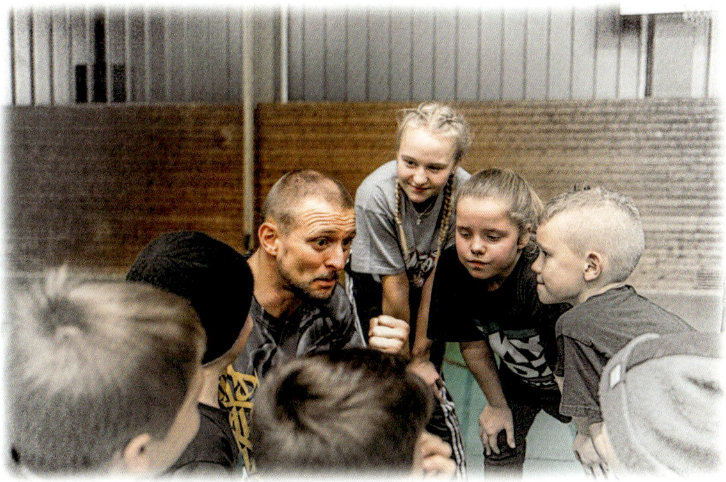

Die Rolle des Lehrers ist beim Bboying in vielem eine komplett andere als in konventionellem Unterricht. Es gibt so viele Facetten einer Bewegung, dass man als Lehrer oft nur als Wegweiser und Begleiter dient. Der Schüler muss mit seiner gegebenen Anatomie und seinen gegebenen Möglichkeiten einfach seinen eigenen Weg finden, um die Bewegungen auf seine Weise zu realisieren. Bboying hat leider ganz wenige einfache Grundlagen, die leicht zu lernen sind. Somit ist die psychologische Begleitung der Schüler von viel größerer Bedeutung, als bei einem konventionell frontal ausgerichteten HipHop-Unterricht mit harmonisiertem Leistungslevel.

Jeder neue Schüler ist auch erst einmal davon geschockt, dass es ab der ersten Stunde schon extrem anstrengend ist. Auch das fortwährend geforderte, selbstständige Üben und Trainieren wird von Einsteigern als ein völlig neuer Aspekt empfunden. Wer hier mit der Idee in den Unterricht kommt, man legt einfach wie beim Kinofilm *Die Matrix* die neue Software ein und drückt auf „Upload", um dann wenige Minuten später aufzuwachen und zu sagen: „Ich kann Kung-Fu!", wird postwendend eines Besseren belehrt und wird enttäuscht von dannen ziehen.

Als Bboying-Lehrer steht man also einer Menge Erwartungshaltungen, falschen Vorstellungen und überdimensionierten Wünschen, aber auch einer großen Begeisterung und einem immensen Enthusiasmus vonseiten der Schüler gegenüber. Also: „What to do first?", um die Begeisterung und das Feeling mit der Realität und dem harten Training zusammenzubringen und den Schüler auch noch da abzuholen, wo er ist?

3.1 DER „ERKLÄR-BÄR“ – DIE KARTE ODER SPRACHE, BEZEICHNUNGEN UND ERKLÄRUNGEN

Alles, was ich in diesem Kapitel ausführe, sind Erklärungen, die ich exakt so auch jedem Schüler einzeln oder als Gruppenvortrag über viele Stunden hinweg erkläre und vermittle! Ich finde, man sollte jedem einzelnen Schüler diese Dinge erklären, wie Bboying, sein Unterricht und die jeweiligen Anteile aufgebaut sind, damit die Schüler wissen, worum es eigentlich geht und was sie erwartet.

Ich erkläre hier für euch Leser die meisten Fakten am Stück und erwähne später in den Kapiteln, wann im Unterricht es sinnvoll ist, welche der hier genannten Fakten anzusprechen. Die Kapitelangaben sind auf eurer Reise durch das Buch hilfreich, um die Zusammenhänge zu verstehen und die Erklärungen schnell mit dem Stoff verknüpfen zu können.

Es gibt natürlich viel mehr zu wissen und zu erklären, jedoch sollte man den Schüler nicht mit zu viel Theorie überfordern. Dennoch ist schon in der ersten Stunde eine Aufklärung über einige Fakten von großer Bedeutung für das Verständnis des Schülers. Deshalb hier nachfolgend nun das allererste Gespräch, wie ich es mit absolut jedem Schüler, der zum ersten Mal in meinen Unterricht kommt, führe:

So oder so ähnlich sollte das erste Gespräch mit einem kompletten Anfänger dann aussehen

***** Start des Gesprächs *****

Hat jemand im Raum Asthma, Epilepsie, Hyperventilation, Diabetes, frische Verletzungen oder kürzlich eine Operation?

Wenn ja, ist Asthmaspray, Schokolade/Apfel/Zucker, eine Papiertüte vorhanden?

Weißt du, auf welche Körperpartien du aufpassen musst? (Im Falle einer Verletzung oder einer vorausgegangenen Operation => hier muss eventuell weiter nachgehakt werden!)

3.1.1 Sprache und Bezeichnungen

Bboying oder auch *Bgirling* kommt aus Nordamerika und hat daher für die meisten Bewegungen englische Begriffe. Wenn ich also irgendwas „Move" nenne, meine ich das deutsche Wort „Bewegung". Versuche, dir die Bewegungsnamen zu merken, dann ist es leichter, miteinander zu kommunizieren.

3.1.2 Breaking-Disziplinen und Set

Breaken besteht aus verschiedenen Disziplinen. Wenn man Komponenten und Teile aus den Disziplinen zusammenbaut, nennt man so was dann Set. Die nachfolgenden Überbegriffe umranden die Disziplinen, so wie man für viele verschiedene Bäume (z. B. Tanne, Buche, Eiche, Fichte) auf einer größeren Fläche auch *Wald* sagt. Das Set beginnt immer mit:

1. **Top-Rocks/Up-Rocks** => *Top* oder *Up* steht für oben tanzen und Rocking steht für hin- und herschaukeln, also im Stehen tanzen. Es geht weiter mit dem:

2. **Go-Down** => *Go* für *Gehen* und *Down* für *runter*, also aus den Top-Rocks zum Boden gehen.

3. **Footworks/Legworks/Down-Rocks** => *Footworks* steht für Fußarbeit, *Legwork* für Beinarbeit und *Down-Rocks* für alles, was mit den Füßen, Beinen und dem Körper um die am Boden stützenden Hände und Arme herum ausgeführt wird.

4. **Oder Powermoves** => für alles, was nach dem Go-Down am Boden oder in der Luft an extrem dynamischen und kraftvollen Bewegungen passiert. Am Ende des Sets kommt dann meist ein:

5. **Freeze** => für *eingefroren*, also das abrupte Stehenbleiben in ganz bestimmten Haltungen, wie zum Beispiel in einem Handstand oder Kopfstand. Und anschließend zeigt man am Ende seines Sets einen **Bboy-Stance** => die stehende Haltung, die das Ende des Sets signalisiert. Wie ein Punkt oder Ausrufezeichen am Ende eines Satzes, um den anderen Breakern zu signalisieren, dass man seine Aussage nun beendet hat. Dann wissen die anderen, dass man nun fertig ist.

***** Ende des Gesprächs *****

Für dich, lieber Leser, geht es bei der Einführung aber erst einmal darum, einen weiteren Blick auf die Karte zu werfen und differenzierte Erklärungen für die Details zu bekommen. Hast du dieses Kapitel schon zu Ende gelesen? Dann beginnt die Arbeit mit dem Schüler => **weiter zu Kap. 5**.

3.1.3 Top-Rocks/Up-Rocks

(Top/Up = oben, Rocking = schaukeln)

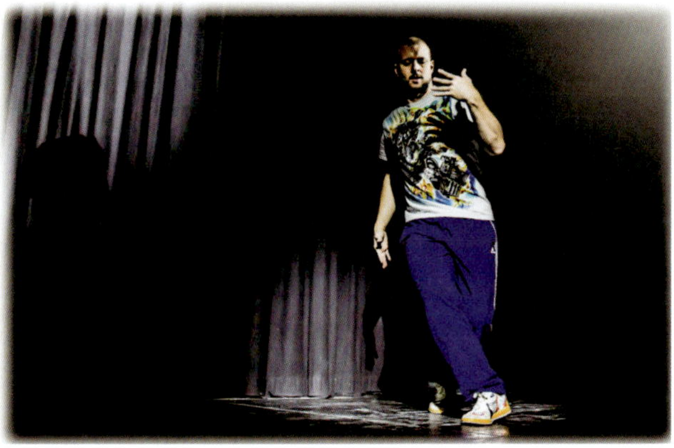

Mit *Top-Rocks* oder auch *Up-Rocks* ist das Tanzen im Stehen gemeint. Diese nutzt man als Bboy, um auf den Rhythmus oder die Musik ein zu gehen, sich in die Kreismitte zu begeben, die Aufmerksamkeit des Zuschauers/Battle-„Gegners"/Trainingspartners zu erhalten und um in den Flow oder den Groove für nachfolgende Moves zu kommen. Das wird auch genutzt, um auf der Tanzfläche von Partys oder im Klub für ausreichend Platz zu sorgen, um seine Moves umsetzen zu können. Dies ist auch eine weitere Erklärung für das „B" von Bboying. Es steht für den „Break of the Party", da man die anderen Partygäste mehr oder minder in ihrem Tanzen unterbricht, um seine Interpretation der Musik oder der Party in Szene setzen zu können.

3.1.4 Go-Down

(Go = gehen, Down = runter)

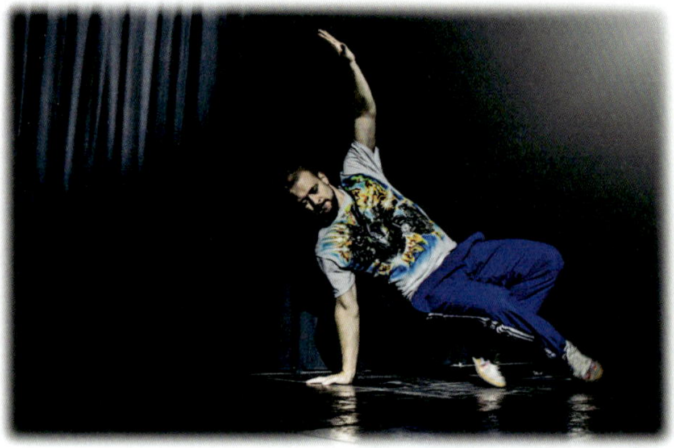

Hier geht es darum, wie man vom Top-Rock im Stand in die Bewegungen am Boden übergeht. Allgemein wird das als *Go-Down* bezeichnet. Es gibt verschiedenste Versionen, wie man beim Breaken zum Boden gehen kann. Hier nutzt man auch viele Styles und Schritte, die normalerweise auf den Händen am Boden umgesetzt werden, leicht abgewandelt im Stand, um flüssig und stylisch in seinen Move am Boden übergehen zu können.

3.1.5 Footworks/Legworks (Styles, Down-Rocks)

(Foot/Leg = Fuß/Bein, Work = Arbeit)

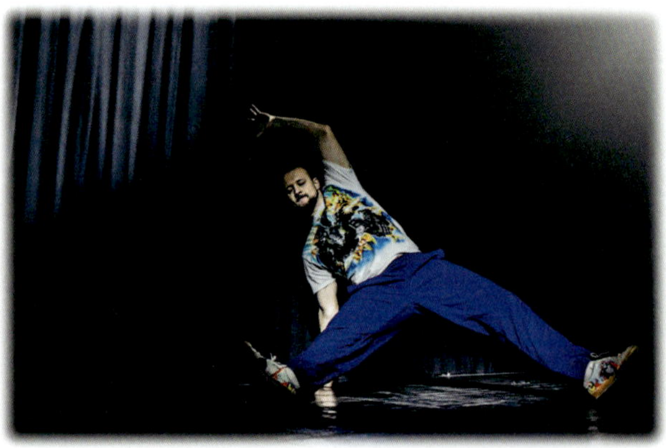

Auch *Down-Rocks* oder *Styles* genannt, ist das Tanzen am Boden, mit der Idee, mit den Füßen und Beinen um die am Boden stehenden Hände zu laufen. Hände und Füße wechseln sich dabei ab, das Gewicht zu balancieren und die Bewegung in verschiedene Richtungen zu manövrieren. Das ist die Essenz des Breakens, das den Tanz so außergewöhnlich und einzigartig macht. Diese Art des Bewegens ist in keinem anderen Tanzstil so oder vergleichbar zu finden.

3.1.6 Povermoves

(Power = Kraft, Move = Bewegung)

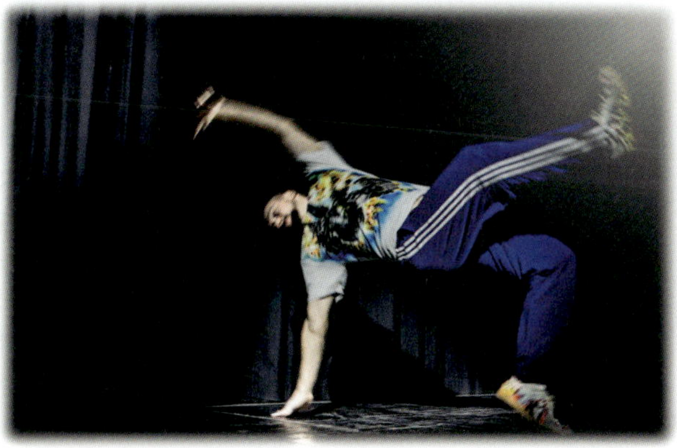

Die wohl aufsehenerregendste Version des Tanzens. Akrobatische Bewegungen, außergewöhnliche Sprünge, superschnelle Drehungen in verschiedensten Positionen und völlig unerwartete Richtungswechsel. Viele Worte muss man darüber nicht verlieren, es ist die Reise entlang der absolut höchsten Grenze des physikalisch Machbaren und ist in vielem mit einem hochtrainierten Olympiaturner vergleichbar.

3.1.7 Freezes

(Freeze = gefroren/eine eingefrorene Haltung)

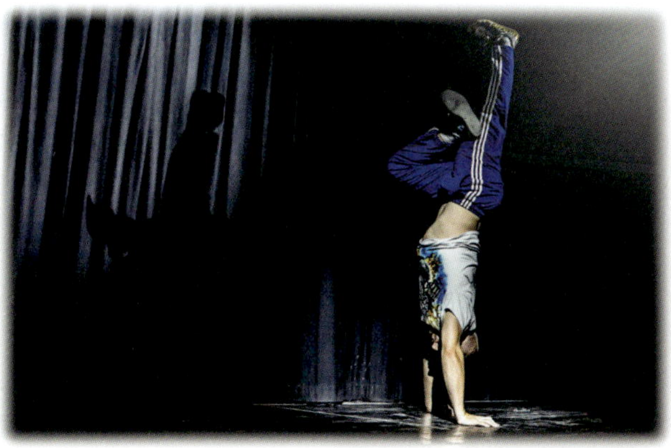

Das sind plötzlich stillstehende Haltungen aus dynamischen Bewegungsabläufen heraus, in verschiedensten, oft unvorstellbaren Posen auf Kopf, Händen, Schulter, Ellbogen usw., die am Ende eines Tanzablaufs eingesetzt werden. Essenziell dabei ist, dass diese wirklich kurz (im Sekundenbereich) still stehen und bestenfalls auf den Beat der Musik abgestimmt angewendet werden. Ebenso ist es auch üblich, diese innerhalb eines Sets einzusetzen oder gar eine ganze Kombination von Freezes nacheinander durchzuführen.

3.1.8 Bboy-Stance

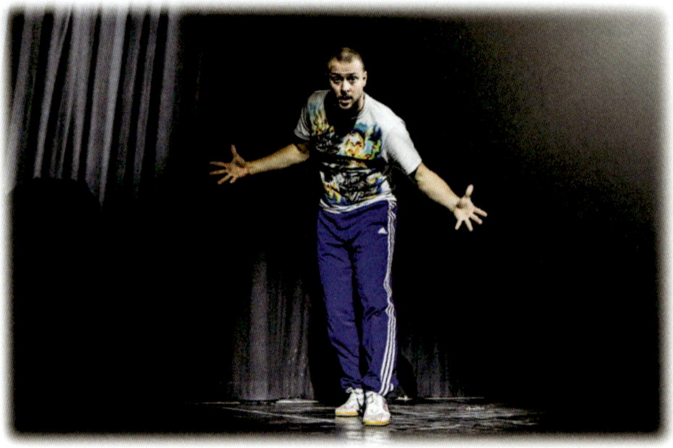

Als *Bboy-Stance* bezeichnet man die Haltung oder Pose, mit der ein Bboy/Bgirl sein Set beendet. Die Haltungen können dabei sehr vielseitig sein. Es reicht von einer Verbeugung über verschränkte oder in die Hüfte gestemmte Arme, Gesten mit den Fingern/Händen oder es wird der Oberkörper nach hinten geneigt und eine bestimmte Grimasse gezogen, die besonders cool aussehen soll.

Historisch wird auch davon gesprochen, dass dies unter anderem auf das *Post-up* zurückgeht, bei dem die Drogenverkäufer ihren Posten bezogen haben, um hiermit zu zeigen, dass sie nun „diese Ecke besetzt hatten". Wie allerdings der Name „Bboy-Stance" schon sagt, geht es hier darum, das Ende des Getanzten deutlich zu machen, wie das Ausrufezeichen am Ende eines Satzes.

3.1.9 Set

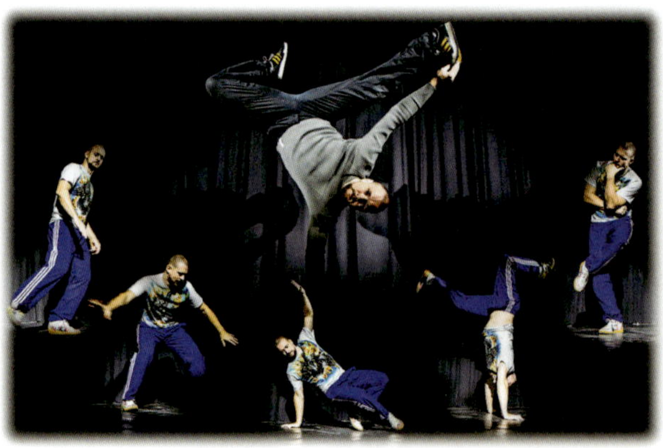

Wenn man im Breaken in den Circle geht, plant man, einen möglichst vollständigen Tanzablauf zu vollziehen. Dieser Tanzablauf besteht, grob formuliert, aus den zu Beginn genannten fünf Anteilen. Von den Top-Rocks geht man über einen Go-Down in Footworks oder Powermoves über, um am Ende mit einem Freeze und einem Bboy-Stance abzuschließen.

Das ist wie bei einem Satzbau: Man beginnt den Satz mit einem Großbuchstaben, das Top-Rocks-Tanzen im Stehen, dann kommt der Inhalt des Satzes, der im Tanz auch Message genannt wird, mit den Footworks und/oder anderen Moves. Am Schluss endet der Satz mit einem Freeze und als Satzzeichen wird ein Bboy-Stance gesetzt. Dieser Ablauf kann auch variiert werden und Saltos und Sprünge werden oft als explosives Intro zusätzlich vor oder in den Top-Rocks verwendet.

3.1.10 Unterrichtsprojekte

Eine ergänzende und wichtige Rolle im gesamten Training spielt das Bewusstsein, dass nicht ständig an ein und derselben Sache gearbeitet werden kann. Die Muskulatur ist irgendwann ermüdet, die aufprallenden Körperteile schmerzen zu sehr, um fortwährend auf die gleiche Weise zu stürzen und überhaupt ist Breaken vielseitig genug, um regelmäßig zu anderen Übungen zu wechseln.

Damit die Schüler einen Überblick behalten und mit der Zeit die fortlaufende Didaktik erkennen können, muss man den Stoff in Unterrichtsprojekte einteilen. Der Schüler kann, je nach körperlicher Verfassung, Lust, Kreativität und Motivation, an verschiedenen Moves weiterarbeiten. Somit benenne ich im Unterricht die Einführung einer neuen Bewegung auch immer als neues Unterrichtsprojekt.

Wichtig hierbei ist, dem Schüler den Impuls zu geben, ihm aber dennoch den Raum zu geben, manche Unterrichtsprojekte auf später oder nie verschieben zu dürfen. Einige Bewegungen werden auf dem selbst gewählten Weg eines Bboys/Bgirls manchmal erst Jahre später wichtig und für andere sind sie wiederum essenziell für das aktuelle Weiterkommen.

Abschließend: Hieran kann man schon gut erkennen, dass weit mehr als nur Bewegungsabläufe und Tanzen gelernt wird. Es ist tatsächlich, wie zuvor schon beschrieben, eine Sprache, die allumfassend von allen Bboys weltweit gelernt und verstanden wird. Dies unterstreicht auch nochmals, dass die HipHop-Kultur wirklich als eigene Kultur verstanden werden kann und weit mehr leistet als viele andere Kulturen, die oft einschränkend interpretiert und abgrenzend gelebt werden.

3.2 UNTERRICHTSMETHODEN

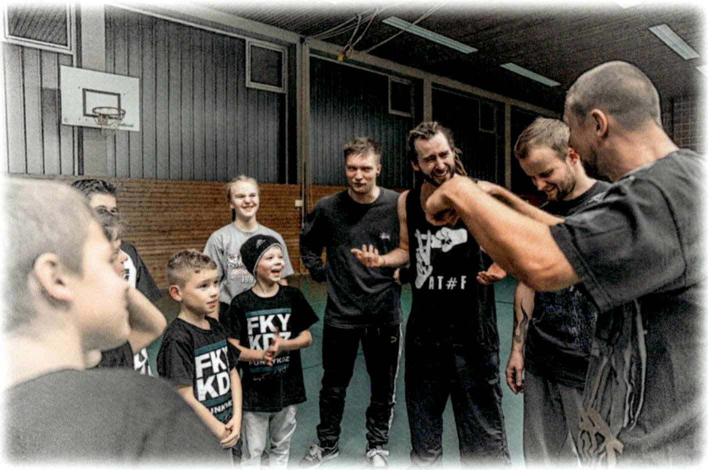

Die sinnvolle Raumeinteilung im Bboy-Unterricht verfolgt verschiedene Strategien. Einerseits ist es wichtig, dass alle zur gleichen Zeit trainieren, andererseits ist es aber auch wichtig, dass einem Schüler kurzzeitig der gesamte Raum zur Verfügung gestellt werden kann. Ebenso sollen die Aufmerksamkeit und Informationen des Lehrers jedem Schüler gleichermaßen zur Verfügung stehen und trotzdem muss jedem Schüler einzeln geholfen werden.

Nicht zu vergessen, hängt der Unterrichtserfolg davon ab, welche Raumnutzung sinnvoll ist, um die Lernbereitschaft in der gesamten Gruppe aufrechtzuerhalten. Daran wird erkennbar, dass der Bboy-Unterricht flexibler Raumnutzung und ständigen Strukturänderungen unterliegt. Hierfür braucht es verschiedene Unterrichtsmethoden.

3.2.1 Frontalunterricht

Beim *Frontalunterricht* steht der Lehrer auf einer von ihm definierten Seite des Raums und unterrichtet von dort aus alle Schüler gleichzeitig. Hierbei spielt es keine Rolle, ob der Lehrer frontal zu den Schülern oder aus methodischen Gründen mit dem Rücken zu den Schülern gerichtet steht.

3.2.2 Zentralunterricht

Beim *Zentralunterricht* steht der Lehrer in der Mitte des Raums und unterrichtet von dort aus alle Schüler in allen Richtungen gleichzeitig. Hierbei spielt es keine Rolle, in welche Richtung der Lehrer ausgerichtet ist. Es ist eventuell notwendig, die Übung in verschiedene Richtungen zu vollziehen, damit alle Schüler die Übungen aus jeder Richtung beobachten können.

3.2.3 Gruppenbetreuung

Bei der *Gruppenbetreuung* wandert der Lehrer zwischen allen Gruppen hin und her und unterrichtet die Gruppen einzeln. Hierbei ist es wichtig, immer ungefähr gleich lang bei allen Gruppen zu verweilen, damit sich keine Gruppe vernachlässigt fühlt.

3.2.4 Einzelbetreuung

Bei selbstständigem Training wandert der Lehrer durch den Raum und unterrichtet alle Schüler abwechselnd in der *Einzelbetreuung*. Hierbei kann man je nach Bedürfnis die Aufmerksamkeit und Zeit frei einteilen. Dies ist wohl die meistgenutzte Methode im Breaken.

Grundsätzlich gelten folgende Regeln

1. Je mehr Struktur (z. B. Tanzklassenaufstellung) man für die Unterrichtsführung und Raumnutzung einsetzt, desto weniger soziale und pädagogische Betreuung ist notwendig.

Pro:

- Die gesamte Gruppe arbeitet störungsfreier.
- Schwache Schüler werden oftmals besser abgeholt.

Kontra:

- Fleißige Schüler werden in ihrem Fortschritt gebremst.
- Individualität und Kreativität wird eingeschränkt.

2. Je freier und offener die Unterrichtsführung gestaltet wird (z. B. selbstständiges Training), desto mehr Zeit und Raum ist für individuelles Training gegeben.

Pro:
- Fleißige Schüler kommen schneller voran.
- Individualität und Kreativität wird gefördert.

Kontra:
- Ist die Gruppe sozial nicht etabliert, kommt es leicht zu Komplikationen.
- Schwache Schüler verfallen schneller in die Unlust.

3.3 DIE RAUMNUTZUNG: ORGANISATIONSSTRUKTUREN – DAS FERNGLAS

Die pädagogischen Fähigkeiten und Führungsskills des Lehrers sind der Dreh- und Angelpunkt für eine sinnvolle und wertige Unterrichtsführung in verschiedenen Strukturen. Einige Organisationsstrukturen, wie z. B. die Tanzklassenaufstellung, sind sozial und pädagogisch leichter zu handhaben als andere. Auch gibt es Gruppen, die manchmal einfach nicht in der sozialen oder emotionalen Lage sind, bestimmte Organisationsstrukturen, wie z. B. die Gruppenarbeit, umsetzbar zu machen.

Wenn man für sich selbst bemerkt, dass man die Gruppe nicht in den Griff bekommt, kann man über Strukturänderungen viel erreichen. Wenn man das Gefühl hat, dass es für die Gruppe keine passende Unterrichtsmethode oder Raumaufteilung zu geben scheint, um den Unterricht für alle sinnvoll zu gestalten, sollte man an den sozialen Fähigkeiten der Schüler arbeiten. In **Kap. 7.5** ist eine Methode genannt, wie Persönlichkeitsbildung gefördert werden kann. Dies ist ein Ansatzpunkt, um eine Basis für Sozialkompetenz zu schaffen.

3.3.1 Tanzklassenaufstellung

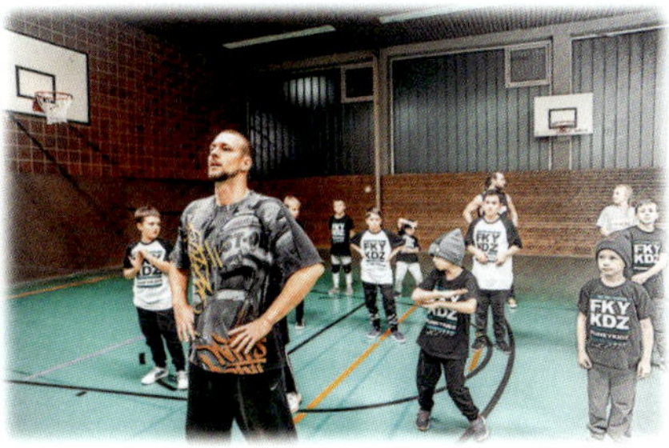

Bei einer geordneten Tanzklassenaufstellung stehen alle Schüler verteilt im Raum und sind in eine definierte Raumrichtung ausgerichtet. Hierbei ist darauf zu achten, dass jeder genügend Platz hat und der Raum vollständig genutzt wird. Bei einem sehr großen Raum empfiehlt es sich, den Arbeitsbereich einzugrenzen. In einer Turnhalle können die Linien am Boden oder Langbänke als räumliche Begrenzung hilfreich sein. Ist die Gruppe zu weit im Raum verstreut aufgestellt, ist es für den Lehrer anstrengender, die Aufmerksamkeit und Kontrolle über die Gruppe zu behalten. Ebenso geht dabei das Gemeinschaftsgefühl verloren. Ist der Raum sehr klein, muss man in Gruppen einteilen und eine Gruppe nach der anderen arbeiten lassen.

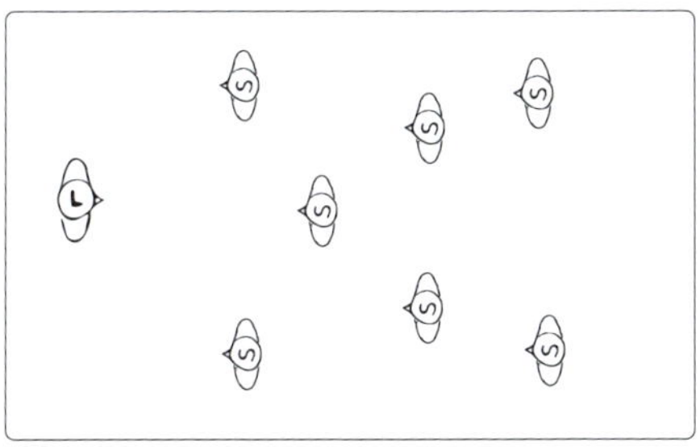

Mögliche Unterrichtsmethoden:
Frontalunterricht.

Inhalt:
Für alle die gleichen Inhalte zur gleichen Zeit.

Musik:
Zum Erklären die Musik stoppen.

PÄDAGOGISCHER TIPP

Es kann sinnvoll sein, ein Arbeitsbündnis darüber zu schließen, dass ab jetzt alle immer genau dieselbe Position in der Tanzklassenaufstellung einnehmen sollten, bis eine Änderung angesagt, besprochen oder gewünscht wird. Da beim Breaken meist mehrdimensional gearbeitet wird, ist die Tanzklassenaufstellung nicht verpflichtend in ein und dieselbe Raumrichtung ausgerichtet. Somit kann auch jeder einzelne Schüler im Laufe der Übung eine andere Ausrichtung im Raum haben.

3.3.2 Linie und Reihe

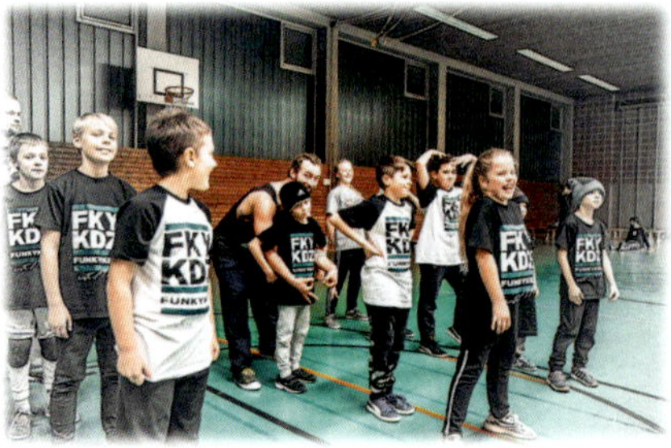

Um Übungen wie Rollen, Räder und Sprünge zu üben, ist es oft sinnvoll, die Gruppe von einer Linie aus oder in Reihen arbeiten zu lassen. Wichtig ist die klare sprachliche Unterscheidung zwischen *Linie* (alle nebeneinander) und *Reihe* (alle hintereinander).

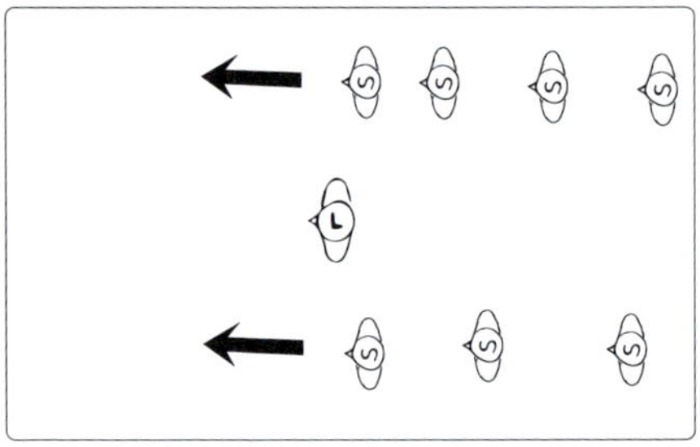

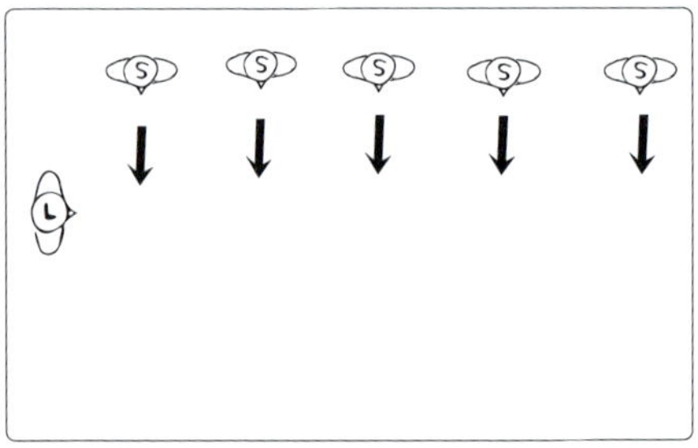

Mögliche Unterrichtsmethoden:
Frontalunterricht und Einzelbetreuung.

Inhalt:
Für alle dieselbe Übung, individuelle Level sind möglich.

Musik:
Zum Erklären die Musik stoppen.

PÄDAGOGISCHER TIPP

Bei der Reihe kann es sinnvoll sein, mehrere kleinere Reihen nebeneinander arbeiten zu lassen, da sonst lange Wartezeiten entstehen, was für Unruhe sorgt.

3.3.3 Kreisbildung um die Raummitte

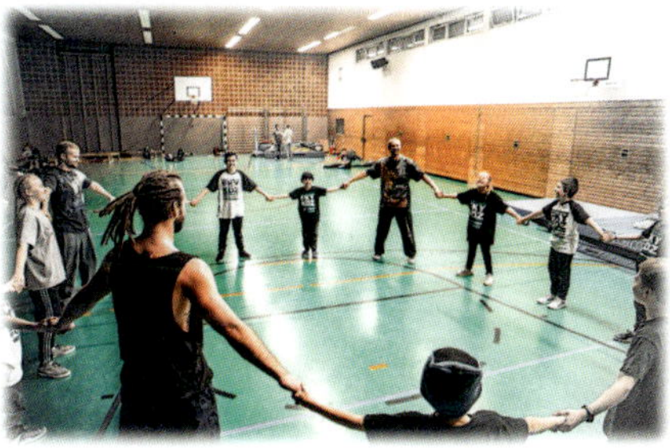

Wenn sehr viele Schüler in einem kleinen Raum zusammen trainieren, dann geht man am besten zur traditionellsten Form der Raumnutzung des Bboyings über. Die Kreisbildung um die Raummitte ermöglicht das Üben von größeren oder noch unsicheren Bewegungsabläufen, die sozusagen eine „Auslaufzone" für misslungene Versuche bieten kann. Dabei ist in den Randbereichen und Ecken des Raumes Platz für kleinere Übungsabläufe und selbstständiges Training. Dies ähnelt schon sehr dem Circle oder Cypher.

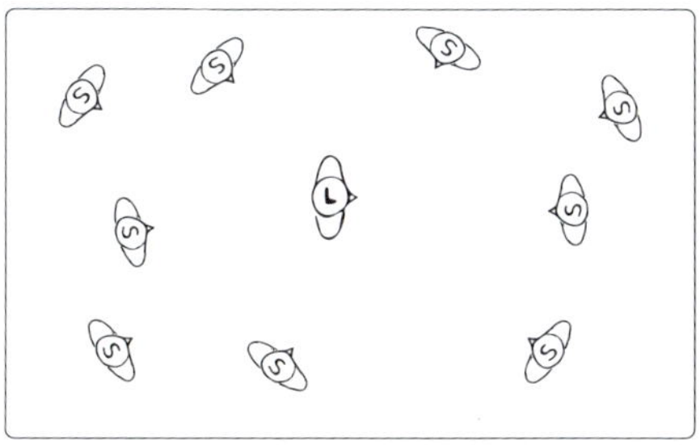

Mögliche Unterrichtsmethode:
Zentralunterricht, Einzelbetreuung.

Inhalt:
Für alle die gleichen Inhalte oder in verschiedenen Levels und individuelle Übungen.

Musik:
Dem jeweiligen Trainingsweg und der Zielsetzung angepasst.

PÄDAGOGISCHER TIPP

Hier ist es essenziell, als Lehrer selbst teilzunehmen und trotzdem alle Schüler (auch die in den Ecken und am Rand) zu beachten, Feedback zu geben und allen individuell weiterzuhelfen. Hier bestimmt man mit der Musik das Feeling der Gruppe. Aggressive Musik wird zu Powermove-Training führen, stylischer HipHop oder Funk-Musik zu mehr Footwork-Training verleiten.

3.3.4 Circle (Cypher)

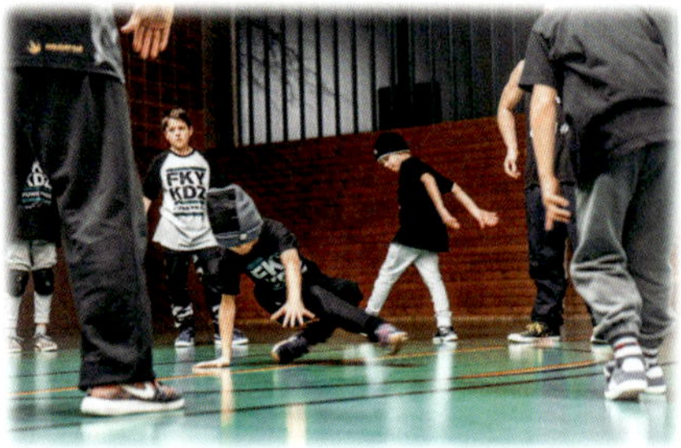

Circle ist die Aufstellung, bei der alle im Kreis auf einer Kreislinie stehen. Jeder nimmt am Circle teil, ob nun aktiv durch das Tanzen in der Kreismitte oder passiv zusehend und eventuell zur Musik klatschend am Kreisrand stehend.

Bboying tanzt man meist im „Circle", was „im Kreis" bedeutet. Dies wird auch *Cypher* genannt. Der Begriff kommt aus dem Freestyle-Rap und bezeichnet das Zusammenstehen in der Gruppe, wobei sich die Rapper mit Reimen und Themengebieten sozusagen rappenderweise unterhalten. Im Cypher gilt die „Gesprächsregel" einer nach dem anderen.

Im Breaken bedeutet das, dass einer in der Kreismitte trainiert und man sich mit den anderen in einer manchmal klar bestimmten oder unbestimmten Reihenfolge abwechselt und damit austauscht. Das ist auch der größte Unterschied zwischen dem gemeinsamen Arbeiten mit der Kreisbildung um die Raummitte und dem Cyphern. Beim Cyphern arbeitet immer nur der eine in der Mitte und alle anderen haben ihre Aufmerksamkeit in der Kreismitte, statt noch in den Ecken für sich zu trainieren. *Circle* steht somit mehr für die Aufstellung im Raum. *Cypher* bezeichnet mehr die Anteilnahme am Geschehen.

Mögliche Unterrichtsmethode:
Zentralunterricht, Einzelbetreuung.
Inhalt:
Die gleiche Übung in verschiedenen Levels, individuelle Übungen und freies Tanzen.
Musik:
Meist laut und dem jeweiligen Trainingsweg und der gewünschten Stimmung angepasst.

PÄDAGOGISCHER TIPP

Hier ist es ebenso essenziell, als Lehrer selbst teilzunehmen, alle Schüler zu beachten, direktes Feedback zu geben und allen individuell weiterzuhelfen. Dennoch geht es hier auch um das Gemeinschaftsgefühl. Schüler, die sich hier zurückziehen, nicht teilnehmen oder die Regeln brechen, brauchen gesonderte Aufmerksamkeit und ein bisschen Motivation durch Ansprache, die sie auch unbedingt durch den Lehrer erhalten sollten.

3.3.5 Mehrere Circles

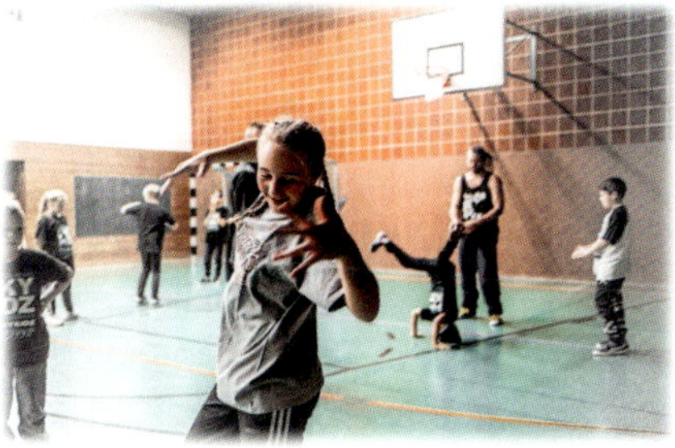

Um eine größere Schüleranzahl zum gemeinsamen Arbeiten zu bringen und sie ihrem Level entsprechend einzuteilen, kann es helfen, mehrere Circles zu eröffnen. Ebenfalls kann man hier auch methodisch die einzelnen Kreise mit verschiedenen Übungsaufgaben beschäftigen und die Schüler anweisen, regelmäßig zwischen den Kreisen zu wechseln.

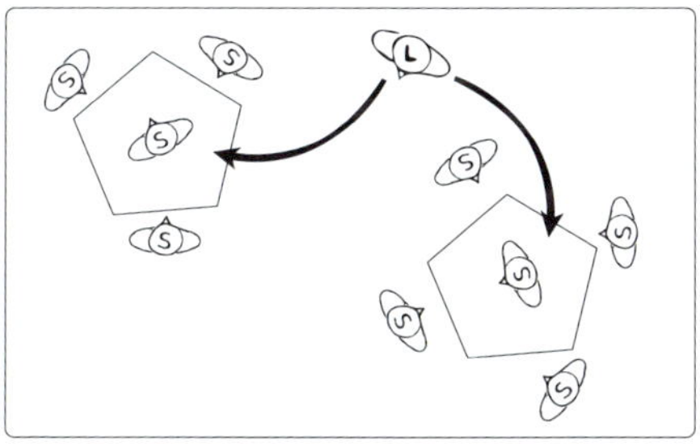

Mögliche Unterrichtsmethode:
Zentralunterricht, Einzelbetreuung, Gruppenbetreuung.

Inhalt:
Alle dieselben Inhalte, auch in verschiedenen Levels, individuelle Übungen.

Musik:
Zum Erklären die Musik stoppen, somit dem jeweiligen Trainingsweg und Zielsetzung angepasst.

PÄDAGOGISCHER TIPP

Hier ist es für den Lehrer nicht mehr wirklich möglich, teilzunehmen. Gut verteilte Aufmerksamkeit und regelmäßige allgemeine Ansagen sorgen für Übersicht und Präsenz bei den Übungsaufgaben.

3.3.6 Battle-Aufstellung

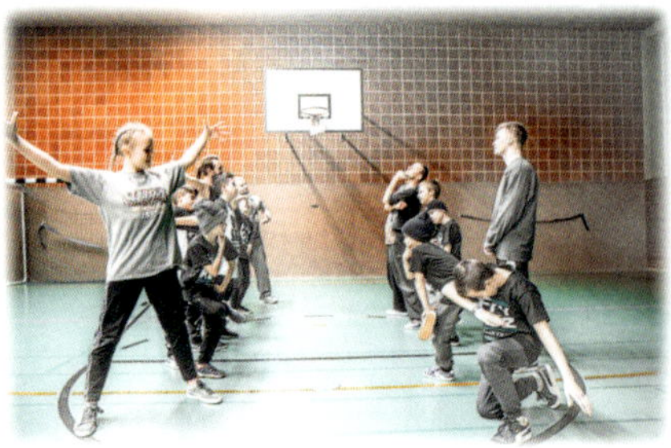

Um im Unterricht ein Trainings- oder Spaß-Battle durchzuführen, stellt man zwei Gruppen in ungefähr gleicher Anzahl auf zwei Linien gegenüber. Dabei wird im Raum zwischen den Gruppen gearbeitet und die Reihenfolge springt immer von einer Gruppe zur anderen. Es ist wichtig, vorher die Regeln zu erklären und das Leistungslevel der beiden Gruppen möglichst ausgeglichen zu halten.

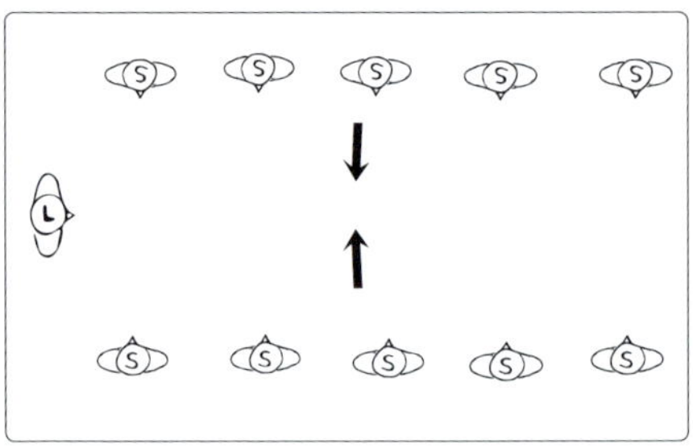

Mögliche Unterrichtsmethode:
Zentralunterricht, Einzelbetreuung, Gruppenbetreuung.
Inhalt:
Alle dieselben Inhalte in verschiedenen Levels, individuelle Übungen.
Musik:
Zum Erklären die Musik stoppen, sonst der Zielsetzung angepasst.

PÄDAGOGISCHER TIPP

Man kann sowohl teilnehmen als auch als Jury dienen. Wenn man teilnimmt, sollte man sich allerdings an das Level der Teilnehmer anpassen und inspirierend, nicht übertrumpfend, wirken.

3.3.7 Freie Raumnutzung

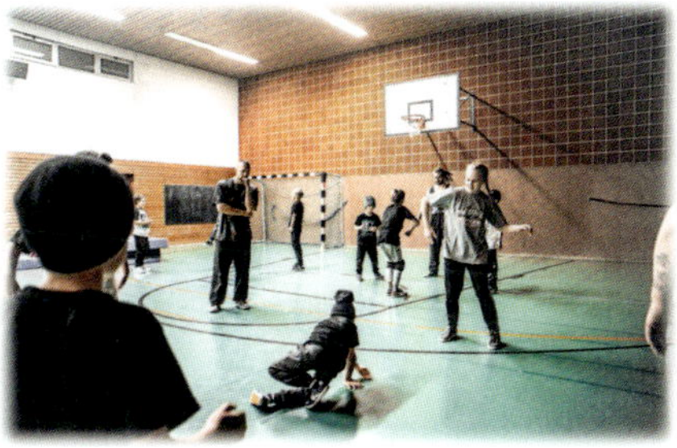

Im freien Training dürfen alle zur gleichen Zeit in frei gewählten Bereichen im Raum trainieren. Dies ist allerdings immer nur temporär sinnvoll, da man nicht 60 Minuten voll durchtrainieren kann. Meist ist es so, dass ein paar fortgeschrittene Schüler bereits frei im Raum arbeiten können und wollen, einige im Grundlagenlevel mehr in der Gruppe zusammenarbeiten und neu Dazugekommene direkt und individuell betreut werden müssen. Es ist äußerst selten, dass für Schnupperschüler, die nur „probieren" möchten, eine neue Anfängergruppe eröffnet wird. Daher nehmen sie ganz regulär an der Stunde teil. Somit muss der Raum so eingeteilt werden, dass alle Bedürfnisse erfüllt werden können.

Man eröffnet den eigenständig Arbeitenden einen Bereich zum freien Cypher-Training. Die Kleingruppen bekommen ihre Bereiche, um gemeinsam und abwechselnd arbeiten zu können und für die Einsteiger und Schnupperschüler nimmt man sich eine Ecke oder Seite des Raums und arbeitet mit diesem Schüler an dieser Stelle.

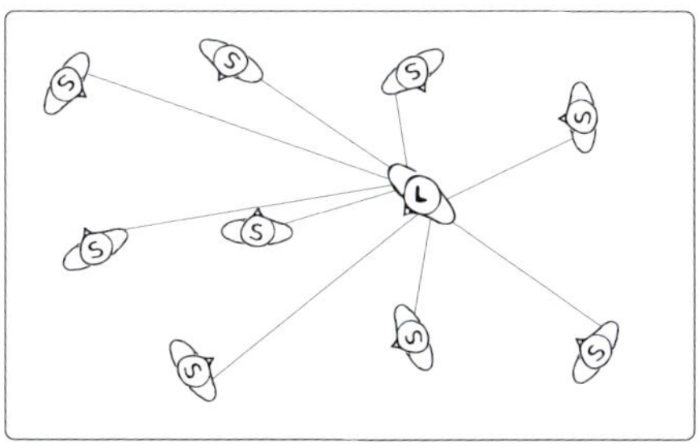

Mögliche Unterrichtsmethode:
Zentralunterricht, Frontalunterricht, Einzelbetreuung, Gruppenbetreuung.

Inhalt:
Alle dieselben Inhalte in verschiedenen Levels, individuelle Übungen, Gruppenarbeit

Musik:
Zum Erklären die Musik stoppen, sonst dem Trainingsweg und Zielsetzung angepasst.

PÄDAGOGISCHER TIPP

Das ist die sinnvollste Methode, um ein Breaktraining zu halten, allerdings auch die anspruchsvollste. Es gehört eine Menge Erfahrung, Menschenkenntnis und pädagogisches Geschick dazu, hierbei alle Schüler zu erreichen, keinen zu vernachlässigen und ein gutes Maß an Lernerfolg und Schwierigkeitsgrad zu gewährleisten und gleichzeitig die Motivation aufrechtzuerhalten.

Beim freien Training kann man sich auch immer wieder seinem eigenen Training widmen. Es gibt Diskussionen darüber, ob das den Unterricht vernachlässigen könnte. Man muss allerdings bedenken, dass man als Lehrer ein wahres Vorbild und ein echter Mentor auf der Reise durch die Untiefen der „Trainingsleiden" ist. Wenn Schüler die Möglichkeit bekommen, den Lehrer beim Arbeiten, Schwitzen und auch Scheitern und Fallen zu sehen, dann werden seine Aussagen authentisch. Der Lehrer darf allerdings niemals den Blick für die Gruppe verlieren. Sollte dies gesichert sein, ist das eigene Training des Lehrers die Musterausgabe oder sozusagen auch eine Kopiervorlage für die Schüler. Das schafft durch Körpersprache und Vorbildverhalten pure Motivation, es dem Lehrer gleichzutun!

3.4 TRAININGSKONZEPTE – DER KOMPASS

Aus dem konventionellen Tanzunterricht ist man in gewisser Weise gewöhnt, dass der Lehrer vor dem Spiegel steht und frontal oder mit dem Rücken zur Gruppe unterrichtet. Beim Breaken wird man von Beginn an große Unterschiede feststellen. Wie schon erwähnt, sind die verschiedenen Strategien zur Raumnutzung und das selbstständige Arbeiten für Anfänger vollkommen neu. Dazu kommt noch, dass verschiedene Leistungslevel zusammen in derselben Gruppe üben und im Laufe eines Trainings jeder andere Moves trainiert.

Aber das ist längst noch nicht alles. Denn beim Breaken handelt es sich um einen Tanz, eine Sprache, eine Kunstform und eine Sportart in ein und derselben Tätigkeit. Dies führt automatisch dazu, dass man das Bewegungsmaterial auf verschiedene Arten betrachten, erarbeiten, üben und trainieren muss. Nachdem wir verstanden haben, wer mit welchem Leistungslevel im Unterricht arbeitet, wissen wir auch, was wir unterrichten möchten und welche Raumnutzung für die aktuelle Gruppe und Stimmung am besten geeignet ist.

Bei Anfängern ist es noch nicht von Bedeutung, anzusagen, welches Trainingskonzept man gerade nutzt. Jedoch sollte man das für sich geklärt haben, um die Aufgabe, Organisationsform und Raumnutzung eindeutig zu definieren. Bei Fortgeschrittenen sollte man deutlich machen, worauf beim Training jetzt geachtet werden muss. Hiermit steuert man die Wahrnehmung und Trainingsweise des einzelnen Schülers im selbstständigen Arbeiten und hilft ihm, dabei den Fokus auf verschiedene Aspekte zu lenken.

Somit bestimmen die Trainingskonzepte die übergeordneten Aufgaben und Richtungen im selbstständigen Arbeiten des Schülers mit angesagten oder vom Schüler selbst gewählten, individuellen Unterrichtsprojekten.

3.4.1 The School: Freies Lernen/Move-Training

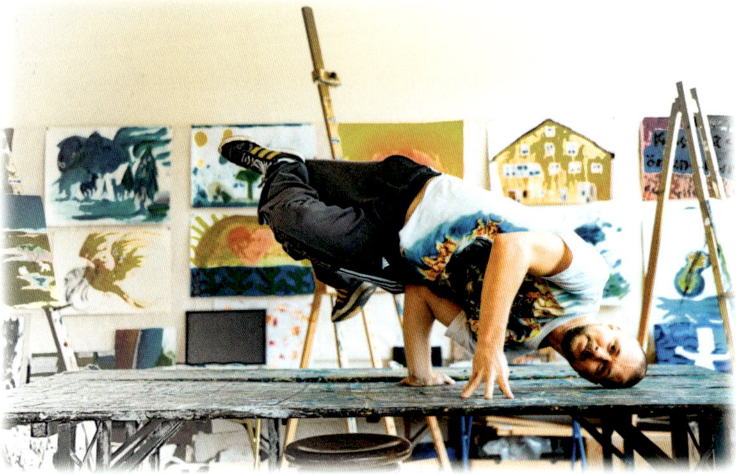

In *The School* arbeiten alle selbstständig oder auch in Teams an einem individuellen Unterrichtsprojekt. Der Lehrer hat dabei entweder allen dieselbe Aufgabe (in gleichen oder unterschiedlichen Levels) gegeben oder das freie Training angesagt. Hier geht es um das Erarbeiten, Erlernen, Etablieren oder Variieren einer einzelnen Bewegung oder eines Bewegungskonzepts durch viele Versuche oder Wiederholungen.

Die Rolle des Lehrers: Der Lehrer muss während der freien Trainingszeit viel erklären, ansehen und kontrollieren, reflektieren, erfragen, Hilfestellung geben und auch wiederholt vormachen.

Voraussetzungen: Dieser Trainingsweg ist für jedes Leistungslevel geeignet und üblicherweise verbringt man im Unterricht die meiste Zeit mit dieser Art des Trainings.

3.4.2 The Laboratory: Kreative Arbeit

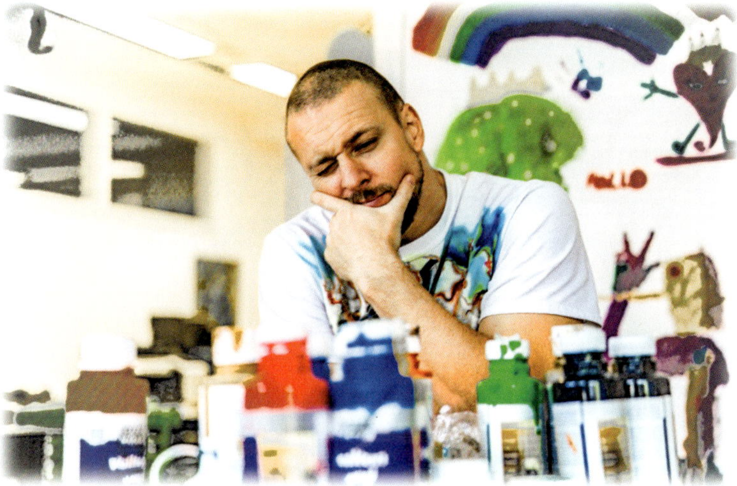

Im *Laboratory* arbeiten alle selbstständig und möglichst unabhängig voneinander. Die Aufgabe besteht darin, eine Bewegung um eigene Ideen zu erweitern oder zwei und mehr Bewegungen durch verschiedene Übergänge erfinderisch zu verbinden. Dies ist eine kreative Arbeit und erfordert eine gewisse soziale Kompetenz von den Schülern. Wenn diese schon gut etabliert ist, kann man einen Schritt weitergehen und die Aufgabe stellen, völlig neue Bewegungsideen zu entwickeln, unabhängig von schon Bekanntem. Zielsetzung ist die Erweiterung der Repertoires und der Bewegungsvielfalt im individuellen Arbeiten.

Die Rolle des Lehrers: Der Lehrer muss vor der freien Trainingszeit die Grundbewegung vormachen, darf aber die Aufgabe nur sprachlich umschreiben. Für Einsteiger kann es nützlich sein, 1-2 Beispiele für Erweiterungen vorzumachen, aber nicht großartig zu erklären. Für Fortgeschrittene geht es darum, ihren eigenen Style zu entwickeln und, möglichst ohne Bewegungsbeispiele vom Lehrer, auf ihr eigenes Körpergefühl oder ihre eigene Idee zurückzugreifen.

Voraussetzungen: Dieser Trainingsweg wird erst ab einem bestimmten Lernniveau sinnvoll. Denn erst wenn die Grundlagen und Grundschritte erarbeitet und etabliert sind, kann man seinen Körper auch stilgemäß schöpferisch tätig werden lassen. Die Natur der Sache muss grundsätzlich verstanden sein, um hier auch zu einem für den Schüler befriedigenden Ergebnis kommen zu können.

3.4.3 The Gym: Fitness- und Routine-Training

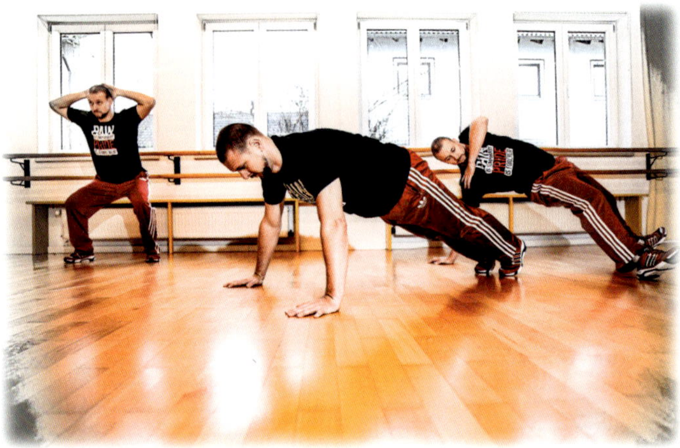

Liegestütze, Situps, Handstandübungen und vieles mehr sind die Grundübungen für diesen Trainingsweg. Viel mehr ist aber gefragt, Bewegungen, die man schon annähernd beherrscht, oft zu wiederholen, um einen Kräftigungseffekt in der Funktionsmuskulatur für die spezifische Bewegung zu erzielen. Das heißt, die Bewegung so lange zu trainieren, bis eine Erschöpfung nur durch das Üben der Moves erreicht wird, um dann noch ein bisschen weiter über die Belastungsgrenze zu gehen.

Hierbei ist es wichtig, zu kommunizieren, dass sich durch die Ermüdung der Körper neu anpasst. Stützpositionen, Balance und Timing verbessern sich, da man nicht mehr auf die volle Kraft zurückgreifen kann. Der Körper passt dann automatisch die statischen Positionen, der Anatomie entsprechend, an die verminderten Kräfteverhältnisse an. Das verbessert die Feinabstimmung der Koordination maßgeblich.

Die Rolle des Lehrers: Der Lehrer muss anfeuern, anheizende Musik auflegen, motivieren und am besten eine zahlenmäßige Zielvorgabe der zu verrichtenden Wiederholungen vorgeben. Selbst mitzumachen und als Vorbild zu dienen, ist natürlich auch sehr hilfreich. Der Rest ist die Pflege der Arbeitsstimmung in der Gruppe.

Voraussetzungen: Diesen Trainingsweg sollte man unbedingt gegen Ende des Unterrichts oder Trainings angehen. Die koordinativen und kreativen Übungen sollten abgehandelt sein, denn nach einer „Gym-Session" ist die Fähigkeit, Neues aufzunehmen, sehr eingeschränkt. Man kann auch das gesamte Training als Gym-Session planen. Dann ist es allerdings wichtig, die Übungen in eine Reihenfolge zu bringen, die den jeweiligen Kraftverbrauch mit einrechnet und, wenn möglich, zwischen stark geforderten Körperteilen abzuwechseln.

3.4.4 The Set-Training: Kombination von Moves

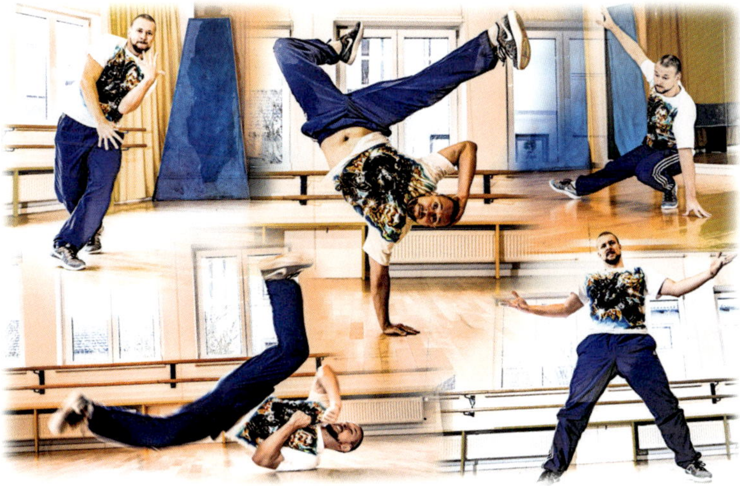

Wenn einzelne Schritte und Moves schon erarbeitet sind, dann werden diese erst zu einem kleinen Set (Mikroset) und dann zu einem komplett neuen Set zusammengestellt oder in ein schon bestehendes Set eingebaut. Es gilt dabei, das komplette Set immer wieder zu trainieren, um es zu verbessern, mögliche Probleme bewegungstechnisch zu bereinigen und für den Circle oder ein Battle so aufzubereiten, dass man sich daran erinnern kann. Genauso erarbeitet man sich durch das Set-Training neue Übergänge und Verbindungen, was das gesamte Tanzen wiederum kreativer und individueller machen wird.

Die Rolle des Lehrers: Der Lehrer muss beobachten und individuell zu Ideen anregen. Um dem Schüler wirklich sinnvolle Unterstützung geben zu können, braucht man einiges an Erfahrung. Bei vielen gleichzeitig trainierenden Schülern, die kreativ arbeiten, ist es nicht so einfach, die einzelnen Bewegungsimpulse auch zu sehen.

Voraussetzungen: Dieser Trainingsweg ist noch nichts für den komplett neuen Einsteiger und auch den Anfänger wird dies nur über kurze Sequenzen hinweg beschäftigen. Es braucht hierfür etabliertes Bewegungsmaterial, das über verschiedene Wege zusammengebracht werden kann. Auch hier gilt, dass die Natur der Sache grundsätzlich verstanden sein muss, um zu einem für den Schüler befriedigenden Ergebnis kommen zu können.

3.4.5 The Circle/Cypher: Einfach tanzen

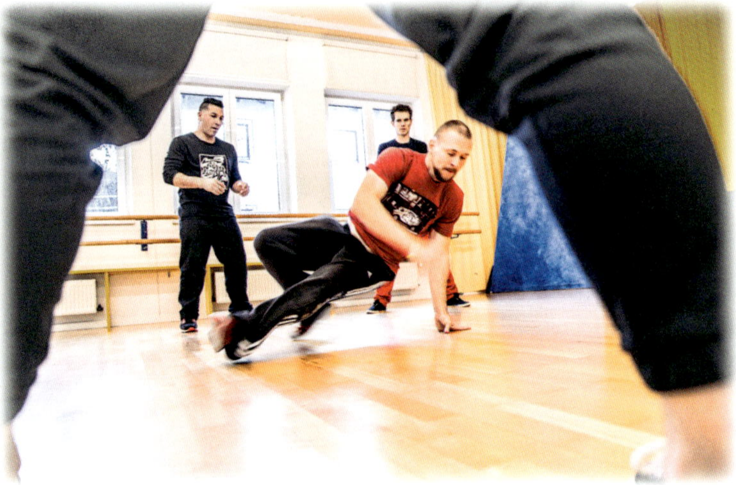

Hier wird getanzt! Das ist das Ziel des Trainings. Das ist die Schule der Freude am Tanzen. Es kann aber auch wie eine Prüfung verstanden werden, bei der man sich direkt bei sich selbst und an der Reaktion der anderen sein Feedback holen kann. Im Kreis zu tanzen, die Aufmerksamkeit der ganzen Gruppe zu haben und sich ganz frei in der Mitte zu bewegen, kann positiv „pushen" und Kraft geben, aber gerade zu Beginn auch beängstigend wirken. Je mehr man allerdings so trainiert, desto zielorientierter wird auch das restliche Training. So sollte der Circle auch in jeder Unterrichtsstunde den Abschluss des Trainings bilden. Somit kann man den Circle die ganze Stunde im Hinterkopf behalten und als Alpha und Omega der Eigenmotivation nutzen.

Die Rolle des Lehrers: Man kann als Lehrer zum Beispiel die Reihenfolge festlegen, wenn noch unerfahrene oder gar schüchterne Schüler dabei sind. Dies hilft auch, die Regel „einer nach dem anderen" zu etablieren. Bei erfahrenen Gruppen sollte man aktiv teilnehmen und bei guten Schülern ein bisschen konkurrieren oder zumindest provozieren. Damit unterrichtet man gleich ein bisschen die sogenannte *Battle-Attitude* und inspiriert zu härterem Training. Gerade bei Jungs kann ein bisschen *Competitiveness* (= freundschaftliches Konkurrenzverhalten) stark motivierend wirken.

3.5 TRAININGSMETHODEN – DIE TOOLS

Jetzt geht es an das sogenannte *Eingemachte*. Hier kommen nun verschiedenste Werkzeuge zur Sprache, die als differenziertes Sammelsurium dabei helfen sollen, den harten und schwierigen Unterricht für Schüler und Lehrer positiv, abwechslungsreich, künstlerisch und motivierend zu gestalten. Wenn man als Schüler die Hürden der ersten Bewegungen und Sets überstanden hat, dann geht es darum, dranzubleiben und dieselben Dinge wieder und wieder auf verschiedene Weise zu trainieren. Dadurch bleibt der Unterricht interessant und das Trainingsergebnis wird trotz verändertem Fokus weiter vorangebracht.

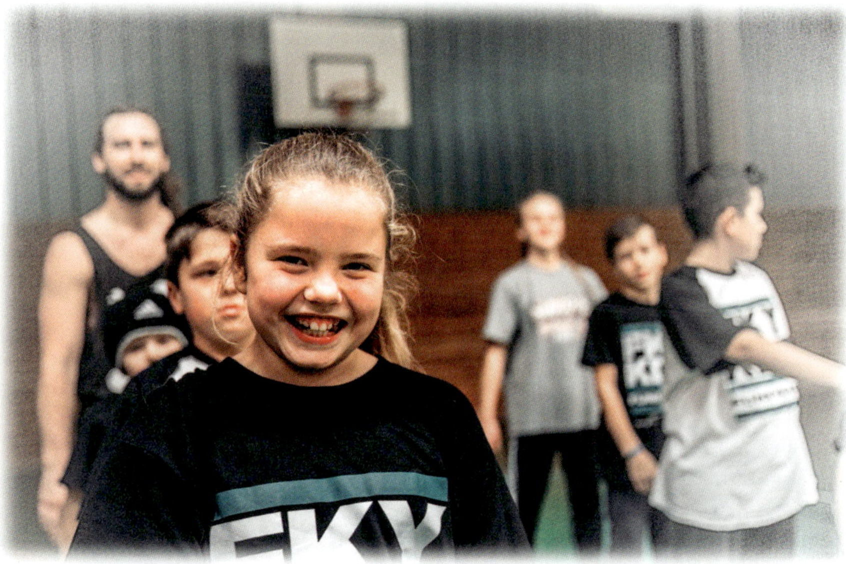

3.5.1 Cyphern: Freies Training im Kreis

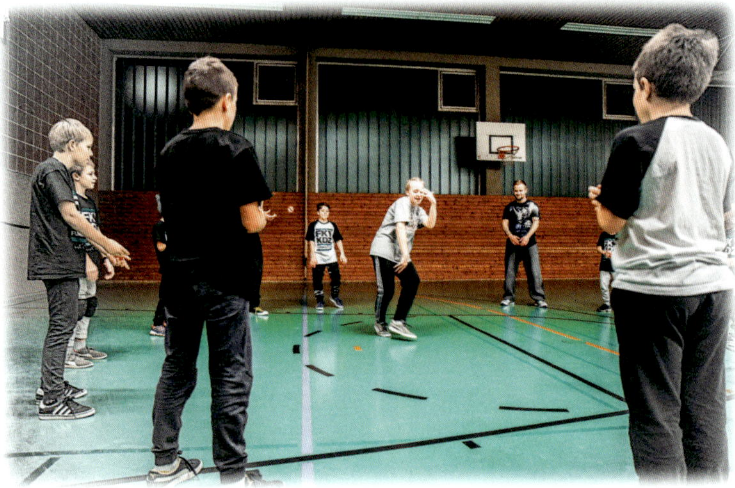

Das jetzt ein weiteres Mal erwähnte Cyphern kann sowohl als eine Trainingsmethode, zur Raumnutzung oder als Unterrichtsmethode genutzt werden. Innerhalb der Unterrichtsmethode „Cyphern" sind alle Trainingsmethoden als Vorgabe möglich. Dafür muss der Lehrer zuvor eine klare Ansage machen und den Schülern die Aufgabe bzw. das Thema deutlich machen. Wichtig ist, dass die Schüler bereits sozial und technisch so weit etabliert sind, dass selbstständiges Arbeiten und eigene Unterrichtsprojekte unter Beobachtung aller, ohne Einzelbetreuung, umgesetzt werden können.

Ablauf

Die Musik starten, sich im Kreis aufstellen und los geht's. Jeder darf teilnehmen, einer nach dem anderen, ohne Reihenfolge – keiner muss teilnehmen. Es wird getanzt, trainiert, gebattlet oder man unterhält sich in „Bboy-Sprache" durch die Bewegungen miteinander. Man genießt die Musik, die Gemeinschaft, das gemeinsame Üben und die Unterstützung der anderen durch Applaus und Anfeuern. Hier öffnet sich der Raum zum Experimentieren, Ausprobieren und Nachahmen, um zu inspirieren und sich inspirieren zu lassen. Hier sind alle gleich, hier sind alle Teil der Gemeinschaft. Der Lehrer macht selbst ganz normal mit und arbeitet in seinem Level an seinen Moves. Das ist Bboying/Bgirling: einfach, leicht, beschwingt – wie eine kleine Party!

PÄDAGOGISCHE AUFGABE

Dieser Raum ist unbedingt wertfrei zu halten. Hier ist auch wenig Platz für „Battle-Attitude" (s. **Kap. 8.2**) oder Konkurrenzkampf. Es darf gern positiv gepusht werden, jedoch muss die Struktur vom Lehrer unbedingt im Rahmen einer gemeinschaftlichen Zusammenarbeit zu einem „Einer-für-alle-alle-für-einen-Gefühl" angehalten werden.

DIDAKTISCHE PLATZIERUNG

Das Cyphern sollte unbedingt Teil eines jeden Unterrichts sein und immer am Ende einer Stunde platziert werden. Je besser und selbstständiger die Schüler werden, desto mehr Zeit des Unterrichts kann hierfür – nach einem ordentlichen Warm-up – verwendet werden.

3.5.2 Kill the Fifteen: 15 Wiederholungen

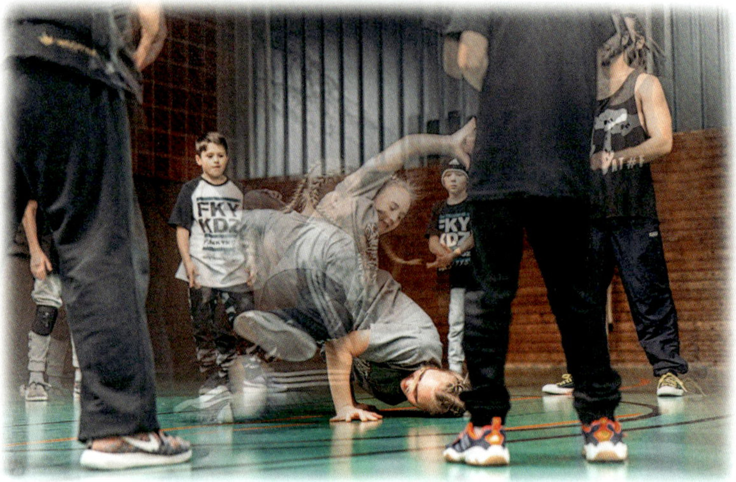

Hiermit ist das Durchhalten von 15 Versuchen/Wiederholungen ein und derselben Bewegung gemeint. Oft ist es schwer, die Schüler zu motivieren, eine Sache oft zu versuchen und dranzubleiben, wenn man scheinbar keinen Erfolg durch das Üben verzeichnen kann. Durch die gemeinsame Zeit, sich mit der Aufgabe und demselben „Leiden" über einen begrenzten Zeitraum zu beschäftigen, wächst die Motivation in der Gruppe.

Kill the Fifteen fördert die Gemeinschaft, was die Bereitschaft des Ertragens steigert. Die erhöhte Leidensfähigkeit jedes Einzelnen sorgt dann dafür, dass die harten Zeiten auch von weniger motivierten Schülern mit mehr „Biss" überstanden werden. Hier lernen die Schüler auch, über ihre Grenzen zu gehen und spazieren zwar körperlich erschöpft, aber mental gestärkt, aus dem Training.

Ablauf

Man stellt sich im Kreis auf und der Lehrer erklärt die Regeln:

1. Einer nach dem anderen.
2. Im Uhrzeigersinn oder im Gegenuhrzeigersinn.
3. Jeder pro Durchlauf drei Einzelversuche der ausgesuchten Übung, sodass es fünf Runden im Kreis gibt.
4. Ausnahme: Wenn ein Schüler während der Übung einen Körperteil überstrapaziert oder sich leicht verletzt, darf er zu einer anderen Übung wechseln oder aussetzen.

Dann eröffnet der Lehrer, indem er beginnt, nachdem er motivierende Musik aufgedreht hat. Es ist wichtig, dass man für die Schüler die Runden im Kreis mitzählt, um die Übersicht zu behalten.

PÄDAGOGISCHE AUFGABE

Es ist von großer Bedeutung, als Lehrer mitzumachen, eine Bewegung, an der man scheitert (oder noch nicht so sicher ist), trainiert und dafür sorgt, dass die Stimmung fokussiert und diszipliniert bleibt. Man muss für die Einhaltung der Reihenfolge und unbedingt für das Abarbeiten der genauen Anzahl sorgen. Anfeuern, anheizen und selbst hart zu trainieren, fördert den gesamten Teamgeist zusätzlich und gibt ein Beispiel für das gewünschte Verhalten. Glaubwürdigkeit und Authentizität im Unterricht kann man als Lehrer nur als echtes Vorbild erreichen. Ein leider oft vergessener Spruch im Coaching und Unterrichten ist: „Verlange nie etwas von deinen Schülern, was du selbst nicht leisten kannst!"

DIDAKTISCHE PLATZIERUNG

Kill the Fifteen sollte unbedingt nach einem ordentlichen Warm-up und nach dem Lernen und Üben von koordinativ aufwendigeren Aufgaben platziert werden. Am besten stellt man vorher die Aufgabe, dass jeder Schüler ein Unterrichtsprojekt aussuchen und erarbeiten soll, an dem er in der Trainingsübung weiterarbeiten möchte.

3.5.3 Olympiade: Zeit und Anzahl

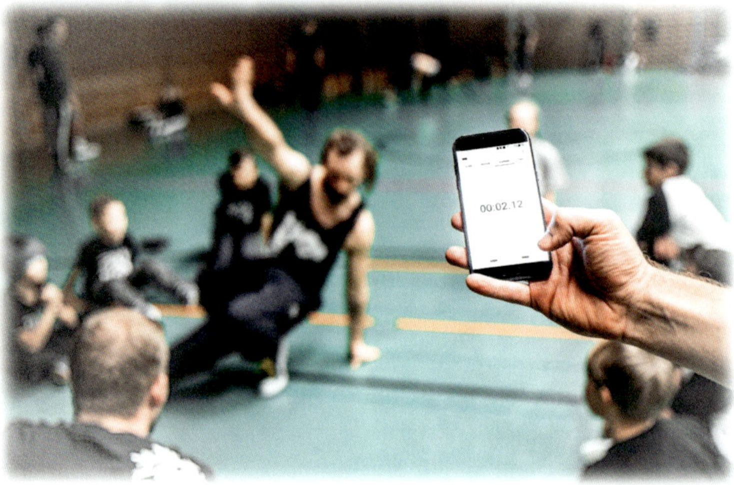

Dies ist der spielerische Wettstreit mit einer Einzelbewegung als Vorgabe. Dies dient ebenso zur Trainingsmotivation. Hier wird eine schon bekannte Übung wiederholt und extra trainiert, damit diese weiter etabliert werden kann. Allzu oft kommen Schüler zu mir und wollen eine neue – auf der aktuellen Bewegung aufbauende – Bewegung lernen, haben aber die dafür benötigten Fertigkeiten in der momentanen Bewegung noch nicht erarbeitet. Die *Olympiade* weckt hier die Motivation, sich mit der momentanen Bewegung wirklich noch einmal intensiv und zielgerichtet auseinanderzusetzen.

Ablauf

Die gesamte Gruppe bekommt die Aufgabe, eine einzige Bewegung, z. B. den Six-Step ausgiebig zu üben. Bestenfalls gibt man ein Zeitfenster zwischen fünf und 15 Minuten für die Vorbereitung. In dieser Zeit wird dann trainiert. Nach Ablauf der Trainingszeit beginnt dann die *Olympiade*.

Ein Beispiel der Regeln für eine Six-Step-Olympiade könnte sein:

1. Man gibt eine Ausgangsposition vor.
2. Die Aufgabe lautet: 10 Runden am Stück ohne Fehler umzusetzen.
3. Eine fehlerhafte Runde wird nicht gezählt.
4. Es werden die Sekunden gemessen, bis die 10 Runden vollbracht sind.
5. Gewonnen hat der, der am schnellsten 10 saubere Runden Six-Step umsetzen konnte.

Ein Beispiel der Regeln für eine Backspin-Olympiade könnte sein:

1. Man gibt die Position vor, ab wann die Runden gezählt werden.
2. Der Eingang zum Backspin kann nach Belieben variieren.
3. Es werden die vollendeten Runden + ¼ - ½ - ¾ gezählt, bis der Schüler komplett stehen bleibt.
4. Man darf drei Versuche hintereinander starten.
5. Gezählt wird der Versuch mit der höchsten Rundenzahl – oder alternativ werden alle Runden zusammengezählt.
6. Gewonnen hat der Schüler mit der höchsten Rundenzahl im besten Versuch – oder alternativ der Schüler mit der höchsten Gesamtsumme aller Runden.

Es gibt noch viele andere Varianten und Regelwerke, hier sind der Fantasie wieder keine Grenzen gesetzt. Nach der *Olympiade* geht es ohne großes Aufsehen wieder mit dem normalen Unterricht weiter.

PÄDAGOGISCHE AUFGABE

Positiv bleiben! Die Leistungen würdigen! Gleichgültig, wie gut oder schlecht die Schüler abschneiden, jeder hat sein Bestes gegeben und das muss vom Lehrer beachtet, respektiert und deutlich zum Ausdruck gebracht werden.

Dies ist meiner Erfahrung nach überhaupt nicht demotivierend für die Schüler, die hier nicht gewinnen. Es ist eher eine gute Möglichkeit, um zu sehen, dass die Schüler, die in manchen Übungen ihre Schwächen haben, in einer anderen Übung besonders gut sind und andersherum. Dies ist auch ein Werkzeug für einen Schüler, der in der Gruppe wenig oder keinen Anschluss findet, aber immer hart trainiert (oft am Rand des Raums), um sich die Aufmerksamkeit und den Respekt der Gruppe zu verschaffen.

DIDAKTISCHE PLATZIERUNG

Die Olympiade kommt zum Einsatz, wenn die Schüler noch motiviert sind, eine Bewegung zu machen, aber so langsam in die Unlust fallen, eine schon erarbeitete Bewegung weiterhin zu trainieren. Dies setzt man eher in die Zeit des zweiten Drittels einer Stunde nach dem Warm-up und einer Eintanzphase. Damit ist gewährleistet, dass auch noch genügend Zeit und Kraft vorhanden ist, um die *Olympiade* abzuschließen und wieder in den normalen Unterricht überzugehen.

3.5.4 Linetraining: Auf der Strecke trainieren

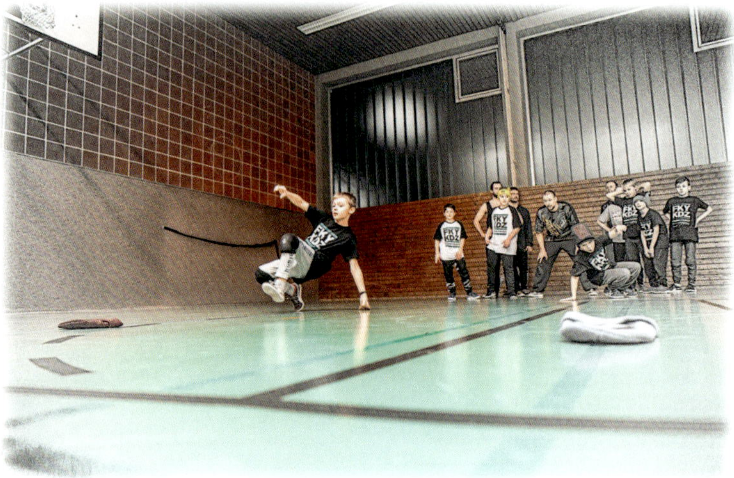

Hiermit ist das Trainieren von verschiedenen Trainingsübungen und Moves entlang einer Linie und wieder zurück, als Bewegung durch den Raum, gemeint. Dies kann man auch als Wettstreit austragen. Das ist vergleichbar mit dem „Diagonalenlaufen" im Ballett, Jazz und Modern. Allerdings mit dem Unterschied, dass es mindestens zwei Parteien sind, die nebeneinander laufen und somit manchmal ein wenig das Wettkampfgefühl aufkommt.

Ablauf

Man sucht sich eine Bewegung aus, die gerade trainiert werden soll,. beispielsweise Handstandlaufen, Monkey-Swings, Rollen usw. Dann markiert man im Raum mit zwei Punkten jeweils Anfang und Ende einer Linie. Je nach Raum- und Gruppengröße können es zwei oder mehr Linien sein. Dann teilt man die Gruppe in gleich große Teile auf.

Regeln

1. Alle Gruppen starten gleichzeitig.
2. Einer nach dem anderen.
3. Die Aufgabe wird auf der gesamten Linie auf dem Weg durchgeführt.
4. Wer sich aufrecht gehend, statt mit der Übung fortbewegt, bekommt „Extraaufgaben".
5. Man kann auch die Aufgabe stellen, auf dem Rückweg die entgegengesetzte Richtung der Bewegung zu nutzen (vorwärts/rückwärts, mit links/rechts, im Uhrzeigersinn/Gegenuhrzeigersinn).
6. Falls es ein Wettstreit ist, gewinnt die Gruppe, bei der alle Teilnehmer als Erstes fertig sind.

PÄDAGOGISCHE AUFGABE

Man ist nun Schiedsrichter, anfeuerndes Publikum und gutmütiger Kumpel, der Fehler oder Schwächen großzügig übersieht. Es ist und bleibt ein Trainingsspiel und soll auch allen, ob schwächer oder stärker, Spaß machen. Wenn die Gruppen leistungsmäßig ausgeglichen sind, suchen sich die Starken sowieso den Moment, in dem der Starke der anderen Gruppe loslegt und messen sich dann gegenseitig, schon bevor klar ist, welche der Gruppen letzten Endes tatsächlich gewinnt. Meine Erfahrung zeigt, dass diese Übung immer leistungsfördernd, aber sehr harmonisch vonstattengeht.

DIDAKTISCHE PLATZIERUNG

Diese Übung wird im Idealfall dann eingesetzt, wenn man eine Trainingsaufgabe schon über einige Stunden hinweg erarbeitet hat und alle Schüler wissen, wovon man spricht.

Handstandlaufen kann z. B. jederzeit trainiert werden, unter der Prämisse, dass jeder ganz kurz auf den Händen „vorankommt“, auch wenn man den Handstand noch lange nicht ruhig stehen kann.

Im Unterricht ist es gut, wenn die Schüler warm sind und den koordinativen Teil als ein Bewegungslernen schon absolviert haben. Trotzdem muss noch Energie für mehr Anstrengung vorhanden sein. Sehr gut ist die Übung, wenn die Schüler lustlos und gerade nicht lern- oder trainingsbereit sind. Das lockert die Stimmung und bringt wieder „Schwung in die Bude“.

3.5.5 Team-up: Als Team arbeiten

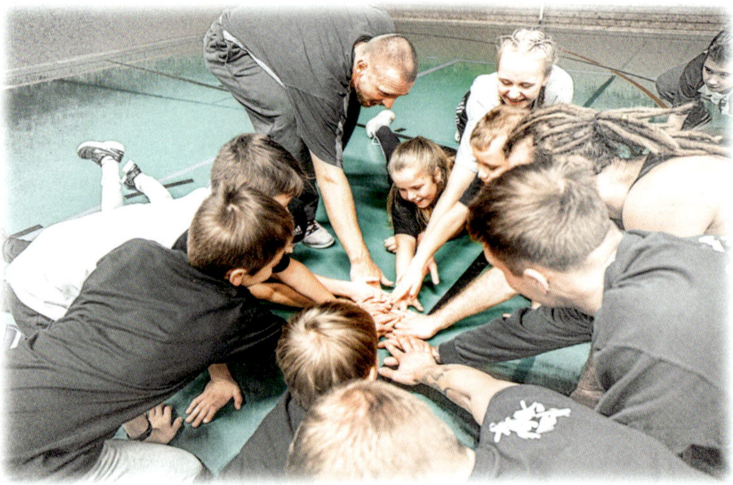

Hierunter versteht man den Zusammenschluss zweier oder mehrerer Schüler zu einer Trainingsgruppe innerhalb des Trainings. Die Schüler arbeiten dann gemeinsam an einem Projekt oder auch an verschiedenen Trainingsprojekten und bekommen somit zusätzlich die Energie und das Feedback der anderen zur Verfügung gestellt. Dies ist eine nicht zu unterschätzende Trainingshilfe, da der Mensch generell durch Zuschauer und Zuspruch motiviert wird und die Gesellschaft und Aufmerksamkeit eines Einzelnen erfahrungsgemäß unterstützend wirkt. Diese Methode stärkt das soziale Netzwerk und ist gerade für Gruppen sinnvoll, die sich noch nicht so gut kennen.

Ablauf

Man teilt die gesamte Gruppe in Kleingruppen auf. Das Kriterium ist entweder das jeweilige Trainingsthema, das Trainingslevel oder auch das Alter und die persönliche Verbindung zwischen den Teilnehmern. Dann vergibt man die Themen an die Gruppen und teilt den Raum auf die jeweiligen Teilgruppen auf. Der Platzbedarf richtet sich hier nach den Themen, der Körpergröße und dem jeweiligen Level. Die Fortgeschrittenen werden vermutlich etwas mehr Platz brauchen, da hier auch schon Powermoves und ausladende Bewegungskombinationen trainiert werden.

Ebenso ist es wichtig, die Raumeinrichtung zu beachten. Ist beispielsweise eine Spiegelwand vorhanden, ist es sinnvoll, ältere und erfahrenere Schüler näher am Spiegel zu platzieren. Erfahrene Schüler können ihren Körper schon besser kontrollieren, um bei Ausrutschern nicht in den Spiegel zu fallen. Unerfahrene und vor allem jüngere Schüler neigen oft dazu, den Spiegel als Ablenkung und „Spielzeug" zu benutzen. Dann gibt man noch einen Zeitrahmen für alle vor und los geht's.

PÄDAGOGISCHE AUFGABE

Hier besteht die Aufgabe des Lehrers in einer Mischung aus Beobachten, Einzelunterricht, Feedbackgeber und DJ. Es ist eine gute Gelegenheit, um zu beobachten, wie die einzelnen Teilnehmer in der Gruppe aufeinander reagieren und miteinander agieren. Mit dieser Trainingsmethode kann man auch sehr spezifisch auf die Themen Einzelner eingehen, die für den Rest der gesamten Klasse nicht so interessant sind. Wunderbar ist, wenn man auch mit jeder Gruppe in ihrem Thema ein bisschen mittrainiert, um als Vorbild und eine Art „Vorgabemuster" eine Idee und Vision in den Köpfen der Schüler zu pflanzen.

DIDAKTISCHE PLATZIERUNG

Die Schüler müssen aufgewärmt und schon Zeit mit dem selbstständigen Training verbracht haben, also in ihrer Übung angekommen sein. Diese Trainingsmethode ist erst sinnvoll, wenn schon alle Schüler selbstständig und zielgerichtet trainieren können. Es muss klar sein, was trainiert wird und wirklich verstanden sein, wie die zu trainierende Übung detailliert funktioniert.

3.5.6 Style Challenge: Kreative Arbeit, mit Kräftigung kombiniert

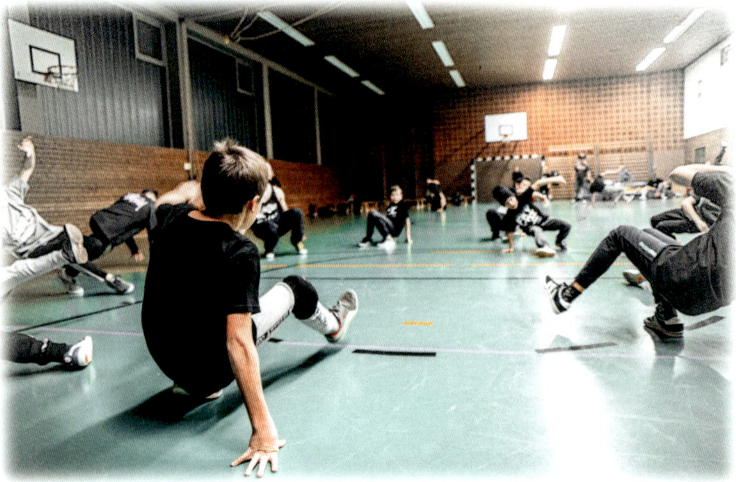

Hiermit ist das gemeinsame Arbeiten und Auf-allen-vieren-stehen-Bleiben gemeint. Ein Schüler gibt einen Style vor, zeigt diesen und alle müssen versuchen, diesen nachzumachen. Das Training hierbei ist, dass man auf allen vieren stehen bleibt, ohne die Knie zwischen den Übungen abzusetzen. Es sind grundsätzlich alle Bewegungen erlaubt und auch sämtliche Fantasiebewegungen erwünscht.

Es geht nicht um die Präsentation bekannter Moves, sondern um die gemeinsame kreative Arbeit während des Durchhaltens der Basic-Position am Boden. Inhalt der Übung ist, die bekannten Moves auszuschöpfen und durch „Blödsinn" und „Spielerei" Impulse zur Kreativität zu geben. Es soll ein heiteres, auf Freude, Lachen und Spiel basierendes „Gesellschaftsspiel" sein, in dem man körperliche und emotionale Impulse zusammenbringt.

Ablauf

Die gesamte Gruppe stellt sich im Kreis auf und es wird eine Reihenfolge/Richtung im Kreis vereinbart. Man kann zum Start zum Beispiel auch eine Flasche in der Kreismitte drehen, um den Schüler zu bestimmen, der anfängt. Dies symbolisiert schon zu Beginn den spielerischen Charakter der Methode. Dann begibt man sich gemeinsam in die Basic-Position (s. **Kap. 5.3, Grundstellung am Boden**), und das Spiel beginnt. Eine Person gibt irgendeine Bewegung oder eine kurze Kombination aus Bewegungen vor und alle müssen versuchen, sie nachzumachen.

Hierbei gibt es zwei Möglichkeiten:

1. **Ausdauer:** Jeder muss die Bewegung für sich nachmachen, während alle anderen in der Basic-Position durchhalten.
2. **Spiel:** Alle wiederholen die vorgegebene Bewegungsidee gemeinsam.

Dieses Spiel kann übrigens auch ohne das Durchhalten am Boden umgesetzt werden und nur als Quelle für kreative Ideen dienen.

PÄDAGOGISCHE AUFGABE

Hier ist man einfach Teil der Gruppe, macht mit, sorgt für gute Stimmung und bei Bedarf für Ordnung. Im weiteren Verlauf der Übung ist es dann wichtig, die Schüler anzutreiben, dass sie in der Basic-Position durchhalten. Die Schüler werden motiviert, nicht über die Bewegungen nachzudenken, sondern sich von ihrem Gefühl in ein freies, unbewertetes Bewegen leiten zu lassen. Der Fokus wechselt während der Übung vom Beobachten und Verstehen über das Durchhalten zur Inspiration des eigenen Bewegungsversuchs. Das ist es, was Bboying wirklich ausmacht: Beobachtung, Inspiration, Experimentieren, Kommunizieren und Durchhalten.

DIDAKTISCHE PLATZIERUNG

Die einzige Voraussetzung für dieses Spiel ist, dass die Schüler aufgewärmt sein sollten. Diese Übung ist für pure Anfänger bis hin zum Vollprofi spannend, interessant und fordernd zugleich. Ein Anfänger beginnt damit, sich mit den Grundthemen (Beobachtung, Inspiration, Experimentieren, Kommunizieren und Durchhalten) zu beschäftigen und lernt sich selbst ein bisschen besser kennen. Der Vollprofi wird auf den „Boden" der Tatsachen zurückgeholt und darf spüren, dass die kleinen, unscheinbaren Bewegungen genauso inspirierend und anstrengend sein können, wie die komplexen Moves, die man sonst so trainiert.

3.5.7 Each One Teach One: Schüler tauschen sich aus und lernen voneinander

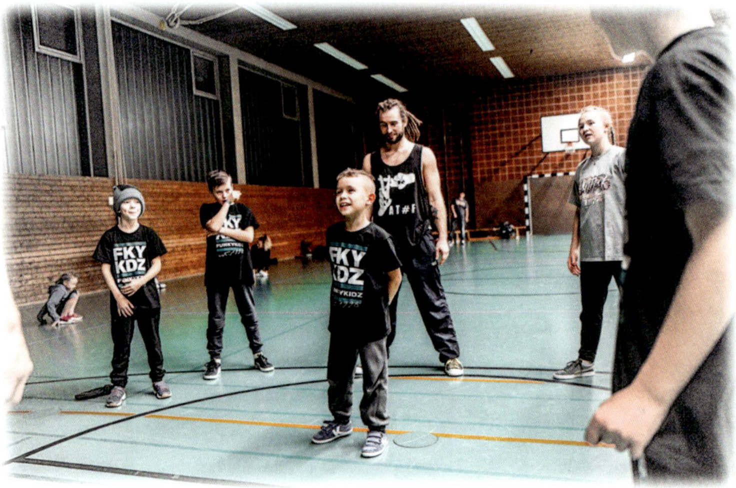

Ganz ähnlich wie das Spiel der *Style Challenge* zuvor, ist *Each One Teach One* eine Vormach- und Nachmachübung. Der Unterschied liegt allerdings darin, dass die Schüler jetzt nicht mehr so spielerisch vorgehen, sondern jeder, der möchte oder kann, allen anderen im Raum etwas beibringt. Dies ist unter anderem auch ein Event, das bei großen internationalen Veranstaltungen sehr beliebt und gut besucht ist. Hier wechselt die Rolle des Lehrers für den Zeitraum der Übung auf den jeweiligen Teilnehmer, der den Move oder die Übung vormacht und erklärt.

Ablauf

Man vergibt die Aufgabe, eine spezielle Übung oder einen speziellen Move vorzubereiten und bestimmt eine Reihenfolge, wer welchen Move unterrichten soll oder darf. Dann gibt man die „Manege frei" und der erste Schüler versucht, den anderen seinen Move zu erklären und beizubringen. Es ist bei dieser Methode gar nicht notwendig, dass alle Schüler etwas zeigen und es ist auch nicht nötig, in einer Stunde alle Schüler zu Wort kommen zu lassen. Man sollte sich dann aber merken, wer von den Schülern noch nicht unterrichtet hat und das unbedingt in den Folgestunden umsetzen.

PÄDAGOGISCHE AUFGABE

Die drei Aufgaben, die hier auf den Lehrer zukommen, sind:

1. Für Ruhe, Ordnung und Disziplin der anderen zu sorgen.
2. Den erklärenden Schüler bei Bedarf im Erklären und Vormachen zu unterstützen.
3. DJ spielen, sprich, die Musik zur Verfügung zu stellen.

Hier gilt es, sich als Lehrer zurückzuhalten und ruhig erst mal alles so passieren zu lassen, wie es ist. Man sollte sich disziplinieren, nichts zu sagen und entspannt und wertfrei zu bleiben. Dies ist ein Referat für den Schüler, somit lernen alle etwas dabei. Ein Referat hilft dem Schüler, beim Erklären eine Bewegung selbst noch besser zu verstehen. Die möglichen Fragen der Schüler unterstützen den Prozess zusätzlich. Es ist ungemein wichtig, diesen Ablauf nicht zu stören oder gar zu bewerten. Es geht vielmehr darum, dem Schüler die Möglichkeit zu geben:

1. laut zu denken;
2. sich beim Reden zuhören zu können;
3. sein eigenes Bewegen zu reflektieren;
4. ein Feedback der anderen Schüler zu erhalten;
5. und ihn/sie in diesem Tun (so holprig es auch sein könnte) zu bestärken und zu unterstützen.

DIDAKTISCHE PLATZIERUNG

Alle Schüler sollten erwärmt und in der Lernphase der Stunde angekommen sein. Diese Methode ist erst ab einem bestimmten Übungslevel sinnvoll. Anfänger sind noch nicht in der Lage, das gerade frisch Gelernte ausreichend zu verstehen, um es dann anderen erklären zu können. Erst eine hundertfache oder eher tausendfache Übung führt dazu, dass man sich differenziertere Gedanken über sein Handeln machen konnte, um die Moves auch anderen sinnvoll erklären zu können. Daher ist dies auch eine Trainingsweise, die denjenigen weiterhilft, die schon viel über eine Sache wissen. Es wirkt wie ein Referat in der Schule, der gelernte Stoff wird nochmals weiter vertieft und besser verankert.

3.5.8 Routines: Choreografisches Arbeiten

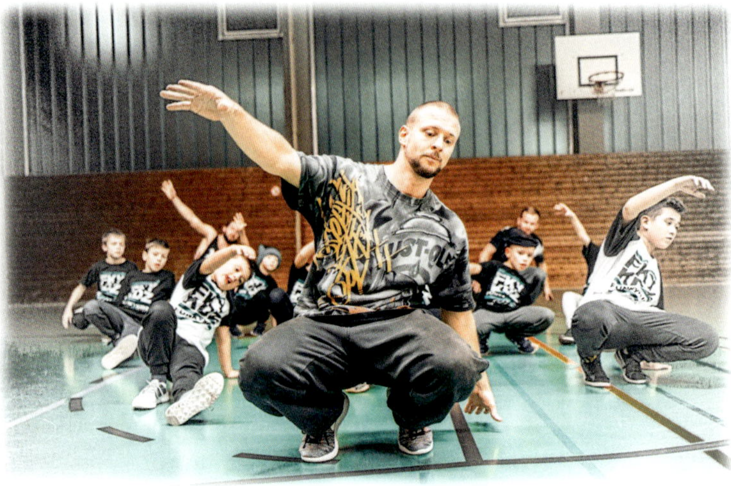

Hiermit ist das Erarbeiten und Einstudieren einer gemeinsamen Choreografie als Gruppe gemeint. Als Voraussetzung gilt, dass einige Bewegungen schon definitiv etabliert sind und die Schüler ihre Bewegungen in Richtung, Geschwindigkeit und Form an die anderer Tänzer anpassen können. Trotzdem kann diese Methode auch für Anfänger in ganz stark vereinfachter Form möglich gemacht werden.

Wenn man in einer Klasse sehr verschiedene Leistungslevel hat, sollte man verschiedene Gruppen, nach Leistung sortiert, bilden und mit den Gruppen einzeln arbeiten, während die restliche Gruppe anderes trainiert. Ganz ideal ist das jedoch nicht. Routines sollen den Schüler dazu anleiten, in Abläufen zu arbeiten und ihm helfen, ein Verständnis dafür zu bekommen, wie man Bewegungen weiterentwickeln kann.

Ablauf

Zuerst stellt man die Gruppe in eine klar definierte Tanzklassenaufstellung. Jeder muss genügend Raum zum Arbeiten haben. Dann beginnt man damit, die Bewegungen aneinandergereiht in additiver Choreografieform – also eine Bewegung nach der anderen – zu unterrichten. Ebenso kann man die Schüler Ideen einbringen lassen und diese mit einbauen.

Auch ein kreatives Durcheinander ist hier zu Beginn okay, wenn es aber nicht gelingt, die Bewegungen geordnet, synchron und gleichzeitig ablaufen zu lassen, schießt man am gemeinsamen Ziel vorbei. Das Arbeiten an einer Routine vollzieht man so lange, bis diese am Ende in etwa dem Umfang eines abgeschlossenen Sets entspricht.

PÄDAGOGISCHE AUFGABE

Es ist darauf zu achten, dass vom Schwierigkeitsgrad niemand vollkommen überfordert und keiner unterfordert wird. Dies kann man gut über die Wahl der Bewegungen, über die Geschwindigkeit der Musik und den Anspruch an das Endergebnis steuern. Gutes Beobachten und das Gespräch mit den Schülern hilft bei der Einschätzung des Levels. Herausforderungen sind dennoch genauso gefragt, wie Teile, die leicht umsetzbar sind und Spaß machen.

DIDAKTISCHE PLATZIERUNG

Gemeint ist hier, dass man Routines als Unterrichtsmethode nutzt, um schon erarbeitete Bewegungen im Unterricht zu üben und zu verfeinern. Hierfür dienen Bewegungen, die schon etabliert sind, aber noch nicht leicht von der Hand gehen. Es können auch komplett neue Bewegungen in einer Routine eingesetzt werden, wenn die grundlegenden Fähigkeiten erarbeitet sind, die für die Umsetzung benötigt werden.

3.5.9 Battle: Spaßorientierter Wettstreit

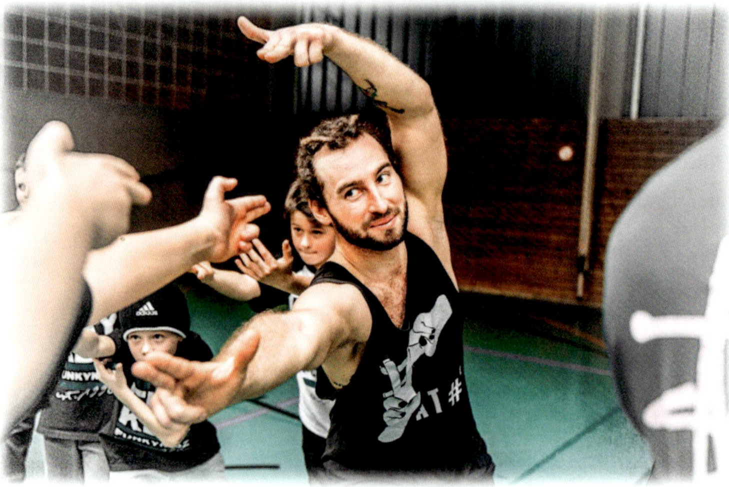

Hierunter ist der Wettstreit und das Erproben der erarbeiteten Fähigkeiten zu verstehen. Als Voraussetzung gilt, dass alle Schüler bereits mehrere Sets zusammenstellen können und ihre Bewegungen auch unter leichtem, wettkampforientiertem Stress sicher umsetzen können.

Sollten in der Klasse stark unterschiedliche Leistungslevel vorhanden sein, muss man darauf achten, dass die Schüler mit höherem Level so gerecht wie möglich auf die Gruppen verteilt werden. Oft kommt es auch vor, dass in einer Gruppe ein einziger Schüler besonders weit fortgeschritten ist. Dann muss man als Lehrer in der gegenüberstehenden Gruppe teilnehmen und als Challenge dienen.

Ablauf

Man teilt die gesamte Klasse in zwei etwa gleich große Gruppen auf, die sich gegenüberstehen. Man definiert den Raum zwischen den Gruppen mit angezeigten Linien und klärt, wie viele Runden jeder im Battle einsetzen darf oder wie viel Zeit insgesamt zur Verfügung stehen soll.

Je nachdem, was die jeweilige Klasse für einen reibungslosen Ablauf braucht, wählt man mit einer Entscheidungshilfe, welche der Gruppen beginnt. Dafür kann man eine Münze werfen, eine Flasche auf dem Boden drehen oder zwei Vertreter der gegenüberstehenden Gruppen „Schere-Stein-Papier" spielen lassen. Man kann auch gar keine Ansage machen und auf den Impuls eines Schülers warten. Während des Battles ist es wichtig, dass jeder Schüler seinen Teil zum Battle beiträgt.

Das Ende des Battles ist erreicht, wenn alle ihre Rundenanzahl umgesetzt haben oder die Zeit abgelaufen ist.

PÄDAGOGISCHE AUFGABE

Es ist dafür zu sorgen, zurückhaltende oder gar ängstliche Schüler anzufeuern und zu motivieren. Ebenso ist es wichtig, besonders protzige und angriffslustige Schüler nicht zurückzuhalten, sondern darin anzuleiten, ihre Power und Aggression, statt in ihre Gesten, in die getanzten Moves zu packen. Das Feeling ist positiv und freudig zu halten. Es sind die für ein Battle üblichen Regeln zu erklären und auch für deren Einhaltung zu sorgen:

1. Immer nur einer nach dem anderen bzw. eine Gruppe nach der anderen.
2. Keine Berührungen, dies führt zu sofortigem Abbruch und Disqualifikation.
3. In einem Set (Durchgang/Runde) einer Gruppe dürfen Routines und Commandos (s. **Kap. 8.2.3**) eingesetzt werden.
4. Respekt und Anerkennung für alle Beteiligten.

DIDAKTISCHE PLATZIERUNG

Das Battle ist eindeutig nur für weiter fortgeschrittene Schüler und Klassen geeignet, sonst erfüllt das Battle keinen Zweck, der für das Weiterkommen der Schüler dienlich ist. Es geht um Anwendung, Vertiefung und das „Auf-die-Probe-Stellen" der Trainingsergebnisse. Ebenso wird geübt, auf die Musik zu arbeiten und zu kommunizieren, also die Moves der „Gegenseite" zu beantworten.

Das Battle wird bestenfalls an das Ende der Unterrichtsstunde gestellt und ersetzt dabei den Circle. Wenn das Battle nicht ans Ende der Stunde gestellt wird, dann müssen die Schüler auf jeden Fall vollständig erwärmt und gedehnt sein. Sinnvoll ist es auch, schon ein freies Training davor zu platzieren und die Ansage zu machen, dass ein Battle geplant ist. Somit kann der Trainingszweck noch besser erfüllt werden.

3.5.10 Battle-Tactics: Speziell auf Battles angepasstes Strategy-Training

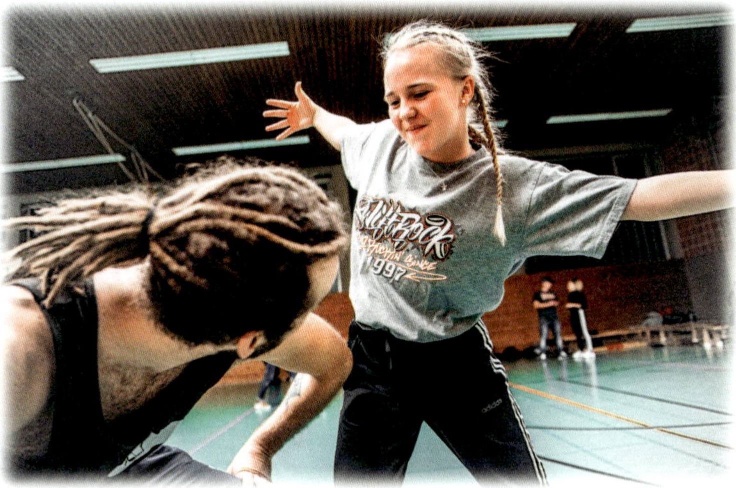

Damit ist das Erarbeiten von verschiedenen Strategien gemeint, um ein Battle zielorientiert bestreiten zu können, wie z. B. Routines, Commandos, Fishing, Attitude, Kommunikation und vieles mehr. Der Unterricht von Battle-Tactics ist ganz klar kein konventioneller Unterricht. Er ist aus dem normalen Trainingsalltag hervorgehoben und gilt eher als Projekt.

Ablauf

Es braucht zuerst eine theoretische Erklärung der Einzelheiten, Hintergründe und Regeln, die für die einzelnen Battle-Strategien gelten. Dann teilt man die Gruppe in Teams von mindestens zwei Schülern pro Gruppe ein und legt direkt los. Das Vorzeigen von Beispielen kommt im Laufe des Trainings, wenn die Schüler schon ein paar Bewegungsgrundlagen erarbeitet haben. Die beste Situation ist, wenn am Schluss alle zusammen ein gemeinsames Spaß-Battle machen, bei dem jeder die Gelegenheit hat, die zuvor erarbeiteten Battle-Tactics umsetzen zu können.

PÄDAGOGISCHE AUFGABE

Bei dieser Art von Unterricht bleibt man ganz normal in der positiv motivierenden und lehrenden Rolle des Lehrers. Einzelunterricht, allgemeiner Vortragsunterricht, Tipps und Ermutigungen sind Bestandteile der pädagogischen Aufgabe hierbei.

DIDAKTISCHE PLATZIERUNG

Hier gilt dasselbe wie im Punkt zuvor: Strategy-Training ist eindeutig nur für weiter fortgeschrittene Schüler und Klassen geeignet, sonst erfüllt das Battle keinen Zweck, der für das Weiterkommen des Schülers dienlich ist. Es geht um Anwendung, Vertiefung und das „Auf-die-Probe-Stellen" der Trainingsergebnisse. Ebenso wird geübt, auf die Musik zu arbeiten und die Moves der „Gegenseite" zu beantworten. Die Schüler müssen hierfür auf jeden Fall vollständig erwärmt und gedehnt sein. Sinnvoll ist es auch, schon ein freies Training davor anzusetzen.

3.5.11 Beat Challenge: Auf Musik arbeiten

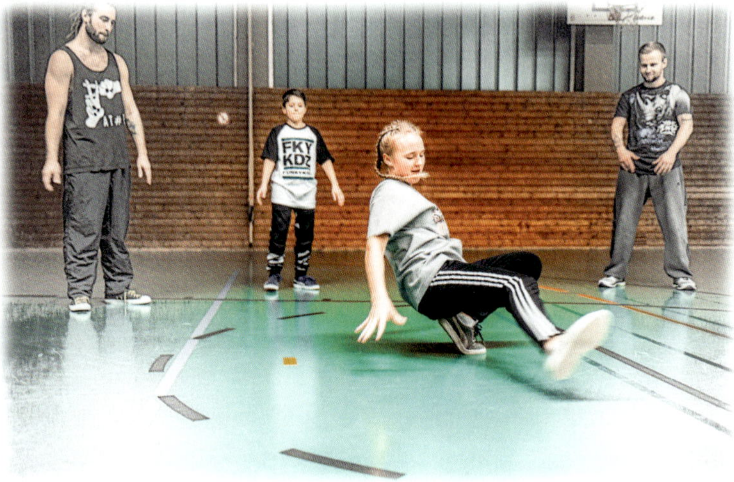

Hierunter versteht man die Schulung des Gehörs und des Rhythmusgefühls in Abstimmung mit dem eigenen Bewegungsmaterial, das sogenannte *Beat-Killing* oder *Beat-Hitting* (Schritte und Bewegungen genau auf Schläge im Takt oder prägnante Töne in der Musik abzustimmen)! Wie schon vorher erwähnt, versteht sich das Bgirl oder der Bboy nicht als Tänzer, sondern als Instrument, das „optisch sichtbare Körperbewegungen" als Instrument zur „akustisch hörbaren Musik" macht. Ähnlich wie die Unterhaltung, die Jazzmusiker mit ihren Instrumenten führen.

Ablauf

Zuerst stellt man die Musik vor, zu der getanzt wird und erklärt die Töne, Beats und Ideen, die in der Musik verborgen sind. Jedes Lied hat ganz individuelle Teilbereiche, zu denen gut gearbeitet werden kann. Dann zeigt man den Schülern Bewegungsbeispiele, die leicht umzusetzen sind und ruft anschließend das freie Training zur jeweiligen Musik aus. Es ist wichtig, dass eine Musik mehrmals hintereinander verwendet wird, um den Raum zu geben, dass der Schüler wirklich kreativ werden kann. Man sollte in einem Training höchstens drei verschiedene Musikstücke verwenden, damit man die Schüler nicht überfordert oder zu sehr erschöpft.

PÄDAGOGISCHE AUFGABE

Bei diesem Abschnitt des Trainings ist es wichtig, dass der Lehrer mit Spaß und Verspieltheit selbst teilnimmt und motivierend wirkt. Loben, anheizen und die Schüler nachahmen. Die körperliche Kommunikation aufbauen. Es ist ein Spiel – also spielt man einfach mit. Sobald man merkt, dass ein bisschen die „Luft raus ist", wechselt man einfach zum nächsten Musikstück, um der Aufmerksamkeit und dem Spieltrieb einen neuen Impuls zu geben.

DIDAKTISCHE PLATZIERUNG

Dies ist eindeutig nur für fortgeschrittene Schüler und Klassen geeignet. Dieses Spiel macht am meisten Sinn, wenn man es direkt nach einigen Minuten freiem Training nach dem Warm-up platziert. Zu diesem Zeitpunkt im Training ist der Schüler am aufnahmefähigsten und auch fit genug.

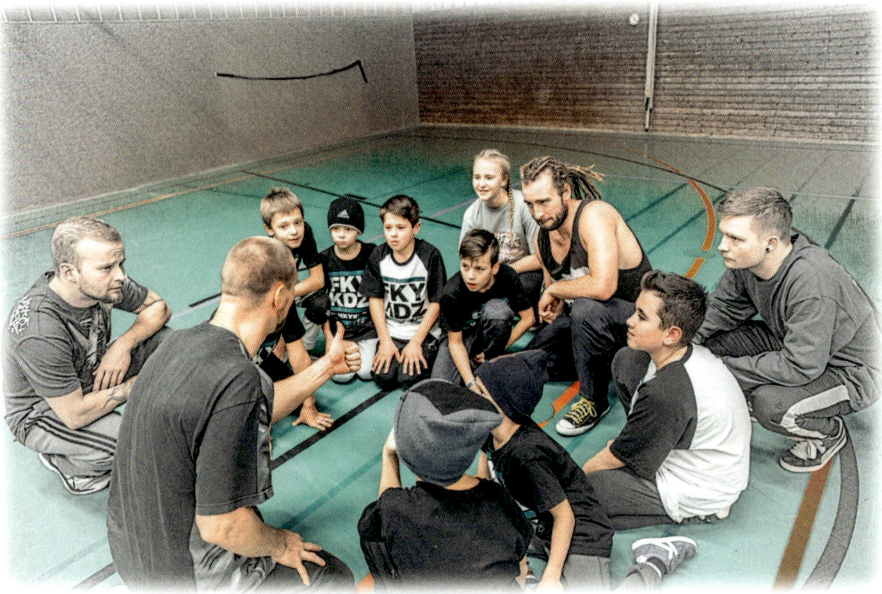

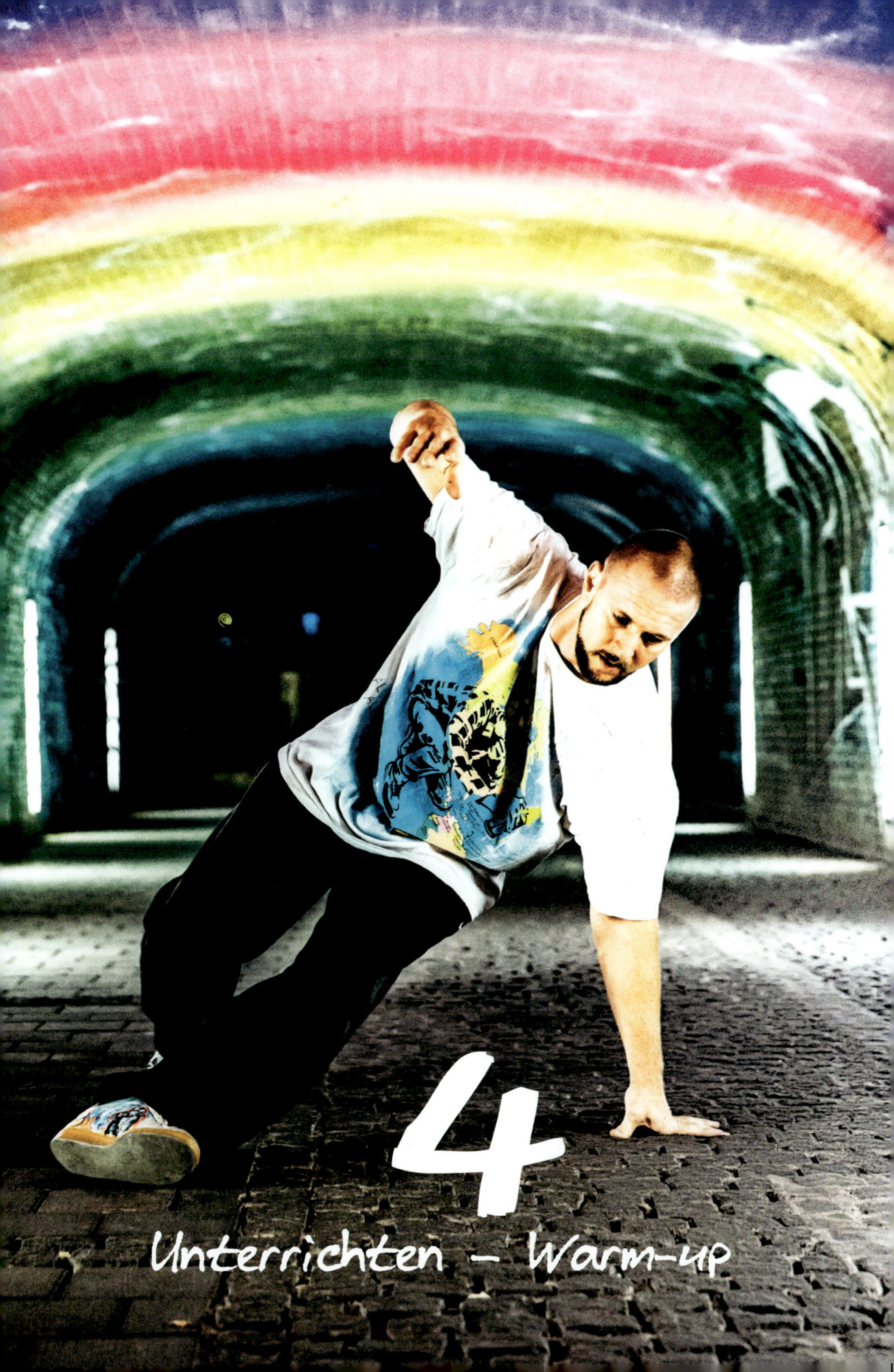

4

Unterrichten – Warm-up

4 Unterrichten – Warm-up

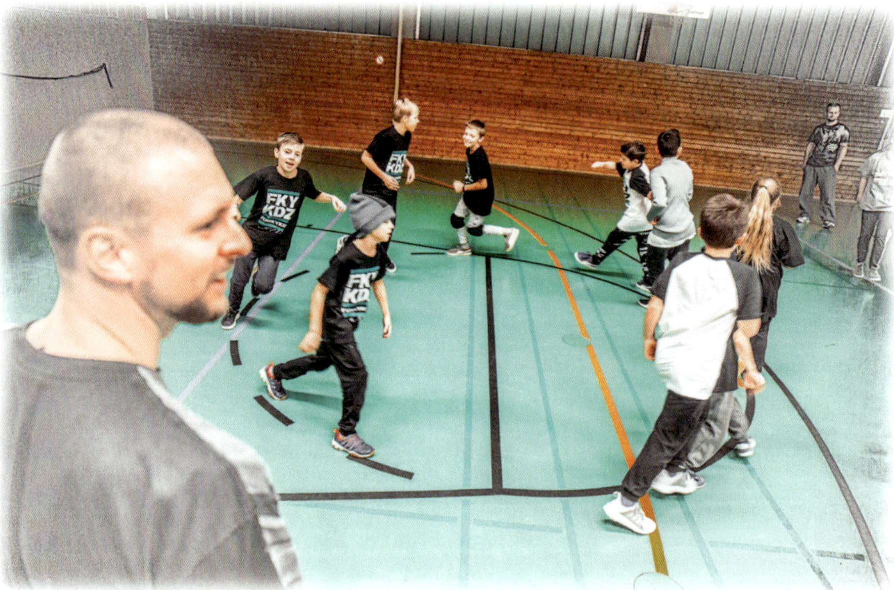

Beim Einstieg in ein Breaktraining ist es sehr wichtig – wie bei allen anderen Sportarten auch –, dass man den Körper aufwärmt und für die kommenden Belastungen vorbereitet. Dabei ist für mich nicht nur der Körper von Bedeutung, sondern auch der Geist und die Seele. Tanz, und insbesondere Breaken, ist nämlich vor allem eine Kunstform. Hier spielen nicht nur körperliche Vorgänge eine Rolle, sondern auch die geistigen und die emotionalen.

Kognitiv ist die Raumwahrnehmung, also das dreidimensionale Wahrnehmen der Umgebung und das Wahrnehmen des Körpers, also das Bewusstwerden der koordinativen Vorgänge, von Bedeutung. In der Emotionalität hingegen geht es um die Kreativität von innen heraus und um die Resilienz, bei ständiger Anstrengung mit kontinuierlichem Scheitern innerlich stark, standhaft und kreativ zu bleiben.

Daher folgt hier nun die schrittweise und ausführliche Erklärung, wie man Schüler spielerisch und ganzheitlich in die harte Arbeit des Break-Trainings hinein begleitet. In Kap. 4.5 findest du dann die Erklärung für die pädagogischen Hintergründe und Begründungen, warum dieser Aufbau genau so gestaltet ist.

4.1 DER STUNDENAUFBAU DER ERSTEN STUNDE

Die erste Stunde ist für einen Break-Schüler von ganz entscheidender Bedeutung. Es ist wichtig, dass der Schüler vom ersten Tag an Feuer fängt, oder weiß, dass Breaken nicht der favorisierte Zeitvertreib werden wird. In der ersten Stunde werden die Vorübungen im Warm-up, der Ablauf einer Stunde und die grundlegenden Bewegungen gelernt. Wenn der Schwierigkeitsgrad, das selbstständige Arbeiten, die Musik und die anderen Kursteilnehmer einen nicht abschrecken, ist der Weg schon mal geebnet.

Dieses Kapitel ist voll mit Bewegungsmaterial und Übungen rund um das Breaken herum. Dennoch ist von Anfang an klar, dass richtige Tanzschritte einiges an Zeit brauchen, bis diese auch gelernt sind. Und das sind die schwierigsten Aufgaben, die ein Anfänger meistern muss: Geduld und Disziplin.

Bevor wir aber in die praktischen Arbeitsaufgaben eintauchen, hier ein paar Regeln für die Unterrichtenden, um mit der richtigen Philosophie an die Sache heranzugehen:

Regel Nummer eins

Beim Unterrichten geht es um das Lernen und die Freude des Schülers, nicht um das Training und die Show des Lehrers! – Dennoch soll der Lehrer auch trainieren, scheitern, schwitzen, leiden und Spaß haben, um ein Vorbild für die Schüler sein zu können.

Regel Nummer zwei

Eine Unterrichtsstunde ist wie eine Geschichte mit Intro, Hauptteil und Schluss bzw. Warm-up, Technik-/Übungsabschnitt und Circle. Dennoch muss man, um alle Trainingsmethoden und Trainingswege umsetzen zu können, auch mit Ausnahmen die Regel bestätigen.

Regel Nummer drei

Als unerfahrener Pädagoge empfiehlt es sich, das „freie Training" nach Technikeinheiten und vor dem Circle nur 3-5 Minuten lang zu halten. Die Gruppe wird sonst Widerstand leisten, meutern und das Schiff übernehmen! Das heißt: Jegliche Stimmung und Laune der Schüler kann überhandnehmen und somit versiegt die Konzentration, der Fokus, die Lust und alles, was für das Training notwendig ist, in Raum und Zeit oder Gesprächen und Ablenkungen. Hier wieder Kontrolle und Schwung hineinzubekommen, verbraucht zu viel Zeit und Kraft.

Die Folgen dieser drei Regeln sind

1. Der Lehrer muss sich ohne Ausnahmen um alle Schüler kümmern!
2. Der Unterricht muss durchstrukturiert und vorbereitet werden!
3. Die Zeiteinteilung muss mit der Aufnahmefähigkeit und dem Kraftverbrauch der Schüler abgestimmt werden.

Der Lehrer hat dadurch wichtige Aufgaben

1. Alle Schüler im Lernen und Üben auch einzeln zu unterstützen und zu motivieren.
2. Die Tanzbewegungen langsam interaktiv zu erklären, sauber vormachen zu können und in der Präsentation voll auszutanzen.
3. Die Freude und Energie des Bboyings zu repräsentieren.
4. Das Verletzungsrisiko durch Hilfestellungen und Vorübungen niedrig zu halten.

4.2 DAS WARM-UP

Jeder, der Sport macht oder sich intensiv bewegen möchte, braucht eine Aufwärmphase. Die Muskeln benötigen eine erhöhte Blutversorgung, die Gelenke brauchen ihr „Schmiermittel" und das Nervensystem muss stimuliert werden. Das gesamte Herz-Kreislauf-System muss „in Fahrt" kommen, um diese Bedingungen zu erfüllen. Es ist überhaupt keine Frage, dass so ein aufwendiger Tanz wie Bboying eine gründliche Aufwärmphase benötigt. Damit Bewegungsgrundlagen geschult werden, das soziale Miteinander gefördert wird und gewisse Vorübungen eingebaut werden können, ist ein Spiel zu Beginn die beste Lösung. Dann können die Schüler gut im Unterricht ankommen und sich mit Spiel und Spaß noch ein bisschen austoben.

4.2.1 Stoppspiel

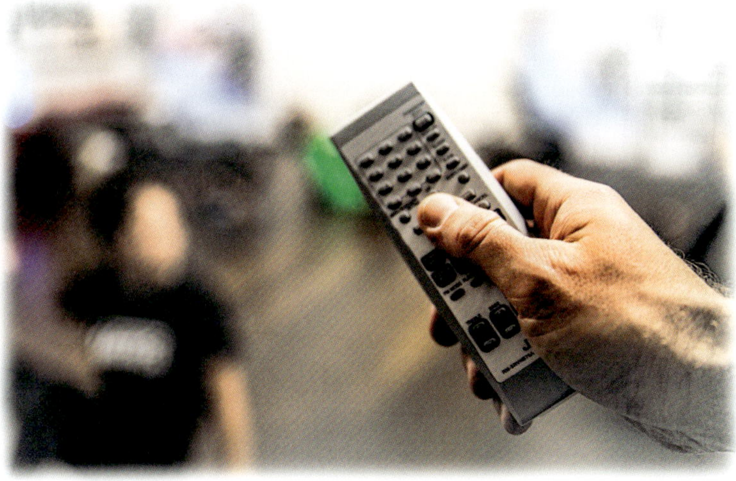

Ich habe herausgefunden, dass es eine Reihe von Bewegungsgrundlagen gibt, die jeder Breaker entwickeln sollte, bevor es ans Lernen von Break-Bewegungen geht. Wenn diese noch nicht durch den schulischen Sportunterricht oder anderswo gelernt, entwickelt und etabliert sind, ist das Stoppspiel *die* Gelegenheit. Es ist eine regelmäßige spielerische Mussübung, bei der alle mitmachen und Spaß haben. So können sich die Schüler mit der Zeit entwickeln und verbessern. Die Bewegungsgrundlagen werden geschult und die Sinne werden trainiert.

Dieses kleine Spiel dient dazu, ein gemeinsames Gruppenerlebnis zu schaffen. Solltet ihr eine sehr fortgeschrittene Klasse haben, ist dies kein „Muss" mehr. Es ist allerdings eine große Hilfe, um eventuelle Neulinge in die Gruppe zu integrieren. Dabei ist es vollkommen einerlei, mit welcher Altersgruppe man arbeitet, es hilft grundsätzlich, die Stimmung zu lockern und macht einfach Spaß.

DIE REGELN

1. Der Lehrer startet die Musik und bestimmt durch An- und Abschalten der Musik und die Ansage, wie sich bewegt wird, den Verlauf des Spiels.
2. Alle bewegen sich auf die vorgegebene Weise (meist sich im Kreis fortbewegend), solange die Musik läuft.
3. Die Art und Weise, wie man sich bewegt, wird jede Runde verändert.
4. Wenn der Lehrer die Musik stoppt, muss derjenige, der sich als Letztes bewegt, drei Liegestütze, drei Runden Six-Step und einen Handstandversuch machen. Bei totalen Anfängern sind es einfach nur fünf Liegestütze. Dies wird ebenso vom Lehrer bestimmt.

SINNVOLLE REIHENFOLGE DER BEWEGUNGSVERSIONEN

Der didaktische Aufbau der Bewegungen ist, neben dem Warm-up, auch für den sozialen Einstieg und die Stimmung in der Gruppe wichtig.

4.2.1.1 Vorwärtslaufen im Kreis

Die Jüngeren in der Gruppe „rasen los" und können sich erst einmal austoben, noch ein bisschen Fangen oder Verfolgen spielen. Die Faulen und Unmotivierten kommen ebenso in Bewegung. Hier kann man die Gruppe und deren Stimmung sehr gut beobachten und warten, bis sich die Jüngeren etwas ruhiger verhalten und die gemütlichen Schüler auch mehr Schwung aufgenommen haben. Das Laufen regt den Kreislauf an.

4.2.1.2 Rückwärtslaufen

Diese Übung unterbricht auch das letzte ablenkende Gespräch, das vielleicht noch geführt wurde und die Schüler beginnen, auch mehr aufeinander zu achten.

4.2.1.3 Beim Laufen drehen

Spätestens jetzt kommt etwas mehr Ruhe in die Gruppe, da nun jeder den Fokus voll auf sich selbst richten muss. Dies schult den Gleichgewichtssinn und lehrt den Körper, mit kontinuierlichen Drehungen umzugehen, ohne dabei die Orientierung zu verlieren.

4.2.1.4 In die andere Richtung drehen

Die Übung der beiden Richtungen sollte kurz gehalten werden, da sonst eine hohe Gefahr besteht, dass Schüler stürzen oder aufeinanderprallen.

4.2.1.5 Wiederholende Vorwärtsrolle

Rollen ist allgemein eine lebenswichtige Bewegungsform, die uns nicht nur beim Breaken von Nutzen ist. Die Rolle, diagonal über die Schulter ausgeführt (nicht über den Kopf und die Wirbelsäule), schützt uns bei Stürzen mit hoher Geschwindigkeit vor einem harten Aufprall. Ebenso trainiert der Schüler nochmals die Sinne, um mit Drehungen und Überschlägen langfristig besser zurechtzukommen. Da ja alle Schüler gleichzeitig arbeiten, muss man seine Bewegung auf die anderen abstimmen, was wiederum zu einem engeren Gruppenbewusstsein führt.

4.2.1.6 Wiederholende Rückwärtsrolle

Rückwärts rollen zu können, ist für das Breaken fast noch wichtiger als die Vorwärtsrolle, da diese Übung eine DER Grundlagen für sehr viele nachfolgende Techniken ist.

4.2.1.7 Top-Rocks

Um jetzt auch ein wenig mehr da anzukommen, wo wir eigentlich hinwollen, kommt jetzt der erste tänzerische Impuls. Diesen Punkt lasse ich nur in der allerersten Stunde bei absoluten Anfängern weg. Ansonsten beobachte ich immer, dass sich die Neulinge in der ersten Stunde damit zurechtfinden, nachzuahmen, was die anderen machen.

4.2.1.8 Handstandversuche

Ich definiere einen Handstand so, dass man auf den Händen steht. Wie lange und was der Körper oberhalb der Handflächen macht, spielt keine Rolle. Somit können auch totale Anfänger an dieser Übung teilnehmen. Die Hände auf den Boden stellen, die Arme strecken und anspannen, die Füße kurz vom Boden weg, dies fortlaufend wiederholen, bis die Musik stoppt, fertig!

Weitere Bewegungsversionen: Seitwärts laufen, laufen, mit einem Arm kreisend, auf den Außenkanten der Füße laufen, auf den Innenkanten der Füße laufen, auf den Fersen laufen, Räder schlagen, Six-Steps, Backspinversuche (sollten diese Bewegungen schon erarbeitet sein) etc.

4.3 KÖRPERARBEIT – DAS BREAKING-WARM-UP

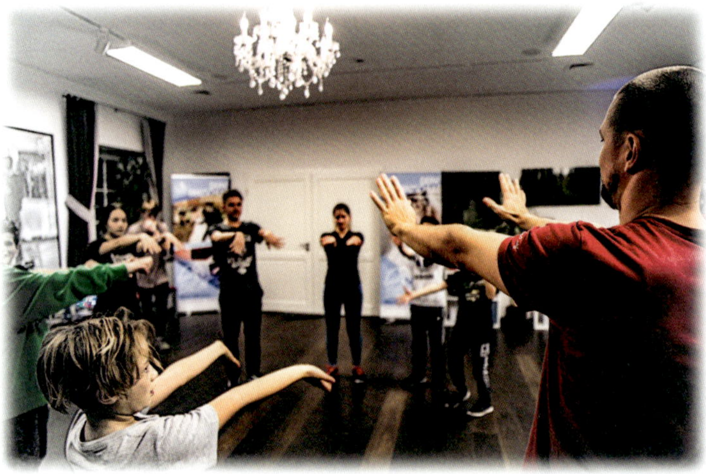

Nun stellt man sich mit den Schülern in einen Kreis, lässt Break-Musik in gedämpfter Lautstärke zur atmosphärischen Einstimmung laufen und beginnt mit den folgenden Übungen. Diese Bewegungen dienen dazu, die Gelenke zu mobilisieren und die Muskulatur nochmals isoliert und bewusst anzusteuern. Es ist hierbei eine Hilfe, wenn man die Architektur des gesamten Körpers von oben nach unten durcharbeitet. So läuft man nicht Gefahr, etwas zu vergessen.

PRAKTISCHE ARBEITSAUFGABE

4.3.1 Finger

- Die Arme sind mit gestreckten Ellbogen nach vorn ausgestreckt.
- Mit den Fingergelenken mehrmals abwechselnd kraftvoll „Klauen" und Fäuste bilden.
- Die Finger sowie die ganze Hand zwischen dem Greifen immer wieder kraftvoll aufspreizen.
- Den Ablauf mehrmals wiederholen.

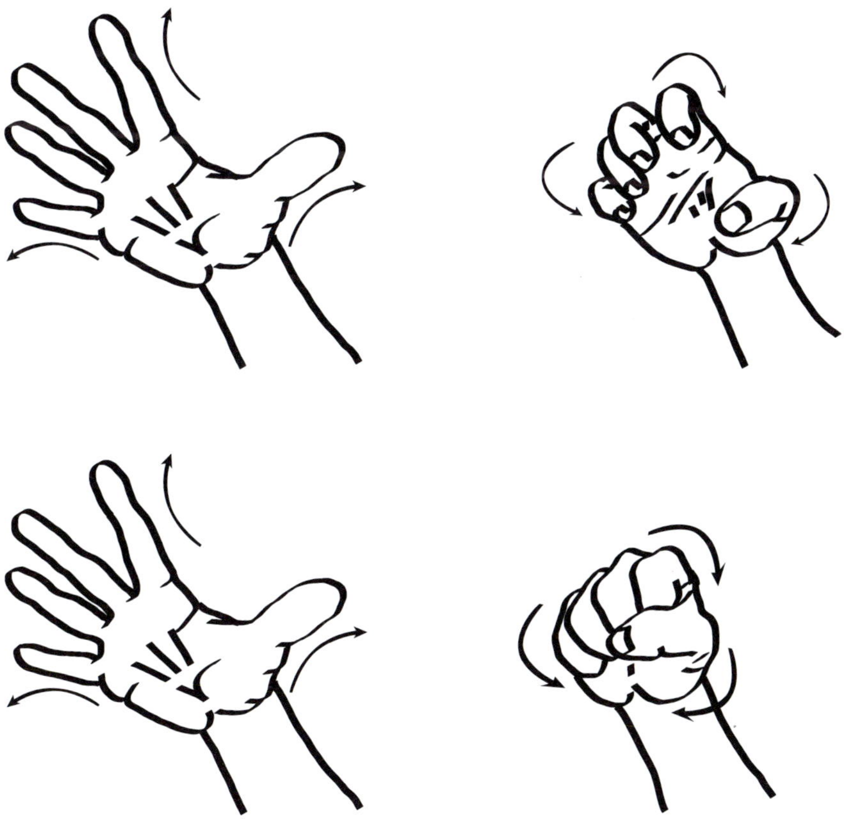

4.3.2 Handgelenke

- Die Handgelenke kreisen.
- Die Hände kraftvoll nach oben flexen (die Handflächen zeigen nach vorne, die Finger nach oben).
- In dieser Position kraftvoll umdrehen (die Handrücken zeigen nach vorne, die Finger bleiben oben).
- Dann kraftvoll nach unten flexen (die Handflächen zeigen nach vorn, die Fingerspitzen nach unten).
- In dieser Position kraftvoll umdrehen (die Handrücken zeigen nach vorn, die Fingerspitzen bleiben unten).
- Dies mehrfach wiederholen.
- Diese Bewegungsreihenfolge auch andersherum durchführen.

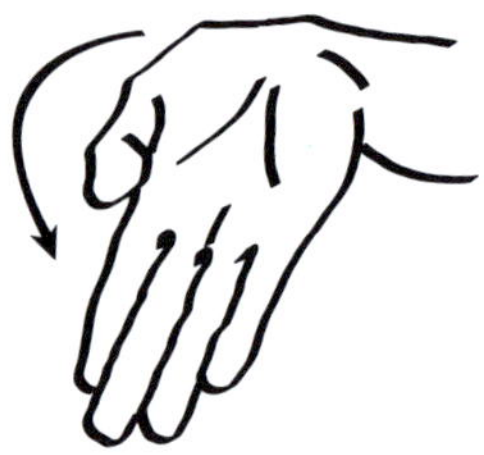

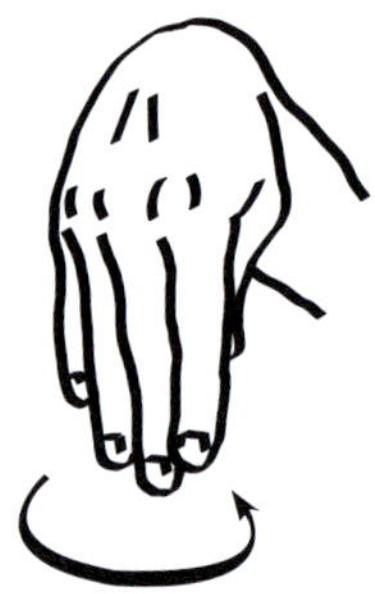

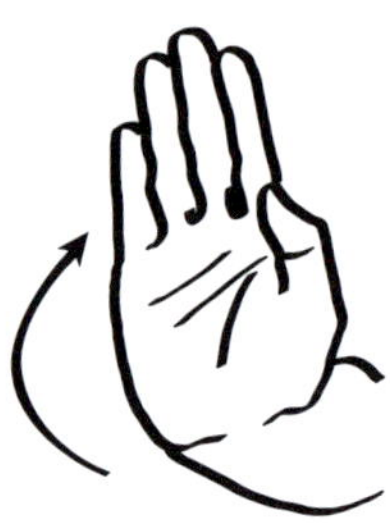

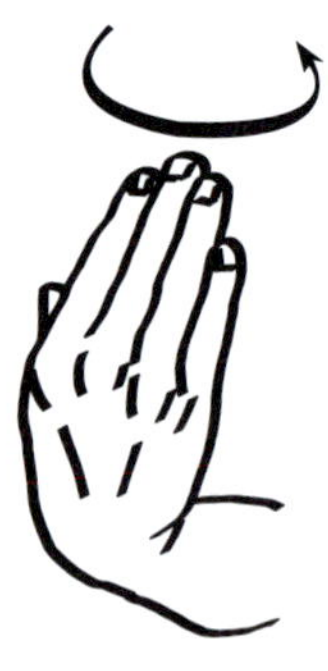

4.3.3 Ellbogen

- Mit den Fäusten ca. 20-mal abwechselnd nach vorne boxen, während man auf der Stelle läuft.

4.3.4 Schultern

- Die Arme einige Male gleichzeitig nach hinten kreisen.
- Die Arme einige Male gleichzeitig vorne kreisen.
- Dann einige Male gegengleich kreisen.
- Und einige Male gegengleich andersherum kreisen.

4.3.5 Brustkorb/Rumpf

- Man schwingt die Arme um den Körper herum **und dreht dabei den Körper in der Wirbelsäule mit. Dieses Hin und Her verwindet die Wirbelsäule wie einen Schwamm, aus dem man das Wasser heraus wringt**, bis es auf den jeweiligen Seiten nicht mehr weitergeht.
- Dabei kann man die Arme auf verschiedenen Levels höher oder tiefer halten, um verschiedene Bereiche der Wirbelsäule anzusprechen.

Beim Drehen versucht man, an den Enden der Bewegung die Wirbelsäule lang zu machen, damit die Verwindung über die ganze Wirbelsäule wirkt. Der Schwung der Drehung soll die Muskulatur um den Oberkörper und die Wirbelsäule ansprechen und gleichzeitig die Wirbel ein wenig lösen.

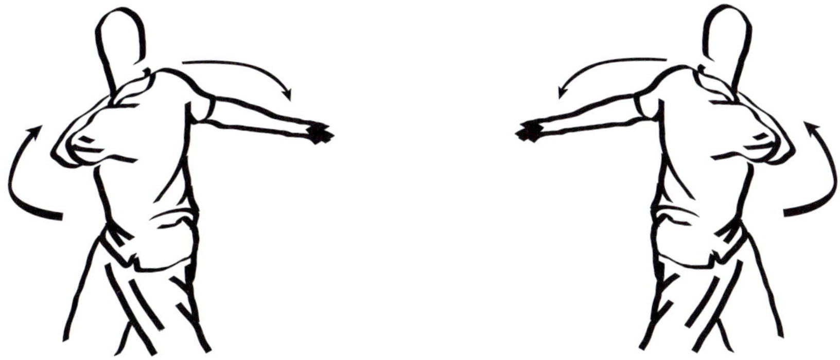

4.3.6 Kopf/Halswirbelsäule

- Man bewegt den Kopf kraftvoll in gemäßigter Geschwindigkeit hin und her – bis zum „Anschlag" (die Nein-Bewegung).
- Man bewegt den Kopf kraftvoll in gemäßigter Geschwindigkeit auf und ab – bis zum „Anschlag" (die Ja-Bewegung).
- Man neigt den Kopf kraftvoll in gemäßigter Geschwindigkeit zu den Seiten – bis zum Anschlag (die Vielleicht-Bewegung).

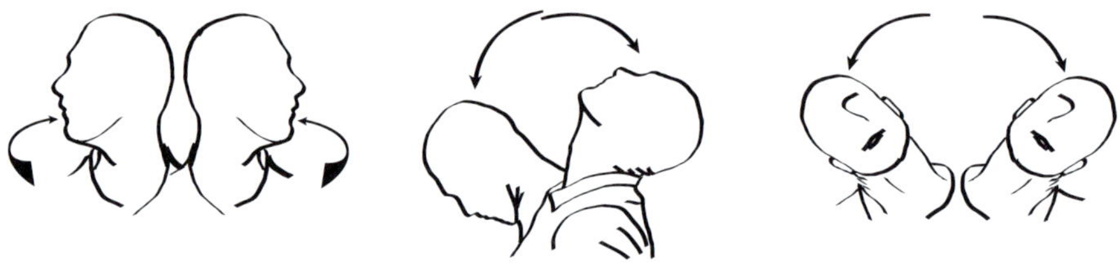

4.3.7 Becken/Hüftgelenke

- Man stützt die Arme in die Hüfte und kreist das Becken aus den Hüftgelenken heraus, während der Kopf in der Mitte ruhig stehen bleibt. **Dabei ist es wichtig, dass man sich mit der Kreisbewegung ganz am äußersten Rand des Kreises entlangbewegt und die Dehnung in den Muskeln der Oberschenkelansätze um das Becken herum spürt.**

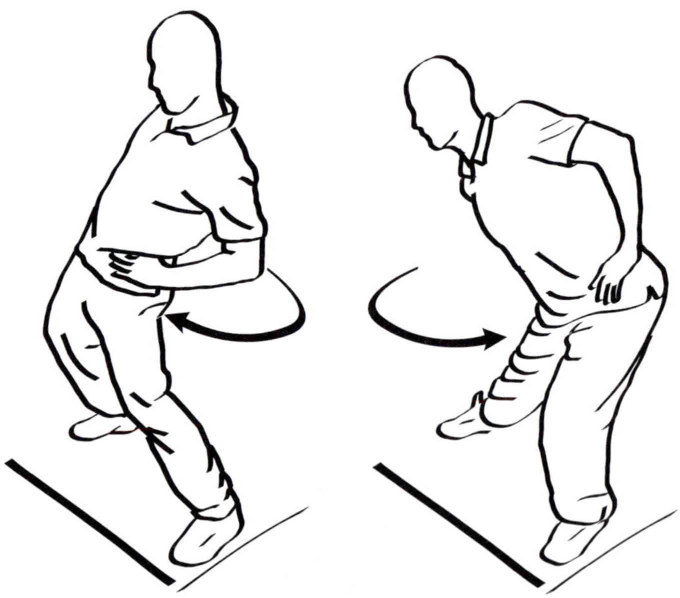

4.3.8 Hüfte/Oberschenkel

- Man stellt sich auf ein Bein und hält das Gleichgewicht, während man mit dem Spielbein (das Knie ist gestreckt) eine riesige „Acht" mit dem Fuß neben dem Körper zeichnet. Dabei vollzieht man einen großen Kreis vor dem Körper und einen hinter dem Körper, sodass man die Acht sozusagen neben sich selbst zeichnet.
- Diese Acht vollzieht man dann mit demselben Bein in die andere Richtung.
- Diese Übung vollzieht man dann auch mit dem anderen Bein.

Wichtig hierbei ist, zuerst klein zu beginnen, um die Dynamik der Bewegung umsetzen zu können. Dann kann man beliebig steigern, solange man das Gleichgewicht gut halten kann.

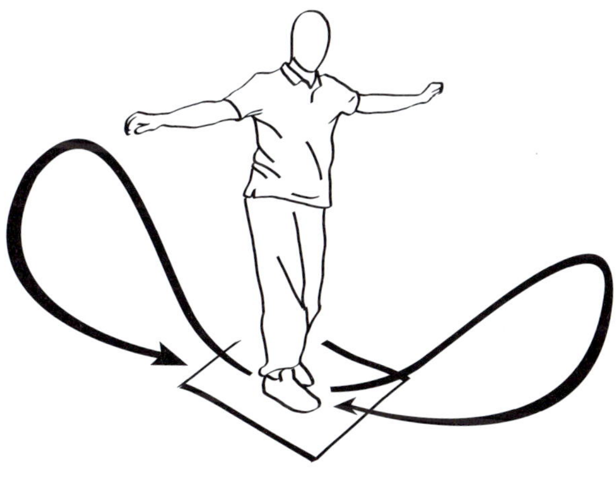

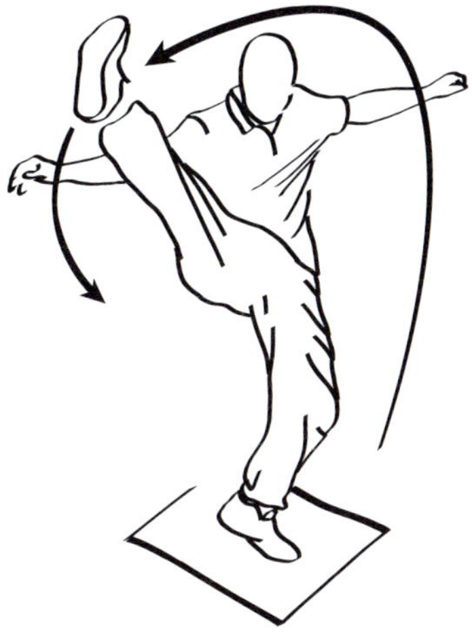

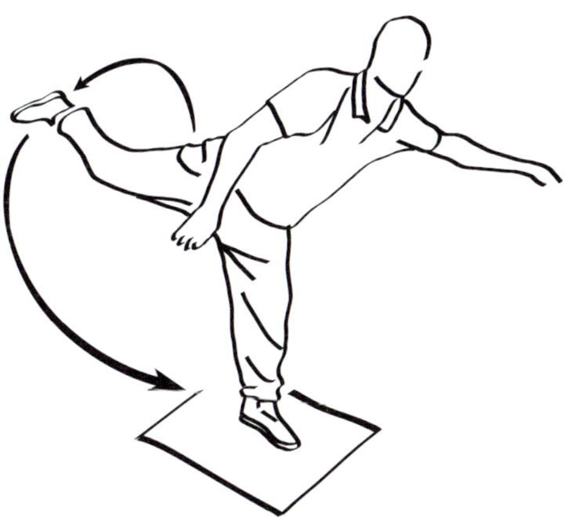

4.3.9 Knie und Six-Step-Vorbereitung

1. Man stellt die Füße ganz eng zusammen, streckt die Knie vollständig und **umgreift die Kniescheiben mit den Fingern.**

- Dann vollzieht man mit den Kniescheiben kleine Kreise. Dies fördert die Mobilität der Kniescheiben.
- Alle 5-10 Sekunden geht man dann in eine tiefe Hocke, während man die Knie mit den Händen zusammenpresst und wippt in dieser Haltung einige Male leicht auf und ab.

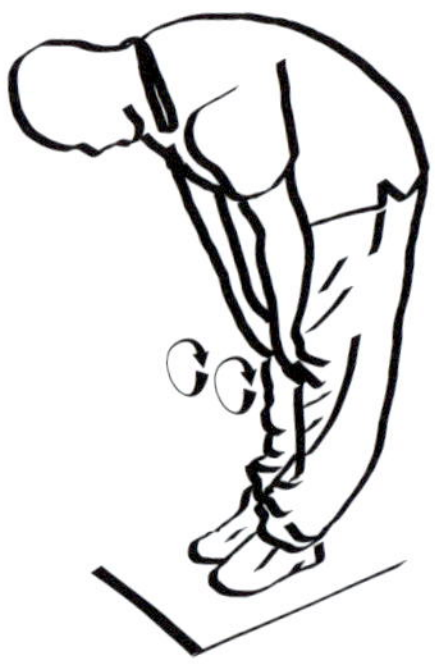

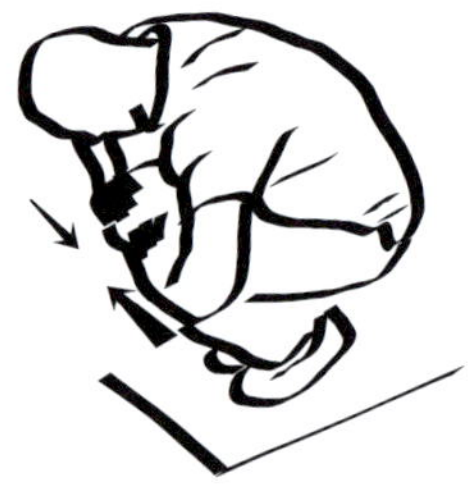

2. Dann vollzieht man drei Kniebeugen so tief, dass man in der Hocke mit den Sitzhöckern auf den Fersen sitzen kann, während der Oberkörper komplett aufrecht bleibt und die Knie nach vorne unten zeigen und diagonal geöffnet sind.

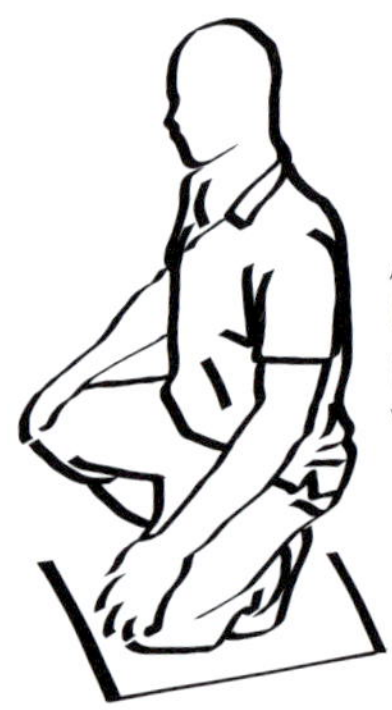

3. Aus dieser Position lehnt man sich dann zur Seite und stützt sich mit einer Hand am Boden ab.

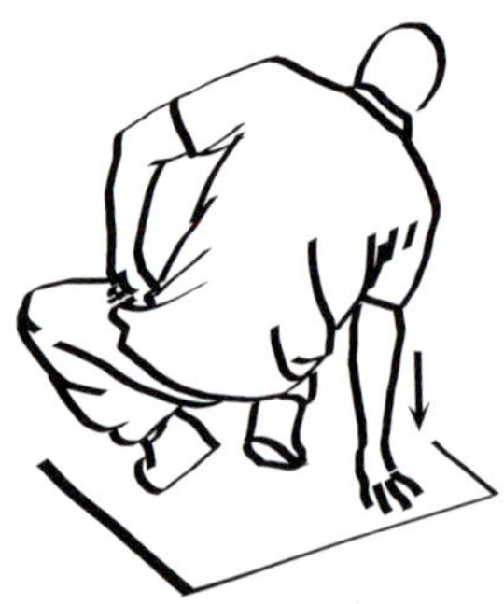

4. Zeitgleich dazu zieht man das Bein der gegenüberliegenden Seite unter dem Sitzhöcker zur Seite heraus und zieht mit den Fuß über vorne auf einer Kreislinie, sodass das Knie kurz komplett gestreckt ist und wickelt das Bein dann um den am Boden stehenden Fuß.

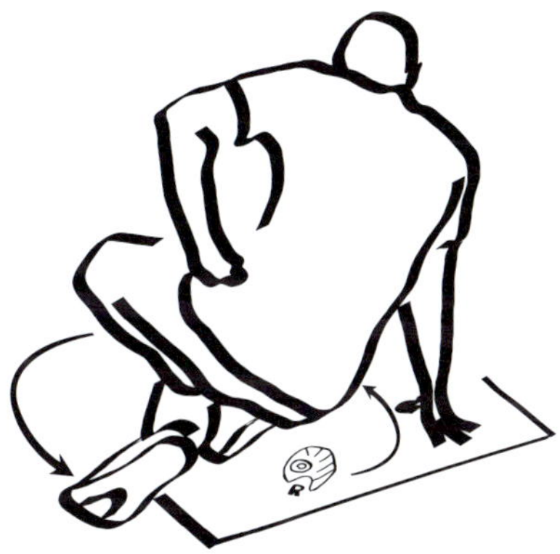

5. Dann bewegt man das liegende Bein wieder über die Kreislinie mit zwischenzeitlich gestrecktem Knie dahin zurück, wo es herkam, lässt die am Boden stehende Hand dort, wo sie ist und stellt den Fuß daneben (siehe Grafik bei Schritt Nr. 3).

6. Dann wechselt man von der Stützhand zur anderen Hand auf der anderen Seite und wiederholt den Vorgang mit dem anderen Bein auf der anderen Seite.

7. Um die Übung zu steigern, kann man die Hand und das Bein gleichzeitig bewegen und hat somit in der Zwischenzeit einen kurzen Moment, in dem man nur auf dem einen noch stehenden Bein frei balanciert. Die Hand, die zuvor die ursprüngliche Stützhand war, stellt man dabei bequem als Faust in die Hüfte.

8. Und der Ablauf beginnt von vorn zur Gegenseite.

Dies wird einige Male wiederholt, bis man aus dieser Haltung direkt wieder in den Stand zurückkehrt.

4.3.10 a) Six-Step-Vorbereitung, diagonal vorwärts stützend

Bei dieser Übung begibt man sich mit allen vieren auf den Boden, sodass die Körperfront zum Boden geneigt ist. Die Hände stehen mindestens schulterbreit auf den Handflächen. Die Füße stehen „auf Grip", mit den Zehenspitzen mindestens schulterbreit auf dem Boden und die Knie sind leicht gebeugt. Dabei stehen die Hände und Füße in großem Abstand voneinander auf dem Boden.

1. Man nimmt die rechte Hand vom Boden weg und streckt diese so nach oben in die Luft, als wollte man sich mit dem gesamten Arm deutlich melden. Der Blick richtet sich ganz natürlich diagonal nach vorn. So entsteht eine diagonal verlaufende Linie zwischen der Auflagefläche der linken Hand und der am Boden stehenden rechten Fußspitze.

2. Zur gleichen Zeit, zu der man die rechte Hand nach oben nimmt, hebt man das linke Bein vom Boden und bewegt es über diese diagonale Linie, unter dem Körper hindurch, zum Punkt, wo vorher die rechte Hand stand, und stellt den Fuß mit der Außenkante auf dem Boden ab. Dann stellt man das linke Bein wieder über den gleichen Weg zurück zum Ausgangspunkt und stellt auch die rechte Hand wieder wie zuvor auf den Boden.

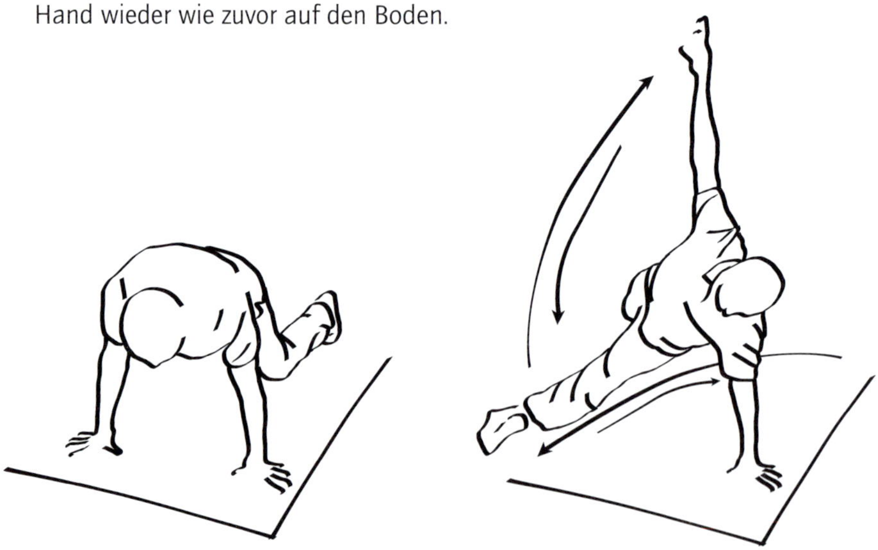

3. Diese Übung wiederholt man dann auch direkt zur anderen Seite.

4. Darauf folgt eine stetige Wiederholung von einer Seite zur anderen, also der Wechsel: linkes Bein nach vorn – wieder zurück – rechtes Bein nach vorn – wieder zurück, während man die gegenüberliegende Hand immer nach oben hebt.

Es macht sehr viel Sinn, bei dieser Übung so lange gemeinsam zu arbeiten, bis es wirklich jeder noch so unerfahrene Schüler kann. Das ist essenzielles, diagonales Über-Kreuz-Denken und -Bewegen. Wenn man Schüler dabei beobachtet, dass der Schüler diese Übung, trotz einiger Hinweise und Hilfestellungen, in den ersten Minuten nicht umsetzen kann, ist dieser für einen konventionellen Break-Unterricht vermutlich nicht geeignet. Hier stimmt eventuell etwas im Bewegungsapparat bzw. mit dem Zusammenspiel der beiden Hirnhälften nicht. Daher würde ich in diesem Fall dazu raten, vielleicht zuerst einen Ergotherapeuten aufzusuchen.

4.3.10 b) Six-Step-Vorbereitung, diagonal rückwärts stützend

Es ist jetzt völlig logisch, eine Übung anzuschließen, die in etwa das Gegenstück zur vorhergehenden ist. Diese Übung wird, mit dem Rücken zum Boden zeigend, ausgeführt. Dabei stehen die Hände unterhalb der Schultern fest auf dem Boden und die Füße stehen in der Ausgangsposition fest auf dem Boden. Die Knie sind nach außen gebeugt, sodass das Becken locker zwischen den Schultern und den Knien über dem Boden schwebt.

1. Man nimmt die rechte Hand vom Boden weg und streckt diese nach vorn.

2. Gleichzeitig nimmt man das linke Bein vom Boden weg und bewegt es so, dass der Fuß zur ausgestreckten Hand geführt wird. Hierbei tippt man mit den Fingern gegen den Fuß, sobald die mittigste Position mit beiden Extremitäten erreicht ist.

3. Dann führt man beide Körperteile wieder zurück zur Ausgangsposition und wiederholt diesen Ablauf anschließend mit der anderen Seite.

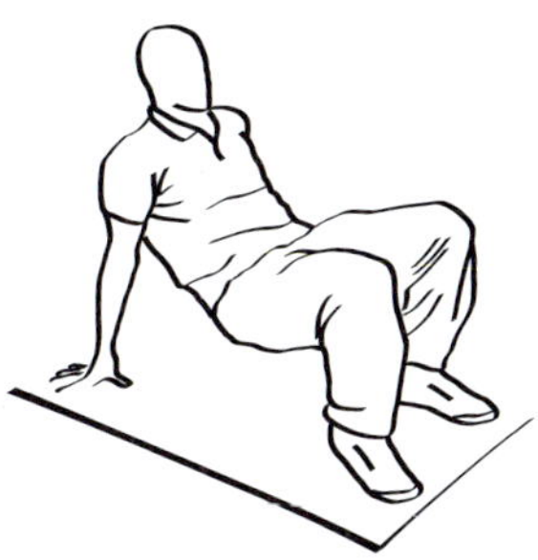

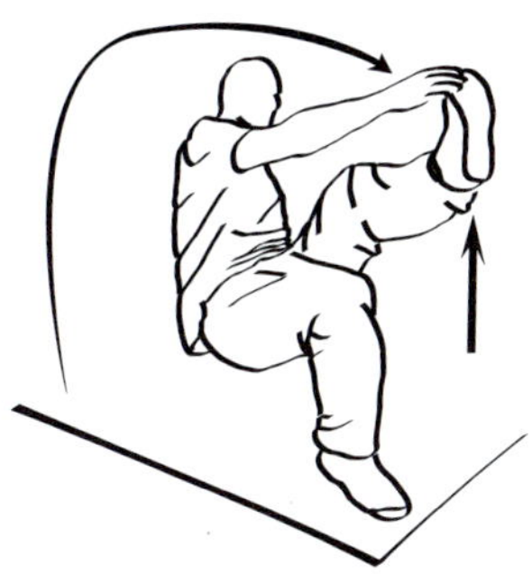

Darauf folgt eine stetige Wiederholung von einer Seite zur anderen.

4.3.10 c) Rücken- und Schultervorbereitung, diagonal rückwärts stützend

Aus dieser Bewegungsdynamik heraus steigert man die Übung noch, um auch die diagonale Rückenmuskulatur für später kommende Moves, wie zum Beispiel den Swipe, zu stimulieren.

1. Dafür vollführt man die gleiche Bewegung wie zuvor. Jedoch hebt man das Becken bei jeder Bewegung hoch in Richtung Himmel. Dann streckt man jetzt das Bein weit zur Seite nach vorn, den Arm weit diagonal nach hinten und hebt beide simultan mit der Aufwärtsbewegung des Beckens in Richtung Himmel.

2. Anschließend stellt man alles wieder am Boden ab und wechselt zur anderen Seite.

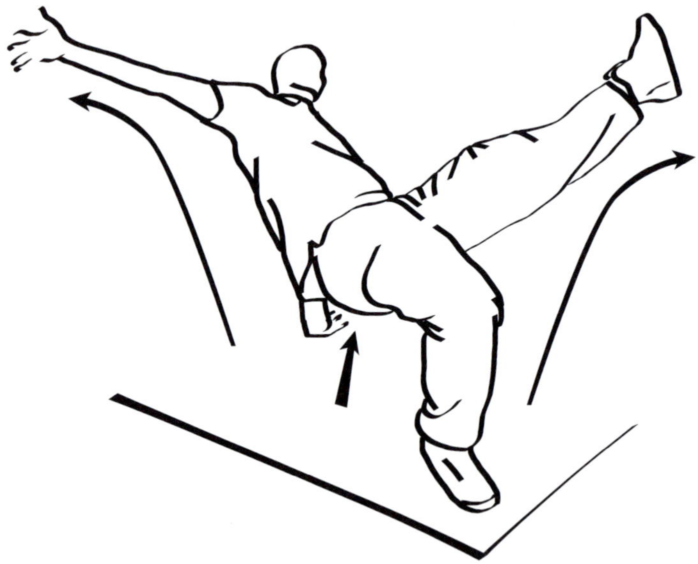

Darauf folgt eine stetige Wiederholung von einer Seite zur anderen.

Anschließend steht man auf, um zur nächsten Übung zu wechseln.

4.3.11 Fußgelenke/Zehen

1. Man versucht, die Füße auf den Außenkanten zu kreisen und dabei das Gleichgewicht zu halten. Die Wechsel über die Kanten sind stufenlos zur Außenkante des Fußes, zu den Fußballen, zur Innenkante und wieder zu den Fersen.

Das Ganze dann auch andersherum ausführen.

2. Dann kreist man, auf einem Bein stehend, mit einem Fuß in der Luft gehalten, mit der Zehenspitze linksherum und rechtsherum.

Diese Übung wird natürlich auch auf der anderen Seite ausgeführt.

3. Man stellt einen Fuß auf die Spitze und kreist das gesamte Bein so, dass sich das Sprunggelenk in alle Richtungen neigt.

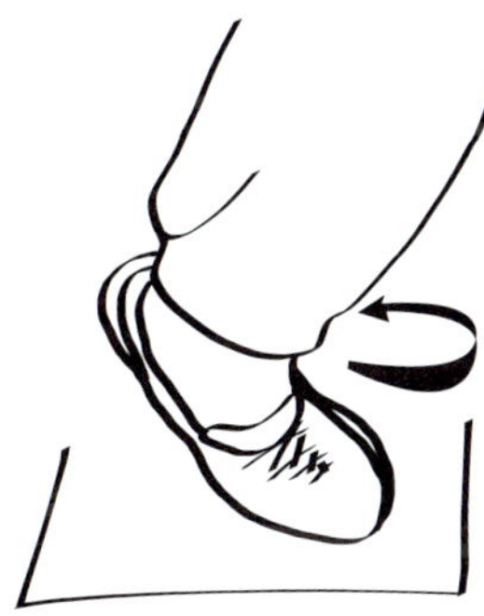

4.3.12 Fertig und den ganzen Körper abschnittsweise ausschütteln

Es geht bei der Körperarbeit im Breakdance darum, möglichst jedes Gelenk und jede Muskelgruppe einmal angesprochen zu haben. So ist der Körper vollständig bewegt worden. Bei jedem Gelenk wurde die „Schmierung" aktiviert und die Durchblutung jeder Muskelgruppe angeregt. Das Ausschütteln bewirkt, dass eventuell überbelastete Sehnen, Bänder und Gelenke wieder in die richtige Bahn gelenkt und eventuelle kleine Verkrampfungen in den Muskeln wieder gelöst werden.

Hierbei sind auch mögliche körperliche Dispositionen (Wehwehchen, Probleme oder Verletzungen) aufgespürt worden. Somit weiß man schon vor dem Training, worauf man im Training achten muss und die eine oder andere Bewegung vielleicht vermeiden oder etwas vorsichtiger angehen sollte.

4.4 STRETCHING

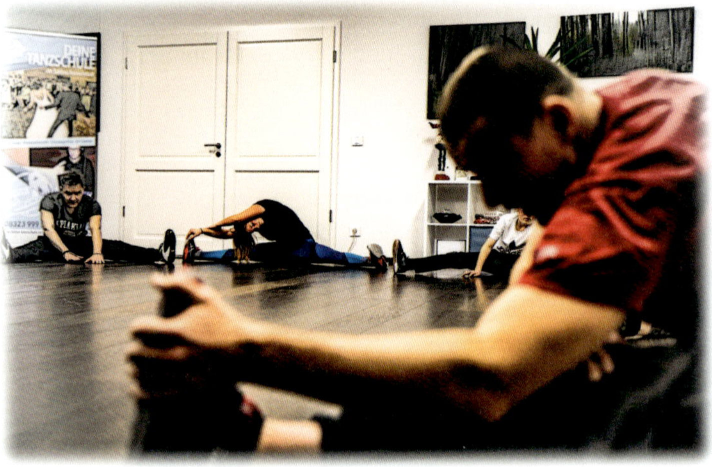

Das *Stretching* des gesamten Körpers ist im Grunde dasselbe wie in jedem anderen Sport auch. Jedoch möchte ich hier unbedingt den Hinweis geben, dass die Adduktoren und die rückseitige Beinmuskulatur (s. **Kap. 4.4.9/4.4.10/4.4.11**) mit mehr Intensität gedehnt werden sollten. Das hilft einem mit der Zeit, um flexiblere Beine für Powermoves zu bekommen und sich bei eben genau diesen Bewegungen nicht so schnell zu verletzen.

Um die Muskeln generell flexibler und leistungsfähiger zu machen, ist es notwendig, ein Stretching nach dem Warm-up und vor der Technikeinheit in den Unterricht einzubauen. Die Bewegungsfähigkeit der Schüler wird nach einigen Wochen besser. Die hier vorgeschlagene Reihenfolge ist ein Leitfaden, damit alle größeren Muskelgruppen mit einbezogen werden.

Diese Dehnübungen sind für jeden auch im Alltag interessant. Für Bboys/Bgirls ist es aber von besonderer Bedeutung, Sorge um ihre Schulter-, Arm- und vor allem Handgelenke zu tragen, da wir Breaker unsere Hände und Arme genauso intensiv benutzen wie Leichtathleten ihre Beine und Füße. Das Lockern und Lösen des gesamten Körpers ist generell das „A" und „O", um gesund zu bleiben. Zerrungen, Muskelrissen, Arthrose, Prellungen und Muskelkater wird damit vorgebeugt und langfristig werden sie sogar verhindert.

ZU BEACHTEN UND AUCH DEM SCHÜLER ZU ERKLÄREN

1. Keine der Übungen darf hart und schnell erzwungen werden.
2. Jede Haltung muss durch Selbstkontrolle immer wieder überprüft werden.
3. Mit jedem Ausatmen tiefer in die Dehnung sinken und den Muskel lösen.
4. Es muss ein Ziehen im angesprochenen Muskel zu spüren sein und es darf sich zu einem angenehmen Dehnungsschmerz entwickeln.
5. Jede Dehnübung MUSS immer langsam aufgelöst werden, um ein nachfolgendes Verkrampfen zu vermeiden.

Stretchingablauf

1./2./3. ...	=	Beschreibung der Haltung und Fokussierungen.
ZUG:	=	Beschreibung, wo im Körper die Dehnung zu spüren sein sollte.

PRAKTISCHE ARBEITSAUFGABE

4.4.1 Finger/Daumen

1. Man hält einen Arm mit gestrecktem Ellbogen nach vorn, dreht die Handfläche nach oben und zieht die gestreckten Finger zum Handrücken hin nach unten.
2. Die zweite Hand greift mit den Fingern horizontal zu den vertikal hängenden Fingern der nach unten hängenden Hand und zieht diese zum Körper.

ZUG: Dieser erfolgt am inneren Unterarm.

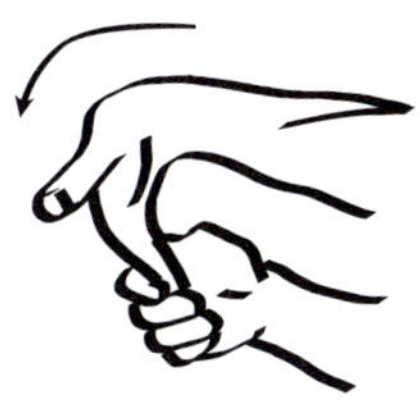

3. Um auch die Beweglichkeit in den Daumen zu erhöhen, die Daumen nach unten ziehen.

ZUG: Dieser erfolgt am großen Daumenmuskel auf der Handfläche.

Langsam lösen und die Übung beidseitig umsetzen.

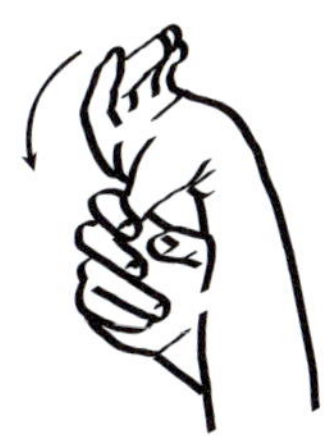

4.4.2 Handgelenk

1. Man hält einen Arm mit gestrecktem Ellbogen nach vorn, dreht die Handfläche nach unten und knickt das Handgelenk nach unten ab.
2. Die zweite Hand greift mit den Fingern vertikal zu den **nach unten zeigenden Fingern** und zieht/biegt diese zum Körper.

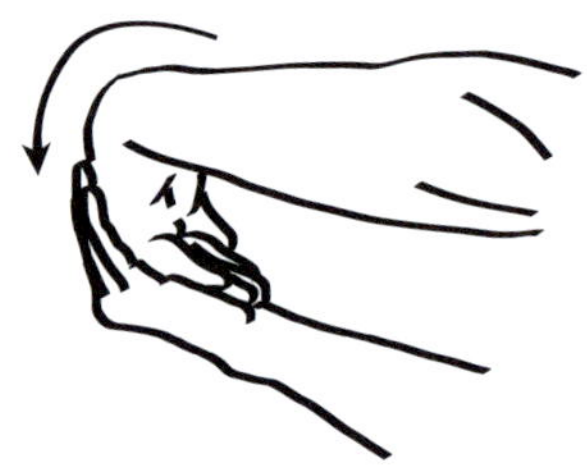

ZUG: Er sollte in der Außenseite des Unterarms zu spüren sein.

Langsam lösen und die Übung beidseitig umsetzen.

4.4.3 Lattisimus – seitlicher Rumpf

1. Mit einem vorausgehenden Verschieben des Oberkörpers sich nach rechts über oben mit gestrecktem Arm nach links beugen.
2. Den rechten Arm über den Kopf auf die rechte Seite, diagonal zur gegenüberliegenden Seite, neigen und so die rechte Oberkörperseite dehnen.

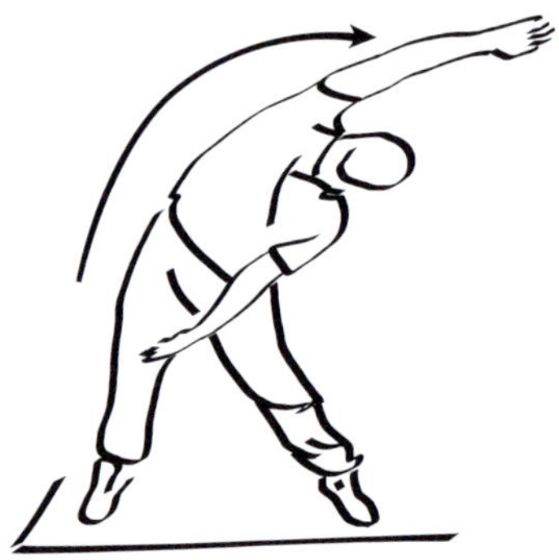

ZUG: Der Zug ist seitlich von den Rippen bis zum Becken (M. externus obliquus) zu spüren.

3. Dann den Oberkörper mit der Brustseite nach unten drehen und mit der zweiten Hand den Zug am Handgelenk so verstärken, dass sich der angesprochene Bereich in Richtung Schulter verschiebt.

ZUG: Damit dehnt sich der große Rückenmuskel (M. latissimus dorsi), also der Muskel, den wir für die hintere Stützkraft beim Flair brauchen.

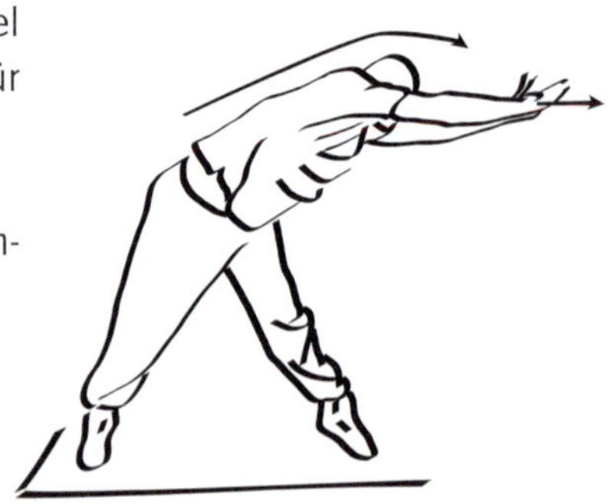

Langsam lösen und die Übungen beidseitig umsetzen.

4.4.4 Trizepsdehnung

1. Den Oberkörper in eine aufrechte Haltung bringen und den rechten Arm hinter den Kopf ziehen.
2. Den rechten Ellbogen beugen, die rechte Hand flach auf den Rücken legen und mit der linken Hand den rechten Ellbogen greifen und sanft nach links unten ziehen.

ZUG: Er erfolgt an der Rückseite des Oberarms, am Trizeps.

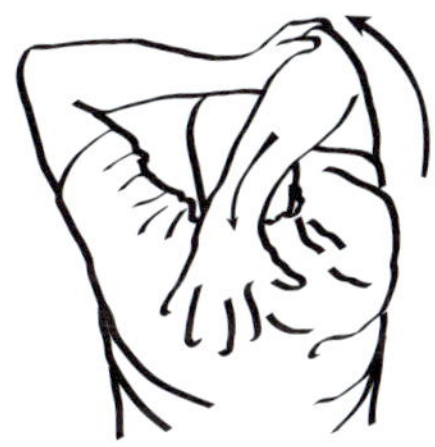

Langsam lösen und die Übung beidseitig umsetzen.

4.4.5 Seitlicher Hals

1. Die linke Hand über den Kopf und auf die Seite des Kopfs greifen und den rechten Arm mit dem Handgelenk im 90°-Winkel mit der Schulter zusammen nach unten strecken.
2. Den Kopf mit der linken Hand nach links neigen und etwas tiefer seitlich nach links unten ziehen.
3. Dabei den Kopf ein wenig vor und zurück drehen, um den Zug um den Hals herum zu erweitern.

ZUG: Er betrifft die seitlichen Halsmuskeln vom Muskelansatz am Kopf bis zur Schulter.

Langsam lösen und die Übung beidseitig umsetzen.

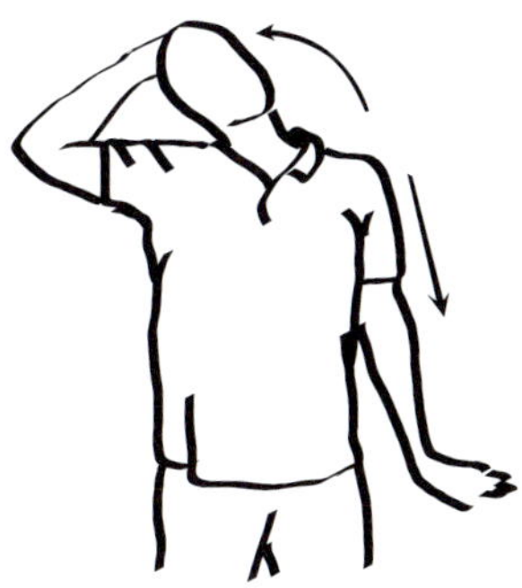

4.4.6 Rückseite des Nackens

1. Beide Handflächen hinter den Kopf bringen, die Hände falten und auf den Hinterkopf legen. Dabei die Ellbogen nach vorne bringen, auf die Zähne beißen, die Kiefermuskeln trotzdem entspannen.
2. Dann das Kinn zum Brustbein senken, die Schulterblätter nach hinten unten sinken lassen und den Nacken nach vorne unten ziehen.
3. Dabei den Kopf ein wenig hin- und herdrehen, um den Zug um den Hals herum zu erweitern.

ZUG: Er betrifft die rückseitige Halsmuskulatur von den Schultern bis zum Kopf.

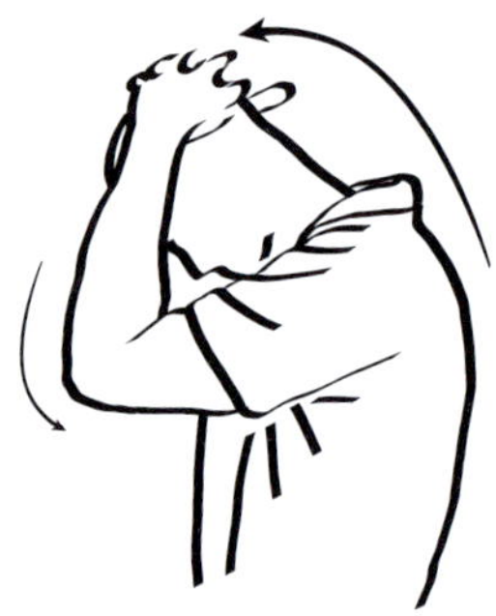

Langsam lösen.

4.4.7 Vorderer Halsbereich

1. Beide Hände mit den Handflächen auf den Brustkorb legen, den Brustkorb etwas nach unten drücken, leicht auf die Zähne beißen, aber die Kiefermuskeln locker lassen und den Kopf nach oben hinten neigen und ihn ein wenig hin- und herdrehen und damit die Dehnung um den Hals herum erweitern.

ZUG: Er betrifft die vorderen Halsmuskeln vom Brustkorb hoch bis zum Kinn.

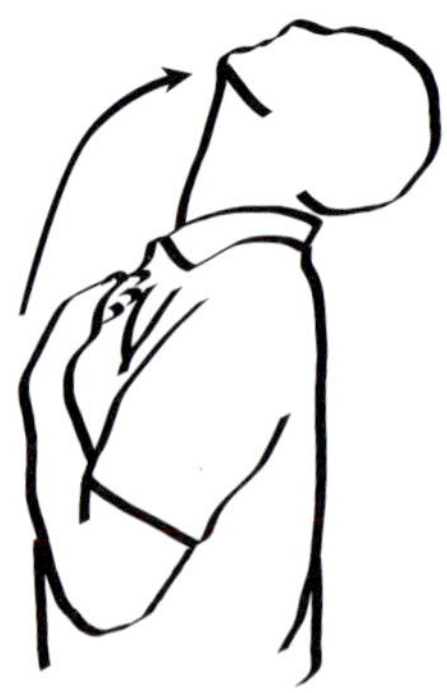

Langsam lösen.

4.4.8 Vorderer Schulter-/Brustbereich

1. Die Hände hinter den Rücken bringen und falten, den Brustkorb nach vorne strecken, den Kopf leicht nach hinten oben neigen, den Unterkiefer nach leicht vorne oben ziehen und die Schulterblätter zusammenziehen.
2. Den Oberkörper nach vorne unten absenken, die Arme so weit wie möglich über den Nacken nach oben strecken.

ZUG: Er erfolgt an Brustkorb, Schultervorderseite, Hals und im Schlüsselbeinbereich bis in den Bizeps hinein.

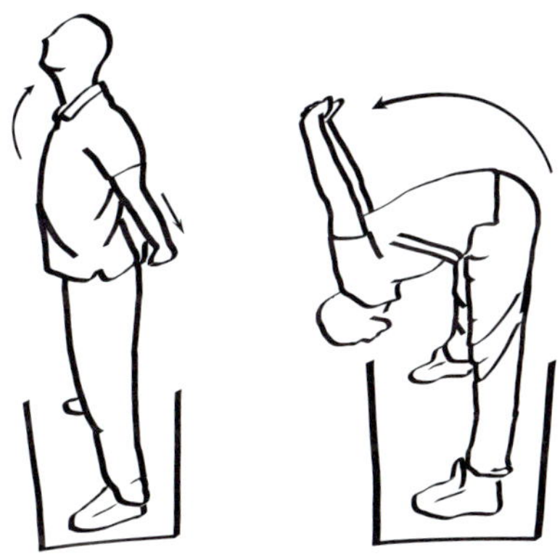

Sich langsam zurückbewegen und langsam die Spannung lösen.

Bei schon fortgeschrittener Beweglichkeit der Brust- und Schultermuskeln ist die folgende Übung hilfreich, um seine Bewegungsfähigkeit weiter auszubauen.

3. Man legt die Hände mit den Handflächen in ca. doppelter Schulterbreite auf einen Absatz, Fensterbrett oder z. B. auf eine Ballettstange. Dann stellt man sich mit gestreckten Beinen in einem gewissen Abstand – je nach Dehnungsfähigkeit – zur Auflage der Hände auf. Man streckt die Ellbogen und senkt den Kopf mitsamt dem Brustkorb und gestreckter Wirbelsäule durch die Schultern nach unten in Richtung Boden.

ZUG: Gesamter vorderer Brustmuskelbereich bis in die Schultern und den Bizeps reichend.

Sich langsam zurückbewegen und langsam lösen.

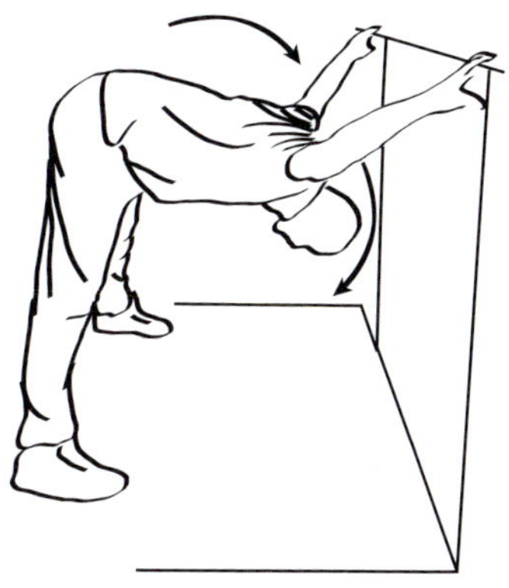

4.4.9 Beinrückseite

1. Den Oberkörper in die Haltung wie zuvor sinken lassen, die Beine sind immer noch weit geöffnet und gestreckt, die Rückenmuskeln jetzt locker lassen und den Oberkörper weiter nach vorne unten absenken, um zum Boden zu greifen.
2. Dann zu einem Fuß drehen und dabei den Kopf in Richtung Knie ziehen.

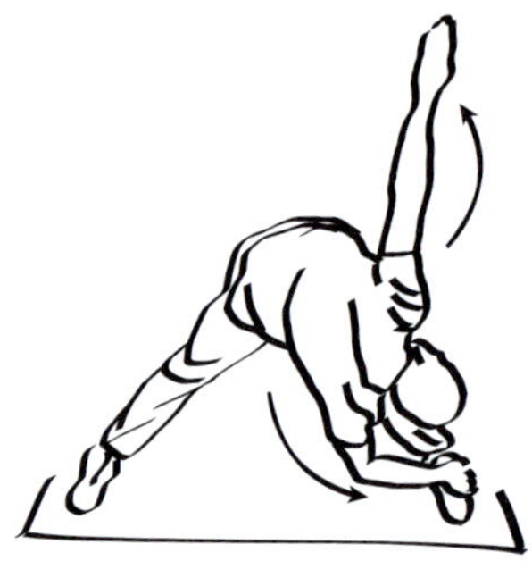

ZUG: Er betrifft intensiver die äußere und rückseitige Beinmuskulatur.

Die Spannung langsam lösen und die Übung beidseitig umsetzen.

3. Um die Beinrückseite noch intensiver zu dehnen, ohne die Rückenmuskulatur mit einzubeziehen, nimmt man die Beine nochmals in einen engen Parallellstand. Man beugt ein Knie leicht und stellt das andere gestreckt leicht nach vorn. Dabei versucht man, jetzt den Oberkörper so nach vorne unten zu beugen, dass der Rücken gerade bleibt und das Becken in Richtung Oberschenkel kippt.

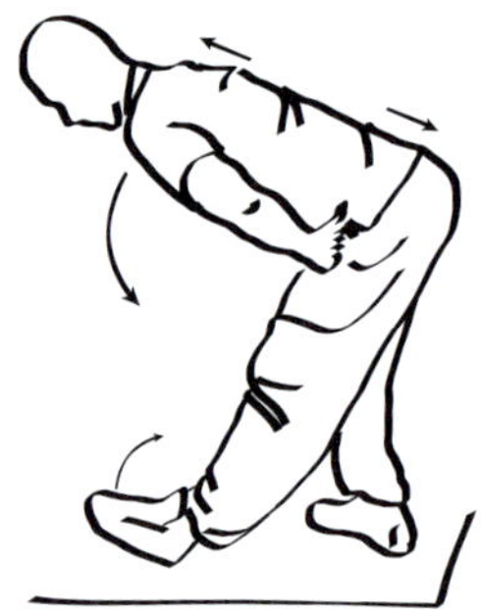

ZUG: Von der Kniekehle bis zum Hüftansatz im hinteren Oberschenkelbereich.

Die Spannung langsam lösen und die Übung beidseitig umsetzen.

4. Die untere Partie der Beine, also die Achillessehne und die Wade, kann durch eine vierte Technik noch intensiver gedehnt werden. Hierzu stützt man sich wieder an einer Stange oder einer Wand ab und stellt sich wie vorhin bei Übung Nr. 3 (siehe Kap. 4.4.8 Vorderer Schulter-/Brustbereich) in einem passenden Abstand dazu auf. Mit viel Druck aus den Armen kommend streckt man dann das Knie des aufgestellten Beins und versucht, die Ferse am Boden abzustellen.

ZUG: Von der Kniekehle an der hinteren unteren Wadenpartie entlang bis zur Ferse.

Die Spannung langsam lösen und die Übung beidseitig umsetzen.

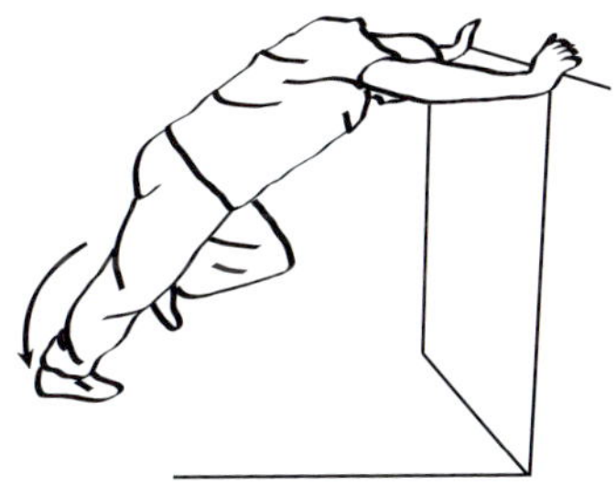

4.4.10 Adduktoren

1. Die Beine so weit wie möglich in die Grätsche öffnen. Die Zehenspitzen zeigen zur Decke und sich mit weit geöffneten Beinen und gestreckten Knien mit dem Po auf den Boden setzen. Die Hüften sind so weit wie möglich ausgedreht; das Becken ist möglichst vertikal ausgerichtet.
2. Man lässt den Körper zusammen mit dem Becken langsam nach vorn sinken.

ZUG: Er erfolgt am Innenschenkel bis zum Schienbein.

Langsam lösen und zu den Seiten bis zur Fußspitze greifen.

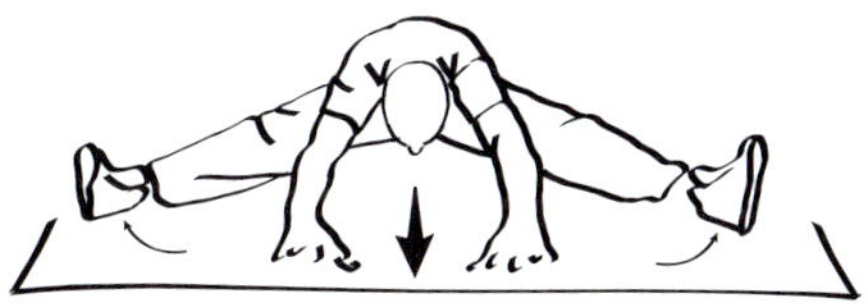

ZUG: Er konzentriert sich nun auf das jeweils angesprochene Bein und bei einigen Variationen auch auf den M. latissimus dorsi.

Die Spannung langsam lösen und die Übung jeweils auf der anderen Seite wiederholen.

Diese Übungen sind Variationen, die nach Belieben verändert werden können, um die Übung steigern oder variieren zu können.

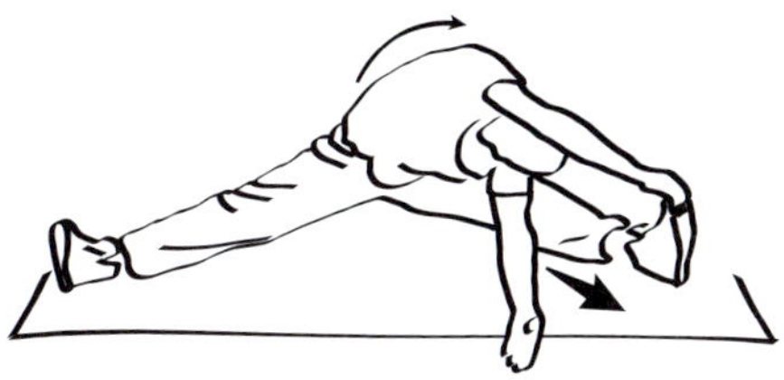

4.4.11 Beinrückseite II

1. Die Beine schließen, sitzend das rechte Bein nach vorne strecken, das linke Knie beugen und die linke Fußsohle an den rechten Oberschenkel bringen und das gebeugte Bein am Boden ablegen.
2. Den Rücken so gerade wie möglich halten, zu den Zehen greifen und den Oberkörper zusammen mit dem Becken nach vorne unten sinken lassen.

ZUG: Er erfolgt in der rückseitigen Beinmuskulatur, manchmal auch im Rücken.

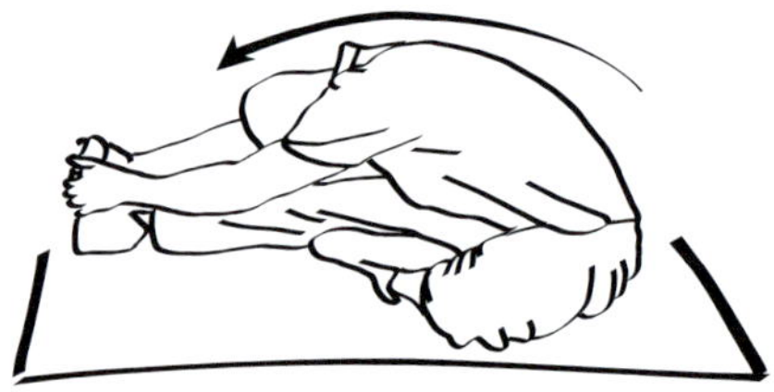

Die Spannung langsam lösen und die Übung beidseitig umsetzen.

4.4.12 Oberschenkel

1. Den Körper zur linken Seite, auf dem Ellbogen abgestützt, ablegen, die Beine im 90°-Winkel zum Oberkörper positionieren und die Knie so beugen, dass die Unterschenkel 90° zu den Oberschenkeln platziert sind. Damit sind die Unterschenkel parallel zum Oberkörper.
2. Das rechte Fußgelenk mit der rechten Hand greifen und ganz bis zum Po ziehen. Dabei die Bauchmuskeln anspannen, das Becken nach vorne schieben und mit dem Knie nach unten ziehen.

ZUG: Er erfolgt im vordereren Oberschenkelmuskel bis zum Knie.

Die Spannung langsam lösen und die Übung beidseitig umsetzen.

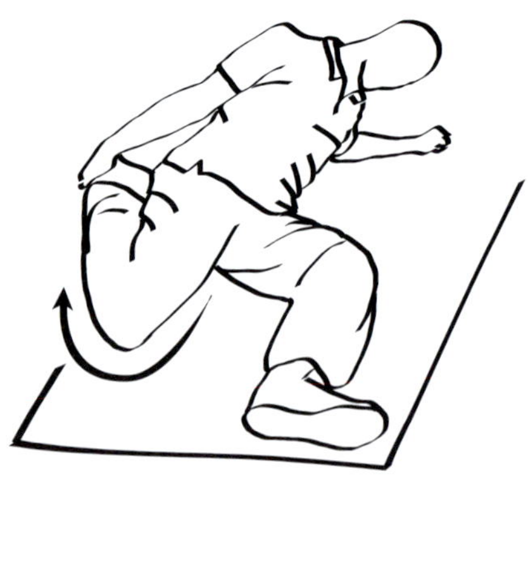

Natürlich gibt es noch viele weitere Dehnübungen und auch Haltungstraining, das als Stretching sinnvoll ist. Für fortgeschrittene Breaker empfehle ich auch wärmstens, sich hier weiterzubilden und weiterzuentwickeln. Das Internet und die Bibliotheken dieser Welt geben hier eine Flut an Möglichkeiten. Für den Unterricht innerhalb der ersten drei Jahre einer Bboy-Karriere reicht dieses Stretching jedoch völlig aus.

4.5 PÄDAGOGISCH-DIDAKTISCHE ERKLÄRUNG DER REIHENFOLGE IM WARM-UP

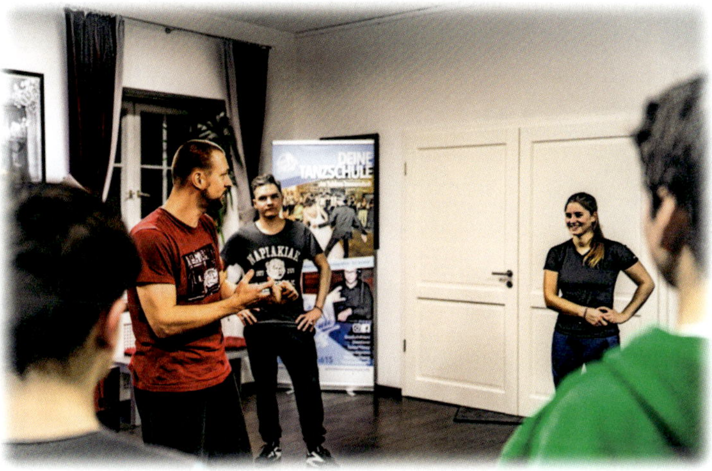

Es gibt ein bestimmtes Grundprinzip, das man beachten muss, wenn man bei Schülern Lernbereitschaft herstellen möchte. Wie in Kap. 7 beschrieben, sind Schüler, die sich fürs Breaken entschieden haben, ein besonderer „Schlag" Menschen. Darum ist es von besonderer Bedeutung, die Begeisterung und Lernbereitschaft eben genau so, wie beschrieben, herzustellen und jede Stunde erneut aufzubauen. Es geht darum, den Schüler von dort abzuholen, wo er ist, dass er da hinkommen kann, wo man es gerne hätte.

Dies ist die Aufgabe eines jeden Lehrers und Trainers. Es gibt keine schlechten Schüler – nur schlechte Lehrer –, wenn der Schüler motiviert ist. Die Tatsache, dass der Schüler im Unterricht erscheint, reicht als Motivation! Der Rest ist die Aufgabe des Lehrers, diese Anwesenheit mit Wissen und Erfolg zu füllen.

Man muss nur unterscheiden können, was für eine Motivation den Schüler in den Unterricht treibt, wie in Kap. 7.4 beschrieben ist. Folgende Erklärung begründet den kompletten Ablauf aus pädagogischer Sicht. Dies belegt auch die fundierte Erfahrung, die hinter dieser Ausführung steht.

4.5.1 Allgemeines Ankommen

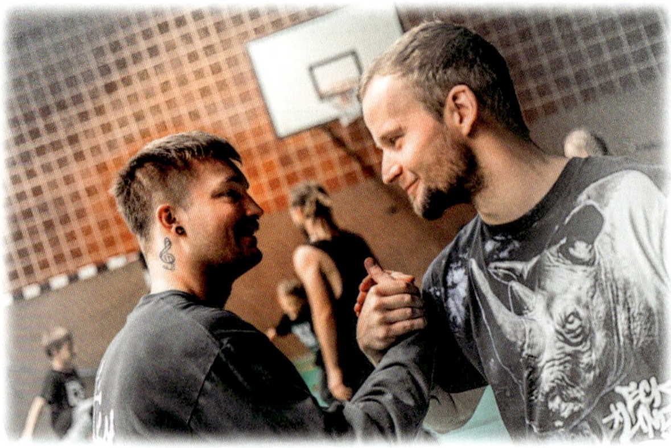

Meist kommen Schüler aus einem schulischen Zwangsumfeld, haben sich beeilt, um den Bus oder die U-Bahn zu erreichen, oder wurden von ihren Eltern zum Unterricht gefahren. Noch schnell was essen, schnell die Turnschuhe einpacken, schnell noch eine Flasche Wasser aus dem Keller holen etc. In der heutigen Zeit ist das Leben meist eng getaktet.

Das Bewegen im Kreis (beim Stoppspiel) ermöglicht es erst einmal, anzukommen. Auch Schüler, die eventuell 2-5 Minuten zu spät kommen, fallen im Getümmel kaum auf und können sich in Ruhe untermischen. Es fühlt sich einfach besser an, wenn man in eine offene Situation kommt und sich eher unbemerkt einreihen kann. Man ist dann einfach schneller „da" und kann sich leichter von den vorausgegangenen Situationen lösen.

Schüler, die besondere Aufmerksamkeit brauchen oder geben wollen, haben in dieser Struktur auch die Möglichkeit, direkt zum Lehrer zu gehen und eine ordentliche Begrüßung einzufordern. Der Unterricht wird dadurch nicht gestört oder unterbrochen, da der Lehrer ja nur zusieht, die Musikanlage bedient und den Schüler benennt, der sich als Letztes bewegt hat. Hier ist zwischendurch genügend Zeit, um einen Schüler beim Ankommen durch eine persönliche Begrüßung zu unterstützen.

4.5.2 Im Raum ankommen

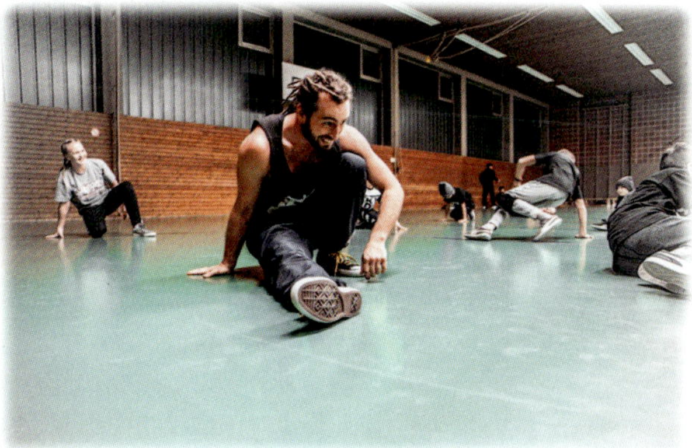

Die Schüler laufen dann im Kreis und vollziehen die verschiedenen Übungen gemeinsam. Dies ermöglicht es, im Raum anzukommen. Man erkennt ganz schnell, wie sich die Raumgröße auf die Anzahl der Schüler auswirkt und die Schüler stellen sich automatisch auf die Gegebenheiten ein. Man kann sich auch nochmals umsehen, was so im Raum herumsteht und muss eventuell auch Gegenständen beim gemeinsamen Spiel ausweichen, um Kollisionen zu vermeiden.

4.5.3 Im Körper ankommen

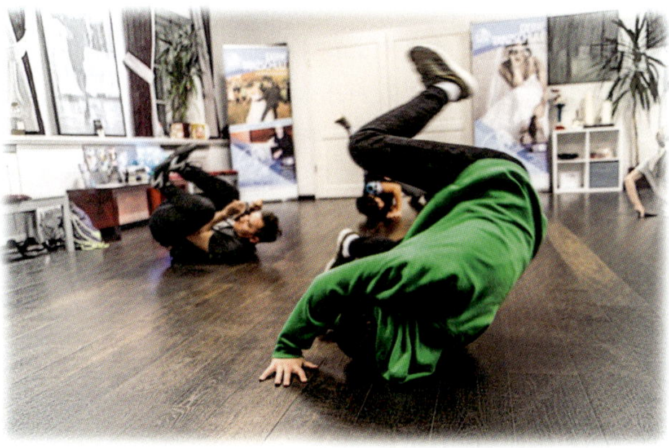

Die Übungen sind auch so konstruiert, dass man schnell im Körper ankommen muss. Sich während des Laufens um die eigene Achse zu drehen oder durch den Raum zu rollen, beansprucht das komplette System. Dadurch ist jeder Schüler gezwungen, ganz schnell bei sich, der Aufgabe und dem folgenden Unterricht anzukommen.

4.5.4 Im sozialen Umfeld ankommen

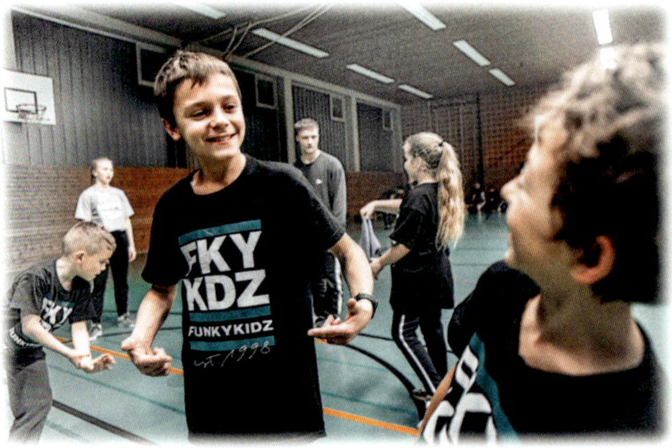

Gleichzeitig ist man auch sofort mit den anderen Schülern in Kontakt. In der kurzen Pause, wenn ein anderer Schüler gerade die „Strafaufgabe" macht, kann man sich auch direkt begrüßen und eventuell die aktuellsten News austauschen. Beim Rollen z. B. muss man dann wirklich auf die anderen Schüler achten, damit man gemeinsam ohne Kollision durch die Übung kommt.

Es ist auch von entscheidender Bedeutung, dass ein oder zwei einzelne Schüler die Strafaufgabe alleine machen. Dies verschafft dem einzelnen Schüler nämlich völlig unterbewusst die Aufmerksamkeit der ganzen Gruppe, ohne dass man gesondert dafür sorgen musste.

Manche Schüler bewegen sich auch absichtlich als Letztes oder lassen sich nach einer der Übungen absichtlich umfallen, damit sie genau von dieser Aufmerksamkeit profitieren können. Es ist ein ganz legitimes und sozial akzeptiertes: „Hallo, ich bin auch hier – ich bin jetzt bereit, gesehen zu werden – bitte beachtet mich kurz!" So wird es für den Schüler leichter, um ruhiger und positiver in die Lernbereitschaft zu kommen. Wenn dieses Aufmerksamkeitsbedürfnis so einfach und spielerisch erfüllt werden kann, dann sollte man das unbedingt nutzen – einfacher geht es wohl kaum!

4.5.5 Musik hören

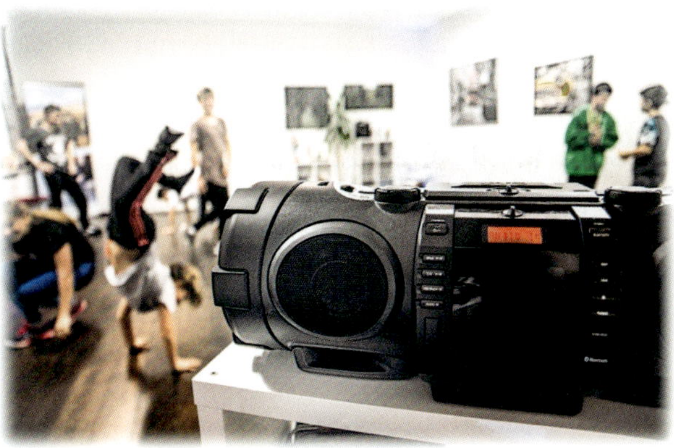

Die Schüler sind jetzt also im Raum, bei sich selbst und bei den Menschen angekommen. Jetzt ist auch gleich gefordert, die Musik zu beachten, da beim Aussetzen der Musik ein plötzlicher Stopp gefordert ist, wenn man die Strafaufgabe vermeiden möchte. Dies schult in jeder Stunde gleich zu Beginn die Fähigkeit, während des dreidimensionalen Bewegens auf die Musik zu hören und auch auf die Musik zu reagieren.

Später, wenn man dann wirklich auf die Musik tanzen möchte, wird diese Fähigkeit gezielt gefordert. Wenn dieses Verhalten durch etliche Stoppspiele schon angeregt und etabliert ist, wird sich der Schüler leichter damit tun und schneller Erfolgserlebnisse haben. Und darum geht es in jedem Unterricht: schnelle, effektive, unbemerkt unterstützende Vorbereitung, die später als Grundlage für die wirklich großen Aufgaben dient. Hier zu erkennen, dass dadurch ein schnelleres Erfolgserlebnis sichtbar gefördert wurde, begründet jegliche Anstrengung, seinen Unterricht dahin gehend anzupassen!

4.5.6 Im Bewegen ankommen

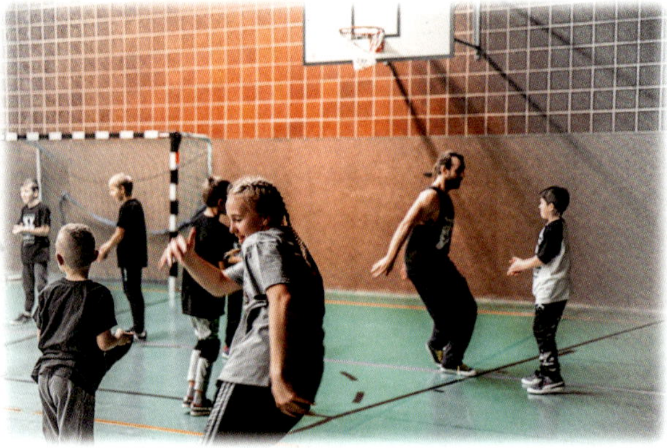

Die Didaktik im gesamten Warm-up hat eine klar sichtbare Struktur, um das System des Schülers stufenweise von außen nach innen immer differenzierter zu stimulieren:

1. Im Stehen Laufaufgaben zu erfüllen, ist die einfachste Ankommstruktur.
2. Im Laufen zu drehen, fordert das kognitive System.
3. Am Boden zu rollen, steigert die vorausgegangene Forderung und stimuliert die Ganzkörperwahrnehmung durch den Hautkontakt am Boden.
4. Top-Rocks leiten die Tanzlust ein und machen bewusst, im Tanzunterricht angekommen zu sein.
5. Handstandversuche sind eine komplexe Balanceübung und lenken die Aufmerksamkeit nach innen.
6. Die Körperarbeit im Bboy-Warm-up steigert nun die Aufmerksamkeit für die einzelnen Körperteile und bereitet nicht nur den Körper an sich vor, sondern leitet vor allem die mentale und emotionale Aufmerksamkeit in die einzelnen Körperbereiche. Dies fördert die Konzentration, die Koordination und steigert das Körpergefühl.
7. Der Wechsel von der losen Struktur des Stoppspiels zum Bboy-Warm-up und Stretching im Kreis ermöglicht es den Schülern, einfach und begleitet in einer Unterrichtsstruktur anzukommen. Man arbeitet nicht mehr frei, aber dennoch nur begleitet im Kreis.

Alles das zusammen ergibt eine bis in die Tiefe gehende körperliche Vorbereitung; genauso wie eine voll etablierte Lernbereitschaft und eine emotional funktionierende Arbeitsatmosphäre. Alles, was der Lehrer jetzt erklärt, wird von allen beachtet und gehört!

Darum ist jetzt auch der beste Moment, um den Unterricht zu starten. Bei fortgeschrittenen Klassen ist jetzt der Moment für 5-7 Minuten freies Training, da fortgeschrittene Schüler meist eine selbstgewählte Trainingsaufgabe in den Unterricht mitbringen oder erst einmal eine Eintanzphase brauchen.

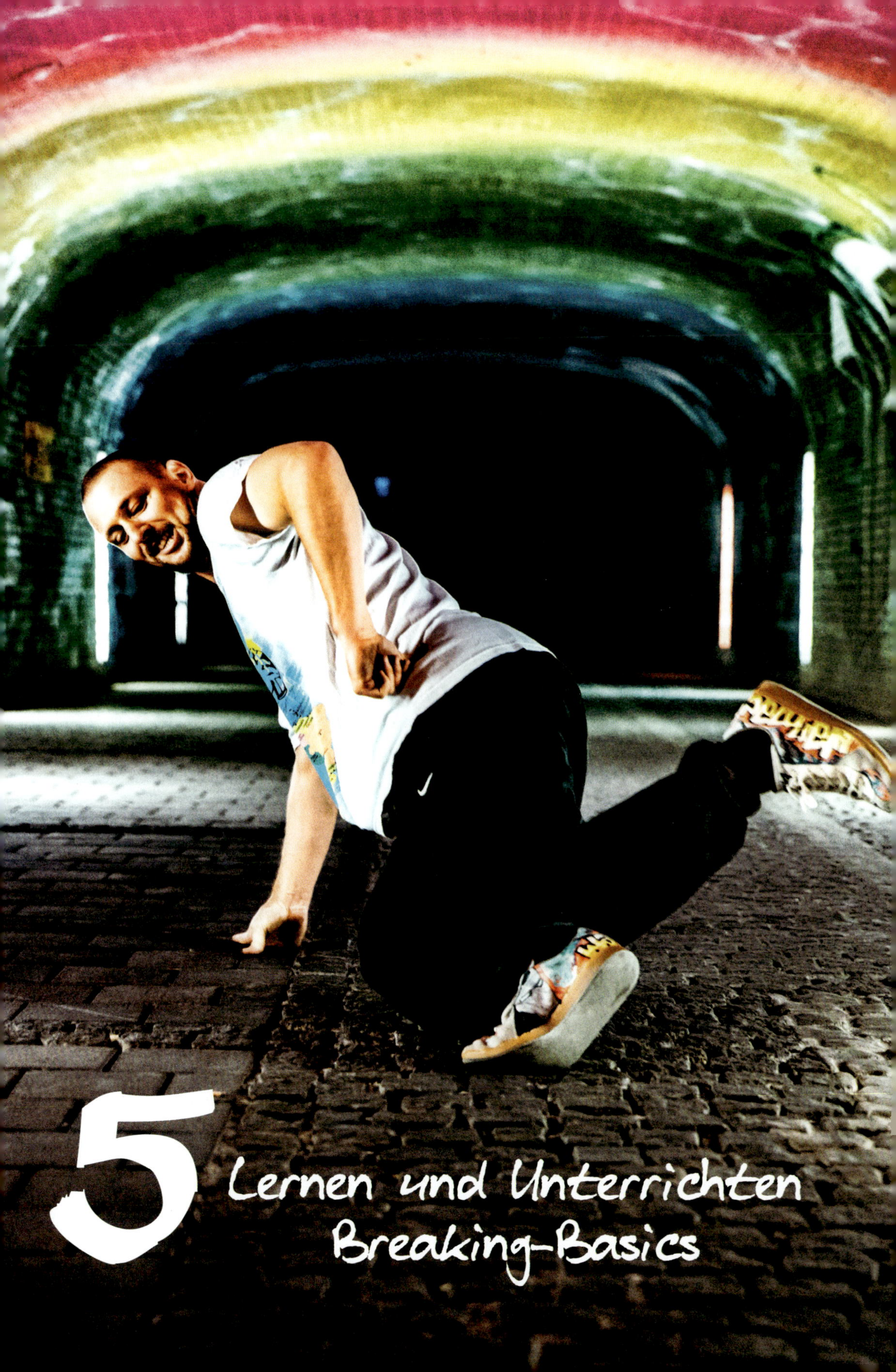

5 Lernen und Unterrichten Breaking-Basics

5 Lernen und Unterrichten – Breaking-Basics

5.1 EINLEITUNG

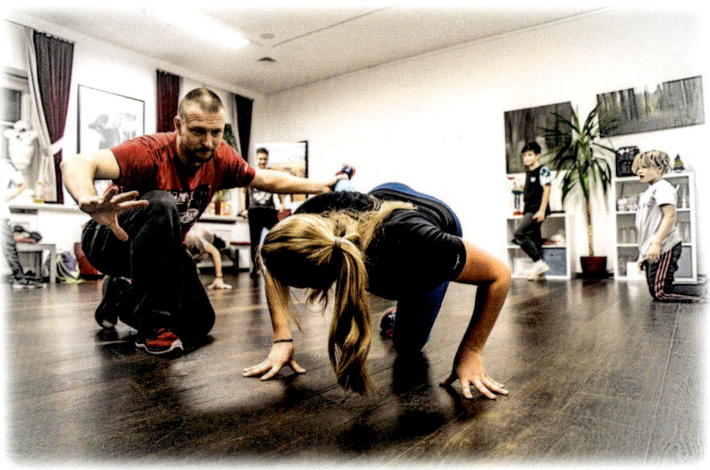

In diesem Kapitel wird beschrieben, wie die ideale erste Unterrichtsstunde für einen absoluten Anfänger aussieht. Meiner Erfahrung nach bekommt ein Anfänger, dem man in der ersten Stunde genug Aufmerksamkeit schenken kann, diesen Ablauf innerhalb einer 60-minütigen Stunde auch hin. Hierfür braucht der Schüler aber schon etwas allgemeine Bewegungserfahrung und die Motivation, die ganze Stunde neugierig und selbstreflektierend an den gegebenen Aufgaben zu arbeiten.

DIDAKTIK UND LEHRMETHODE DES BREAKING-UNTERRICHTS

Die folgenden Beschreibungen sind ein perfektes Beispiel für eine sinnvolle und verständliche didaktische Aneinanderreihung der Aufgaben und Übungen. Die Lehrmethoden wechseln und ändern sich mit der Komplexität der Aufgaben, mit dem Wissensstand des Schülers und mit der jeweiligen Zielsetzung.

RAUMAUFTEILUNG

Wenn man eine ganze Klasse von Anfängern vor sich stehen hat, dann stellt man diese natürlich in die Tanzklassenaufstellung. Sind aber nur einer oder ein paar neue Schüler zu unterrichten, die in eine schon laufende Stunde kommen, stellt man den oder die Schüler an eine freie Stelle in den Randbereichen des Raums. Dies macht es nun erforderlich, dass man seinen Break-Unterricht so gestaltet hat, dass jeder Schüler selbstständig an seinen individuellen Aufgaben arbeiten kann. So wie schon in Kap. 3.5 beschrieben ist, kommt es auch darauf an, welche Unterrichtsmethode man anwenden möchte.

WECHSEL ZWISCHEN UNTERRICHTEN UND SELBSTSTÄNDIGEM TRAINING

Innerhalb der praktischen Kapitel kommt es immer wieder dazu, dass der einzelne Schüler oder alle Schüler gemeinsam mit neuen Informationen „gefüttert" werden. Jede dieser Erkläreinheiten ist so strukturiert, dass man die abgegrenzt beschriebenen Teilschritte als eine Lehreinheit am Stück unterrichten kann. Natürlich sind diese Einheiten bei Anfängern wesentlich kürzer und einfacher gestaltet als bei fortgeschrittenen Schülern.

„Diesen Ablauf wiederholt man mit dem Schüler zusammen durch Zeigen, gemeinsames, mitvollziehendes Arbeiten. Dann den Ablauf nur durch Reden und Helfen so oft wiederholen, bis er ihn selbstständig und ohne viel Hilfe versteht und ansatzweise beherrscht. Wichtig ist jetzt die anschließende Übungszeit, die der Schüler alleine bestreiten muss, damit der Schüler die Bewegung experimentell erfahren und wahrnehmen kann. Oder sie sogar schon in ‚Fleisch und Blut' übergehen kann.

Wenn man später – nach einer Weile oder gar einigen Wochen – beobachtet, dass der Schüler so weit ist, arbeitet man mit dem Schüler an dieser Stelle weiter."

Immer, wenn diese Grafik im Text erscheint, bedeutet dies, dass der Schüler nun Zeit bekommt, um selbstständig zu üben.

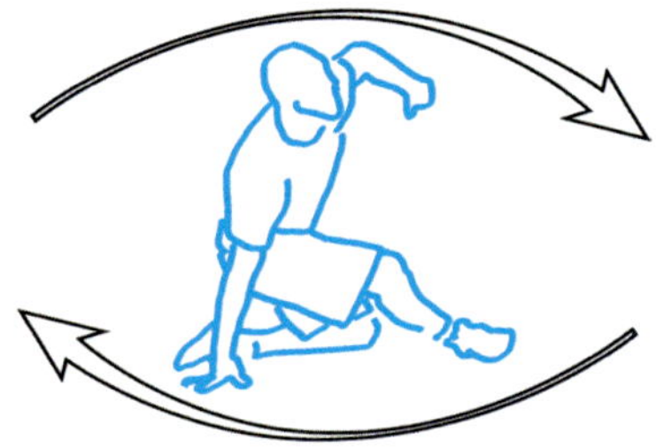

Dies bedeutet schlicht, dass die Schüler erfahrungsgemäß nach solchen Einheiten Zeit brauchen, um die neu gegebene Information in selbstständiger Arbeit zu verarbeiten, zu üben und meistern zu können, bevor es weitergehen kann.

Übrigens: Meine Erfahrung hat gezeigt, wenn ein Schüler keine selbstständige Übungszeit bekommt, geht es schlicht und ergreifend nicht weiter und der Schüler stagniert. Wenn ein Schüler erfahren oder besonders talentiert ist, kann es auch sein, dass es sofort weitergehen kann. Aber sicher ist, auch dieser Schüler kommt bald an seine Grenzen. Daher ist die Fähigkeit, Bereitschaft und Motivation zum selbstständigen Arbeiten das „A und O", um Breaken lernen zu können.

PRAKTISCHE ARBEITSAUFGABE

5.2 TOP-ROCKS

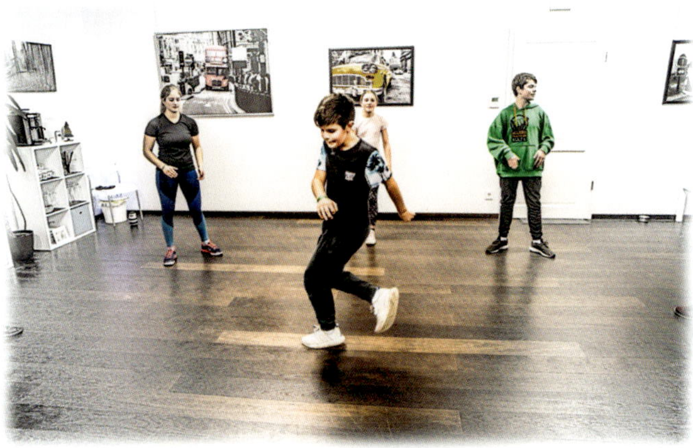

Nachdem man also den Stundenbeginn mit dem Stoppspiel, der Körperarbeit und dem Stretching gestaltet hat, setzt man noch die Erklärungen aus Kap. 3.1 bis 3.1.3 vor die ersten Übungen und Schritte.

Los geht's mit den Richtungen

Wenn ich mit einem komplett neuen Schüler beginne, kläre ich erst einmal die Richtungen, indem ich den Schüler danach befrage:

- Wo ist rechts?
- Wo ist links?
- Wo ist vorne?
- Wo ist hinten?
- Wo ist oben?
- Wo ist unten?
- Bitte umdrehen und wo ist jetzt vorne?

In den meisten Fällen zeigt der Schüler die richtigen Richtungen. Bei der letzten Frage, nach dem Umdrehen aber, sind sich 50 % der Schüler nicht mehr ganz sicher. Anschließend erkläre ich dann, dass diese Bezeichnungen immer in Bezug auf den Körper gelten und immer „da", wo das Brustbein bei einem selbst ist, ist auch für einen selbst immer vorne. Der Raum spielt erst mal gar keine Rolle, da das Tanzen im Kreis kein vorne oder hinten im Raum selbst kennt. Anfangs kann man sowieso noch nicht wirklich in eine Raumrichtung ausgerichtet arbeiten.

Top-Rock-Ausgangsposition

Wenn man beginnt, die Übungen zu erklären, dann ist es von entscheidender Bedeutung, immer von derselben Körperhaltung auszugehen. Die „Ausgangsposition" ist im Stand idealerweise eine aufrecht stehende Körperhaltung, bei der die Arme locker neben dem Körper hängen und beide Beine etwas mehr als schulterbreit auf der gleichen Linie stehen.

Indian-Step (Outlaw)

Ich lasse den Schüler die „Ausgangsposition" einnehmen. Mit folgenden Aufgabenstellungen komme ich dann zur eigentlichen Arbeit:

1. Aufstellung in der schulterbreiten Ausgangsposition.
2. Das rechte Bein nach links vorne stellen (warten, bis die Aufgabe richtig umgesetzt wurde).
3. Wieder zurück zur Ausgangsposition (warten, bis die Aufgabe richtig umgesetzt wurde).

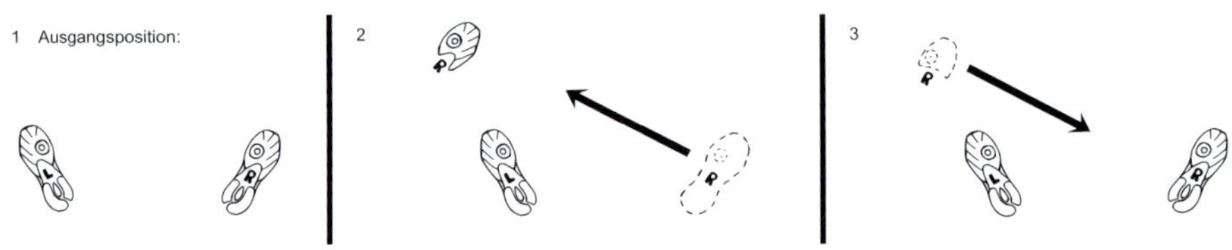

Erklärung: „Die Beine stehen dabei vorne etwas überkreuzt."

4. Das Ganze auch auf der anderen Seite ausführen.
5. Das Ganze als Ablauf mit zwei Schritten mit beiden Seiten aneinanderreihen (warten, bis die Aufgabe richtig umgesetzt wurde).
6. Einen sich immer wiederholenden Ablauf schaffen (rechts, Ausgangsposition, links, Ausgangsposition, rechts, Ausgangsposition, links, Ausgangsposition usw.).

Erklärung: „Dies ist der einfachste Top-Rock namens Indian-Step."

Die Aufgaben Nummer 1-6 zuerst nur ansagen und weitersprechen, dabei nichts vormachen. Erst wenn man merkt, dass der Schüler es gar nicht ohne Hilfe schafft, dann bedient man sich der Methoden Vormachen, Mitvollziehen und gemeinsames Erarbeiten. Dies ist wichtig, um das selbstständige Arbeiten von Anfang an herauszufordern. Ebenso bekommt man gleich von der ersten Minute, also mit der ersten Übung, schon einen Eindruck von der Bewegungserfahrung des Schülers.

Die Aufgabe Nummer 7 sollte man durch Zeigen, Erklären, Vormachen und Mitvollziehen erarbeiten, bis der Schüler alleine arbeiten kann.

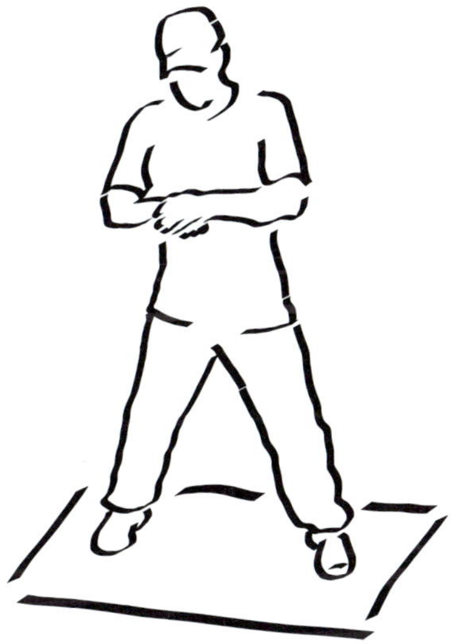

7. Die Arme sind vor dem Körper überkreuzt, wenn die Beine in der Ausgangsposition sind. Wenn die Beine sich aber kreuzen, lässt man die Arme nach außen, hinten, unten schwingen.

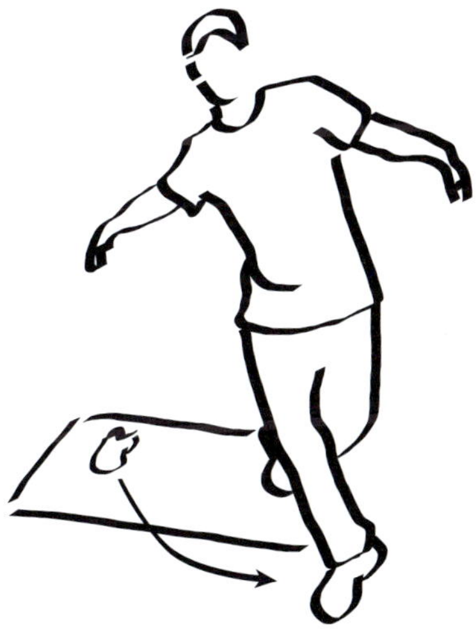

8. Diesen Schritt selbstständig üben und eventuell auch an den Rhythmus der Musik versuchen anzupassen.

Bei der Aufgabe Nummer 8 kann man entscheiden, wie differenziert man diese Aufgabe gestaltet. Manche Schüler kommen mit einem guten Gefühl für Musik und Takt in den Unterricht, daher spricht überhaupt nichts dagegen, mit diesen Schülern auch jetzt schon die Musik mit einzubeziehen. Meist spielt die Musik und der Rhythmus zu Beginn aber keine Rolle.

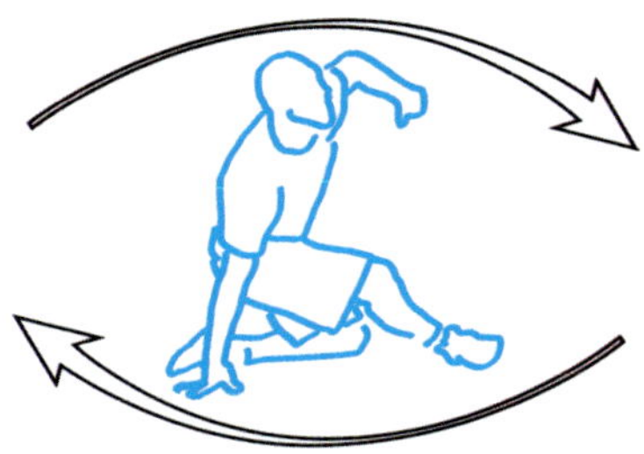

Wie zuvor erklärt, sagt die hier darüberliegende Grafik aus, dass der Schüler jetzt gefordert ist, das erst einmal selbst zu üben. Dabei lernt er auch gleich, selbstständig zu arbeiten.

NUN ERKLÄRT MAN SICH ALS LEHRER MIT EINEM SATZ, DER SO ODER SO ÄHNLICH KLINGEN SOLLTE:

„Meine Aufgabe als Lehrer ist, mich auch um die anderen Schüler zu kümmern. Du startest dein selbstständiges Arbeiten und Üben. Ich werde immer wieder nach dir sehen und wenn du so weit bist, kommen wir zur nächsten Übung. Du kannst natürlich jederzeit kommen und Fragen stellen! Okay? Klappt das so für dich?"

Eine negative Antwort auf die letzte (eher rhetorische) Frage kann ein Indiz dafür sein, dass man zuvor nicht ausführlich genug erklärt hat, wie der Unterricht im Breaken funktioniert. Oder der Schüler braucht mehr Aufmerksamkeit und muss (zumindest anfangs) mit mehr Beachtung behandelt werden. Die letzte Möglichkeit ist, dass der Schüler gar nicht dazu befähigt ist, selbstständig und zeitweise allein zu arbeiten. Das kommt besonders bei sehr jungen Schülern zwischen fünf und neun Jahren vor. Hier muss dann auf Gruppenarbeit und Tanzklassenaufstellung umgestellt werden.

SIX-STEP IM STAND

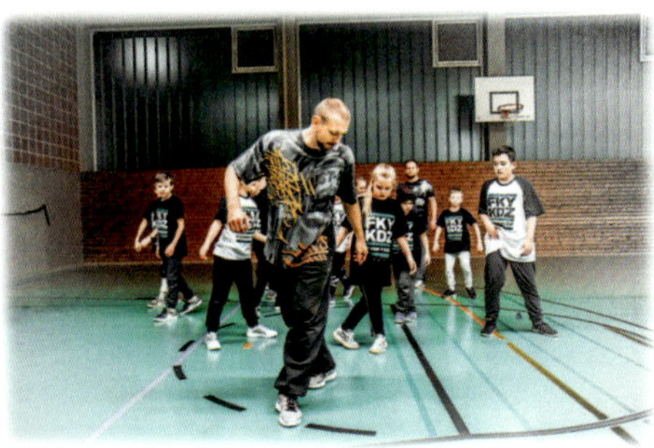

Wenn der Schüler nun durch die selbstständige Übungszeit in der Lage ist, den „Indian-Step" mit den Armen umzusetzen, geht es mit den nachfolgenden Übungen weiter. Wenn der Schüler die vorige Übung nicht mit der Armbewegung umsetzen kann, man aber beobachten kann, dass er ungeduldig und etwas gelangweilt wirkt, macht man ebenso gleich mit der folgenden Übung weiter, um den Lernfluss nicht zu stören. Langeweile und Ungeduld sind Lernbereitschaftskiller und sollten gerade in der ersten Stunde, also vor der Anmeldung, vermieden werden.

ÜBRIGENS: Jeder Mensch hat eine andere Begabung, in welche Richtung man sich leichter bewegt oder dreht. Diese ist im Breaken von ganz entscheidender Bedeutung. Jedoch nicht in der allerersten Stunde. Da ist es besser, wenn man alle Schüler genau gleich behandelt. Vorzugsweise in die Richtung, in die man selbst leichter üben und zeigen kann.

Erklärweise 1: Körper und Körperraum

1. Grundstellung

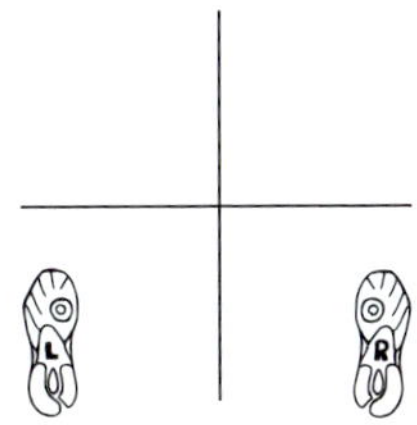

2. Das linke Bein ca. 30 cm nach rechts vorne stellen.

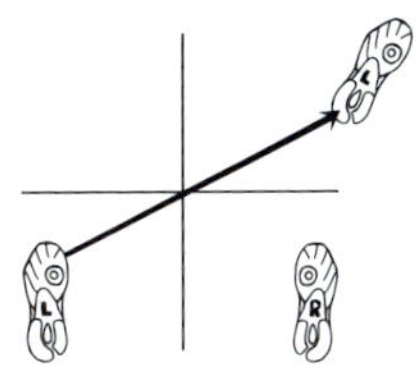

3. Das rechte Bein so hinter das linke Bein stellen, dass das rechte Schienbein die linke Wade berührt, während der rechte Fuß eng neben dem linken Fuß steht (sprich über Kreuz).

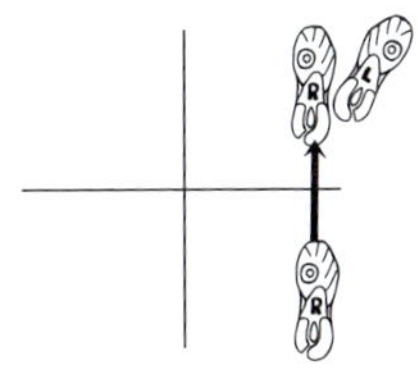

4. Das linke Bein in etwa schulterbreit nach links neben das rechte Bein stellen (die Ausgangsposition ist nach vorne verschoben).

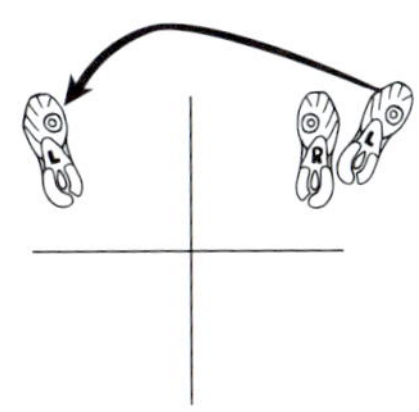

5. Das rechte Bein vor das linke Bein kreuzen, sodass das linke Schienbein die rechte Wade berührt, während der linke Fuß eng neben dem rechten Fuß steht.

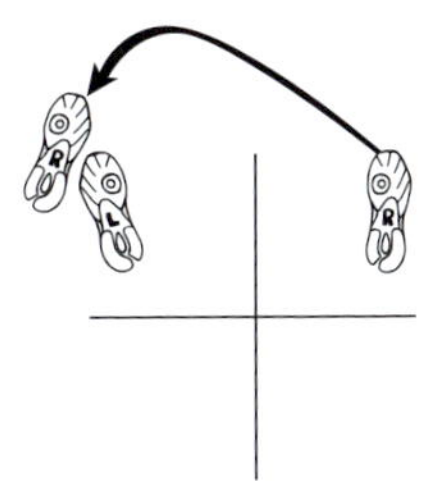

6. Das Gewicht auf das rechte Bein verlagern und das linke Bein ca. 30 cm zurückstellen.

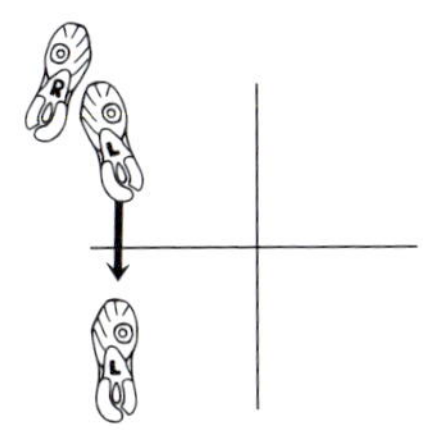

7. Das rechte Bein neben das linke Bein wieder in die Ausgangsposition stellen.

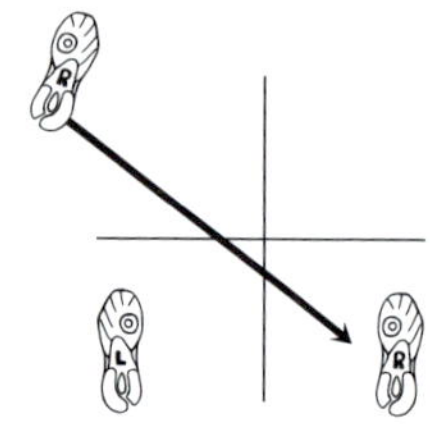

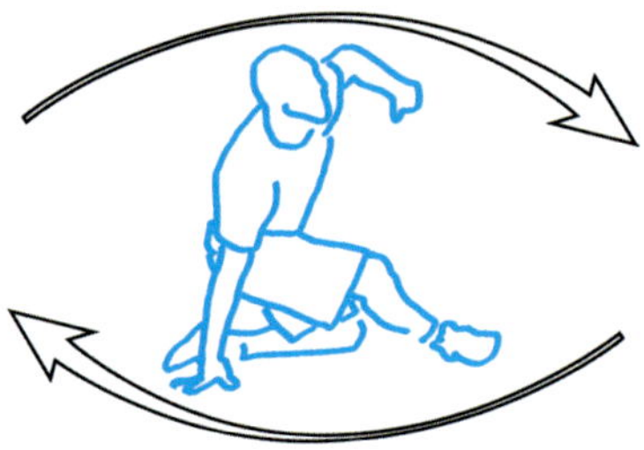

Erklärweise 2: Aufzeigen des Rechtecks im Raum zur Vorstellung

Wenn man die Schritte abgeht, kann man gleich direkt darauf hinweisen, dass man mit den Schritten ein Rechteck über die Ecken abläuft. Darauf macht man dann auch den Schüler aufmerksam, damit er mit seiner Vorstellung eine neue Verknüpfung über die Raumrichtungen und die Form des Rechtecks bilden kann.

Erklärweise 3: Die Schritte im Takt mitzählen

Wenn man die Schritte nun einige Male mit dem Schüler zusammen vollzogen hat, ist es sinnvoll, die Zählweise ein bisschen anzupassen. Manche Schüler haben so schneller das Gefühl zu tanzen und können sich über das Zählen der Takte die Schritte besser merken. Somit bekommt die Geschwindigkeit der Schritte einen Zeitbezug im Ablauf.

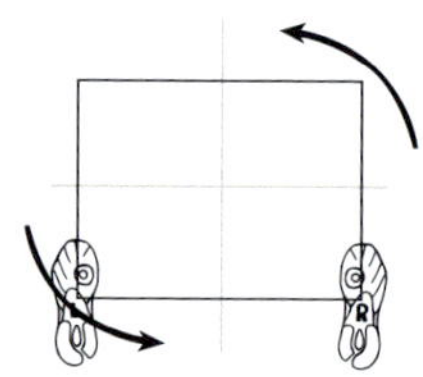

Ein Takt besteht aus acht Zählern, wir haben aber nur sechs Schritte. Das bedeutet, dass man zwei Zähler Pause einbauen muss. Am besten ist, man teilt die Übung in zwei Teile mit jeweils einem Zähler Pause ein.

Teil 1

Eins, zwei, drei – Pause = Schritte eins, zwei und drei und beim vierten Zähler stehen bleiben (Erklärung Punkt 4).

Teil 2

Fünf, sechs, sieben – Pause = Schritte vier, fünf und sechs. Beim achten Zähler wieder in der Grundstellung stehen bleiben.

5.3 GO-DOWN

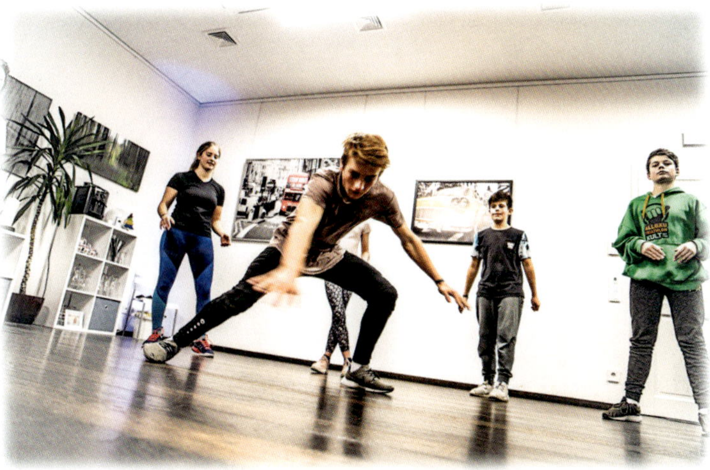

Nach einer Weile und eventuellen Verbesserungen, die man dem Schüler während seiner Übungszeit mitteilt, sollte der Six-Step im Stand etabliert sein. Dann kommt wieder der kleine Erklär-Bär (s. **Kap. 3.1.4**) und erklärt die Disziplin des Go-Downs. Anschließend wird der erste Go-Down erarbeitet.

PRAKTISCHE ARBEITSAUFGABE

1. Man arbeitet hier ab der Position bei Punkt 4 (s. **Kap. 5.2 Six Step im Stand).** Und bereitet die Übung auch mit den ersten drei Schritten des Six-Steps im Stand vor, bis man beim dritten Schritt angekommen ist.

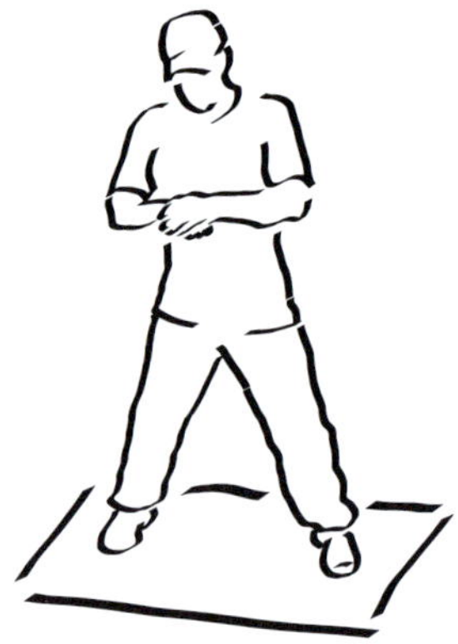

2. Dann verlagert man das Gewicht auf den linken Fuß, lässt sich auf das Level der Hockposition sinken und stellt die linke Hand links kurz neben sich auf den Boden.

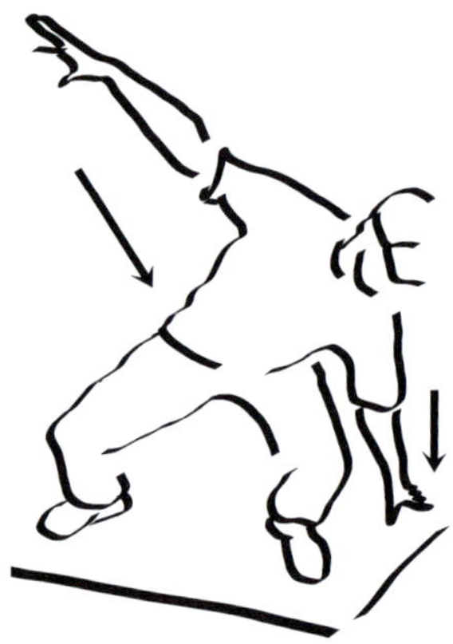

3. Gleichzeitig schwingt man das rechte Bein knapp über dem Boden über vorne zum linken Bein.

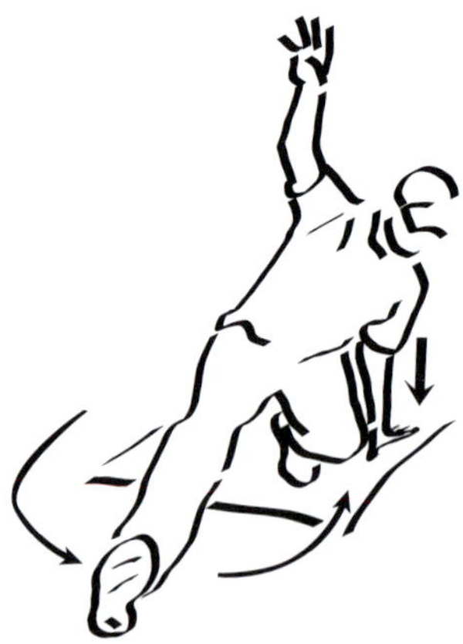

4. Dann schlängelt sich das rechte Bein von vorn so um das linke Bein, dass das rechte Knie auf dem linken Fuß ruht. Dabei wechselt die Stützhand von links nach rechts, sodass die rechte Hand zur Stützhand wird und die linke Faust wird in der linken Hüfte abgestellt.

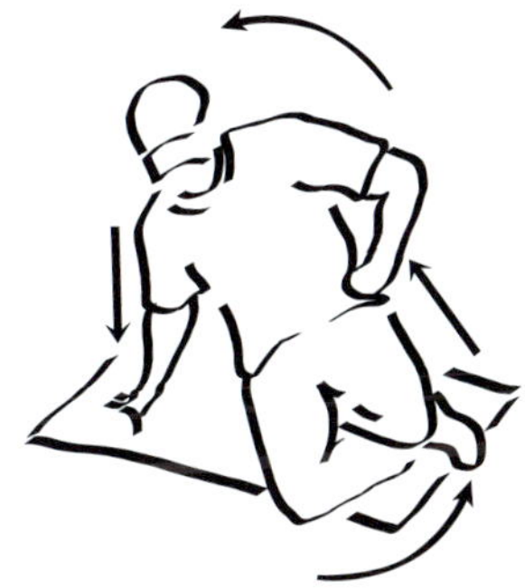

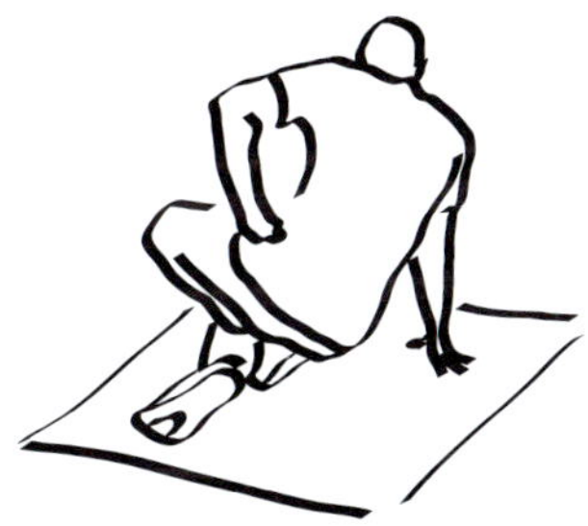

Um hier dann gleich den Übergang in den für Anfänger schwersten Schritt des Six-Steps zu finden, setze ich die nächsten beiden Schritte gleich mit in die Übung des Go-Downs:

5. Man verlagert nun das Körpergewicht auf die Außenkante des rechten Fußes, der somit die Standfläche des rechten Standbeins wird. Nun klopft man mit der linken Hand auf das linke, nach oben stehende Knie und zeigt mit dem Daumen derselben Hand nach hinten, um das Nach-hinten-Stellen des linken Beins deutlich anzukündigen. Diese kleine Geste ist eine nützliche Hilfestellung, um in diesem „Koordinationsknoten" eine leichte Auflösung zu ermöglichen.

6. Nach-hinten-Stellen des linken Beins um ca. 40 cm und Abstellen der linken Hand neben der rechten Hand vor dem Körper am Boden.

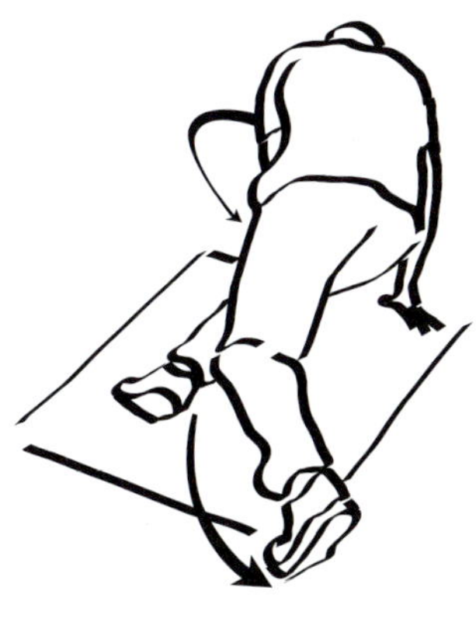

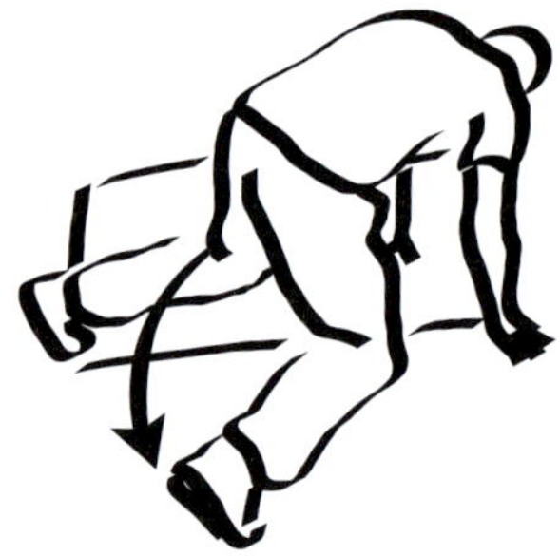

7. Gewichtsverlagerung auf beide Hände und das linke Bein am Boden, das zum Standbein wird. Anschließend das rechte Bein unter dem linken Bein durchziehen und neben das linke Bein im Abstand von ca. einer Schulterbreite nach hinten stellen.

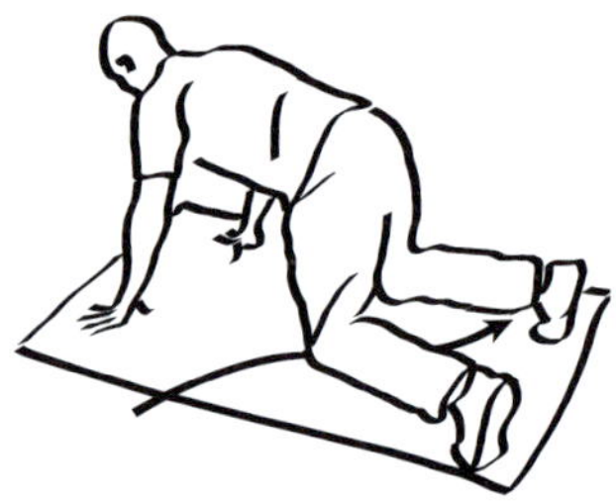

Die Endposition ist dann ein „Vierfüßlerstand", bei dem die Hände und Zehenspitzen auf Grip* am Boden stehen. Die Ellbogen sind gestreckt, die Knie sind gebeugt und die Arme stehen parallel zu den Oberschenkeln im 90°-Winkel zum Oberkörper. Der Oberkörper ruht etwa horizontal zum Boden ausgerichtet und die Knie sind ca. 2 cm vom Boden entfernt und gebeugt.

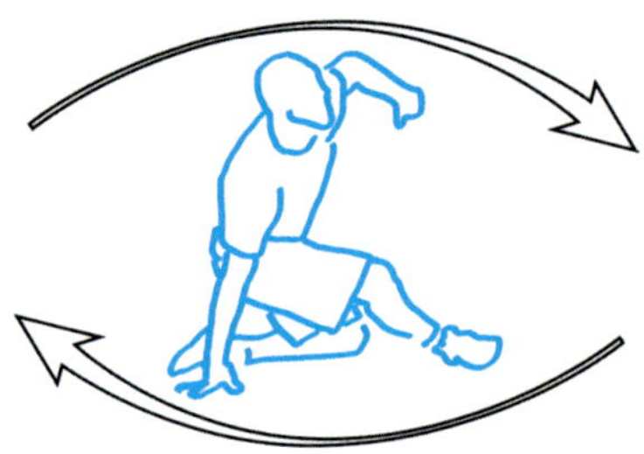

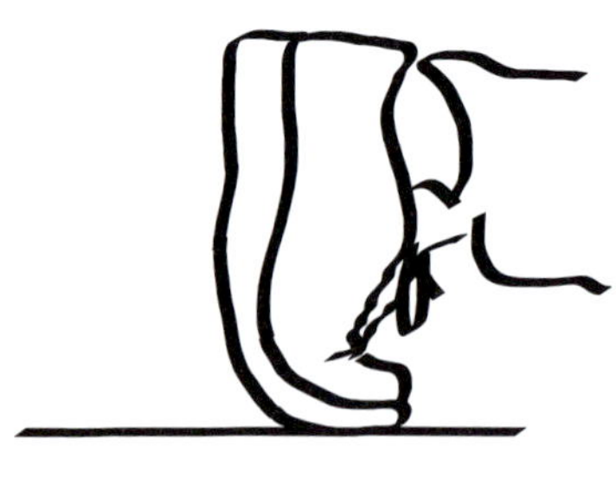

*__Auf Grip__ bedeutet, dass der Fuß nicht mit dem Spann am Boden liegt, sondern der Fuß mithilfe der Schuhspitze oder Schuhkante eine feste Standfläche bietet. So kann das dadurch unter Spannung stehende Fußgelenk eine stabile Standfläche bieten, um den restlichen Körper durch den Raum oder um den Fuß herum zu bewegen. Es ist auch eine sehr essenzielle Grundfertigkeit, dass man auch andere Flächen des Fußes als Standfläche nutzt, um verschiedenste Styles ausführen zu können.

Set-Building

Nun haben wir drei Einzelbewegungen (Indian-Step, Six-Step im Stand und Go-Down) erarbeitet. Das kann sich der Schüler meist gut merken und nachvollziehen. Um den Schüler gleich in der ersten Stunde daran zu gewöhnen, Bewegungsabläufe zu verbinden, fängt man am besten jetzt damit an, ein Set **(s. Kap. 5.7)** aus den drei Einzelbewegungen zu bilden:

- Den Top-Rock vier Zähler lang umsetzen, von dort aus in den Six-Step im Stand übergehen und eine Runde (sechs Schritte) ausführen lassen.
- Anschließend bei der zweiten Runde Six-Step im Stand bei Position 4 **(Kap. 5.2 Six-Step im Stand)** zum Go-Down übergehen.
- Um am Ende in der **Six-Step-Grundposition** (Go-Down-Endposition 7) die Übung abzuschließen.

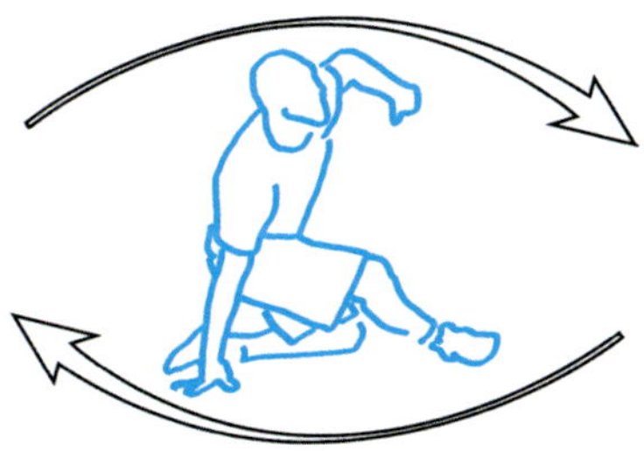

5.4 SIX-STEP

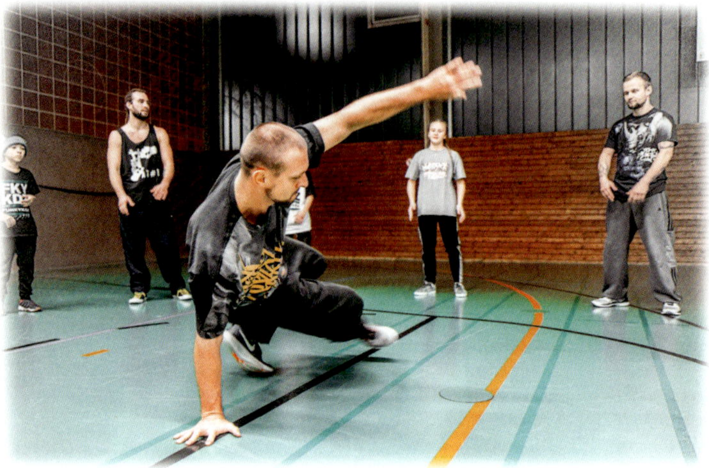

METHODISCHE ERKLÄRUNG

Jegliche Kritik, dass die folgende Beschreibung nicht dem „richtigen" Six-Step entspricht, hat möglicherweise ihre Berechtigung. Meine Erfahrung hat allerdings gezeigt, dass diese Einsteigerversion für den Anfängerunterricht der sinnvollste und technisch leichteste Einstieg in den Six-Step ist. Sämtliche Anpassungen sind erst dann sinnvoll, wenn der Schüler die grundsätzlichen Abläufe verstanden hat und selbstständig umsetzen kann. Damit der Schüler die kommenden Differenzierungen verstehen kann und leicht einsetzen kann, bedarf es dieser Six-Step-Version als erste Übung.

Diese stark vereinfachten Grundformen der Bewegung machen es möglich, auch bewegungsunerfahrene Schüler abzuholen. Schüler, die sich damit leicht tun, wird man eh schneller in viel differenziertere Ebenen bringen und hat ihnen hiermit trotzdem auch einen leichten und erfolgreichen Einstieg bereitet.

Six-Step-Ausgangsposition
Wichtig ist noch, zu erwähnen, dass die hier verwendete Richtung, in die der Six-Step beschrieben ist, in mehr als 80 % aller Fälle genutzt wird, aber auch sofort andersherum unterrichtet werden kann. Man muss später aber unbedingt mit dem Schüler testen, welche Richtung wirklich die richtige für ihn ist und dann sofort umstellen!

PRAKTISCHE ARBEITSAUFGABE

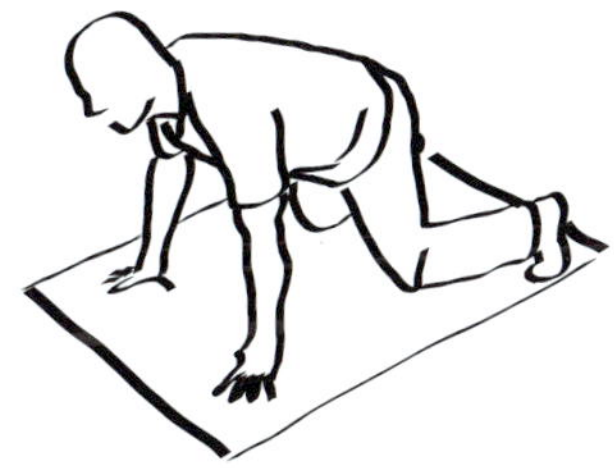

Die Arbeit am Boden beginnt hierbei mit der Endposition des Go-Downs, Go-Down-Position, Punkt 7, die auch gleichzeitig für den gesamten Footwork-Unterricht eine der wichtigsten Grundpositionen/Ausgangspositionen darstellt (s Kap. 5.3 Go-Down, Punkt 7).

Man stellt sich am besten diagonal vor den Schüler oder vor die Klasse in die genannte Ausgangsposition, sodass der Schüler immer einen guten Blick von hinten auf die Bewegungen des Lehrers hat. Dann geht man die Bewegung zusammen im mitvollziehenden Unterricht mit dem Schüler durch:

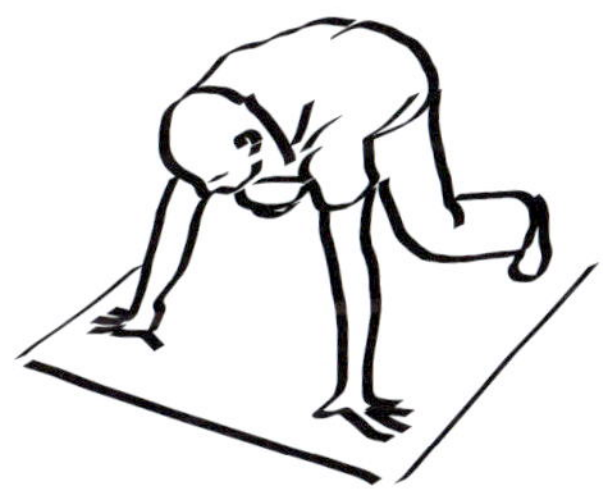

1. Man startet in der Grundstellung oder Ausgangsposition. Hier ist zu beachten, dass die Knie nur wenige Zentimeter vom Boden entfernt sind. Die Hände stehen nur maximal zwei Handlängen von den Knien entfernt und die Füße stehen etwas breiter als die Knie auf den Fußballen auf Grip.

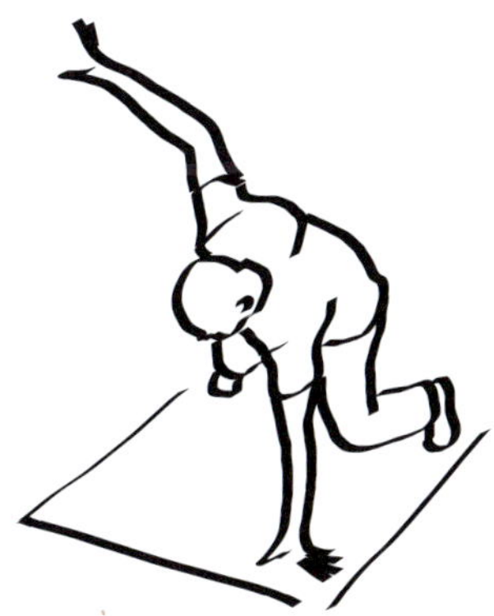

2. Als Erstes hebt man die rechte Hand vom Boden ab und nimmt sie so nach oben, dass ein Tor zwischen der linken Hand und dem rechten Fuß entsteht. Dabei öffnet sich auch der Rumpfbereich zur rechten Seite hin.

3. Nun wird der linke Fuß angehoben und man bewegt das linke Bein unter dem Körper, durch das zuvor genannte Tor hindurch, nach vorn. Der Fuß wird dann kurz vor die Position, wo sich die rechte Hand befunden hat, auf die Außenkante des Fußes gestellt. Dabei lässt man das linke Knie zur Seite, also in Richtung Boden, sinken.

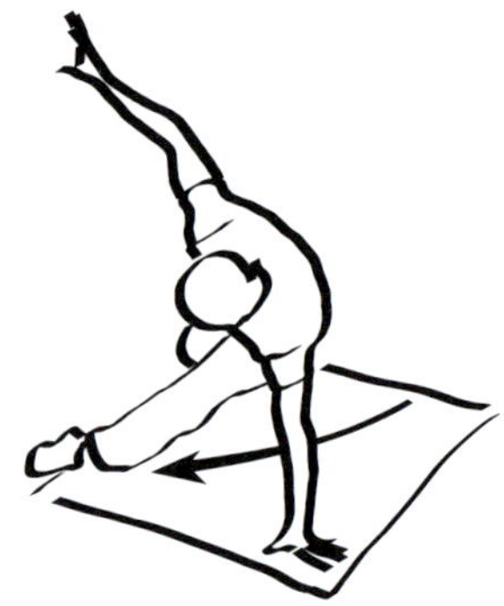

4. Man verlagert nun das Gewicht vom rechten Fuß auf den neu platzierten linken Fuß. Das ist eine ungewohnte Auflagefläche zum Stehen und man braucht manchmal etwas Zeit, um sie zu verstehen. Durch die Gewichtsverlagerung kann man dann den rechten Fuß anheben und das rechte Bein so nach vorne bewegen, dass mit dem rechten Fuß in die Kniekehle des linken Beins „gekickt" werden kann. Dadurch beugt sich das ganze linke Bein am Knie und rutscht zusammen mit dem Fuß ca. 15 cm nach vorn. Dann kann man den rechten Fuß mit der kompletten Fußsohle so auf den Boden stellen, dass das rechte Knie gebeugt nach oben zeigt und das linke Knie kann man locker auf dem Spann des rechten Fußes ablegen.

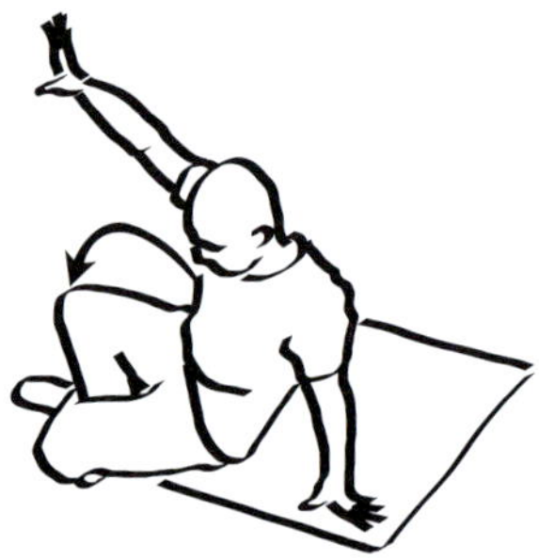

5. Nun die rechte Hand rechts hinter dem Körper abstellen.

   Das Gewicht auf den rechten Fuß verlagern und das linke Bein anheben.

   Das linke Bein in einem Halbkreis über vorne strecken und nach links bewegen.

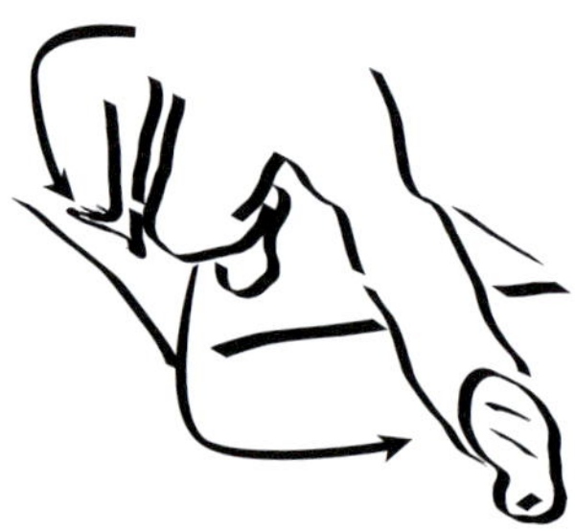

6. Das nun freie linke Bein wieder beugen, zum Körper ziehen und den linken Fuß parallel im Abstand von ca. 30 cm neben den rechten Fuß stellen.

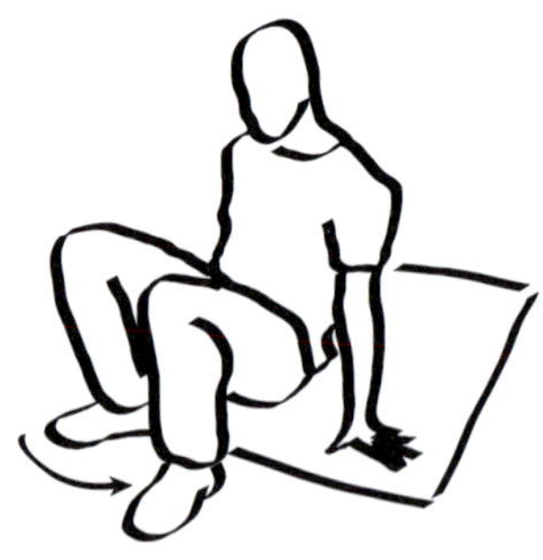

7. Das Gewicht auf das linke Bein verlagern. Das rechte Bein anheben, nach vorne strecken und in einem Halbkreis nach links schwingen.

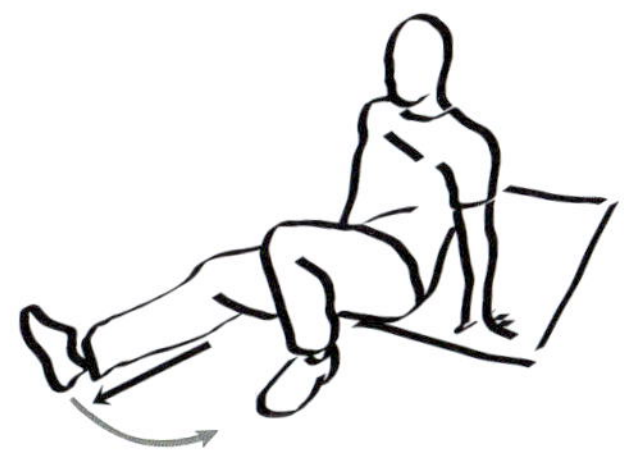

8. Sobald das rechte Bein mit der Kniekehle das linke Sprunggelenk erreicht hat, kann man das rechte Bein um das linke Bein herumwickeln. Das rechte Knie legt sich auf dem linken Fuß ab und wird so gebeugt, dass der rechte Fuß links neben dem Körper auf der Außenkante des rechten Fußes landet.

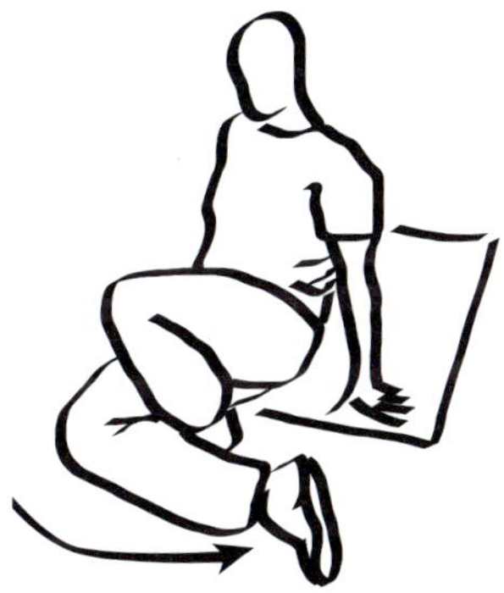

9. Die linke Hand wird dann vom Boden abgehoben und über den Körper geschwungen.

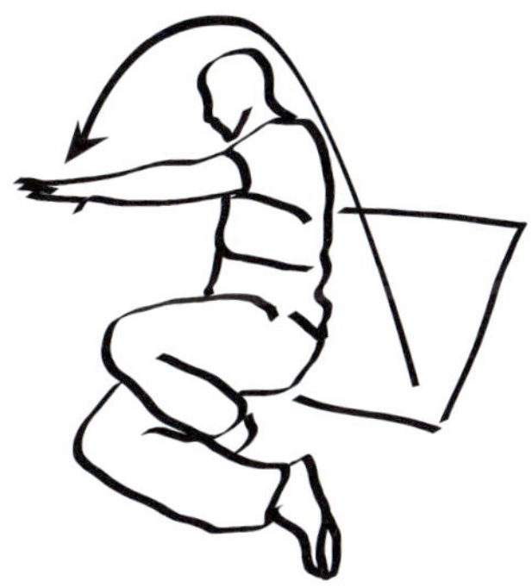

10. Sie wird dann nahe am Körper vor dem Bauch am Boden abgestellt.

11. Das volle Gewicht nun auf die Hände und die Außenkante des rechten Fußes verlagern. Die Verlagerung des Körpergewichts auf den rechten Fuß wird umgesetzt, indem man die Außenkante des Fußes als Auflagefläche verwendet.

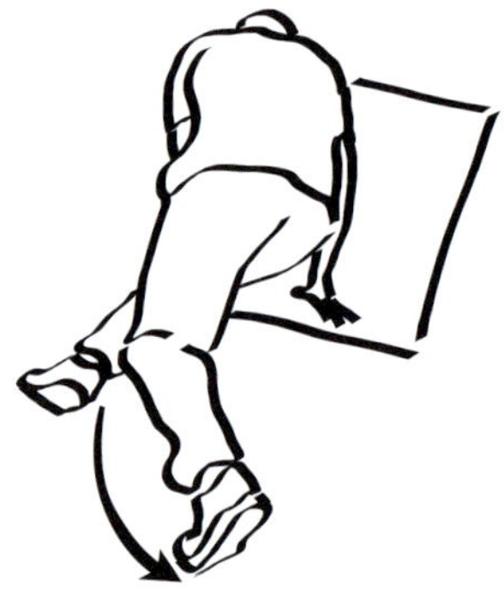

Als Orientierungshilfe kann man mit der linken Hand auf das linke, nach oben stehende Knie klopfen und mit dem Daumen nach hinten über die linke Schulter zeigen. Das kann helfen, das Nach-hinten-Stellen des linken Beins klar vorzubereiten.

Dann hebt man das linke Bein vom Boden ab und stellt es so nach hinten, dass das Knie noch fast in der 90°-Position gebeugt bleibt. Dabei stellt man es auf die Fußspitze, ca. 40 cm hinter der Position, wo es sich zuvor befunden hat.

12. Dann verlagert man das Gewicht auf den linken Fuß und hebt den rechten Fuß vom Boden ab.

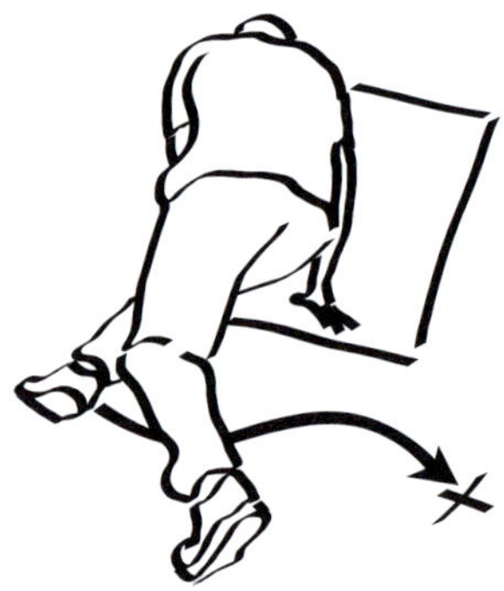

Jetzt kann man ein Tor zwischen der rechten Hand und dem linken Fuß erkennen. Nun initiiert man das Nach-hinten-Stellen des rechten Beins, indem man es durch das Tor zieht.

13. Dann stellt man den rechten Fuß ca. 40 cm neben dem linken Fuß auf die Fußspitze. Der Landeplatz des rechten Fußes ist ca. 40 cm (schulterbreit) auf einer Linie, die parallel zu der Linie steht, welche durch die Position der Hände definiert ist. Gewichtsverlagerung nun wieder auf beide Hände und beide Beine zu gleichen Teilen, was wieder der Ausgangsposition entspricht.

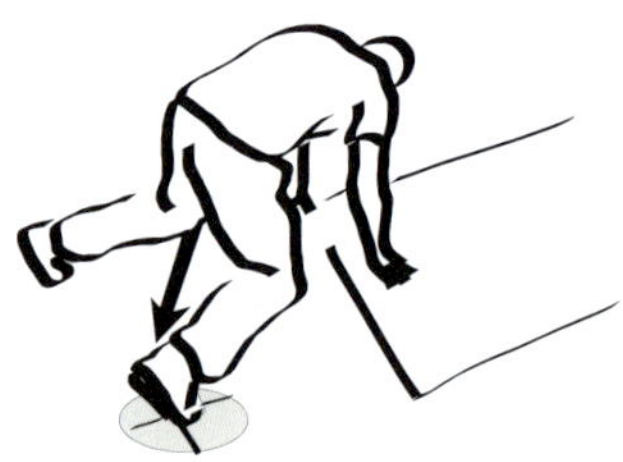

Die Endposition ist dann wieder die Six-Step-Ausgangsposition. Dass sich dabei der ganze Körper in der horizontalen Achse – wie hier auch deutlich dargestellt – im Raum dreht, ist vollkommen in Ordnung und auch für spätere Techniken sinnvoll.

Es geht hier um die anatomisch-koordinativen Abläufe der Arme und Beine nacheinander und nicht schon um verschiedene Raumrichtungen oder Styleunterschiede. Diese können erst nach dem vollständigen Beherrschen eines flüssigen Ablaufs dieser Schritte in einem Zug angesetzt und erlernt werden.

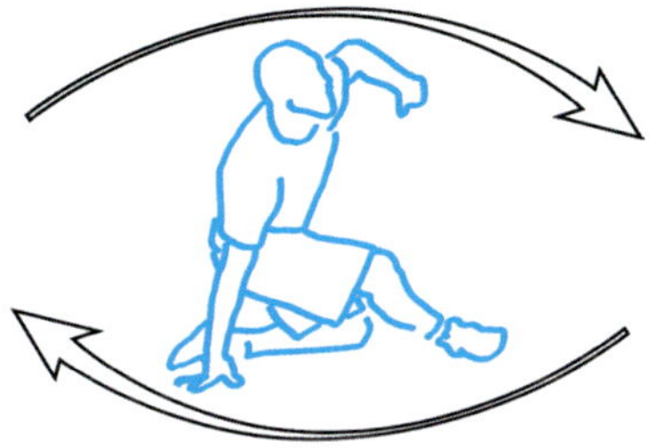

5.5 HANDSTAND (FREEZE)

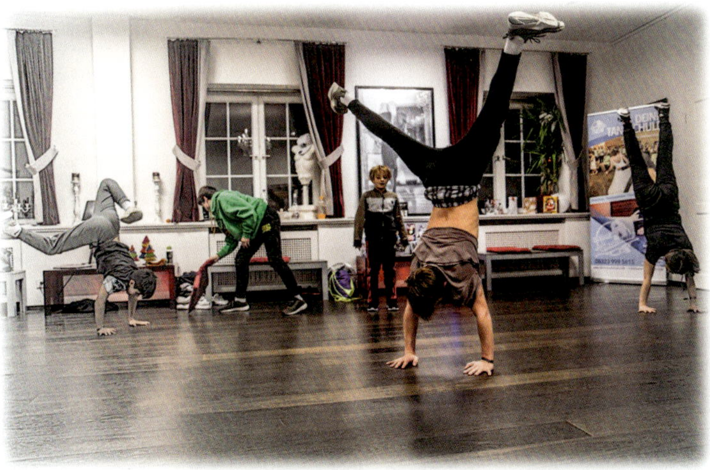

Um ein komplettes Set abzuschließen, fehlt jetzt nur noch ein Freeze. Der für die meisten Schüler einfachste Freeze ist ein Handstandversuch. Fast jeder weiß, wie ein Handstand im Groben funktioniert. Fast jeder hat schon einmal im Leben einen Handstand versucht und viele können ihn meist in seinen Ansätzen schon gut umsetzen. Für manche ist der Handstand allerdings eine unvorstellbare Herausforderung, die gehörig Angst einflößt. Für diejenigen, die hier das Gesicht verziehen und vor Angst rot anlaufen, habe ich eine klare pädagogische Vorgehensweise, um den Weg zum Handstandtraining ein bisschen zu ebnen.

PÄDAGOGISCHE AUSFÜHRUNG

Ich frage die Schüler eingangs immer, wie ein Handstand aussieht. Die Beschreibungen fallen dann eher so aus, wie man es bei Turnern beobachten kann. Daraufhin stelle ich wortlos meine Hände mit den Handflächen auf den Boden. Dann lehne ich mich mit dem Gewicht über die Handflächen, sodass ich mein Gewicht mit den Armen stütze und hebe beide Füße kurz gleichzeitig einige Zentimeter für zwei kurze Sekunden vom Boden ab. Stelle meine Füße wieder am Boden ab, richte mich auf und sage: „Das war ein Handstand! Auf den Händen stehen! Aufgabe erfüllt!"

Ich frage in die Runde, wer wohl definiert hat, wie ein Handstand fürs Breaken aussehen muss. Da wir nicht beim Turnen sind, kann man den Handstand neu definieren. Natürlich erkläre ich, dass dies nicht ausreicht, um den Handstand im Breaken sinnvoll einzusetzen. Aber wenn man regelmäßig daran arbeitet und die Kraft und Balance in kleinen Schritten kontinuierlich aufbaut, führt das auch (früher oder später) zum gewünschten Erfolg.

REGELN FÜR DEN HANDSTAND

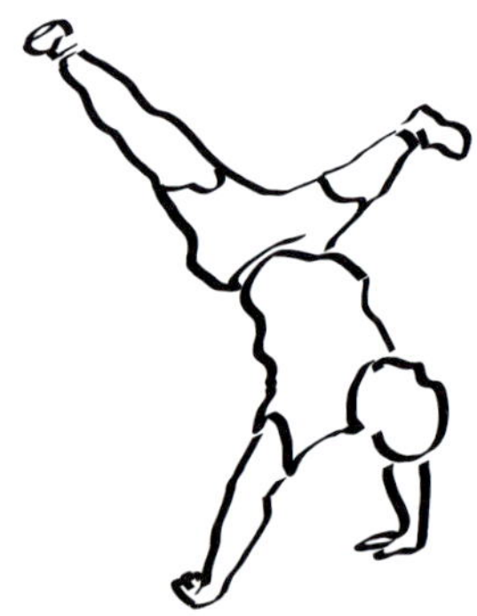

1. Die Finger sind weit gespreizt.
   Das ergibt eine größere Auflagefläche und mehr Spannung in der Hand. Erklärung mit zwei Flaschen, eine steht auf dem Kopf, die andere normal ... welche steht besser?
2. Die gespreizten Finger sind nach vorne und leicht nach innen ausgerichtet.
   Da die Schultern nicht uneingeschränkt beweglich sind, muss man die Handhaltung so ausrichten, dass man die Arme später für Hollowback-Figuren weit nach hinten ausrichten und stabilisieren kann. Das erreicht man durch ein Eindrehen der Hände, was direkt bis in die Schultern wirkt.
3. Die Ellbogen sind komplett gestreckt und fest.
   Damit ist ein Unsicherheitsfaktor beseitigt, da lockere Ellbogen eine der Hauptfehlerquellen sind, wenn man das Gleichgewicht nicht halten kann. Die Arme sind hierbei wie Säulen zu sehen. Wenn man jedoch die Kraft hat, sich ohne Schwung vom Kopfstand in den Handstand zu drücken, dann darf man die Ellbogen gerne gebeugt lassen. Wenn nicht, sollte man diese lieber gestreckt halten.

4. Die Beine schwingen ganz ruhig nach hinten – nicht kicken!
   Man schwingt die Beine mit gestreckten Knien langsam nach oben. Balance wird nicht durch unruhige Bewegungen hergestellt, sondern über ruhiges Herantasten.
5. Das Becken muss unbedingt zuerst über den Kopf.
   Je früher der Schwerpunkt des Zentrums mit dem Becken über die Schultern kommt, desto schneller stabilisiert sich der Stand. Wenn zu viel Schwung durch die Beine in die Haltung hineinkommt, wird es schwerer und unsicherer, im richtigen Moment stehen zu bleiben. Solange das Becken nicht über dem Kopf und somit über den Schultern ist, bleibt auch der Schwerpunkt des Körpers außerhalb der Balance. Die Position der Beine ist dabei nicht relevant, außer, sie fallen über den Kopf nach hinten ins Hohlkreuz.

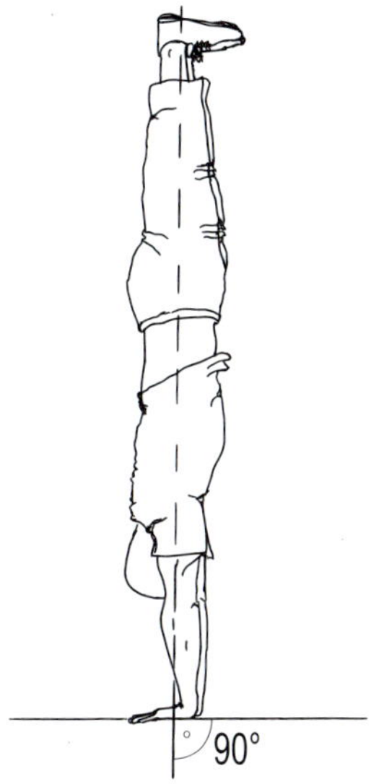

Sobald man steht

1. Der Rücken muss gerade bleiben und darf auf keinen Fall ins Hohlkreuz fallen!
   Man hält den Bauch angespannt, zieht den Bauchnabel nach innen und macht den Lendenwirbelbereich lang. Wenn der Rücken nach hinten gekrümmt ist, ist dies ein großer Unsicherheitsfaktor. Der Handstand mit geradem Rücken und dem Becken über dem Kopf ist die Grundlage für immens viele Figuren und Air-Moves. Solange dieser nicht korrekt steht, können wir keine einzige Figur darauf aufbauen.
2. Der Handstand darf nur in absoluten Ausnahmefällen an einer Wand geübt werden.
   Der Handstand ist für viele Menschen anatomisch ohne Weiteres machbar. Es ist lediglich die Angst vor dem Umfallen nach hinten, welche wir verlieren müssen. Wenn wir also die Wand als Hilfestellung verwenden, werden wir die Angst niemals beseitigen können. Handstandtraining ist anfangs zu 80 % rein mentales Angstbewältigungstraining. Dies ist eine gute Gelegenheit, um in Teams und Gruppen zu arbeiten. Außerdem bleiben so auch die Wände und Spiegel in eurer Schule, im Studio oder in der Trainingshalle sauber und ganz.

PRAKTISCHES ZEIGEN, ALSO VORMACHEN, DIE REGELN ERKLÄREN UND DIE SCHÜLER NACHMACHEN LASSEN

1. Man stellt die Hände in der beschriebenen Form auf den Boden.
2. Man streckt die Ellbogen, stützt sich mit einem Bein am Boden ab, während man das andere Bein langsam nach hinten schwingt.
3. In diesem Moment verlagert man das volle Gewicht auf die Hände und Schultern, streckt die Ellbogen und hält die Ellbogen mit aller Kraft gestreckt.
4. Dabei forciert man die Hüfte möglichst über die Schultern und versucht, den Nacken zu entspannen.
5. Jetzt sollte man langsam geführt nach oben schwingen, bis man mit dem Becken den Mittelpunkt erreicht hat und bremst die Aufwärtsbewegung an dem Punkt, wenn sie zur Vorwärtsbewegung wird, mit einem starken Druck aus den Schultern gegen die Handflächen und mit den Fingerspitzen gegen den Boden und lässt den Körper etwas in die Schultern sinken.

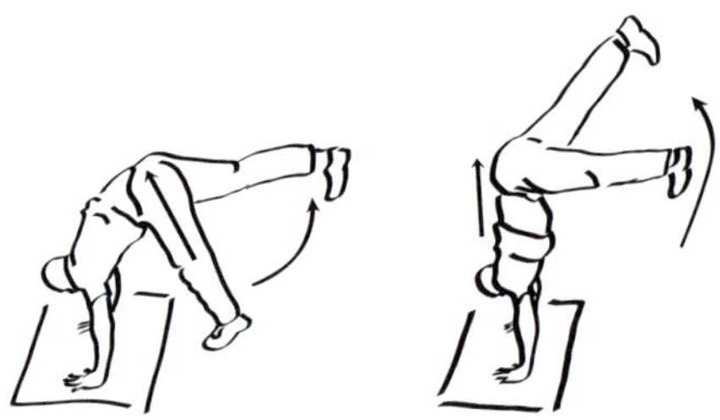

Weiter muss der Handstand auch nicht geführt werden, wenn der Schüler nicht von sich selbst aus weiterkommt. Die vielen Wiederholungen aus verschiedenen Situationen heraus werden ihren Zweck des Übens erfüllen.

Nun lässt man den Schüler sowohl aus dem Stand als auch aus der Six-Step-Ausgangsposition üben. Das trainiert sowohl gleichzeitig die Schultermuskulatur als auch den Übergang vom Six-Step zum Freeze.

Der Handstand, so schwer er auch zu lernen ist, ist und bleibt für das Bboying nur eine Grundlagenübung. Dies macht deutlich, welch langen Weg ein Breaker zu gehen hat, um eines Tages die beeindruckenden, fliegend-schwebenden Bewegungen zu beherrschen.

Eines muss noch unbedingt erwähnt werden: Wenn man als Break-Lehrer wenig über Wirbelsäulenaufrichtung und das „Fallenlassen" des Steißbeins zum Öffnen der Lendenwirbelsäule und über die Bauchspannung eines „Pilates-Power-Houses" weiß, dann wird man sich schwertun, einen Schüler hier schnell voranzubringen. Ein Handstand, der schon toll steht, aber im Hohlkreuz hängt, ist fürs Breaken nicht nur nutzlos, sondern sogar eine Blockade, die für den Schüler sehr schwer zu überwinden sein wird.

5.6 BBOY-STANCE

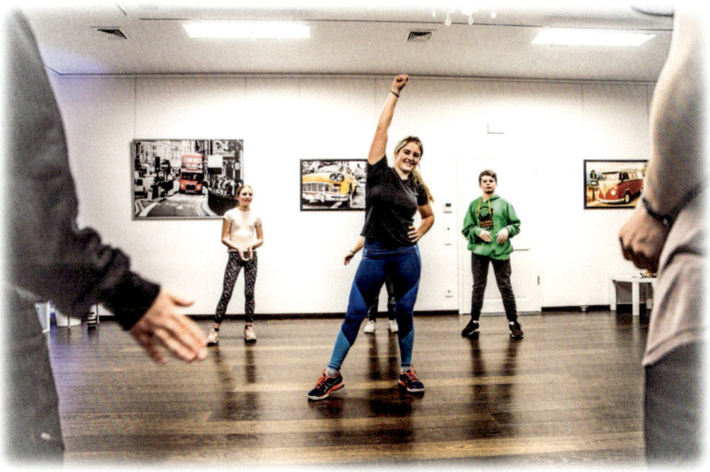

An das Ende eines jeden Tanzablaufs, also eines jeden Sets, ist ein Bboy-Stance von ganz entscheidender Bedeutung. Es ist, wie zuvor schon erklärt, das Ausrufezeichen am Schluss eines Satzes. Hiermit signalisiert der Bboy, dass er nun fertig ist. Die Form und der Style eines Bboy-Stances ist nur insofern von Bedeutung, dass der Tänzer seine Persönlichkeit, seinen persönlichen Geschmack oder seine Gefühlslage dadurch ausdrücken kann. Hier nur ein geläufiges Beispiel für einen Bboy-Stance.

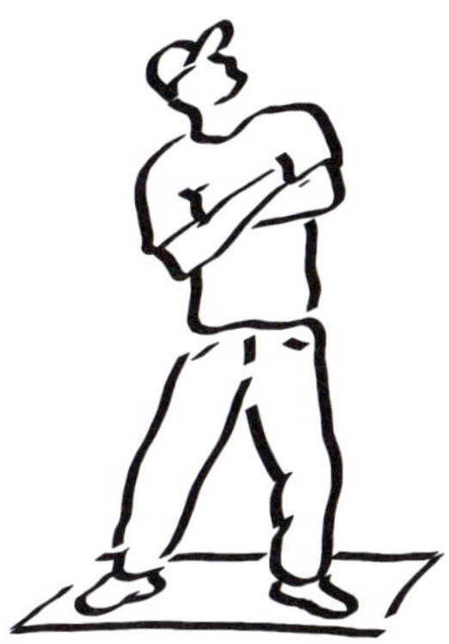

5.7 SET-TRAINING

Als letzter und wichtigster Schritt für das Lernen des Schülers und den Fortlauf des gesamten Unterrichts folgt nun das vollständige Zusammensetzen aller Bewegungen zum ersten Set.

Zeigen, also vormachen, die Regeln erklären und die Schüler nachmachen lassen:

1. Top-Rock-Ausgangsposition.
2. Den Top-Rock vier Zähler lang umsetzen.
3. Aus der Top-Rock-Ausgangsposition in den Six-Step im Stand übergehen und eine Runde (sechs Schritte) im Stehen ausführen.
4. Anschließend, bei der zweiten Runde Six-Step im Stand, beim dritten Schritt zum Go-Down übergehen.
5. Go-Down umsetzen bis zur Six-Step-Ausgangsposition.
6. Von der Six-Step-Ausgangsposition drei Runden Six-Step umsetzen, um wieder bei der Six-Step-Ausgangsposition anzukommen.
7. Sich aus der Six-Step-Ausgangsposition in einen Handstandversuch hochschwingen.
8. Aufstehen und mit einem selbst gewählten Bboy-Stance abschließen.

Dieses Set ist der erste, komplett fertige Tanzablauf des Schülers und kann am Ende der Stunde im Circle getanzt werden.

Nun, es gibt sehr verschiedene Menschen mit vollkommen unterschiedlichen Talenten und gänzlich anderen Gründen (s. **Kap. 7.1 Andere Gründe warum B-Boying?**), warum sie gerade Bboying als Hobby ausgesucht haben. Wenn ihr es also schafft, einem Schüler dieses Set innerhalb von 60 Minuten (inklusive Warm-up und normalem Unterricht für alle anderen) einigermaßen beizubringen, habt ihr einen wunderschönen Einstieg bereitet, mit allem, was dazugehört.

Wenn dieser Schüler am Ende sogar im Circle umsetzt, was er kann, dann habt ihr einen talentierten, bewegungserfahrenen, interessierten und begeisterten Schüler vor euch. Dies ist nicht immer der Fall.

Somit bleibt geduldig mit euch selbst, um dem Schüler ein harmonisches und entspanntes Lernen in kleinen Schritten zu ermöglichen.

6 Breaking-Erweiterungen

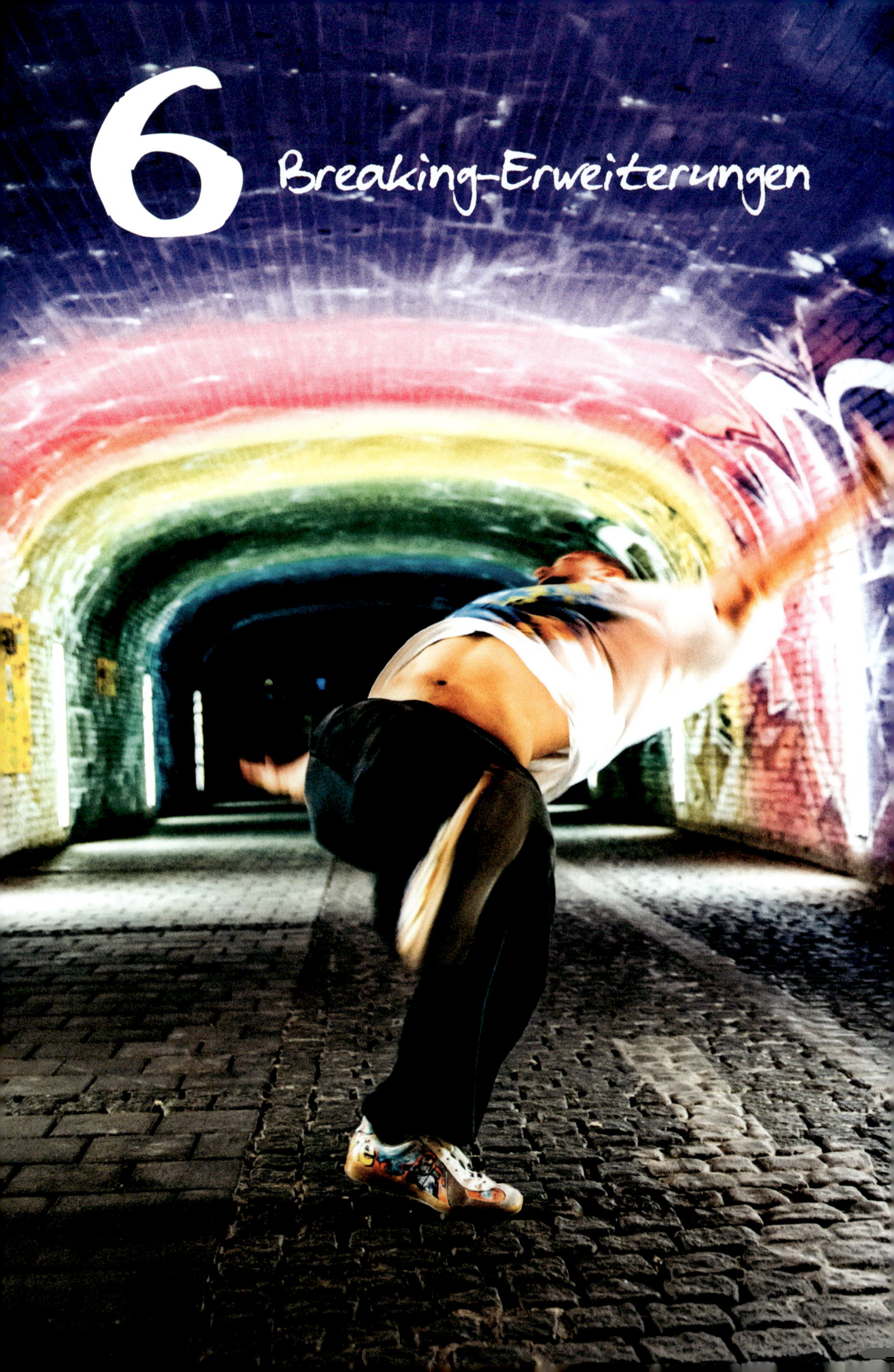

6 Breaking-Erweiterungen

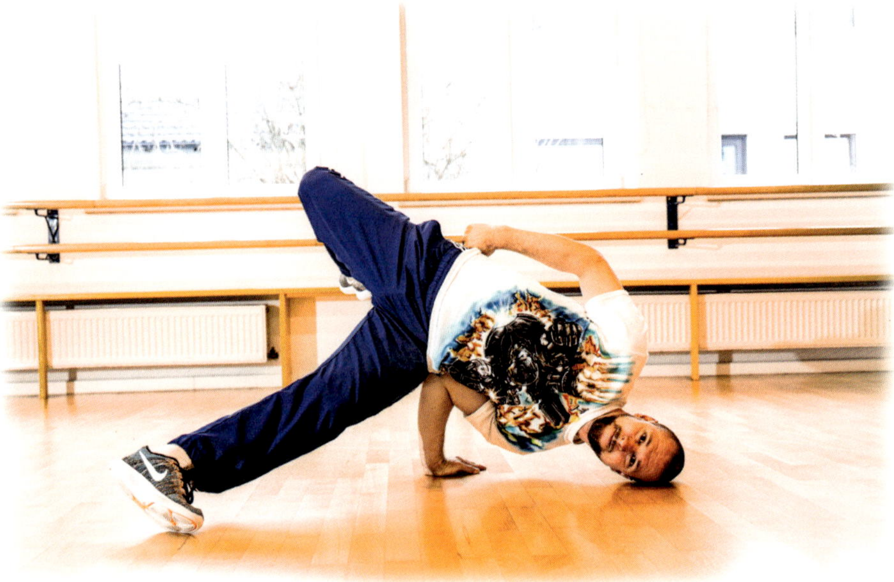

Nach der Umsetzung des ersten Sets dürfte jeder interessierte Schüler auch alle anderen Vorübungen im Warm-up verstanden haben. Und jetzt geht es erst so richtig los. Jeder Schüler hat andere Moves, die ihn inspiriert haben, anzufangen. Somit gibt es eine Vielzahl von Möglichkeiten, wie dieses erste Bboy-Set didaktisch sinnvoll erweitert werden könnte. Ebenso sind die Talente und Fähigkeiten, welche der Schüler in den Unterricht mitbringt, von großer Bedeutung. Allerdings gilt generell, wenn der Schüler keine Bereitschaft zum selbstständigen Training mitbringt, kann man es im Grunde schon vergessen.

Auch jeder Break-Lehrer hat andere Fähigkeiten, Interessen und Lieblingsmoves. Dies wirkt sich auf sein Unterrichten und seine Zielsetzungen und auch auf die Zielsetzungen der Schüler aus. Die Schüler bekommen im gleichen Zuge durch den Lehrer und seinen Stil eine gewisse Ausrichtung und Wegbeschreibung, wohin sie dann auch gerne wollen. Somit ist es nicht verwunderlich, dass man langjährigen Schülern ansieht, bei wem sie gelernt haben.

Nichtsdestotrotz ist es aber die Anatomie im Zusammenspiel mit den physikalischen Regeln dieser Erde und der Systematik des Tanzes, die uns die Grundprinzipien vorgeben, an denen als Allererstes gearbeitet werden sollte. Hierzu erwähne ich die didaktischen Grundregeln nochmals.

6.1 DIDAKTIK

Didaktik ist

1. die Lehre vom Lehren;
2. vom Einfachen zum Schweren;
3. von der Grundlage bis zur differenzierten Endbewegung.

Die Gesetzmäßigkeiten der Didaktik sind in der Evolution und Entwicklung des Lebens auf der Erde verankert. Für jede Entwicklungsstufe gibt es begründende Hintergründe. Somit macht es Sinn, dass das Lehren auch von entwicklungsbedingten Gesetzmäßigkeiten abhängig ist. Die Einteilung von Lehrschritten im Unterricht richtet sich also nach einer sinnvollen Reihenfolge der Lernschritte des Schülers, wie bei einem Säugling die Entwicklung der motorischen Fähigkeiten bis zum Kleinkind erkennbar und allgemein bekannt ist:

1. vom Kopf stabil halten – bis zur Kontrolle der Nacken- und Schultermuskulatur;
2. vom Greifreflex zum bewussten Greifen;
3. von der Kopfkontrolle über bewusste Körperhaltungen zu ersten Drehungen;
4. vom Kriechen zum Krabbeln;
5. vom Sitzen zum Stehen;
6. vom beidhändigen Greifen zum „Pinzettengriff";
7. vom Stehen zum Gehen usw.

So geht es das ganze Leben mit motorischen Vorgängen weiter. Durch meine Beobachtungen und Experimente über Jahrzehnte hinweg habe ich im Austausch mit vielen anderen unterrichtenden Bboys die nun folgenden Theorien aufgestellt.

Dieses Wissen stelle ich mit diesem Buch allen zur Verfügung, die ihren Unterricht verbessern und ihr eigenes Lernen beschleunigen wollen. Die Zusammenhänge der einzelnen Bewegungsprinzipien unterstützen jeden aktiv Übenden dabei, Klarheit darüber zu gewinnen, wie man manche Hürden mit der richtigen Reihenfolge der Moves überwinden oder auch mit Vorübungen umschiffen kann.

6.2 BREAKING – DIE NÄCHSTEN 10 STUNDEN EINES SCHÜLERS

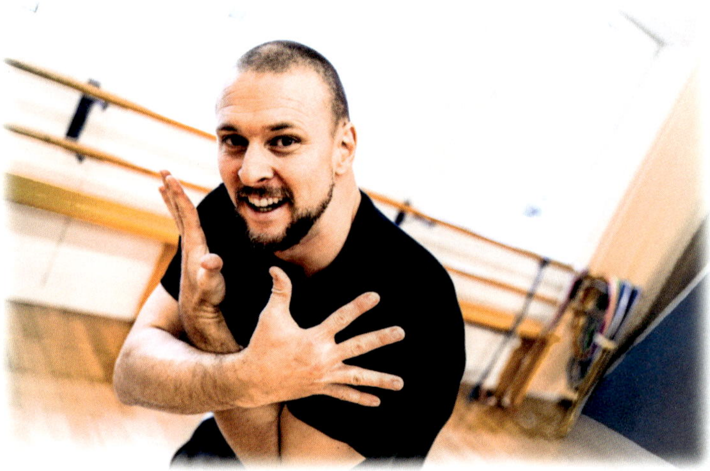

Nachdem das erste Set erarbeitet ist und der Schüler in der zweiten Stunde erscheint, geht es nicht nur darum, immer Neues zu lernen. Jetzt geht es darum, das gesamte Set, aber vor allem den Six-Step, so oft zu üben, bis er „in Fleisch und Blut übergeht". Die stetige selbstständige Übung aller Moves ist von großer Bedeutung, um erst einmal Kraft, Koordination und Kondition aufzubauen.

METHODE

6.2.1 Richtungen

Wie zuvor schon einmal erwähnt, hat jeder Mensch eine bestimmte Bewegungsrichtung, in welche Richtung man sich leichter bewegt oder dreht. So ist es eine ungeschriebene Weisheit, dass es Rechtshänder und Linkshänder gibt. Wer jemals das Tanzbein geschwungen hat, hat es auch am eigenen Körper erlebt, dass man in die eine oder andere Richtung einfacher dreht und sich die andere Richtung einfach immer komisch oder gar „falsch" anfühlt.

Im Leben eines Breakers ist dies ein wichtiges Thema, das leider ganz viele Bboy-Lehrer selten bis niemals im Unterricht behandeln, aber dennoch munter drauflosunterrichten. Es ist von langfristiger Bedeutung für die Schüler, dass nicht davon ausgegangen wird, dass die Richtung, in die man selbst tanzt (im Uhrzeigersinn oder im Gegenuhrzeigersinn), auch einfach für alle Schüler die Richtige ist!

Hierzu muss man mit den Schülern reden und sie befragen, ob sie Rechtshänder oder Linkshänder sind. Man muss mit ihnen das Körpergefühl befragen, in welche Richtung sie lieber drehen und sie dann auf ihrem Weg zur Entscheidung unterstützen.

Hier ein möglicher Test, wie man helfen kann, die „richtige" Richtung herauszufinden.

1.

- Den Schüler sich mit links vorne aufstellen lassen;
- mit den Armen rechts Schwung holen;
- im Gegenuhrzeigersinn auf dem linken Bein drehen lassen.

2

- Den Schüler sich mit rechts vorne aufstellen lassen;
- mit den Armen links Schwung holen;
- im Uhrzeigersinn auf dem rechten Bein drehen lassen.

3.

- Den Schüler sich mit links vorne aufstellen lassen;
- mit den Armen links Schwung holen;
- im Uhrzeigersinn auf dem linken Bein drehen lassen.

4.

- Den Schüler sich mit rechts vorne aufstellen lassen;
- mit den Armen rechts Schwung holen;
- im Gegenuhrzeigersinn auf dem rechten Bein drehen lassen.

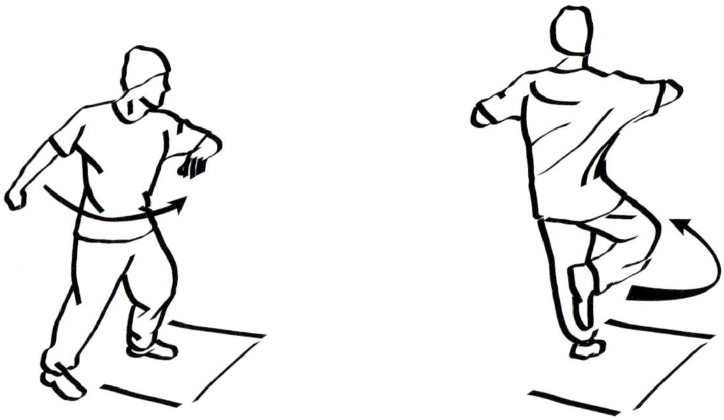

Es wird meist schon, während man den Schüler beim Drehen beobachtet, deutlich, welche Richtung für den Schüler besser „funktioniert". Dennoch sollte man nach dem Gefühl des Schülers fragen und mit ihm im Gespräch bleiben. Beraten und Helfen ist hier wichtig, denn es gibt Menschen, die sich hierbei schwertun.

Und da die „bessere" Drehrichtung eine natürliche, unbewusste Fähigkeit darstellt, ist es etwas, dass zutiefst mit dem Inneren zu tun hat. Vorsicht in der Kommunikation und behutsames Vorgehen führt hier am schnellsten zum Ziel. Unvorsichtige und zu fordernde Kommunikation schürt nur Ängste, die später ständig im Weg stehen werden.

6.2.2 Allgemeine Trainingsaufgaben

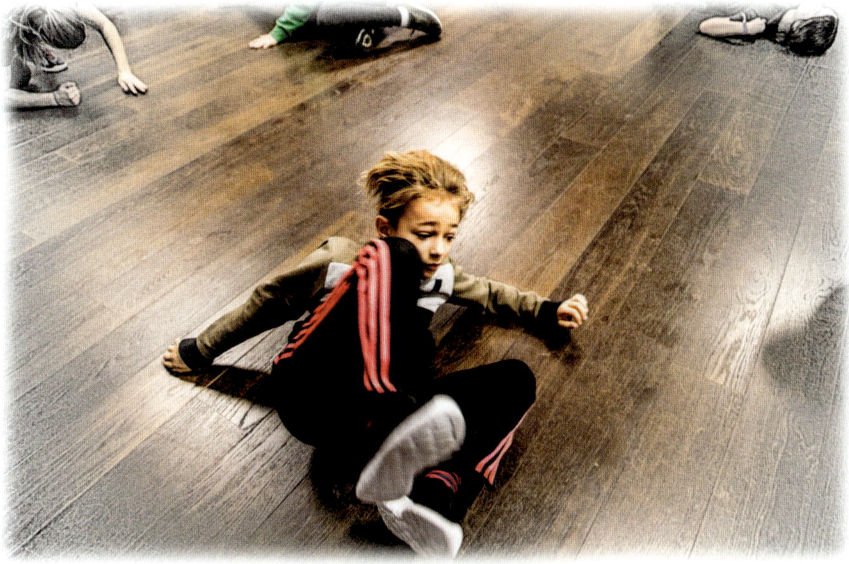

Durch das Warm-up kann man sehr gut beobachten, in welchem Stadium der Bewegungserfahrung die Schüler sind. Einige Grundlagen sind noch holprig in der Umsetzung, was aber vollkommen normal ist. Es ist aber wichtig, hier im Technikunterricht nachzubessern. Wenn man erkennt, dass einige Schüler noch nicht sauber und rund rollen können, ist es wichtig, dies im Unterricht zu thematisieren.

Hier folgt nun die Liste der wichtigsten Vorübungen, die im Unterricht unbedingt umgesetzt werden sollten, um Kraft, Koordination, Beweglichkeit, Körpergefühl, Balance und Orientierung zu schulen.

PRAKTISCHE ARBEITSAUFGABEN

6.2.2.1 Rollen

Es ist essenziell notwendig, die Rolle vorwärts und rückwärts über die Schulter (Judorolle) zu perfektionieren, um das zukünftige Hinfallen aus höheren Positionen weniger schmerzhaft und verletzungsfrei zu gestalten. Dabei beginnt man am besten im Kleinen und steigert sich dann bis hin zur Flugrolle.

Kleine Rolle

Das Wichtigste beim Rollen ist, dass der Kopf vom Boden entfernt bleibt. Dies erreicht man dadurch, dass man den Kopf zur Seite nimmt, um über die dadurch freiwerdenden Schulter abzurollen. Als Einleitung für diese Art zu rollen, kann man den Arm als nach außen gerundete Verlängerung der jeweiligen Schulter nutzen. Der Arm nimmt zuerst Kontakt mit dem Boden auf und lenkt die Abrollbewegung zur Schulter. Dies ist im weiteren Verlauf nützlich, um auf einer diagonal über den Rücken verlaufenden Linie zu rollen. Das Schützt den Kopf und die Wirbelsäule und ist vergleichbar mit einer Judorolle.

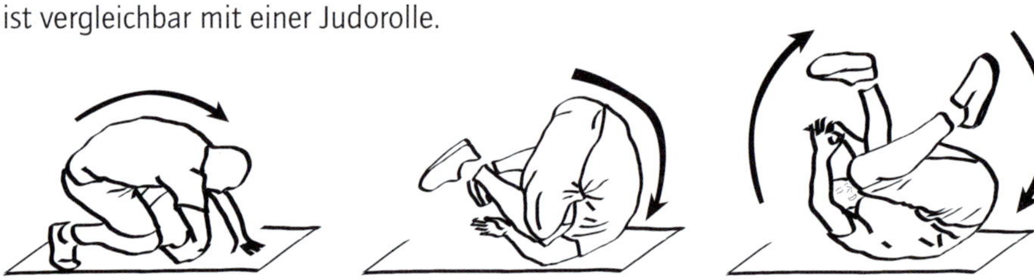

Große Rolle

Um aus höheren Positionen die gleiche sichere Rollbewegung zu trainieren, stellt man sich nun auf und vollführt dieselbe Rolle, aber mit mehr Schwung. Hier ist es sehr sinnvoll, dass man die Einleitung der Rollbewegung mit dem Arm vollzieht, um das Gewicht des Körpers bei der Abwärtsbewegung schon einmal abfangen zu können.

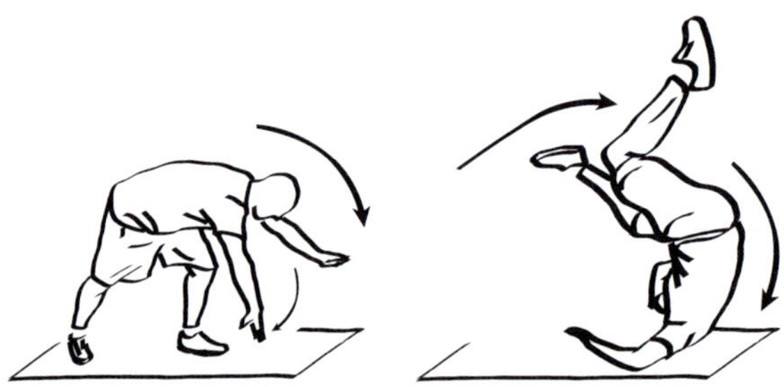

Flugrolle

Diese Rollbewegung ist nur zu empfehlen, wenn man die vorhergehenden Übungen leicht meistern kann. Die Beschaffenheit des Bodens, die Sicherheit im Rollen und die Höhe und Geschwindigkeit des Fallens sind hier die Faktoren, wie sicher man diese Bewegung umsetzen kann.

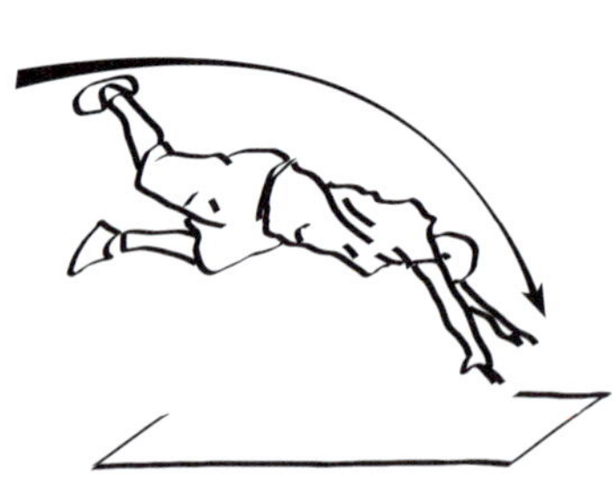

Rückwärtsrolle klein

Um den Ansatz für die Rückwärtsrolle zu machen, ist es am einfachsten, wenn man sich hinsetzt oder zumindest in einer sehr tiefen Hocke sitzt. Bei der Rückwärtsrolle gilt dasselbe wie bei der Vorwärtsrolle, nur in anderer Reihenfolge. Die Rollbewegung geht diagonal über den Rücken, der Kopf ist zur Seite geneigt und damit aus dem Weg und die Rolle wird über die Schulter vollzogen. Für Anfänger ist es oft schwer, dies gleich umzusetzen, daher sollte man hier als Lehrer bei der Richtungswahl des Kopfs und der Rollbewegung selbst erst einmal Hilfestellung leisten. Somit schützt man die Schüler vor einem unkontrollierten Aufprall des Hinterkopfs auf den Boden.

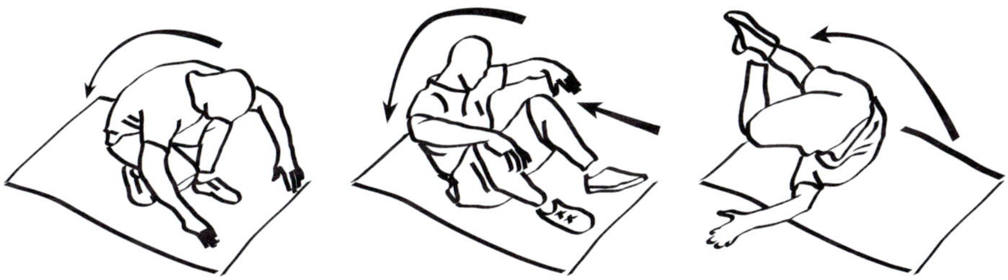

Rückwärtsrolle groß

Um die Rückwärtsrolle fürs Breaken später nutzbar zu machen, sollte man lernen, aus dem Rückwärtsrollen heraus nach oben „aufspringen" zu können. Dieser sogenannte Pop-up ist bei vielen Übergängen und Bewegungen nützlich oder sogar notwendig. Je mehr man durch diese Rollübung versteht, wie der Oberkörper und der Unterkörper in dieser „Aufklappbewegung" zusammenspielen, desto besser kann man später vertikal gedrehte Schwünge auch horizontal nach oben befördern. Dies ist essenzielles Grundlagentraining für spätere Air-Moves.

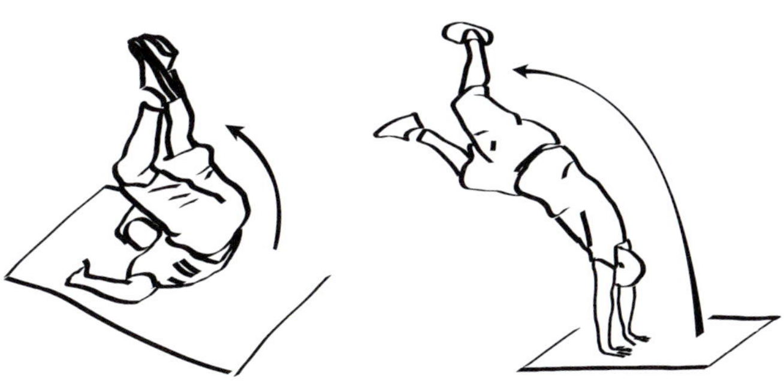

Die hier beschriebenen Rollen sind die grundlegenden Sagittalbewegungen um die Horizontalachse, also nach vorn und hinten. Es gibt noch einige mehr, die sich aber aus diesen Grundlagen heraus ganz spielerisch erarbeiten lassen. Später, beim Entwickeln und Üben von Bewegungen, werden sämtliche Variationen auch automatisch durch z. B. Stürze aus dynamisch drehenden Bewegungen heraus entstehen. Somit sind die kontrollierten Stürze, die über Rollen gelöst und abgefangen werden, auch wichtige (aber unbewusste) Quellen für Kreativität und Vielfältigkeit.

6.2.2.2 Brücke

Um die Rückenmuskulatur ordentlich vorzubereiten, muss man trainieren, sich vom Liegen in die Brücke zu drücken. Dafür stellt man, auf dem Rücken liegend, die Hände mit den Fingerspitzen unter die Schultern. Man stellt die Füße mit den Fußsohlen nahe zum Becken und spannt die gesamte rückseitige Muskulatur so an, dass man (bestenfalls) einen Bogen wie eine Brücke zwischen den Händen und den Füßen bildet.

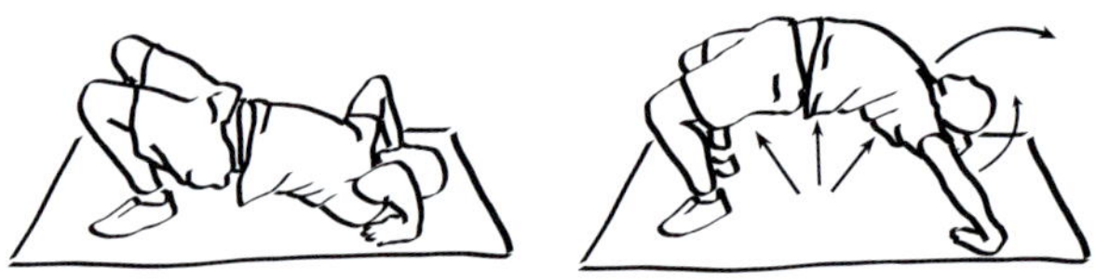

Dabei erfüllt man gleich mehrere Übungsziele in einem. Die Rücken-, Schulterblatt- und Halsmuskulatur wird gestärkt. Die vordere Brust- und Schultermuskulatur wird gedehnt und die gesamte hintere Rumpfspannung wird aufgebaut. Dies ist zum Beispiel wichtig, um das Abfangen des Handstandfallens nach hinten sicher zu gestalten. Ganz nebenbei bewirkt diese Übung sehr viele andere Effekte, um das Tanzen später vielfältig zu erweitern.

6.2.2.3 Handstand – umfallen

Um die normale Übung des Handstands erweitern zu können und weitere Übungsvariationen zu ermöglichen, muss man lernen, den Handstand beim Nach-hinten-Fallen sicher abzufangen.

Hier gibt es zwei Variationen:

A) Handstand abrollen

Das bringt zwar Sicherheit, hat aber für die Balance und das zielgerichtete Handstandtraining im Bboying nur bedingt einen Nutzen, da die Schüler oft viel zu früh abrollen, statt den Handstand wirklich hochzuziehen und zu trainieren, den Handstand oben zu halten.

Im Handstand stehen und hinten überkippen, Kinn auf die Brust, den Rücken rund machen und die Beine anziehen.

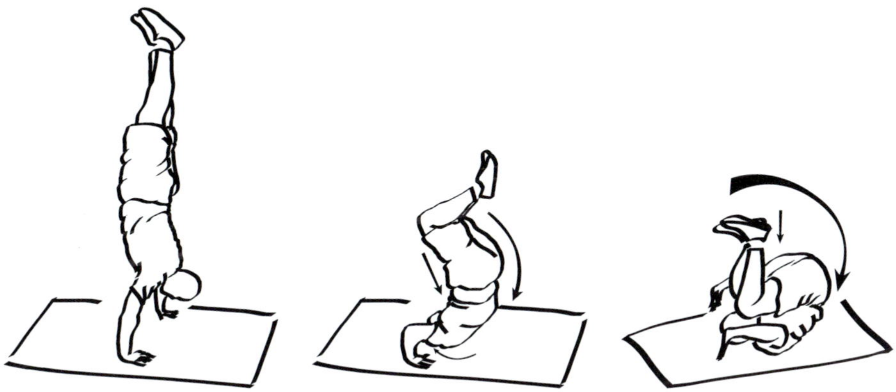

B) Sich vom Handstand rückwärts auf die Füße fallen lassen

Dies führt zu schnellen, sicheren und zumindest für das Breaken sehr sinnvollen Erfolgen im Handstandtraining, enthält jedoch die Hürde einer gewissen Angstüberwindung. Aber auch an das muss man sich schnell herantasten, da die Angstüberwindung zum „täglichen Brot" eines Bgirls oder Bboys gehört.

Dabei bleibt man so lange im Handstand gerade, bis das Übergewicht nach hinten entsteht. Es ist nochmals wichtig, zu erwähnen, dass die Hände mindestens schulterbreit und, mit den Fingerspitzen nach innen zeigend, am Boden stehen.

Dann lässt man die Unterschenkel nach hinten fallen, zieht schnell den Kopf durch die Arme nach vorn mit dem Kinn zur Brust, drückt den Brustkorb nach oben und lässt sich ins sogenannte Hohlkreuz kippen.

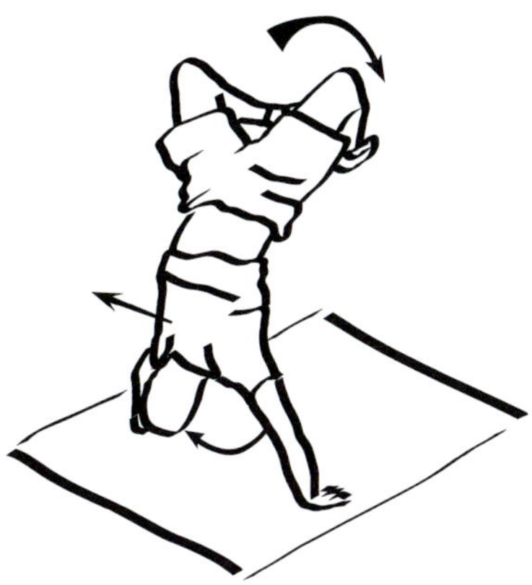

Die Schwerkraft wird das ihre dazutun, um dann nach hinten in die Brücke zu fallen. Jetzt muss man die Rückenmuskeln und die Halsmuskeln stark anspannen und halten. Die Schultern knicken in Richtung Brustkorb ein, die Schulterblätter bauen eine sehr starke Spannung auf. Dabei streckt man noch die Füße und fängt sich mit dieser Spannung am Boden auf.

Jetzt muss man sich mit aller Kraft halten, um sich damit wirklich auffangen zu können. Hiermit wird man die Angst, umzufallen, besiegen und um damit das Bewegungsspektrum im Tanzen erweitern. Dies ist auch gleichzeitig die Vorbereitung für alle Hollowback-Freezes.

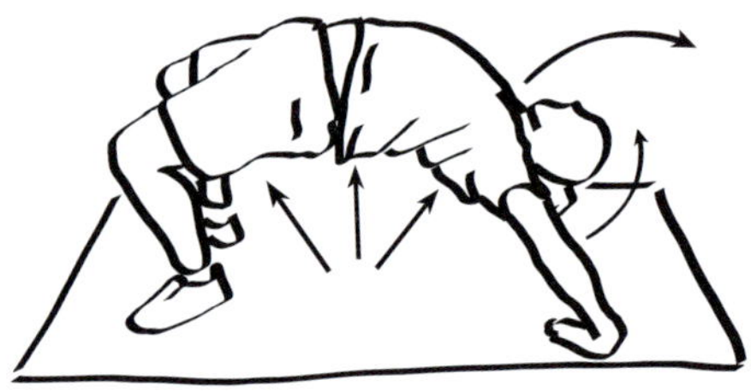

6.2.2.4 Im Handstand laufen

Das Aufsteigen in den Handstand und das Umfallen vom Handstand zurück zum Boden ist essenziell für das Lernen des Handstandes. Damit ist ein Grundstein gelegt, um damit weiterzukommen. Die Zielsetzung ist allerdings nicht das ruhige Stehenkönnen, sondern vielmehr die dynamische Arbeit auf den Händen. Um dies zu ermöglichen, muss man, sobald man es geschafft hat, eine Sekunde auf den Händen zu stehen, anfangen, vorwärts, rückwärts und seitwärts zu laufen.

Es ist sehr hilfreich zu lernen, auf den Händen hin- und herzutippeln, um das Gleichgewicht zu halten und die Muskeln zu programmieren. Das ruhige Stehen und der Versuch, verschiedene Beinpositionen einzunehmen, kommt dann mit der Zeit ganz von selbst.

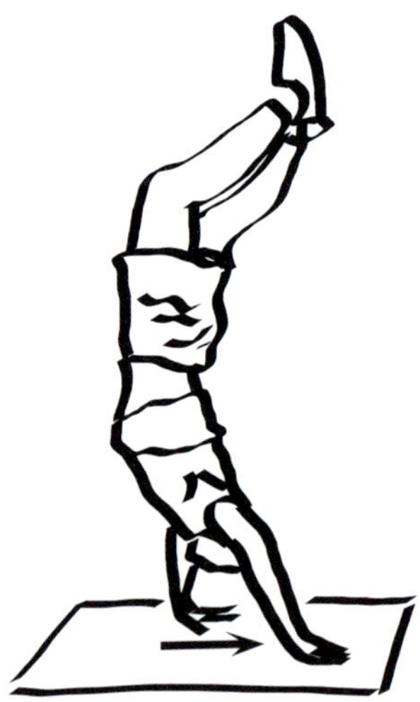

6.2.2.5 Rad

Umgangssprachlich wird die seitliche Bewegung in der Frontalebene, bei der sich der gesamte Körper um die Sagittalachse dreht, als Rad bezeichnet. Es ist ein bisschen wie das Aufsteigen in den Handstand, nur eben zur Seite. Hier geht es auch nicht um das turnerische Rad, bei dem der Schwung aus den Beinen dafür sorgt, dass man dynamisch und gleichmäßig über die Hände rollt. Es geht vielmehr um die Art des Aufsteigens auf nur eine Hand und das Übergeben des Gewichts auf die andere Hand.

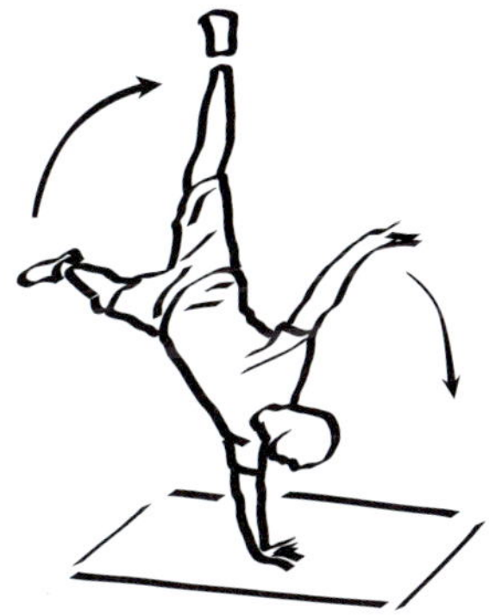

Die turnerische Definition eines Rades ist auch – wie schon beim Handstand – nicht fürs Breaken gültig. Um das Rad zu lernen, darf man ganz unten anfangen und, ähnlich wie das Au im Capoeira, mit vor dem Körper hängenden Beinen über die Hände umsetzen. Das Rad dann ganz langsam zu üben und so viel Zeit, wie es geht, auf einer einzelnen Hand zu verbringen, ist wichtig für One-Hand-Freezes und spätere Air-Moves.

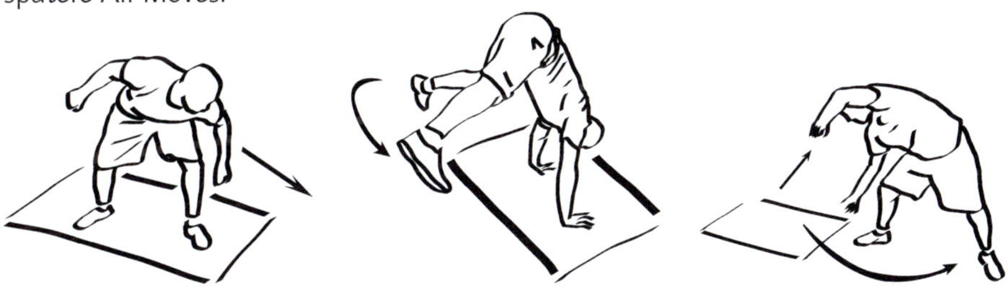

Für manche Kinder oder auch ängstliche Schüler ist es von großer Bedeutung, sie ganz bewusst zu dieser Übung zu motivieren. Hier ist ein Jubeln und etwas überdimensioniertes Loben auch nach einem missglückten Versuch kurzzeitig hilfreich, um klarzustellen, dass die Überwindung der Angst hier hoch angesehen ist und nur die wiederholende Übung zum Erfolg führt.

6.2.2.6 Kopfstand

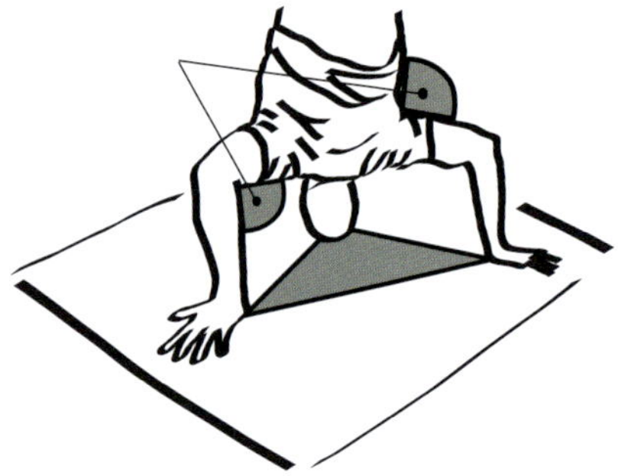

Um den Einstieg zum Kopfstand wirklich sinnvoll zu gestalten, muss man die Anatomie des Körpers genau untersuchen und die physikalischen Regeln mit einbeziehen. Hier ist die gleichschenklige, dreieckige Grundfläche zwischen Kopf und Händen sichtbar, sowie die 90°-Winkel in den Ellbogen und Schultern.

Für völlig unerfahrene Schüler ist es oft nicht möglich, schon daran zu denken, einen Kopfstand frei zu stehen. Vor ca. 15-20 Jahren konnte jedes Kind, das den Unterricht besucht hatte, schon eine einigermaßen saubere Rolle vorwärts und einen Kopfstand. Diese Fähigkeiten darf man in der heutigen Zeit nicht mehr im Geringsten als selbstverständlich erachten, daher muss man auch hier mit Downsizing und Vorübungen arbeiten.

Für einen komplett unerfahrenen Schüler ist der allererste Versuch, einen Kopfstand zu machen, sehr anstrengend, schmerzhaft und kompliziert. Der erste Schritt ist, auf den Knien stehend, erst einmal die oben gezeigte Position mit Kopf und Händen einzunehmen. Als Nächstes gilt es, nur die Beine vom Boden zu nehmen und die Knie auf den Ellbogen abzustellen. Erst wenn das gemeistert ist, wird es möglich, die Beine mit den Füßen nach oben zu strecken.

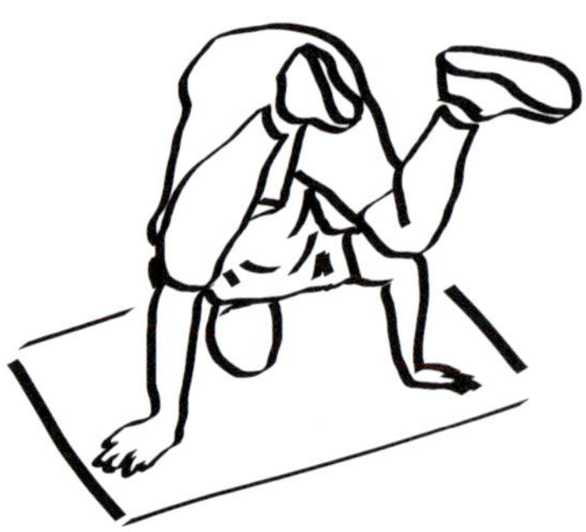

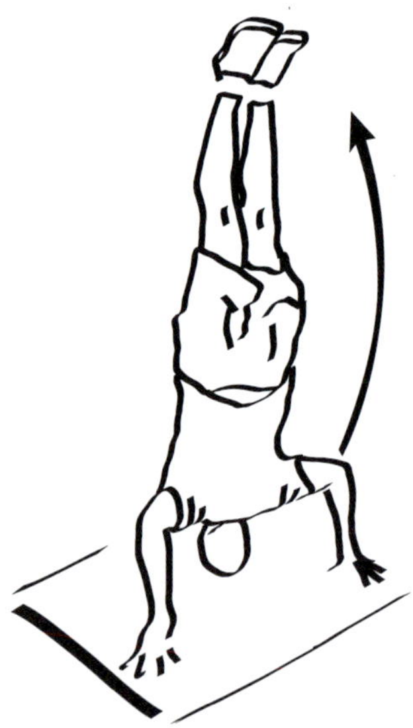

Wenn das einmal alles vom Schüler erfasst, verstanden und umgesetzt wurde, dann kann man im Kopfstand viele Grundlagen üben. Die Übungen des ruhigen Stehens und das Einnehmen der verschiedenen Beinpositionen nutze ich als Vorbereitung für den Headspin. Das ist eine Zusammenstellung verschiedener Haltungen auf dem Kopf und den Händen, die meine Schüler meistern MÜSSEN, bevor sie mit Headspinnübungen beginnen dürfen: der sogenannte Headspinführerschein:

1. Öffnen der gestreckten Beine zu den Seiten.

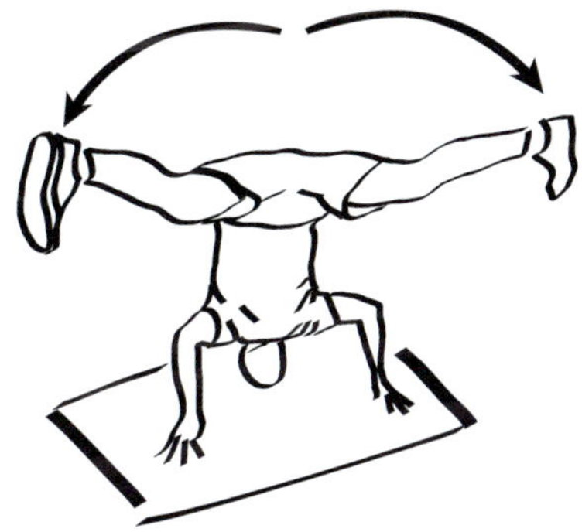

2. Öffnen der gestreckten Beine nach vorn und hinten.
3. Auch umgekehrt, also rechts vorne, links hinten und andersherum.

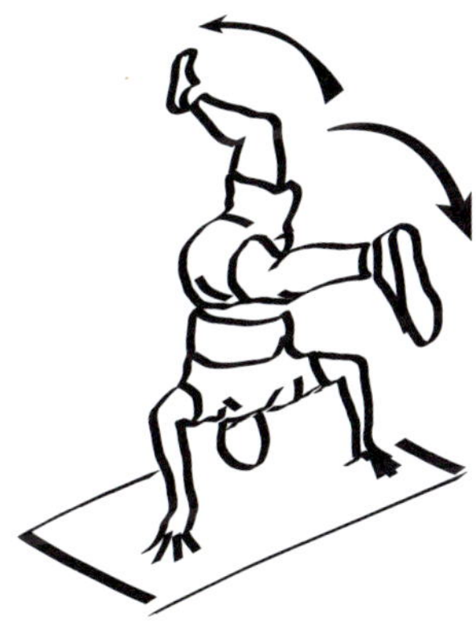

4. Die gestreckten und geschlossenen Beine nach unten zum Boden bringen. Kontrolliert und sanft auf dem Boden auftippen und wieder – ohne die Knie zu strecken – nach oben, in den normalen Kopfstand mit gestreckten Beinen, ziehen.

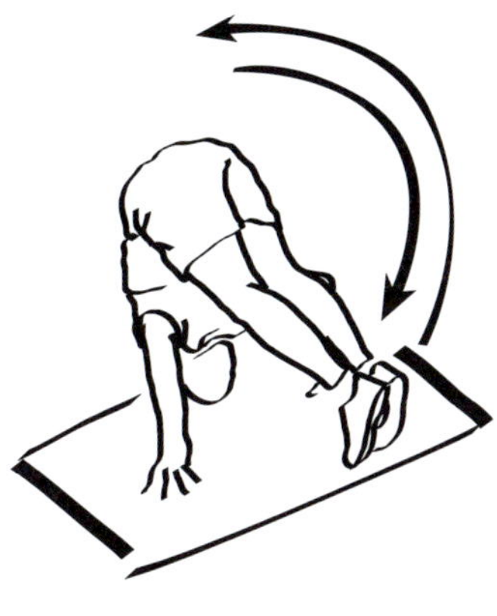

5. Den Körper so drehen, dass man das Knie kurz auf dem gegenüberliegenden Ellbogen ablegen kann.

6. Auch andersherum, also das linke Knie auf dem rechten Ellbogen ablegen.

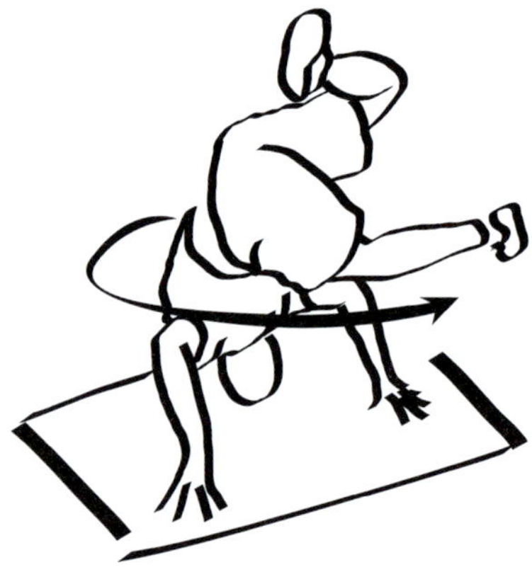

7. Man lässt man die Beine durch das Beugen der Kniegelenke nach hinten fallen. Im gleichen Moment hebt man die Arme und bewegt diese so hinter den Kopf, dass die Stützkraft das Umfallen nach hinten verhindert. Es empfiehlt sich, eine Art Delfinschwimmbewegung mit den Armen zu vollführen, womit man durch die Streckung der Arme das Schultergelenk öffnet und weiter nach hinten gelangt. Dies ist auch der Einstieg in den Head-Hollowback.

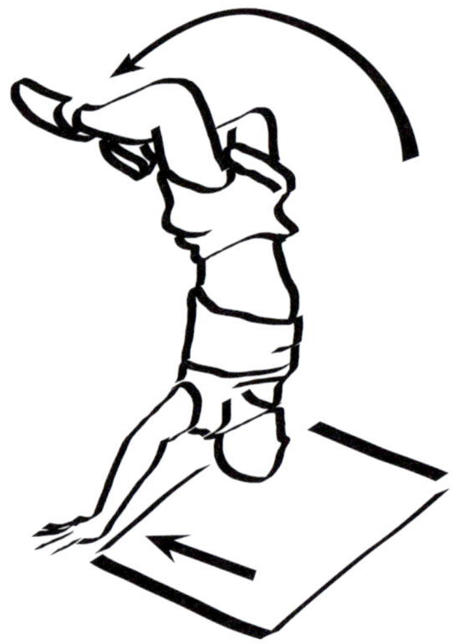

Aus dieser Haltung dann wieder zurückkehren, ohne umzufallen in die Ausgangsposition mit Beinen und Händen vor dem Körper. Erst wenn alle Übungen sicher und ohne umzufallen auf Ansage umgesetzt werden können, hat der Schüler den Führerschein durch einen offiziellen Handschlag erworben.

Dieser Führerschein ist einerseits eine Absicherung, dass die Schüler erst dann damit beginnen, sich dynamisch mit dem vollen Gewicht auf der Halswirbelsäule zu bewegen, wenn die Muskulatur und Balance dafür vorbereitet ist. Sonst ist die Verletzungsgefahr sehr hoch. Andererseits macht es keinen Sinn, zu versuchen, einen Headspin zu drehen, wenn man auf dem Kopf nicht mal sicher stehen kann.

Die aufgezählten Übungen sind Bestandteil des generellen Trainings und machen deutlich, wie unterschiedlich und vielfältig die Aufgabenstellungen an einen Bboying-/Bgirling-Schüler und dessen Lehrer sind. Dies zeigt nochmals deutlich auf: Ohne selbstständiges Training geht es nicht!

6.2.3 Lernen und Kultivieren der wichtigsten Grundlagen-Moves

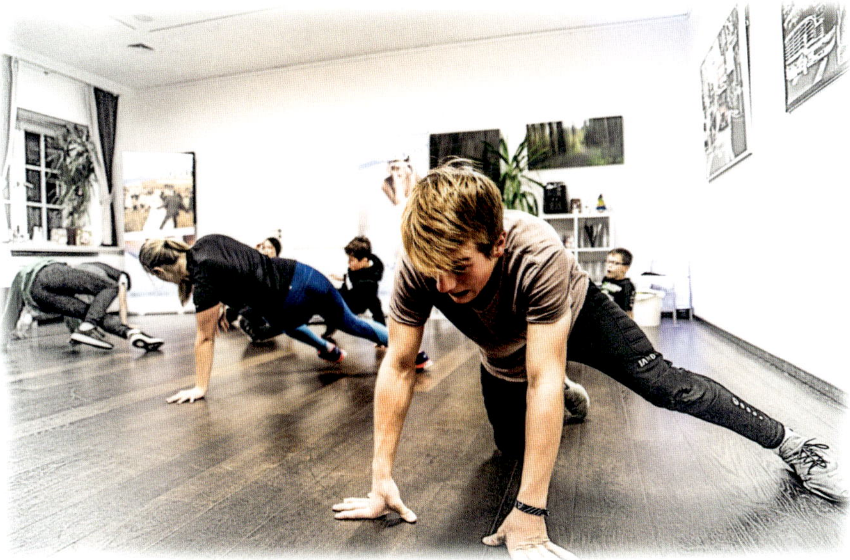

Nach einer Zeit des Bewegungslernens steuert man relativ bald auf eine Phase zu, die dem Schüler vorkommt, als würde es nicht weitergehen. Für neue Bewegungen ist der Schüler noch nicht gut genug und die gerade gelernten Bewegungen haben nach vielen Wiederholungen den ersten Reiz verloren. Der Schüler hat das Gefühl, alles neu Gelernte schon zu beherrschen, scheitert aber an den nächsten Bewegungen schon in den Grundzügen.

Der Grund für das Scheitern ist für erfahrene Breaker deutlich zu erkennen. Der Schüler kann die gelernten Bewegungen zwar umsetzen und weiß, wie diese funktionieren, vom Beherrschen kann aber noch lange nicht die Rede sein. Und dieses „Beherrschen" ist genau das, worauf es jetzt zum Weiterkommen ankommt. Die Übung mit dem Ziel des Beherrschens nennt man in der Pädagogik kultivieren.

ABER warum muss man etwas, was man schon kann, weiterhin üben oder gar kultivieren?

Am Anfang des Bewegungslernens steht im Europäischen immer der äußere physikalische Vorgang im Vordergrund:

- Was machen die Hände?
- Was machen die Füße?
- Welches Bein muss wo ungefähr hin?
- Welcher Arm stützt die Bewegung? usw.

Dann geht es um die Zusammenhänge zwischen den einzelnen Bewegungselementen. Und von dort aus ist man dann versucht, den Fluss in der Bewegung und im Gesamtablauf zu erarbeiten und kommt immer tiefer ins Zentrum des Körpers.

Wenn man aber von Grundlagen spricht, muss man ein wenig so denken wie beim Hausbau: Je höher man hinauswill, desto tiefer muss man graben, um ein stabiles Fundament zu haben. Man hat also eine zusammenhängende Bewegung gelernt und bekommt diese schon relativ flüssig hin. Jetzt geht es aber erst richtig los!

Im Kultivieren wird man Entdeckungen machen, die einem selbst bei der genauesten Beschreibung niemals aufgefallen wären. Es werden sich Muskelgruppen ausbilden, die man niemals einzeln trainieren können wird. Ebenso wird sich ein koordinatives Zusammenspiel über die Nervenbahnen entwickeln, das vom Körper nur und ausschließlich für diese Bewegung und deren Variationen konzipiert wird. Hier entwickelt sich ein Netzwerk aus Fähigkeiten, das die Grundfläche für das Weiterkommen bildet. Das Kultivieren ist durch nichts zu ersetzen und man kann es nicht umgehen. Ein englisches Sprichwort besagt genau das: „Hard work beats talent!" (Harte Arbeit besiegt Talent!).

In den nun folgenden Ausführungen stelle ich die Grundlagen-Bewegungen vor, die ich für die sinnvollsten und zielführenden für das Breaken halte.

PRAKTISCHE ARBEITSAUFGABEN

6.2.3.1 Top-Rocks

Es spielt keine Rolle, wo man auf der Welt trainieren möchte. Wenn man an einem Trainingsspot mit schönen, fließenden und routiniert aussehenden Top-Rocks beginnt, wird man von Anfang an mehr respektiert und verliert durch den Zuspruch auch die Hemmungen. Im Top-Rock heizt man sich auf und geht in seine ganz eigene Energie.

Bisher hat der Schüler den Indian-Step und den Six-Step im Stand als Top-Rock-Basic gelernt. Der Top-Rock selbst ist aber das wichtigste Element und wird didaktisch erst nach den genannten Schritten unterrichtet. Dabei erklärt man, dass es genau die gleichen Schritte sind wie beim Indian-Step, mit dem Unterschied, dass man jetzt jeden Schritt mit einen Hüpfer, also einem kleinen Sprung, ausführt.

Ein leicht gehüpfter Schritt seitlich nach vorn (z. B. mit dem rechten Bein nach links vorne hüpfen), das andere Bein bleibt in der Luft und wird gebeugt. Man kann das Bein in der Luft durch eine Hüftdrehung auch mit dem Fuß nach vorn schwingen, das macht den Schritt ein wenig mehr funky.

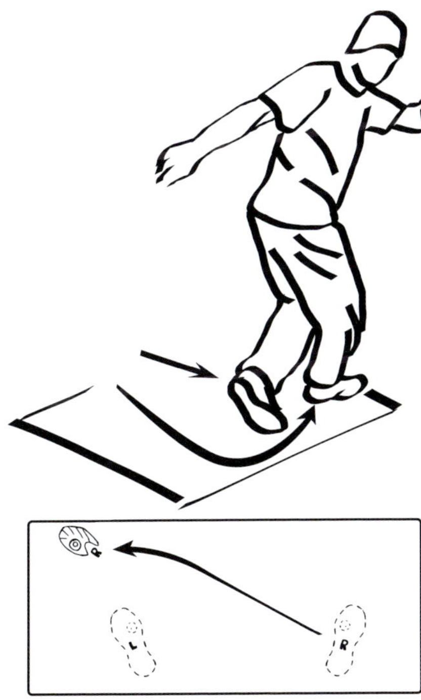

Ein kleiner Sprung zurück auf das andere Bein (wie im Beispiel vom rechten Bein auf das linke Bein diagonal zurückhüpfen). Dabei kann man mit dem Bein in der Luft ein wenig zurückschwingen, was dem Sprung zurück und somit dem gesamten Schritt eine gewisse Dynamik verschafft.

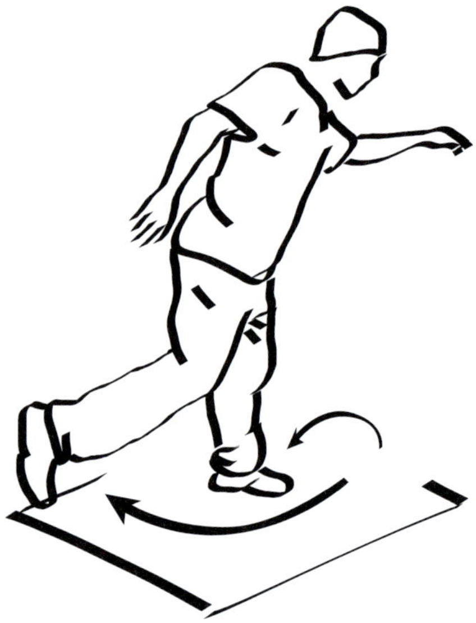

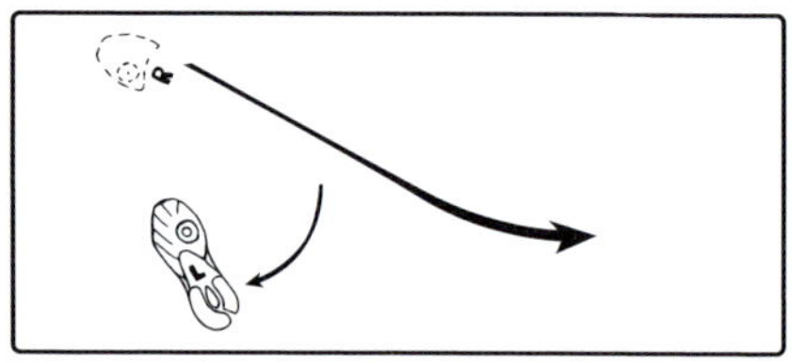

In einer fließenden Bewegung nochmals abspringen und auf beiden Beinen landen.

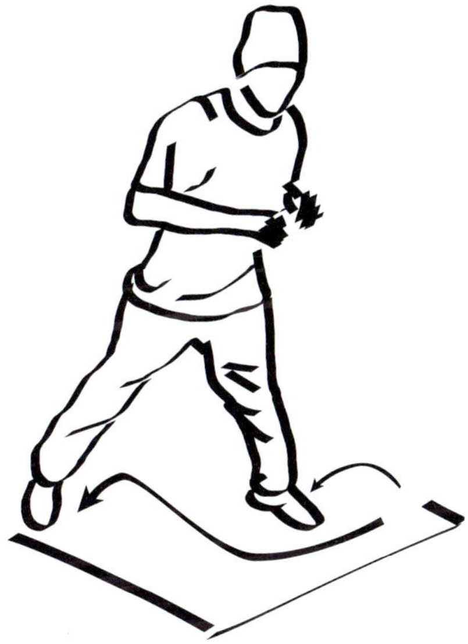

Und natürlich auch zur anderen Seite.

Das Ganze dann als Loop wiederholend aneinandertanzen. Wenn dieser Schritt etabliert ist, gilt es nun, diesen dreidimensional im Raum in alle Richtungen umzusetzen. So, dass man sich mit dem Schritt während des Tanzens im Raum zu allen Seiten drehen und bewegen kann. Hilfreich ist hier noch ein getanzter Hopserlauf, um z. B. die Position im Raum schneller zu wechseln, oder ein getanzter Sternschritt aus dem Basketball, um sich auf der Stelle schnell im Raum drehen zu können, ohne den Tanzfluss zu unterbrechen.

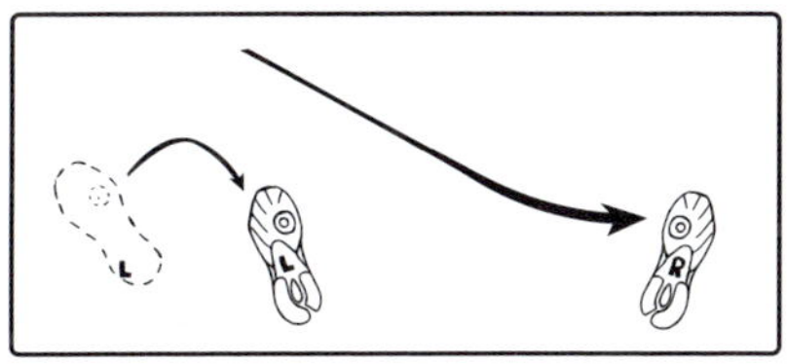

Dies ist meiner Erfahrung nach der ursprünglichste aller Top-Rocks und trägt auch den Namen Top-Rock. Es gibt sogar einige Legenden, die sagen, dass dies der einzige Top-Rock ist und alle anderen Schritte, die man hier hinzufügt, sind bereits HipHop-Schritte aus anderen Tanzrichtungen.

6.2.3.2 Go-Down

Dieser Basic-Go-Down (wie ich ihn im Unterricht nenne) ist wie der Schlüssel zu einem Rennwagen. Wenn diese Bewegung komplett verstanden und beherrscht wird, wird nicht nur der nächste Move gestartet. Man entfacht damit die Energie, den Enthusiasmus und die Euphorie des Tanzens. Hiermit springt man ab und kann sich ganz frei im Tanzen verlieren.

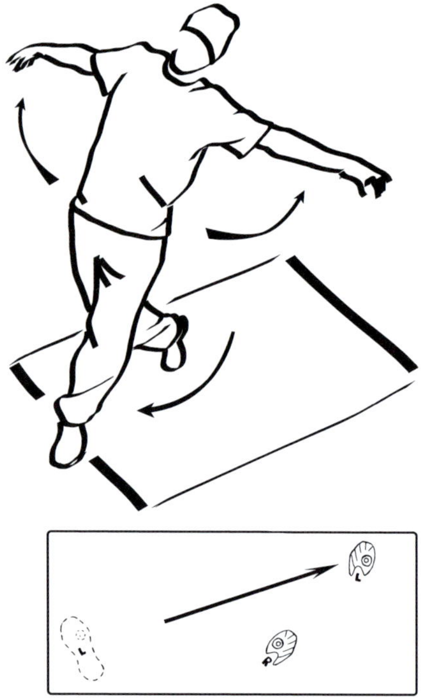

Um diesen Go-Down einzuleiten kann man ganz entspannt mit dem oben genannten Top-Rock starten. Nun muss der Top-Rock unterbrochen werden und mit dem ersten Schritt des Top-Rocks zu der Seite, die in die Richtung deutet, in die man vorhat, zu tanzen, initiiert man diesen Go-Down.

Dann lässt man seinen Oberkörper nach unten kippen und neigt sich so nach vorn, dass man mit der Hand der gleichen Seite zum Boden greifen kann.

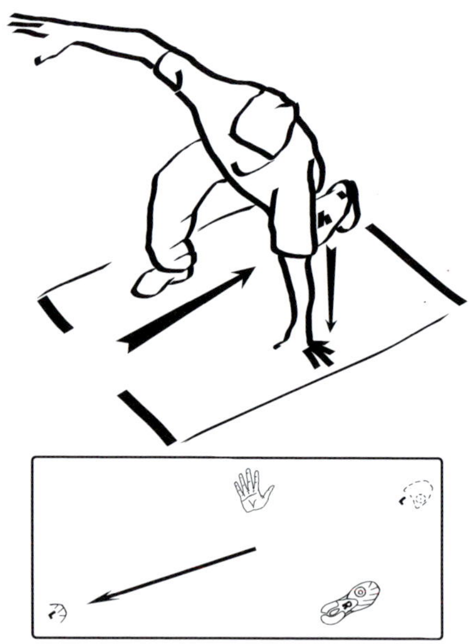

Durch die vorausgehende Position ergibt sich ein Tor zwischen dem vorderen Bein und der am Boden stehenden Hand. Durch dieses Tor wird das nach hinten gestellte Bein nach vorn hindurchbewegt.

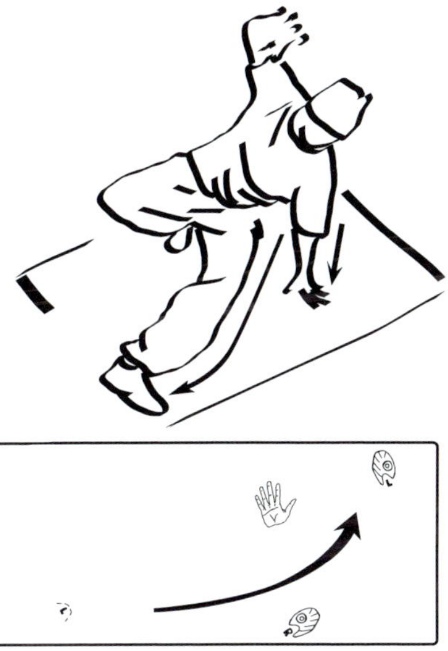

Ob man nun einfach einen Schritt nach vorn macht, oder eine kreisend-schwingende Bewegung oder einen Knee-Slide, bleibt hier offen. Es gibt unzählige Optionen aus dieser Position. Ebenso gibt es unzählige andere Go-Downs, die im Internet tausendfach zu entdecken sind.

6.2.3.3 Six-Step

Wie schon erwähnt, ist der Six-Step nicht nur eine einzige Schrittkombination. Er ist wie ein Flughafen mit sechs Start- und Landebahnen in mehr als alle Himmelsrichtungen. Er ist wie die Quelle eines Flusses, die Luft zum Atmen, das Wasser für die Erde, die Sonne für die Pflanzen. Es gibt keine Runde Six-Step, die man jemals zu viel geübt hat (s. **Kap. 5.4**).

Es gibt viele Versionen, wie der Six-Step ausgeführt werden kann. Es sind und bleiben aber die gleichen Schrittkombinationen, die sich im Weg über den Boden in der Schrittlänge oder der Körperhaltung unterscheiden. Ich benenne sie im Unterricht dann unterschiedlich z. B. Legwork-Six-Step, Atomic-Style-Six-Step usw.

6.2.3.4 Three-Step

Der Three-Step ist zwar „nur" eine Variation des Six-Steps, aber in ihm sind viele Essenzen versteckt, die man in einigen Air-Moves (Powermoves und Blow-ups in der Luft) wiederfinden wird. Er ist das Sprungbrett, aus welcher Höhe man es nutzt und abspringt, hängt vom Trainingsfleiß und der eigenen Kreativität ab.

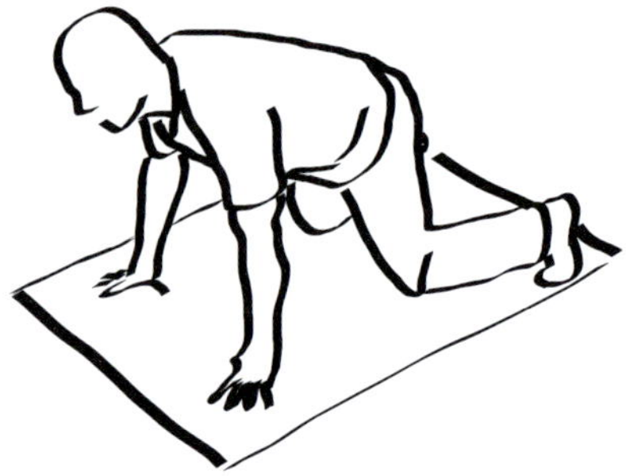

Man beginnt am besten aus der Basic-Position des Six-Steps. Wichtig hierbei ist, dass man immer im Kopf behält, dass man mit den Füßen um die am Boden stehenden Hände laufen möchte.

Dann springt man mit den Beinen direkt aus dieser Position ab, dreht den Körper in der Luft mit dem Becken leicht in die Richtung des Beins, mit dem man den ersten Sprung beenden möchte. Man schwingt dabei das andere Bein in der „Flugphase" so unter dem Körper hindurch, dass eine kreisförmige Dynamik entsteht (hier im Gegenuhrzeigersinn). Dann streckt man dieses fliegende Bein in der Luft nach vorne oben und stabilisiert dieses in der Landungsphase, damit es nicht zu Boden fällt. Dann landet man auf dem Fußballen des anderen Beins.

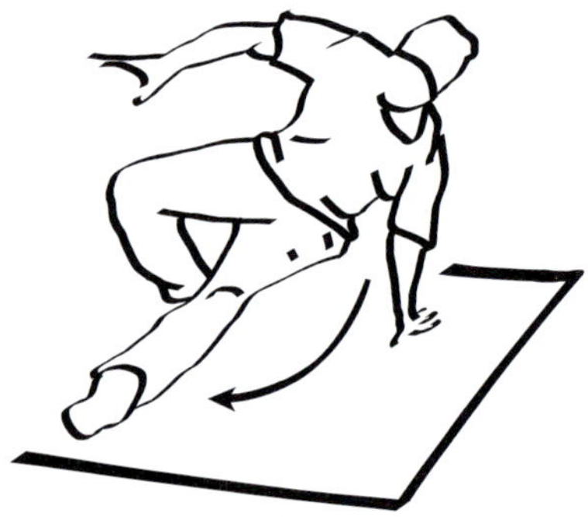

Jetzt stellt man am besten die zweite Hand hinter dem Rücken neben die andere und stabilisiert die Position. Mit einem leichten Hüpfer wechselt man das Standbein und bewegt sich in der Luft leicht in die Richtung des Beins, mit dem man landen möchte (hier Gegenuhrzeigersinn). Das andere Bein wird gestreckt und in der Luft stabilisiert.

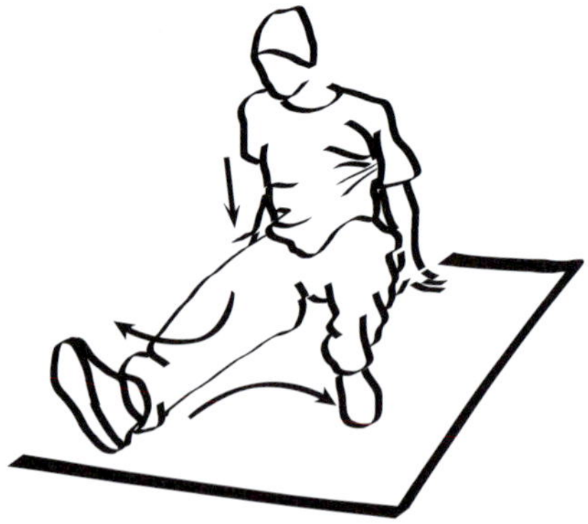

Dann springt man wieder ab, diesmal aber viel kräftiger, als die anderen Male. In der Luft dreht man sein Becken so intensiv, dass man eine 180°-Drehung in der Körperachse vollziehen kann. Wenn man dann fast die 180°-Drehung erreicht hat, lässt man seinen Sprung ausklingen, streckt die Beine plötzlich und schnell zu Boden.

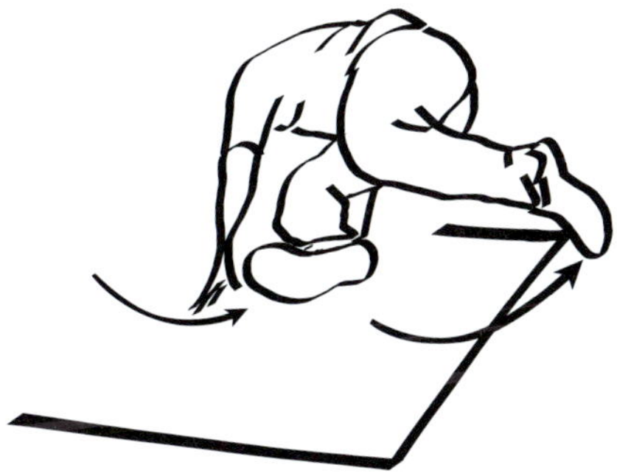

Damit wird die Drehung gebremst und man kann mit beiden Fußballen durch die Landung am Boden seinen Stand wieder ruckartig in der Grundstellung stabilisieren.

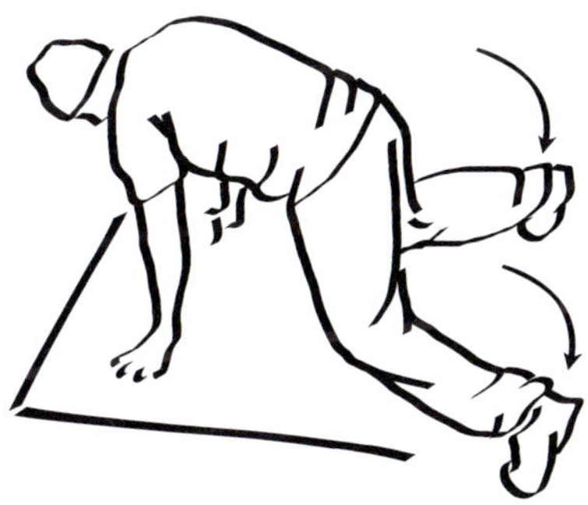

Zu Beginn wird es einem schwerfallen, diese Sprünge flüssig und dynamisch auszuführen. Das Ziel sollte jedoch sein, dass jeder Schritt in keiner Position länger als für den Bruchteil einer Sekunde verweilt. So erreicht man eine sehr dynamische und flüssige Schrittkombination, in der man schon die Schwünge und Positionen von späteren Powermoves oder anderen Styles erahnen kann.

6.2.3.5 Handstand

Ich habe nun schon sehr viel über den Handstand geschrieben und ausgeführt. Ich denke, jeder hat verstanden, dass die Übung des Handstands im Breaken eine Selbstverständlichkeit wie Essen oder Schlafen ist. Man kann auch ohne, wird das Defizit aber immer spüren **(siehe Kap. 5.5)**.

6.2.3.6 Kopfstand

Auch vom Kopfstand steht schon viel in diesem Buch. Schmerzen sind temporär, der Stolz über Trainingserfolge und Fähigkeiten bleibt für immer **(siehe Kap. 6.2.2.6)**.

6.2.3.7 Backspin

Eine Bewegung, die man schon früh ansetzen muss, um sich so schnell wie möglich auf den Weg zu machen, ist der Backspin. Auf dem Rücken zu drehen und den ganzen Oberkörper am Boden zu nutzen, ist genauso unverzichtbar, wie das Erarbeiten des Verständnisses, wie man Schwung mit den Beinen erzeugt und diesen Schwung auf den Oberkörper überträgt.

Diese grafischen Erklärungen sind für die Version, wenn man im Gegenuhrzeigersinn dreht. Für diejenigen, die andersherum drehen, gilt es dann natürlich andersherum. Wichtig hierbei ist, dass es eine flüssige und dynamische Kreisbewegung ergeben muss. Die Grafiken sind daher nur Momentaufnahmen auf dem Weg zur fertigen Übung.

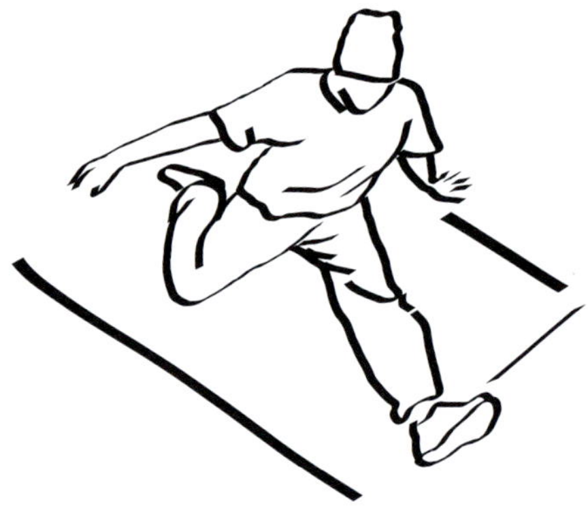

Die Ausgangsposition ist sitzend am Boden, das rechte Bein liegt gebeugt neben dem Körper und man lehnt sich auf die linke Seite. Das linke Bein ist gestreckt.

Phase 1

In der ersten Phase des Einstiegs lässt man den Oberkörper zur linken Seite fallen und legt sich mit dem gesamten seitlichen Brustkorb im ca. 90°-Winkel zum gestreckten Bein auf den Boden. Der linke Arm ist dabei vom Körper aus weit nach oben gestreckt und übernimmt aber keinerlei Stützfunktion mehr. Der rechte Arm allerdings beginnt schon während des Ablegens die Kreisbewegung und gibt die Richtung vor.

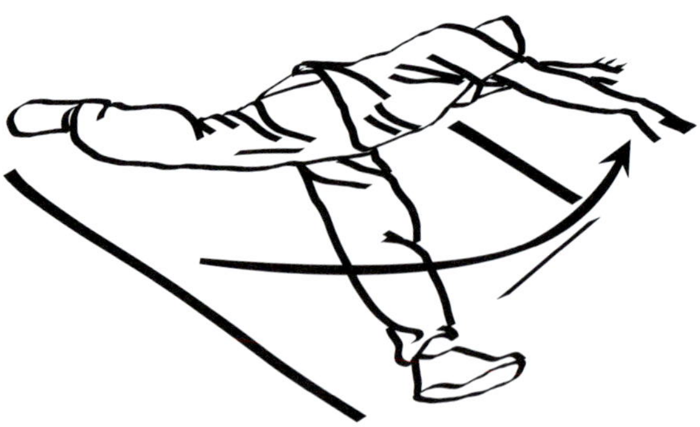

Phase 2

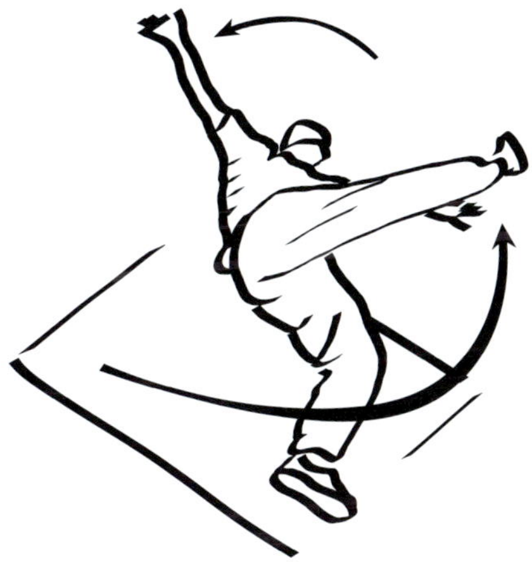

Mit der ersten Drehung schafft man eine gewisse Spannung zwischen Oberkörper und dem rechten Bein. Die Kreisbewegung wird mit dem rechten Arm in gestreckter Haltung schon mal weit über den Kopf weiter vollzogen. In genau dem Moment, wenn man sich schon weit gestreckt hat und die Spannung zum rechten Bein am höchsten ist, zieht man das rechte Bein über die Weite nach vorne zur Streckung. Dabei übernimmt die Bauchmuskulatur und der Hüftbeuger die Führung und zieht das gestreckte Bein ganz knapp über den Boden (der rechte Fuß wird zu einem Tiefflieger), bis das Knie kurz vor der Nase ankommt.

Phase 3

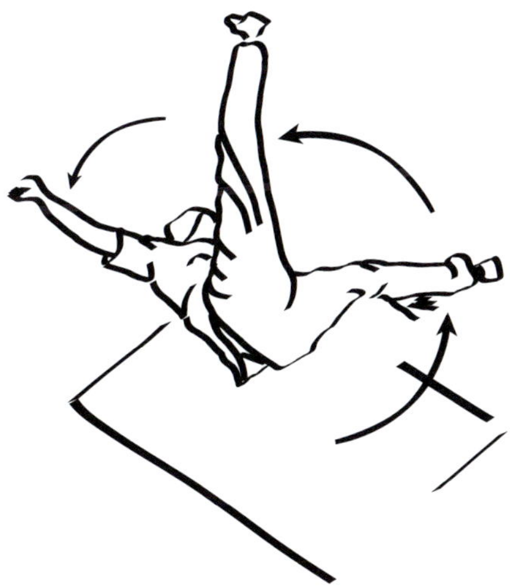

Nun drückt man mit der linken Hand fester gegen den Boden und versucht, sich mit den Fingern und der Handfläche Haftung zu verschaffen. Mit dieser Haftung der Hand, dem Schwung des rechten Arms und des immer noch beschleunigenden rechten Beins reißt man nun das bisher noch völlig untätige linke Bein der gesamten kreisenden Bewegung hinterher. Das rechte Bein saust dabei weiterhin, dem Boden so nah wie möglich, über den Kopf hinweg.

Phase 4

Wenn das linke Bein dann ebenso den Weg in die Bewegung gefunden hat, versucht man, die Beine, so weit wie möglich, aufzureißen, die Bauchmuskulatur superstark anzuspannen, die Schulterblätter weit zu öffnen, damit man nur noch auf der Fläche zwischen den Schulterblättern den Boden berührt. Die Arme und Beine sind gestreckt und man spannt alles ganz fest an, um sich nicht weiter zu bewegen, sondern den Schwung in eine am Boden gleitende Backspinbewegung übergehen zu lassen.

Hierbei ist es wichtig, dass die Füße über dem Kopf sind und die Oberschenkel weit geöffnet stark in Richtung Oberkörper gezogen werden.

Ob man die Knie streckt oder beugt, ist eine Frage dessen, was man aus dieser Bewegung machen möchte. Sollte man z. B. in eine Windmill weitergehen wollen, sind die gestreckten Knie für den Einstieg ein absolutes MUSS!

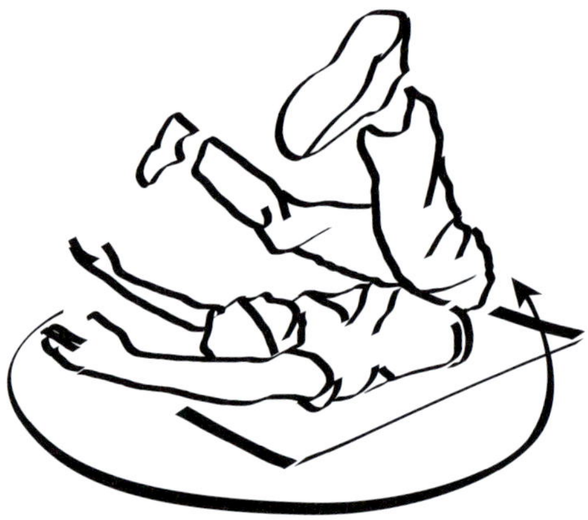

Für diese Bewegung leuchtet es ein, dass sie natürlich auch einiges an Flexibilität benötigt, daher ist gutes, vorausgehendes Warm-up mit ausgiebigem Dehnen der gesamten Bein- und Hüftmuskulatur essenziell.

6.2.4 Allgemeine Zielsetzung nach 10 Stunden

Der Schüler soll in das Arbeiten mit Grundlagen des Bboyings eingeführt werden. Es soll der Grundstein für das selbstständige Arbeiten innerhalb der Unterrichtsstruktur gesetzt sein. Körperlich sollte der Schüler einen Begriff davon haben, dreidimensional mit komplizierten Schritt- und Bewegungskombinationen am Boden zu arbeiten. Tänzerisch sollte die Merkfähigkeit längerer Bewegungsabläufe und deren Namen so etabliert sein, dass die Fähigkeit geschaffen ist, selbstständig ein eigenes Training nach Aufforderung des Lehrers an- und umsetzen zu können.

PÄDAGOGISCHE HANDHABUNG

6.2.5 Prüfungen der Motivation und des Entwicklungsstadiums

Ein ganz wichtiger Teil der ersten 10 Stunden eines Schülers ist seine pädagogische Betreuung durch den Lehrer. Wenn man seinen Unterricht mit selbstständigem Training gestalten möchte, wird man automatisch eine Mentorbeziehung zu jedem einzelnen Schüler aufbauen. Dieses Kapitel eröffnet das Spielfeld einer guten Lehrer-Schüler-Beziehung.

Wenn ein Schüler im Unterricht erscheint, hat er die schlimmste Hürde schon genommen. Er hat sich aufgemacht, um zum Training zu kommen. Weg von anderen, vielleicht viel bequemeren oder scheinbar interessanteren Dingen. Jetzt ist es die Aufgabe des Lehrers oder Trainers, diesen Motivationsschwung weiterzutreiben. Aber wie in Kap. 7.4 beschrieben, reicht die Motivation von außen meist nicht aus.

Jeder Mensch durchläuft auch bestimmte körperliche, geistige und emotionale Entwicklungsstadien im Laufe seines Lebens. Diese Entwicklungsstadien sind oft einer bestimmten Altersklasse zuzuordnen. Dennoch kommt es auch vor, dass man im Laufe der Zeit merkt, dass einige Schüler bestimmte Stadien wohl scheinbar noch nicht durchlaufen haben. Hier muss man dann gezielt daran arbeiten, das nachzuholen und die richtigen Impulse dafür zugeben.

Es stellt sich dann als Erstes die Frage: Wie bekomme ich heraus, welcher Schüler mit wie viel Motivation den Unterricht besucht und in welchem Entwicklungsstadium er sich geistig und körperlich befindet?

Diese Frage hat mich über Jahre hinweg beschäftigt und ich habe viel beobachtet und ausprobiert. Das Ergebnis dieser Experimente war die Erkenntnis, dass das Rad nicht mehr neu erfunden werden musste. Die Lösung und der pädagogische Leitfaden hierzu ist eine der traditionellsten, pragmatischsten und einfachsten Methoden überhaupt:

Unbekümmertes Training für den Schüler und geduldiges Beobachten für den Lehrer!

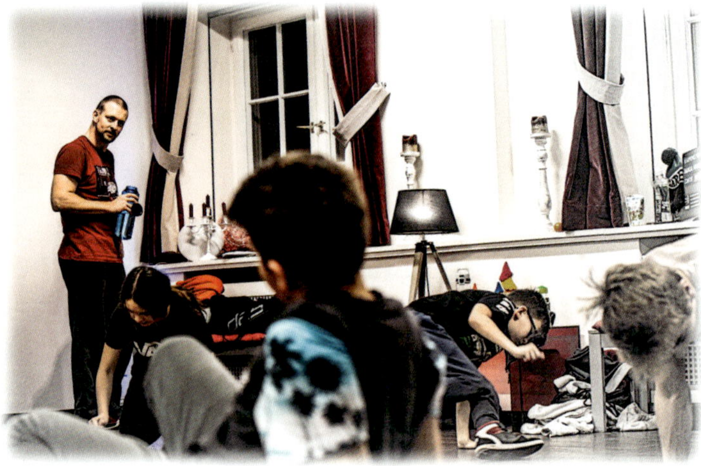

Was bedeutet das und wie funktioniert das?

SCHRITT 1

Der Lehrer gibt dem Schüler kaum zusätzliche Informationen und Hilfestellungen zum grob strukturierten Lern- und Trainingsstoff und schenkt dem Schüler eingangs kaum spürbare Aufmerksamkeit! Das ist ein bisschen so wie bei einem Kung-Fu-Master, der aus der Distanz, weit weg von der Gruppe, seine Instruktionen gibt.

Warum ist das gut?

Eingangs ist jeder Schüler von all dem Neuen und Unbekannten sehr gefordert, wenn nicht sogar überfordert. Man vermeidet einen überdimensionierten Informationsfluss. Zum einen findet man damit schnell heraus, wie aufmerksamkeitsbedürftig ein Schüler ist. Denn der Schüler wird die Aufmerksamkeit ganz offensichtlich einfordern, wenn er sie nicht bekommt. Zum anderen kann man auch beobachten, wenn sich Schüler zurückziehen oder durch andersartiges Verhalten das Bedürfnis nach Unterstützung unbewusst anzeigen.

Wie geht das weiter?

SCHRITT 2

Wenn der Schüler mit dem Stoff schnell klarkommt, wird man das auch sofort sehen und kann den Informationsfluss in seine Richtung sogleich erhöhen, bis die erste Hürde erreicht ist. Und diese Hürde wird sehr bald kommen. Sollte der Schüler mit den einfach gestrickten Informationen schon zurechtkommen, sagt das schon viel über seine Entwicklung und Motivation aus. Bei großen Schwierigkeiten muss man „downsizen", sprich, noch kleinere und einfachere Teile der Übung herausnehmen, als Vorübung beibringen und zum selbstständigen Training aufgeben.

SCHRITT 3

Den Schüler alleine lassen! Das bedeutet, den Schüler mit seinem selbstständigen Training im Raum zu verlassen, um sich um andere Schüler zu kümmern. Hier gilt, dass man hierbei aber mit seiner Beobachtung nicht abbricht, sondern unbemerkt mit der Aufmerksamkeit immer wieder beim Schüler ist, um zu sehen, wie der Schüler weiter agiert. Für diese Situation gibt es nun zwei gegenläufige Reaktionsmuster und mehrere Empfehlungen, wie damit umgegangen werden kann:

Reaktionsmuster

Möglichkeit A)

Der Schüler bleibt konzentriert, strengt sich an und versucht, selbstständig die Aufgabe zu meistern.

Reaktion des Lehrers
Sobald die Übung sichtbar gemeistert ist und man beobachten kann, dass der Schüler selbstständig versucht, Verbesserungen umzusetzen, kann man mit ihm zur nächsten Trainingsübung weitergehen.

Möglichkeit B)

Der Schüler verweilt nachdenklich oder gar gescheitert in verschiedenen Positionen und ein Weiterkommen steht infrage. Oder er wird abgelenkt, macht nur halbherzig weiter, ohne wirklich ernsthaft bei der Sache zu bleiben oder stoppt das selbstständige Training gänzlich.

Reaktion des Lehrers
Erst einmal abwarten, ob er nochmals selbstständig nachsetzt. Wenn nicht, dann ihn aus der Ferne auffordern, weiterzuarbeiten. Wenn der Schüler hierbei allerdings fragend oder verzweifelt aussieht, muss man direkt hingehen und mit ihm sprechen. Man merkt schnell, ob er „keinen Bock" hat, ob er die Übung nicht verstanden hat oder ob die Übung einfach zu schwer ist.

In allen drei Fällen kann man erst einmal nochmals genauso unterrichten, als hätte die Unterrichts- und Übungszeit zuvor nie stattgefunden. Damit wird man die geistige, emotionale oder körperliche Reaktion noch einmal speziell herausfordern. Dies führt dann zu drei verschiedenen Arbeitsfeldern, die alle einzeln oder auch gleichzeitig auftreten können:

a) Emotion = Motivation: Im Fall, dass man bemerkt, dass der Schüler eindeutig „keinen Bock" hat, muss man ihm erklären, dass dies die ersten Übungen sind und wenn er diese nicht machen möchte, dann wird es auch nichts mit den atemberaubenden Powermoves. Ebenso gibt es in Kap. 7 eine Anleitung speziell dazu, wie Motivation unterstützt werden kann.

b) Verständnis = Lerntyp: Im Fall, dass der Schüler es noch nicht ganz verstanden hat, kann man nun beginnen, genauer zu erklären, da der Schüler jetzt zusätzliche Informationen und Details braucht, um weiterzukommen. Da es ganz verschiedene Lerntypen gibt, braucht es auch verschiedene Erklärweisen. Ist es hiermit auch nicht zu meistern, muss man die Übung selbst vereinfachen.

c) Geistige oder körperliche Entwicklung = Downsizing: Im Fall, dass die Übung ganz offensichtlich zu schwer ist – ob körperlich oder vom Verständnis her –, muss man downsizen, die Übung vereinfachen oder sogar in Einzelteile portionieren und einzeln durchgehen. Gerade, wenn körperlich zu wenig Flexibilität oder Kraft vorhanden ist, muss der Schüler auch zu Hause nacharbeiten. Kraftaufbau und das Expandieren von Flexibilität ist in so einem großen Ausmaß in einer Stunde pro Woche nicht realistisch umzusetzen.

Es spielt keine Rolle, welche Reaktionen kommen, so kann man seine Pädagogik in jeder Phase des selbstständigen Trainings eines Schülers grob durchführen.

DIDAKTISCHE VORGABE

Um nun aus diesen Erkenntnissen ein Ergebnis zu ziehen, habe ich eine persönliche Regel entworfen:

Jeder Schüler durchläuft folgende Übungsphasen und muss diese gut genug meistern, bevor es für ihn dann in die Richtung gehen darf, die er sich selbst wünscht:

1. Top-Rocks und Indian-Step
2. Six-Step-Go-Down und Basic-Go-Down
3. Six-Step – beide Richtungen
4. Five-Step – beide Richtungen
5. Four-Step – beide Richtungen
6. Three-Step – beide Richtungen
7. Two-Step – beide Richtungen
8. Backspin
9. Handstand
10. Kopfstand

Während des Lernens und Arbeitens in dieser Basic-Übungs-Phase hat man als Lehrer genügend Chancen und Möglichkeiten, den Schüler kennenzulernen, mit ihm zu sprechen und zu sehen, wie er emotional, mental und körperlich aufgestellt ist. Man kann beobachten, wie der Schüler lernt, welcher Lerntyp er ist und wie viel Eigenmotivation er selbst entwickeln kann.

Im gleichen Zuge gibt man den Schülern die Freiheit, die allgemeine Funktion des Unterrichts und die anderen Schüler kennenzulernen. Man gibt ihnen die Chance, ihre Motivation selbst zu finden und die Zeit, sich an die neuen körperlichen Belastungen und geistigen Anforderungen anzupassen.

6.3 DAS FOLGENDE JAHR

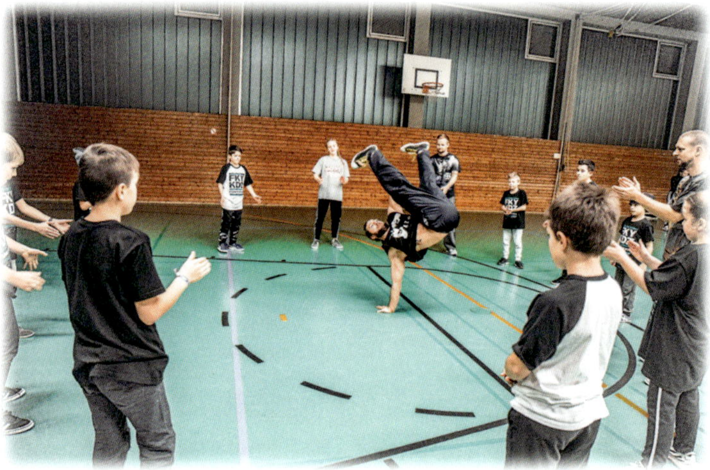

Ab jetzt kann mir an dieser Stelle im Buch nur noch folgen, wer sich in der Tiefe mit Bboying/Bgirling auskennt und auch die Namen kennt. Zu den Namen und deren genauer Bedeutung bzw. den genauen Funktionsweisen, wie der jeweilige Move im Detail funktioniert, gibt es keine „Vorschriften" oder ein Regelwerk. Es sind mündlich überlieferte Begriffe und Bewegungsformen. Dennoch ist es möglich, dass man damit weltweit auf exakt dieselben Moves oder zumindest ein sehr ähnliches Konzept eines Moves stößt.

Als ich 2012 in New York meinen Bboy-Brother Carlos *Ironman360°* Cordova besuchte, hat er mich eingeladen, bei zwei Shows mitzumachen. Bei der ersten habe ich mit seiner „SoulJers"-Crew beim Freestyle-Part mitgemacht. Zur zweiten Show am anderen Ende von Manhatten hatten wir eine ca. 30 Minuten lange Autofahrt.

Während dieser Fahrt haben wir beschlossen, gemeinsam eine Routine bei der kommenden Show zu machen. So begannen wir, die Choreografie nur mit einer Aneinanderreihung der Begriffe zu gestalten. Hier und da mussten wir klären, ob wir beide das Gleiche meinen, aber ansonsten war das ein sehr kreatives Miteinander. Vor Ort dann angekommen, hatten wir noch 10 Minuten, um uns aufzuwärmen und die besprochene Zusammenstellung auch körperlich-tänzerisch zweimal durchzuspielen. Nach drei Minuten Warm-up und zwei Probedurchläufen à drei Minuten standen wir also auf der Bühne und haben zu zweit die Show gerockt.

Carlos war so begeistert, dass er das am nächsten Tag beim Training seinen Jungs zeigen musste, dass wir nur durch die Namen und Miteinandersprechen eine komplette Show vorbereiten konnten. Es ist also nicht selbstverständlich, dass jeder alle Namen kennt, das Gleiche darunter versteht und umsetzen kann. Dennoch, wer Breaken unterrichten möchte, sollte Bezeichnungen für die Bewegungen haben, die er unterrichtet, sonst wird es für den Schüler ein heilloses Durcheinander von Bewegungen.

DIDAKTISCHE EMPFEHLUNGEN

Die nun folgende Aufzählung ist ein gutes Handwerkszeug, um eine Schülergruppe für ein ganzes Jahr mit Bboy-Unterricht zu beschäftigen:

6.3.1 Top-Rock-Grundlagen

1. Indian-Steps
2. Top-Rocks
3. Salsa-Rocks

6.3.2 Go-Down-Grundlagen

4. Six Step-Go-Down
5. Basic-Go-Down
6. Sweep-Go-Down
7. Zulu-Spin-Go-Down
8. Corcscrew-Go-Down

6.3.3 Footwork-Grundlagen (in beide Richtungen zu erarbeiten)

9. Six-Step
10. Five-Step
11. Four-Step
12. Three-Step
13. Two-Step
14. Twelve-Step

6.3.4 Styles-Grundlagen

15. Skizzors
16. CC-Styles
17. Kick-outs
18. Rodeo
19. Threads
20. Monkey-Swings

6.3.5 Powermove-Grundlagen

21. Rückwärtsrolle
22. Backspin
23. Coffee-Mill
24. Knee-Spin
25. Baby-Swipe

6.3.6 Freeze-Grundlagen

26. Handstand
27. Kopfstand
28. Shoulder-Freeze
29. Ellbow-Freeze
30. Baby-Freeze
31. Chair-Freeze
32. Turtle-Stance

Ich bin mir ganz sicher, dass es einige Breaker geben wird, die hier Einwände haben und noch Ergänzungen oder Streichungen machen würden. Und diese werden ihre eigenen Erfahrungen gemacht haben. Diese Liste beruht auf über 20 Jahren Unterrichtserfahrung mit tausenden Schülern, von denen heute sogar einige vom Breaken leben können. Mit Sicherheit gibt es viele Variationen, wie man Schüler voranbringen kann, dies ist meine. Generell gilt, dass es nicht der Erfolg des Lehrers ist, ob ein Schüler zum Tänzer wird. Es ist das Ergebnis aus dem Zusammenspiel von Eigenmotivation, Disziplin, Gesundheit, Fleiß *und* den richtigen Trainingsimpulsen des Lehrers.

Natürlich kann man auch all diese Moves in den ersten 10 Stunden beginnen. Dies kann für manche Schüler sinnvoll sein, um deren Vorlieben und Talente herauszufinden. Jedoch ist jedem klar, dass es sich lediglich um den Ansatz der ersten

Bewegung handelt und keinesfalls um eine zielgerichtete Übungsmethode, um den fertigen Move zur Vollendung zu bringen. Genauso ist es möglich, den Ansatz aller nicht genannten Powermoves und Freezes ins Training zu integrieren. Allerdings muss man dann gefasst darauf sein, dass die Verletzungsgefahr für den Schüler stark erhöht wird, solange die Kraft und Routine durch die Footworks noch nicht gegeben ist.

6.4 PRINZIPIEN DES BREAKINGS FÜR DIDAKTISCH SINNVOLLES UNTERRICHTEN

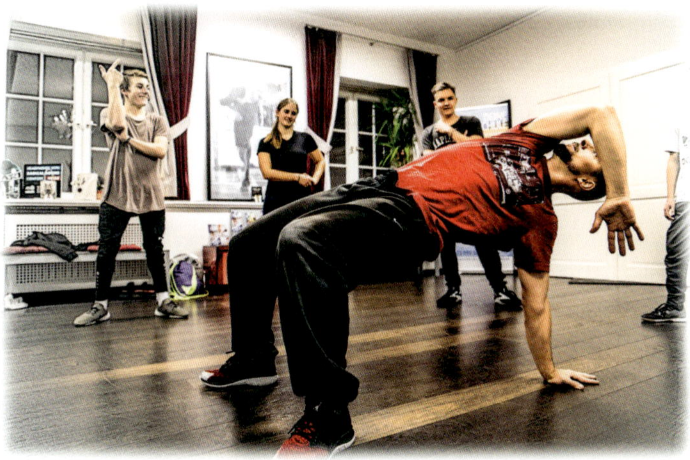

Um den Unterricht nun für den Schüler sinnvoll weitergestalten zu können, muss man sich die Top-Rocks, Footworks, Powermoves und Freezes allgemein ansehen und versuchen, die Bewegungsprinzipien hinter der Bewegung herauszufiltern. Wir sprechen hier nicht von Style und Philosophie, sondern von festgelegten Regelwerken aus der Physik, Anatomie und Medizin. Schwung, Balance, Hebelkraft und Zentrifugalkräfte sowie Muskeln, Sehnen und Gelenke bestimmen den weiteren Verlauf des Übens, ob das dem Schüler oder gar dem Lehrer nun passt oder nicht.

Prinzipien des Bewegens allgemein sind zum Beispiel das Sinken und Aufsteigen oder das Ausbreiten und Einsammeln (Reach und Collect). Die vertieften Prinzipien hinter komplexen Break-Bewegungen sind noch viel ausdifferenzierter. Somit kümmere ich mich hier um eine ungefähre Richtung, einen Wegweiser, was dem Lehrer hilft, eine ungefähre Richtung vorzugeben. Dadurch unterstützt man den Schüler dabei, die richtigen Fähigkeiten sinnvoll und Schritt für Schritt zu erlangen. Ich verwende hierbei Begriffe, die für die Bewegungen in der Szene üblich sind.

6.4.1 Prinzipien und ihre Zielsetzung im Zusammenhang

Dieses Kapitel ist ein Reihenfolgenvorschlag für die Didaktik im Breaken, also das stufenweise Lernen vom Einfachen zum Schweren, ausgehend von den physikalischen Prinzipien. Es wird es dem Schüler leichter machen, schneller Erfolge verzeichnen zu können und trotzdem schrittweise an die atemberaubenden Techniken heran geführt zu werden. Man kann Schülern das Breaken nämlich auch komplett kaputt machen, wenn man sie durch schlecht aufbereiteten und nicht durchdachten Unterricht ständig an ihre Frustrationsgrenze bringt. Das Breaktraining ist für viele allgemein schon frustrierend genug, da ist es doch von großem Vorteil, den didaktischen Aufbau einer Bewegung einmal unter die Lupe zu nehmen.

Es beginnt allgemein mit einer Basisbewegung, die man als Erstes erarbeiten muss. Um die Basisbewegung zu erarbeiten, braucht es eventuell erst einmal die Anwendung von Vorübungen und das Erarbeiten von grundlegenden Bewegungskompetenzen beim Schüler (s. **Kap. 5**).

Was nach dem Beherrschen der Basisbewegung kommt, gleicht dem Aufsteigen auf eine Leiter. Eine Stufe nach der anderen und immer höher hinaus, bis man an seine oder die physikalischen Grenzen gelangt.

Die Reihenfolge ist nach physikalischem Schwierigkeitsgrad gewählt, aber nicht unbedingt als Regelwerk, sondern als von mir erarbeiteter Vorschlag zu verstehen.

6.4.1.1 Erweitertes Six-Step-Prinzip

Basis: Basic-Six-Step (wie in **Kap. 5.4** beschrieben).

➜ **Footwork beim Six-Step:** In der Hocke so ausbauen, dass nur noch die Fußballen verwendet werden. Die Fersen berühren den Boden nicht mehr und werden nur noch als mögliche Sitzfläche verwendet. Die Knie sind bei Schritt 3 horizontal nach vorne ausgerichtet.

➜ **Atomic-Style-Six-Step:** Bei einer Runde dreht sich der Körper insgesamt um 180°.

➜ **Legwork beim Six-Step:** Der Körper bleibt die ganze Zeit über in der Richtung ausgerichtet, in der man beginnt. Man läuft den Six-Step in großen Schritten um die Hände herum, mit den Füßen immer weit von den Händen entfernt. Die Hüfte ist immer hoch aufgerichtet.

➜ Six-Step im Stehen und im Liegen und alle Übergänge von oben nach unten oder von unten nach oben.

➜ Weitere Versionen sind: Travel-Six-Step, Figure-8-Six-Step, Yin-und-Yang-Six-Step.

Von dort aus geht es natürlich weiter, dennoch ist dieser Ablauf eine hervorragende tänzerische Koordinationsübung. Dies ist auch mit dem Lernen von verschiedenen Herangehensweisen zu entwickeln und in Verbindung zu bringen (s. **Kap. 3.4** und **3.5**) und ist sehr hilfreich, um das Verständnis der Funktionsweisen im Breaken aufzubauen.

6.4.1.2 Footwork-Prinzipien

Basis: Six-Step, dann: Five-Step ➜ Four-Step ➜ Three-Step ➜ Two-Step.

Dies ist ein wichtiges Training, um Koordination, Kraft und Ausdauer am Boden zu trainieren.

➜ Nun ist es leicht möglich, die Grundlagen mit Styles, wie z. B. mit verschiedenen Formen von C.C.-Style, Kick-out, Shuffle, Zulu-Spin, Twelve-Step, Eight-Step, Threads etc., zu erweitern.

Durch diese Styles und Schritte kann man nun auch in den Go-Downs Erweiterungen schaffen, da viele dieser Grundlagenschritte aus dem Stand nach unten und oben entwickelbar sind. Es gelten die gleichen Wirkungsweisen, wie beim erweiterten Six-Step-Prinzip zuvor.

6.4.1.3 Freeze-Prinzip (Balance und Stütze)

Basis: Shoulder-Freezes ➜ Ellbow-Freezes ➜ One-Hand-Ellbow-Freeze (bis hin zum Ellbow-Spin).
Basis: Handstand ➜ Handstand-Freezes ➜ Rad ➜ One-Hand-Freezes ➜ Air-Moves.
Basis: Baby-Freezes ➜ Chair-Freezes ➜ Air-Chair (auch Stütze für Halo oder Tracks).

6.4.1.4 Prinzipien für Schwünge in den Footworks

Basis: Coffee-Mill (verschiedene Richtungen) ➜ Monkey-Swings ➜ Brezel-Styles.

Basis: Knee-Spin ➜ Rodeos.

6.4.1.5 Swipe-Prinzip

Basis: Three-Step ➜ Two-Step ➜ Swipe (zweibeinig), dann mit einem Bein.

6.4.1.6 Turtle-Prinzip

Basis: Turtle-Stand (beidhändig – einhändig) ➜ Handglide & Turtle ➜ Jackhammer.

6.4.1.7 Windmill-Prinzip

Basis: Backspin ➜ Shoulder-Freeze (aus der Rückwärtsrolle) ➜ Turtle-Stand ➜ **Baby-Freeze** ➜ Coin-Drop (auch aus dem Kopfstand) ➜ Windmill (zuerst mit Händen, dann ohne).

Es gibt nicht den EINEN Zugang zur Windmill-Bewegung. Daher sind alle Schritte untereinander austauschbar. Dennoch, ohne Backspin geht es sicher nicht. Dafür spricht auch, dass die Windmill früher *Continues-Backspin* genannt wurde.

6.4.1.8 Headspin-Prinzip

Ich persönlich lasse niemanden im Unterricht einfach so Headspin trainieren, da die Verletzungsgefahr für die Halswirbelsäule zu hoch ist. Ich möchte den Eltern nicht irgendwann erklären müssen, warum ihr Kind querschnittsgelähmt ist. Viel sinnvoller ist es da, im Kopfstand erst einmal verschiedenste Übungen durchzuführen, die ohne Umfallen gemeistert werden müssen. So was wie den *Headspinführerschein* (s. **Kap. 6.2.2.6**). Damit ist sichergestellt, dass der Schüler seine Hals- und Schultermuskeln gestärkt hat und den Punkt am Kopf gefunden hat, auf dem er später dann wirklich drehen kann.

An einigen Beispielen ist deutlich zu sehen, dass sich der Schwierigkeitsgrad mit jeder Stufe steigert. Dies entspricht den Regeln der Didaktik. Ob man sich hierüber schon einmal Gedanken gemacht hat oder nicht. Ob man anderer Meinung ist oder nicht. Ob man das für zu verkopft hält oder meiner Meinung ist. Gültig und Beleg für diese Theorien, die Didaktik des Unterrichts und der Unterrichtsprojekte nach der genannten Systematik aufzubauen, ist keine theoretische Idee vom Reißbrett.

Es ist das Ergebnis jahrzehntelanger Beobachtung und Reflexionen mit Anfängern, die länger bei mir im Unterricht waren und Breaken wirklich durchgezogen und ernsthaft betrieben haben und meist heute noch betreiben. Die Zeit, die es braucht, um etwas zu lernen, kann hierdurch in Abhängigkeit von der individuellen Lerngeschwindigkeit der Schüler aktiv verkürzt werden.

6.4.2 Takt und Rhythmuslehre

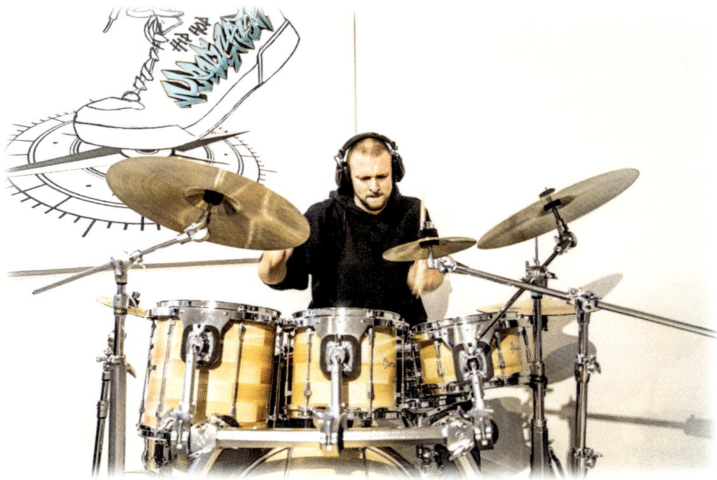

Im Bboying gehört es zu den Königsdisziplinen, seinen Tanz wirklich sauber auf den Takt und die Musik auszurichten. Daher ist es auch nicht von sehr großer Bedeutung, gleich zu Beginn den Schüler in Rhythmik und Musikalität einzuführen. Dennoch sollte man die Grundlagen nennen, um den Anreiz zu geben, von Anfang an zu versuchen, auf die Musik zu hören und sobald wie möglich damit zu arbeiten. Ebenso ist es eine Methode, wie man den Schüler dazu bringt, eine Bewegung öfter zu trainieren, als er Lust hat, wenn er versuchen soll, das Gelernte an die Musik oder an den Rhythmus anzupassen.

6.4.2.1 Rhythmik allgemein

- Im HipHop und Funk wird hauptsächlich der Viervierteltakt verwendet.
- Ein Takt hat im Tanz acht Zähler, also zweimal der Viervierteltakt.
- Beim Breaking wird immer der zweite Schlag der Musik betont, also die „Zwei", „Vier", „Sechs" und „Acht" im Takt. Also meistens der Moment, wenn in der Musik die Snare geschlagen wird.
- Das ist auch der Moment, in welchem man klatscht, wenn man im Circle steht.

6.4.2.2 Der Breakbeat

- Ein *Breakbeat* baut sich meist durch vier Elemente auf: das gesprochene „Bumm-Bumm-Zack-Pause".
  - Das „Bumm" steht für die Base-Drum auf die „Eins" im Takt.
  - Das „Zack" steht für die Snare-Drum auf die „Zwei" im Takt.
  - Die „Pause" steht für den Break im Beat und steht für die Unterbrechung des Rhythmuslaufs.
- Gezählt wird: „Eins" „und" „Zwei" – „Pause", „Drei" „und" „Vier" – „Pause", „Fünf" „und" „Sechs" – „Pause" usw.

6.4.2.3 Tanz zum Beat

Im Top-Rock wird meist der größte oder deutlichste Schritt auf die „Zwei" (Snare-Drum) ausgeführt (s. **Kap. 6.2.3.1**).

Beim Six-Step – sollte man sauber auf den Takt arbeiten wollen – werden die ersten drei Schritte auf die „Eins, und, Zwei" ausgeführt, dann in der „Pause" kurz pausiert („Break"), dann werden die folgenden drei Schritte auf die Zähler „Drei, und, Vier" mit einem anschließenden kurzen Stopp auf die „Pause" gemacht. So kann man das im Unterricht für die Umsetzung der Rhythmik sowohl im Top-Rock als auch im Six-Step unterrichten und ausprobieren lassen. Daran kann man dann auch ein bisschen verständlich machen, warum das „B" von „Bboying" unter anderem für den „Break" in der Musik als auch in der Bewegung verwendet wird.

Weiter würde ich dieses Thema im ersten Jahr nicht vertiefen, da der Schüler erst einmal 95 % seines Trainings damit verbringt, seinen Körper unter Kontrolle zu bringen. Das Ganze dann noch passend auf den Beat abzustimmen, würde schlichtweg zur Überforderung führen.

6.5 WORKOUT

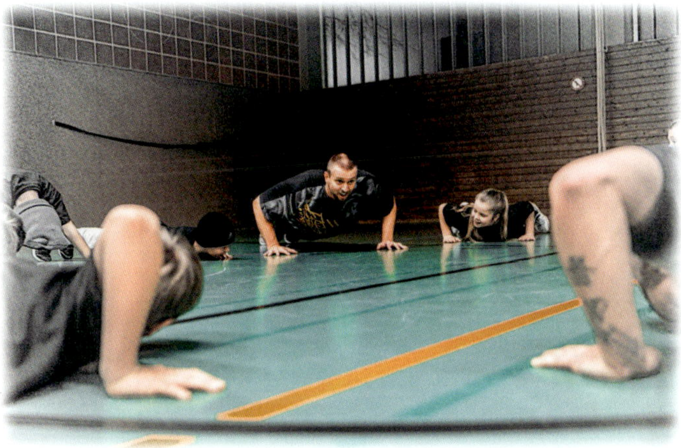

Das Workout eines Breakers wird im Laufe der Zeit immer umfangreicher, komplexer und anstrengender. Ich denke, die Fülle an Übungen kann weit mehr als ein ganzes Buch füllen, da Breaken sowieso den gesamten Körper bis ins kleinste Detail fordert und beansprucht. Deswegen empfehle ich generell unterstützendes Training. Wenn man sein Training langfristig auf ein höheres Level bringen möchte, ist es empfehlenswert, zusätzliches Kraft- und Ausdauertraining anzusetzen. Ich werde hier die wichtigsten Gelenke, Muskelgruppen und Muskelkombinationen ansprechen, die zusätzlich zum Tanztraining vorbereitet und trainiert werden sollten.

PRAKTISCHE ARBEITSAUFGABEN

6.5.1 Schulter-Brust-Trizeps-Partie

Da die Arme beim Bboying die „neuen Beine" werden, muss die Stütz-, Halte- und Presskraft in den Armen extrem gut ausgebildet und trotzdem sehr flexibel sein. Dies ist nur eine kleine Auswahl an Liegestützvarianten, die allerdings die wichtigsten Muskelgruppen ansprechen. Jede Übung kann man auch in verschiedenen Tiefen halten, langsam oder schnell drücken, sich abstoßen und dadurch springen. Ebenso kann man die Arme verschiedentlich während der Liegestütze umsetzen. Bei den Shaolin habe ich gelernt, dass man zusätzlich die Fingerkraft und Hebekraft trainieren kann, wenn man die Liegestütze auf Ziegelsteinen macht und diese am Ende jedes Liegestütz hochhebt und versetzt. Also auch hier sind der Fantasie und der Recherche im Internet keine Grenzen gesetzt.

Enge Liegestütze

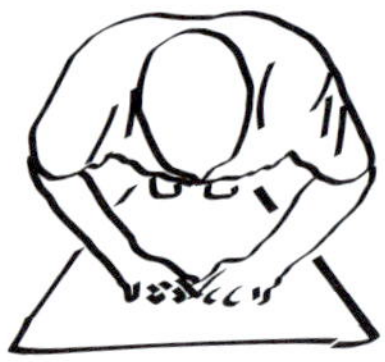

Weite Liegestütze

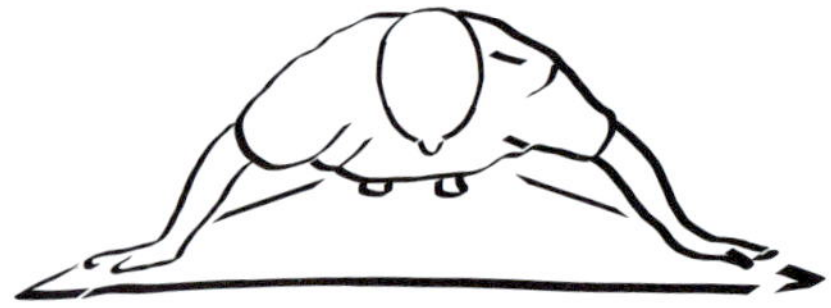

Lange Liegestütze (Seemannsliegestütze)

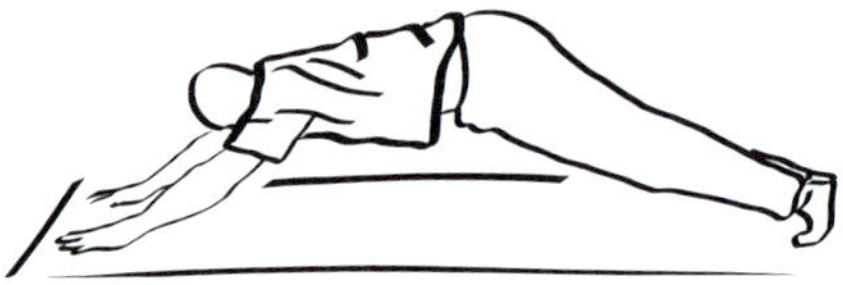

Tiefe, die Arme an den Hüften angelegte Liegestütze

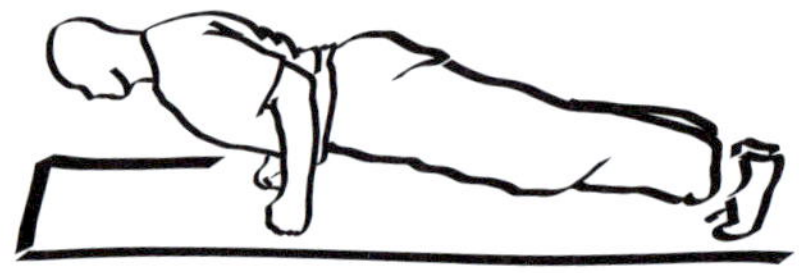

Alle genannten Positionen der Hände, von unten gesehen, nochmals schematisch dargestellt:

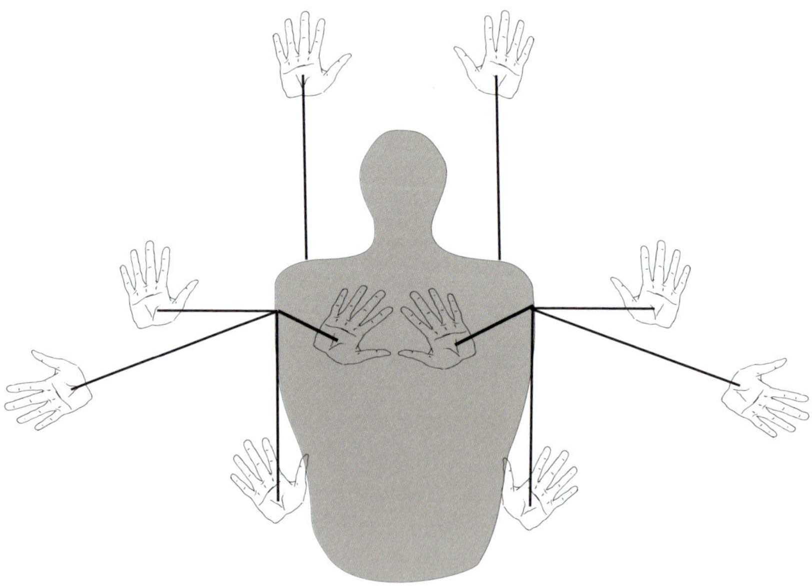

6.5.2 Schulterblätter, Trapezmuskel und Latissimus

Die Rückseite der Schultern benötigt das gleiche oder sogar noch mehr Training, um der ständigen Belastung der vorderen Stützmuskulatur muskulär entgegenzuwirken. Damit beugt man Haltungsschäden durch unausgeglichene Muskelausprägung vor und unterstützt allgemein seine Stützkraft. Ebenso ist damit eine dreidimensionale Schulterkraft gewährleistet. Andererseits trainiert man hier auch die Stützmuskulatur für den Flair, den wohl kraftaufwendigsten Powermove des gesamten Tanzstils. Klimmzüge und Back-ups (Rumpfheben) sollte man unbedingt trainieren. Als Muskelkoordinationstraining hier noch eine Erweiterung des genannten und üblichen Rückentrainings:

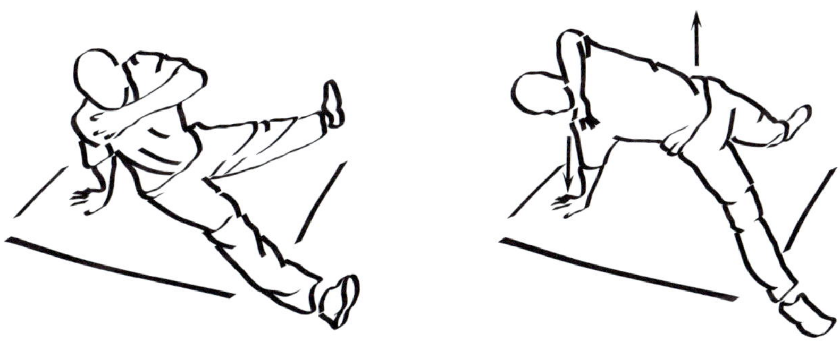

Diese Übung sollte man natürlich auch auf der anderen Seite ausführen.

6.5.3 Bauch-, Rumpf- und Hüftbeugemuskulatur

Um für jegliche Hüftbewegungen, Schwünge und Verwindungen im Rumpfbereich vorbereitet zu sein, sollte man die gesamte dreidimensionale Rumpf-, Rücken-, und quer verlaufende Bauchmuskulatur intensiv trainieren. So wird man mit der Zeit einen stabilen Rumpf bekommen, welcher vielseitig und koordinativ Schwung, Fluss, Flow, Kraft und Bewegungen übertragen und umsetzen kann.

Die Hüftbeuger-, Oberschenkel- und Kniestreckerverbindung (besonders M. obliquus externus) muss ebenso beachtet werden, da man im Bboying viel Gewicht mit den Armen und Händen hält. Dadurch entsteht die Möglichkeit, viel Schwung aus den Beinen zu bekommen. Um diesen Schwung auch in den gesamten Körper übertragen zu können, müssen die Oberschenkelansätze über die Hüftbeugemuskeln bis zu den Bauchmuskeln gut ausgebildet und auch flexibel sein.

Wichtig ist dabei, im Training den Rücken nicht ins Hohlkreuz fallen zu lassen und dadurch zu stützen, dass man den Bauchnabel ständig versucht, an die Wirbelsäule zu ziehen. Um bei Powermoves die Knie gut gestreckt halten zu können, ist eine Erweiterung der Übungen auch für die Oberschenkelmuskulatur von Vorteil.

Die gezeigte Übung zielt darauf ab, dass die Oberschenkel in geöffneter Haltung mit dem Becken eine Einheit bilden. Die Knie bleiben durchgehend gestreckt. Die Hüftbeuger halten und stabilisieren diese Position. Das Becken wird dann jeweils nach rechts und links rotiert, sodass die seitliche und diagonal verlaufende Muskulatur des Bauchs und Rumpfs das gesamte Becken über die Seiten hochzieht.

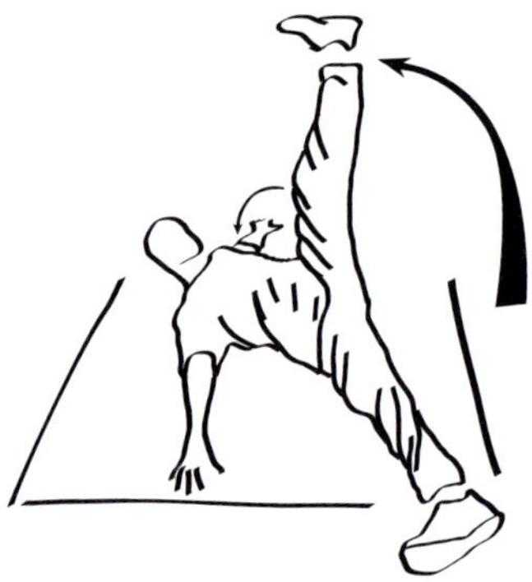

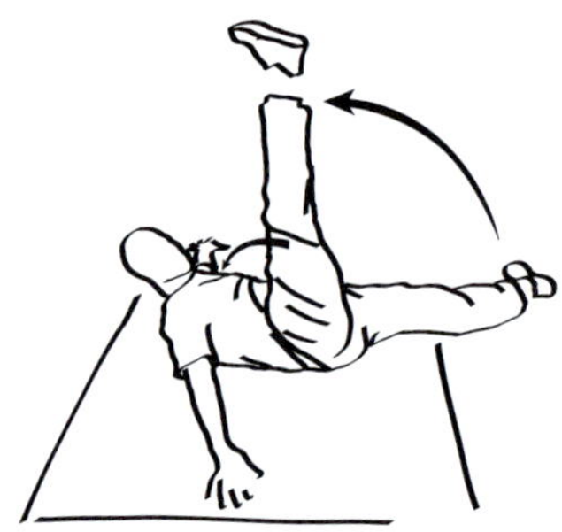

Man kann dabei beobachten, dass die Füße eine kreisende Bewegung vollziehen, die als Mittelpunkt die Wirbelsäule hat. Es ist wichtig, hierbei nicht mit den Beinen zu arbeiten und diese nicht zu scheren, sondern rein mit der Bauchmuskulatur das Becken zu bewegen. Die gestreckten Beine fungieren hier nur als Gewicht. Dieses rotierende Ziehen ist für alle Powermoves und Schwungübertragungen von den Beinen zum Oberkörper wichtig.

6.5.4 Halsmuskulatur

Mit längerfristigem Training wird der Kopf immer mehr als Stütze, Übertragungswerkzeug oder zum Stand genutzt. Die gesamte Nacken- und Halsmuskulatur sollte dreidimensional auf jegliche Seitbelastungen vorbereitet werden. So kann langwierigen und sehr schmerzhaften Wirbel- und Muskeldispositionen entgegengewirkt werden.

Um die Hals- und Nackenmuskulatur zu trainieren, sollte man sich definitiv von einem Physiotherapeuten unterweisen lassen. Die Übungen müssen mit Rücksicht auf die sehr sensible Wirbelstruktur richtig ausgeführt werden. Die Belastungen des Trainings sollten in einem gesunden Maß erhöht werden, um mögliche Verletzungen und Langzeitschäden zu vermeiden. Daher empfehle ich hier auch keine Übung, sondern schlage vor, diese Muskulatur unter Aufsicht eines Spezialisten zu trainieren.

6.5.5 Handgelenke und Finger

Die Stabilisierung der Handgelenke und Finger ist unabdingbar, wenn man sich mit den Armen am Boden abstützen möchte. Je mehr man dann zu Powermoves und Air-Moves übergeht, wird das Handgelenk zum wichtigsten Werkzeug des Körpers. Von dessen Gesundheit und Stabilität hängt am Ende das komplette Training ab. Es gibt hierfür sehr viele Übungen, für die Flexibilität und Beweglichkeit ist allerdings die gezeigte Übung unabdingbar.

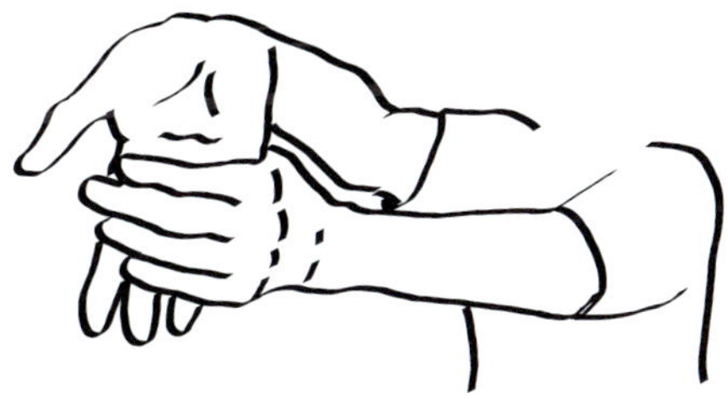

6.5.6 Sprungkrafttraining

Es spielt keine Rolle, welchen Stil des Breakens man wählt, eine gut vorbereitete Sprungkraft in Beinen und Fußgelenken ist sehr hilfreich, um sich allgemein beim Training leichter zu fühlen, mehr Fluss in die Bewegung zu bekommen und zu guter Letzt auch sämtliche Sprünge und Saltos zu lernen.

Generell ist zu erwähnen, dass alle trainierten Muskelgruppen auch unbedingt und intensiv gedehnt werden müssen. Verletzungen wie Zerrungen, Muskelfaserrisse oder Sehnenrisse sind unter anderem Folgen von schlechter Vorbereitung und zu kurzem und unvollständigem Warm-up. Allerdings wird man mit der Zeit auch merken, dass eine ausgeprägte ganzkörperliche Flexibilität für einige Moves von grundlegender Bedeutung ist. Um explosive Kraft zu entwickeln, muss zuerst der generelle Muskelaufbau angeregt werden. Für die Oberschenkel dürften Kniebeugen unter anderem auch mit Gewicht bekannt sein. Für die Waden ist die folgende Übung auch mit Gewicht hilfreich:

Wenn die generelle Oberschenkelmuskulatur aufgebaut ist, kann man die Schnellkraftfähigkeiten steigern, indem man mit absoluter Maximalkraft versucht, höher und höher zu springen.

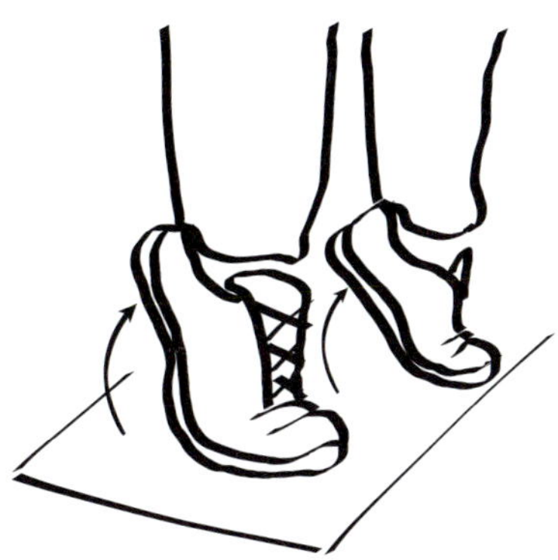

Die Arme werden dafür weit nach hinten geschwungen. Wichtig ist, nicht zu tief in die Hocke zu gehen.

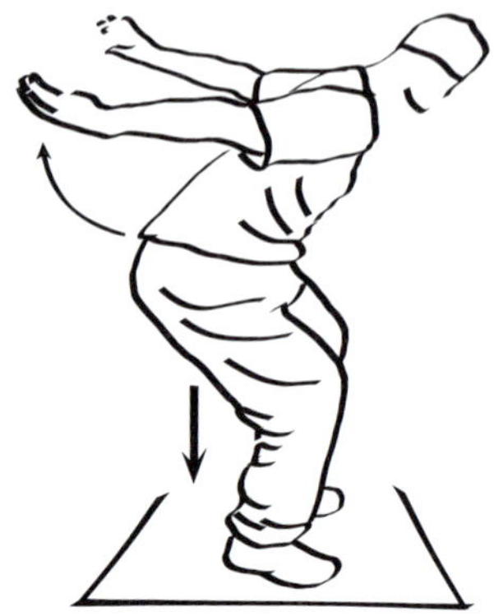

Durch das Aufwärtsschwingen der Arme wird der unterstützende Schwung nach oben initiiert. Die Beine gehen dann mitsamt den Fußgelenken in die volle Streckung.

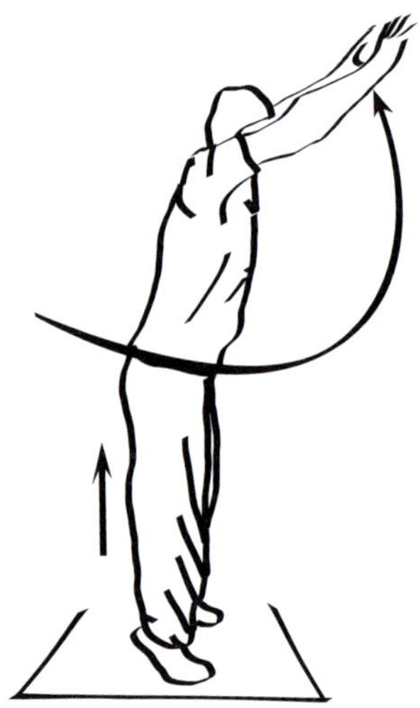

Kurz nachdem man den Boden verlassen hat, stoppt man den Schwung der Arme abrupt und zieht in diesem Moment die Knie so hoch, wie man nur kann.

Wenn man diese Übung intensiv trainiert, wird man sowohl in den Oberschenkeln und Waden als auch in den Schultern, Bauchmuskeln und Hüftbeugern eine Wirkung spüren.

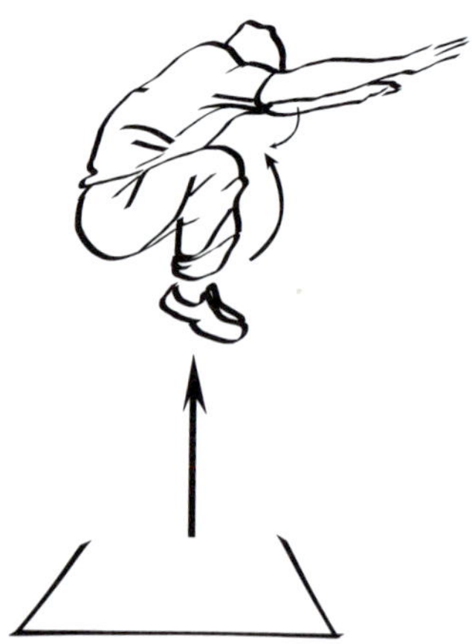

6.5.7 Ausdauersport, wie Laufen, Schwimmen und Radfahren

Für die meisten Breaker, die ich kenne, reicht das Bboy-Training völlig aus, da man Breaken generell hart trainieren muss, sonst kommt man sowieso nicht weiter. Dennoch ist es wirklich sinnvoll, zusätzlich Ausdauersport zu betreiben, um das Herz-Kreislauf-System positiv zu beeinflussen. Als richtiger Breaker kommt irgendwann der Punkt, an dem man in allen Bereichen sehr vieles erarbeitet hat. Wenn hieraus dann schlüssige und vielseitige Sets gebildet werden sollten, stellt man im Training sowieso fest, dass diese Art zu trainieren unheimlich anstrengend wird. Hieran lässt sich erkennen, wie wichtig und förderlich Ausdauertraining ist. Je besser hier die Vorbereitung ist, desto effektiver wird das Set-Training, da man hier dann länger durchhält und länger an den einzelnen Elementen feilen kann.

6.5.8 Get ready for Olympia

Wenn man als Bgirl und Bboy wirklich am kulturellen Leben teilnehmen möchte, kommt die Zeit der Jams und Battles. Zuerst macht man nur mit, um seine Ängste zu überwinden, Erfahrungen zu sammeln und mit Freunden Spaß zu haben. Man wird aber schnell feststellen, dass es auf Battles zwei Sorten von Teilnehmern gibt: diejenigen, die nur zum Spaß mitmachen und diejenigen, die gewinnen wollen.

Über den Typ, der nur zum Spaß mitmacht, braucht man jetzt keine Informationen mehr, die nicht zuvor im Buch schon genannt worden wären. Über diejenigen, die gewinnen möchten, fangen wir aber gerade erst an, nachzudenken. Denn hier geht es jetzt nochmals eine ganze Strecke weiter. Wie weit das geht und wie das funktioniert, steht in Kap. 8.

In diesem Kapitel wollte ich euch eine Idee davon vermitteln, was man in *welcher* Reihenfolge unterrichtet. Über das *Wie* schreibe ich im nächsten Kapitel. Es geht um Vertiefung, Kultivierung, das Weiterkommen und die Motivation.

Weit über die Hälfte des Unterrichts fungiert man als Pädagoge, Motivationscoach und Vorbild. Die Aufgabe, wirklich Lehrer und Trainer zu sein, verbirgt sich beim Breaken nicht nur hinter dem Livestyle und der Coolness, die die Szene mit sich bringt. Sondern auch darin, wie gut die Trainer ihre ganz persönliche Balance zwischen Unterricht, Tanzen und Motivation halten können. Die Erweiterungen sind daher nur vollständig, wenn man die Pädagogik des nächsten Kapitels auf möglichst sinnvolle Weise ebenso gut umsetzen kann wie die Technik.

Die anspruchsvollste Aufgabe dabei ist, den Master-Plan nicht aus den Augen zu verlieren. Es muss jeder Schüler auf seiner ganz eigenen Reise durch die Breakdance-Landschaft begleitet werden. Die didaktischen Ideen und Impulse des vorausgegangenen Kapitels sollen dabei helfen, sich immer wieder selbst überprüfen zu können, den Kurs zu halten, bei Bedarf nachzusteuern und eventuell auch frischen Wind in die Segel zu bekommen.

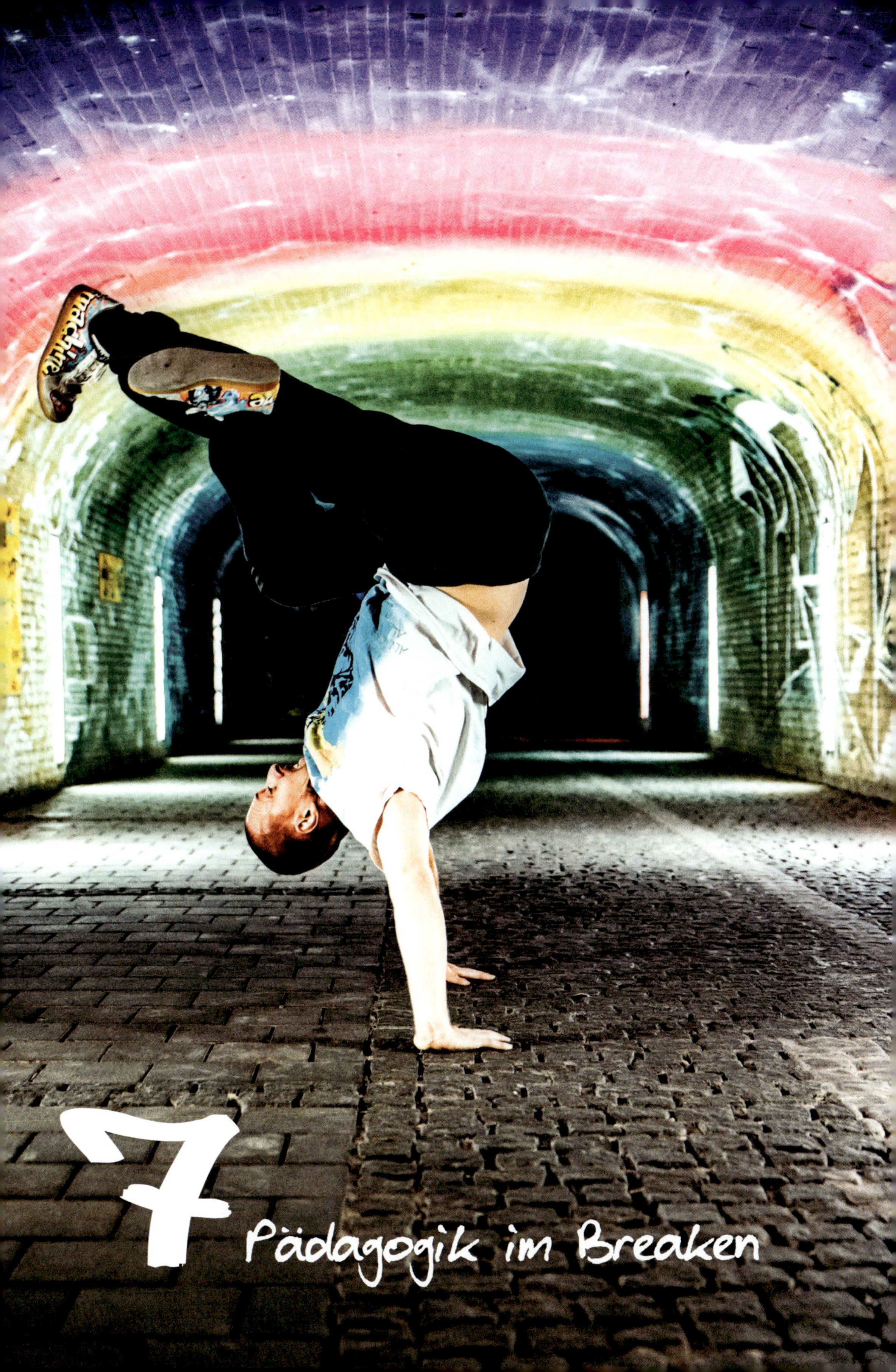

7 Pädagogik im Breaken

7 Pädagogik im Breaken

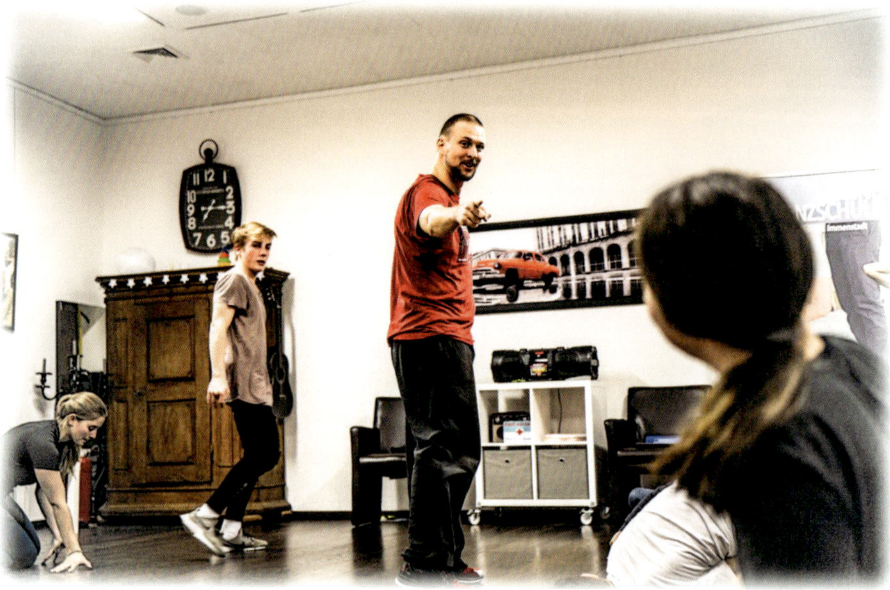

Dieses Kapitel ist dem korrekten Umgang mit Schülern gewidmet, die Angst, Frustration und Unlust empfinden. Es bietet das pädagogische und psychologische Handwerkszeug, um Menschen mit all ihren Emotionen und Problemen, auf ihrem Weg durch das Training des anstrengendsten Tanzes der Welt, beizustehen. Genauso ist es aber auch für Einsteiger und lernende Tänzer eine Goldgrube für den Umgang mit sich selbst und eine Hilfe, um die eigenen Phasen besser zu verstehen und leichter überwinden zu können.

Menschen, die sich Breaken als ihren Tanz ausgesucht haben, suchen oftmals (wie alle Menschen) nach Aufmerksamkeit und Bewunderung. Trotzdem sind sie anfangs oft eher Einzelgänger und Außenseiter auf der Suche nach dem „Anderssein". Sie wollen etwas Besonderes machen und nicht im großen Haufen beim Fußball, Tennis oder, wie in den USA, Baseball oder American Football mitlaufen. Es ist eher eine Suche nach dem Heldentum eines Akrobaten oder Leistungssportlers, gepaart mit der Coolness eines Rappers oder Musikers der bevorzugten Musik.

Ein Bboy/Bgirl trägt coole Klamotten, ist athletisch gebaut, immer gut drauf, darf auch aggressiv sein und wird für leicht überheblich wirkendes Auftreten gefeiert, statt verurteilt. Es kann also durchaus sein, dass sich der neugierige Anfänger nicht nur für die Bewegungsform des Breakdance interessiert, sondern auch einen Anteil am Lifestyle und dem Klischee des Bboys haben möchte. Dies bedeutet, dass man als Trainer und Lehrer auf ganz verschiedene Erwartungshaltungen stößt.

Bei der allgemeinen Betrachtung von Break-Unterricht fällt mir immer wieder auf, dass viele Lehrer davon berichten, dass sie durch die Ungeduld und die Unlust ihrer Schüler schnell genervt und gereizt sind. Man sollte ja annehmen, dass die Schüler alle zum Lernen des Tanzes ins Training kommen. Somit sollten sie auch Durchhaltevermögen für das Üben und Motivation für das Durchhalten mitbringen. Dennoch stellt man schnell fest, dass dem aber oft gar nicht so ist. Das kann an folgenden Punkten liegen:

- die Frustration über das Ausbleiben des schnellen Erfolgs;
- die Angst vor der neuartigen Schmerzerfahrung;
- die Unlust durch das deutliche Bewusstwerden der eigenen Grenzen.

Wenn diese Hürden genommen werden wollen, braucht es Wissen und ein Verständnis für die inneren Vorgänge von sich selbst und anderen.

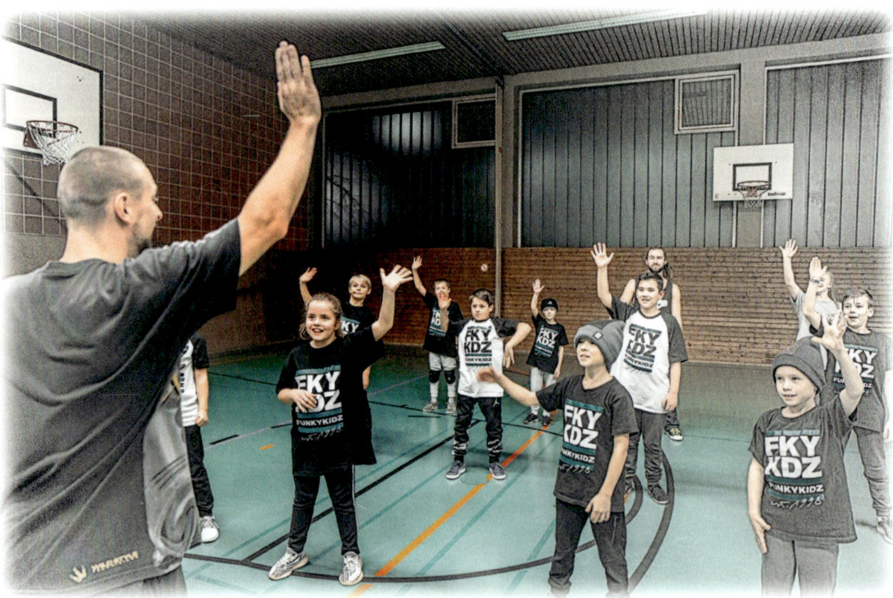

7.1 ANDERE GRÜNDE, WARUM BBOYING?

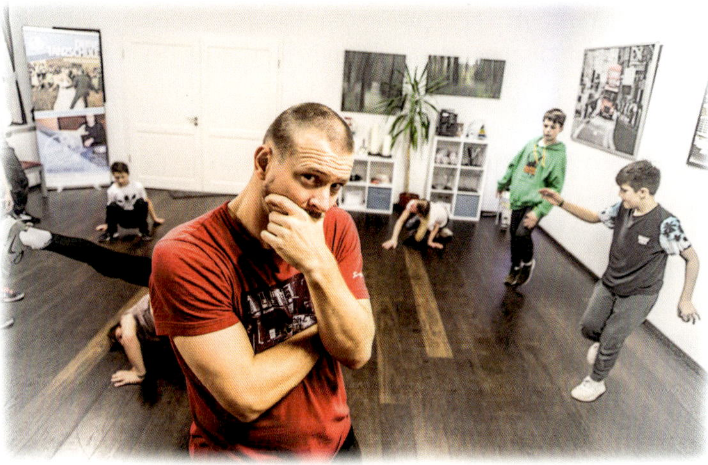

Es kann aber auch sein, dass die Trainingsmoral gar nicht von Frustration, Angst oder Unlust eingeschränkt ist. Es können auch ganz andere Gesichtspunkte sein, warum manche Schüler im Unterricht erscheinen. Und ich spreche wirklich nur vom „Erscheinen" und „Anwesendsein".

Trainieren tun sie aber nicht wirklich oder nur, damit es den Anschein hat. Es gibt Schüler, die sehen nur so aus, als hätten sie Angst oder sie erwecken den Anschein, als wären sie frustriert. Und wenn man sie befragt, kann man feststellen, dass sie es aber gar nicht sind. Auch kommt es vor, dass das Verhalten mancher Schüler gar nichts mit dem eigentlichen Trainingsziel zu tun hat.

- Was steckt also dahinter?
- Was ist es, warum diese Schüler den Unterricht besuchen?

Als unerfahrener Lehrer war ich mit diesem Verhalten oft überfordert. Es war zum „Aus-der-Haut-Fahren"! Werner Huschka vom DIT hat mir dann den Impuls gegeben, dass der Ursprung dieses Verhaltens aus vollkommen anderen Motivationen hervorgehen kann.

Natürlich werden manche Kinder von ihren Eltern gezwungen, den Unterricht zu besuchen. Man kann aber über Gespräche mit den Schülern oder auch mit deren Eltern, über gemeinsame Reflexion oder Kommentare während des Trainings herausfinden, wovon die Anwesenheit im Training abhängig ist. Dazu muss man die

Vielzahl anderer Möglichkeiten kennen und dann auch bedenken. Also bewusst die Frage stellen: „Warum erscheinen manche Schüler zwar im Unterricht, wollen den Tanz aber offensichtlich nicht wirklich lernen und trainieren?"

Bevor ich also die pädagogischen Werkzeuge für den Lehrer zur Motivationserhaltung und Motivationssteigerung des Schülers erläutere, muss geklärt werden, welche sogenannten *Mindsets* manche Schüler noch so in den Unterricht mitbringen. Diese Mindsets können folgende Ausgangspunkte und Zielsetzungen verfolgen:

7.1.1 Der Musik-Typ

Manche Schüler erscheinen im Breakunterricht, weil sie die Musik mögen und sich da auch gern zu bewegen möchten. Dabei spielt nicht wirklich der Tanz oder der Trainingserfolg eine Rolle, sondern die reine Anwesenheit und ein bisschen zwangloses und freies Tanzen. Es ist dann auch nicht das Gleiche, die Musik allein zu Hause anzuhören.

Diese Schüler trainieren nur ab und an etwas fleißiger, stellen kaum bis nie Fragen und werden auch nur ganz langsam oder kaum besser – erheben aber auch nicht den Anspruch darauf, besonders gut zu werden. Sie betreten innerlich eine Party oder einen Klub und genießen einfach die Musik. Diese Schüler kann man durch stetige Positivierung der Stimmung bei Laune halten und so bewirken, dass sie weitertrainieren, gleichgültig, wie effektiv das dann für deren Vorankommen ist.

7.1.2 Der Community-Feeling-Typ

Manche Schüler erscheinen im Breakunterricht, weil sie sich gern mit den anwesenden Leuten treffen wollen, da der Breakunterricht ja auch ein soziales Ereignis ist. Man spürt durch das gemeinsame Thema, die Musik und das selbstständige Training ein Verbundenheitsgefühl. Für diese Schüler stehen Gespräche und der gemeinsame Spaß an Bewegung und Musik im Mittelpunkt. Diese Schüler sind nach einer durchaus intensiven, aber sehr kurzen Trainingseinheit als lustig quatschendes, am Boden sitzendes Grüppchen irgendwo im Raum zu finden. Dieses Grüppchen ist durchaus trainingsbereit, muss aber kontinuierlich dazu aufgefordert werden.

7.1.3 Der Begeistert-Zusehen-Typ

Manche Schüler erscheinen im Breakunterricht, weil sie gerne den guten Schülern oder dem Lehrer dabei zusehen, wie und was sie tanzen und trainieren. Es ist auch absolut verständlich, wenn man bedenkt, dass manche Kinder so etwas sonst nie

zu sehen bekommen, wenn Internetzugang und die lokalen Möglichkeiten nicht gegeben, limitiert oder gar verboten sind. Sie fühlen sich von den extremen Bewegungsabläufen verzaubert und magisch angezogen.

Diese Schüler trainieren oftmals heimlich zu Hause im „stillen Kämmerlein", was sie gesehen haben und wollen im Training lieber am Rand stehen oder sitzen, „die Show" genießen, sich wegträumen und ihre Begeisterung fühlen. Diese eher schweigsamen Schüler brechen irgendwann aus und entwickeln ganz von selbst ihre Motivation. Wenn man sie beim Zusehen stört und zum Arbeiten zwingt, kann das für sie verschreckend wirken. Dennoch kann man sie ohne Zwang zum Mitmachen einladen. Mal machen sie mit, mal nicht. Das kommt dann mit der Zeit.

7.1.4 Der Angebertyp

Manche Schüler erscheinen im Unterricht, um zu Hause oder auf den Schulhof sagen zu können, dass sie Breakdance machen. Dies wird zumindest im momentanen Zeitgeist als „cool" oder „speziell" angesehen. Diese Schüler versuchen sich vor allem an Powermoves, an denen sie dann gnadenlos scheitern. Sie können nicht die Geduld aufbringen, die Basics Schritt für Schritt zu trainieren.

Sie sind meist recht vorlaut, üben immer nur temporär, sind ständig frustriert und ziehen sich dann wieder zurück. Auch kann es vorkommen, dass sie dem Lehrer die Schuld geben, er würde „schlecht erklären" oder „er wäre einfach doof".

Hier gibt es zwei Möglichkeiten, die man aber nicht einfordern kann: Der Schüler bleibt und lernt, härter zu trainieren und schafft dann auch die angestrebten Moves oder der Schüler hört auf, da er nach einer Weile Angst bekommt, vor seinem Umfeld sein Gesicht zu verlieren.

Einerlei, welche Art Schüler ihr vor euch habt, jeder hat die Motivation, aufgebracht im Unterricht zu erscheinen. Es liegt jetzt in eurer Hand, jeden Einzelnen dieser Schülertypen zu erkennen und abzuholen. Nicht jeder Schüler kommt wegen dem Tanz und dem Training. Und nicht jeder Schüler wird sich aus seinem Trainingstyp herausbewegen. Dies ist aber auch nicht zwingend notwendig, denn Bboying lebt von diesen unterschiedlichen Motivationen. Hier ist die Plattform, auf der Persönlichkeitsbildung innerhalb einer „Commuity" stattfindet.

Tanzen wäre wohl recht uninteressant, wenn keiner zusehen wollen würde. Habt Geduld, Einsicht, Verständnis und eine gewisse Zuneigung zu diesen Schülern. Nur so ist es möglich, genügend Raum für Entfaltung und Kreativität zu geben. Die inneren

Fähigkeiten der Schüler werden sowieso größtenteils durch eure Authentizität und euer vorbildhaftes Verhalten angeregt.

7.2 DIE PÄDAGOGIK DER MOTIVATION

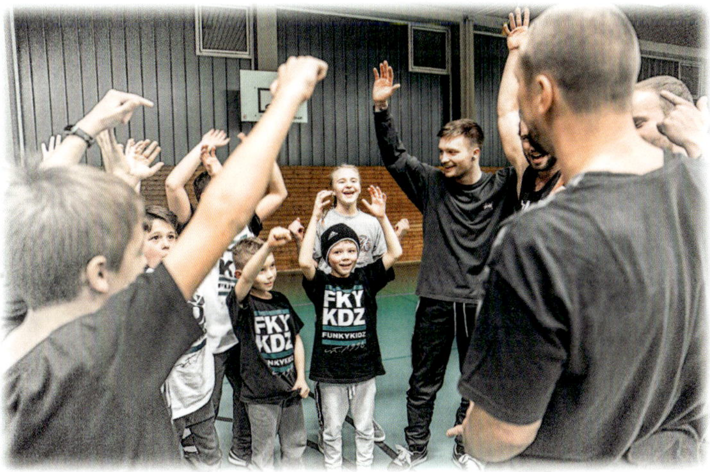

Für alle die Schüler, die wirklich den Tanz und die Bewegungen lernen wollen, gibt es eine Vielzahl von pädagogischen Methoden, um deren Spirit hochzuhalten. Niemand ist immer gut drauf und es ist auch zwingend notwendig und unfassbar wertvoll, dass die Schüler die Erfahrungen der Angst, des Scheiterns, der Frustration, Unlust und Erschöpfung machen. Ohne diese emotionalen Erfahrungen kann man innerlich nicht wirklich wachsen und wenn man innerlich nicht wächst, ist äußerliches Wachstum begrenzt.

7.2.1 Regeln

Um Breakunterricht umsetzbar zu manchen, braucht es eine pädagogische Struktur, in der man arbeitsfähig werden kann, um zu gewährleisten, dass man den Schüler dabei gut begleitet. Regeln und Grenzen sind dabei unglaublich wichtig, damit innerhalb des Regelwerks ein freier und geschützter Raum entsteht.

Regeln müssen wie ein stabil gebauter Zaun um ein Gelände sein. Diesen Zaun muss man mit Bedacht planen, stellen und befestigen. Diesen Zaun darf man nicht ständig versetzen oder ändern. Und man muss diesen Zaun auch immer mit starker Hand halten und verteidigen. Erst dann ist das Gelände darin geschützt und sicher.

Wer es verpasst hat, den Zaun zu verteidigen, also bei einem Verstoß die Regeln deutlich und nachdrücklich in Erinnerung zu rufen, der wird schnell merken, wie einem andere „Regeln" aufgezwungen werden, die dem Unterricht und den Schülern nicht mehr nützlich sind. Hier MUSS man UNBEDINGT sehr diszipliniert und geradlinig vorgehen, sonst ist man selbst und dann auch die Klasse hilflos und verloren.

Beispiele für Regeln, die für einen Break-Unterricht nützlich sind:

Allgemeines (keine Erklärung notwendig)

1. Pünktlich zum Unterricht erscheinen und Mitbringen aller Trainingsutensilien wie Sportschuhe, Kleidung, Getränk etc.
2. Zuhren, wenn der Lehrer spricht und die selbstverständlichen Gesprächsregeln einhalten.
3. Auf andere achten und den respektvollen Umgang mit allen Menschen und Gegenständen im Raum pflegen.

Tiefergehendes (mit Erklärung)

4. Anderen ausweichen, wenn ein Zusammenstoß droht. => Wer tanzt, hat recht!

Beim Breaken kommt es relativ oft vor, dass man in der Übung einer Bewegung die Kontrolle verliert. Daher ist es wichtig, dass die Schüler, die gerade nicht arbeiten, aufmerksam sind und den Schülern, die tanzen, taumeln oder stürzen, ausweichen. Der Stürzende hat nämlich viel weniger Chancen, die Situation zu retten, wie der Beobachtende. Wenn es dennoch zu einer Kollision kommt, ist es der Fehler des Stehenden, da er nicht achtsam genug war.

5. Am Rand stehen und den Raum für andere freigeben. => Nicht am Boden sitzen oder liegen.

Es sollen einfach alle die gleichen Chancen zum Training haben. Wenn eine Person im Weg steht, sitzt oder liegt und gerade nicht arbeitet, muss diese ausweichen. Ebenso hat man dadurch den Effekt, dass der Kreislauf nicht zu schnell absinkt wie im Sitzen und man dadurch frischer und aufmerksamer bleiben kann.

6. Wer die Regeln nicht einhält, kann eine Aufgabe bekommen, um eine einprägsamere Erinnerung an die Regel zu erhalten.

Beispiele für solche Aufgaben sind Liegestütze, Kniebeugen, mehrere Runden Six-Step usw. Der Fantasie sind hier kaum Grenzen gesetzt, solange es für den Schüler nützlich ist. Ihn vor die Tür zu setzen, ist daher selten eine wirkliche Option. Wenn dieses Mittel eingesetzt werden muss, weil der Unterricht in solchem Maß gestört wird, dass ein gutes Arbeiten nicht mehr möglich ist, muss ein Gespräch mit den

Eltern stattfinden. Ist dies auch nicht möglich, empfehle ich, den Schüler aus dem Unterricht zu nehmen, immerhin ist Tanzen rein freiwillig und an vorausgehende Bedingungen geknüpft.

Wahrheiten

Es gibt auch Aspekte, die keine verpflichtende Regel darstellen, dennoch immer genannt werden müssen. Dies sind die ersten Wahrheiten, die den Schülern ein Bewusstsein über das Sein und Tun im Break-Training verschaffen.

7. Wer nicht trainiert, kommt nicht weiter!
8. Wer nicht fragt, bekommt selten Antworten!
9. Wer aufgibt, hat schon verloren!

Die Wahrheiten sind es, die den Regeln den Aufwind verschaffen und diese positiv begründen. Diese Wahrheiten sind es, die den ersten Funken der Motivation zum Erklimmen bringen. Und diese Wahrheiten sind es auch, die ganz neutral und selbstsanktionierend die Plattform für ein aufwärtsstrebendes Mindset bilden.

Grundsätzlich sind die Schüler aber niemals gezwungen, am angebotenen Programm teilzunehmen. Es ist wichtig, diese Freiheit immer offenzulassen. Wie oben erwähnt, kann es sein, dass das Tanzen und Bewegen gar nicht der Grund ist, warum der Schüler im Unterricht erscheint. Somit werde ich niemanden zwingen, etwas zu tun, sondern empfehle, geduldig zu warten, bis der Funke entflammt oder der Schüler sich dagegen entschieden hat, weiterhin zu erscheinen. Es ist nicht meine Aufgabe, in einem Tanzunterricht die Erziehung und Maßregelung in einer Stunde pro Woche nachzuholen, die von den Erziehungsberechtigten verpasst wurde.

Trotzdem fordere ich Schüler immerzu auf, zu arbeiten. Trotzdem spreche ich mit jedem Schüler über die Beweggründe für sein Verhalten. Trotzdem werde ich niemals müde, die Schüler anzutreiben, bis sie ihren eigenen Antrieb gefunden haben.

Hier noch einmal alle Regeln zusammengefasst:

1. Pünktlich zum Unterricht erscheinen und alle Trainingsutensilien mitbringen, wie Sportschuhe, Kleidung, Getränk etc.
2. Zuhören, wenn der Lehrer spricht und die selbstverständlichen Gesprächsregeln einhalten.
3. Auf andere achten und den respektvollen Umgang mit allen Menschen und Gegenständen im Raum pflegen.
4. Anderen ausweichen, wenn ein Zusammenstoß droht. => Wer tanzt, hat recht!
5. Am Rand stehen und den Raum für andere freigeben. => Nicht am Boden sitzen oder liegen.
6. Wer die Regeln nicht einhält, kann eine Aufgabe bekommen, um eine einprägsamere Erinnerung an die Regel zu erhalten.
7. Wer nicht trainiert, kommt nicht weiter!
8. Wer nicht fragt, bekommt selten Antworten!
9. Wer aufgibt, hat schon verloren!

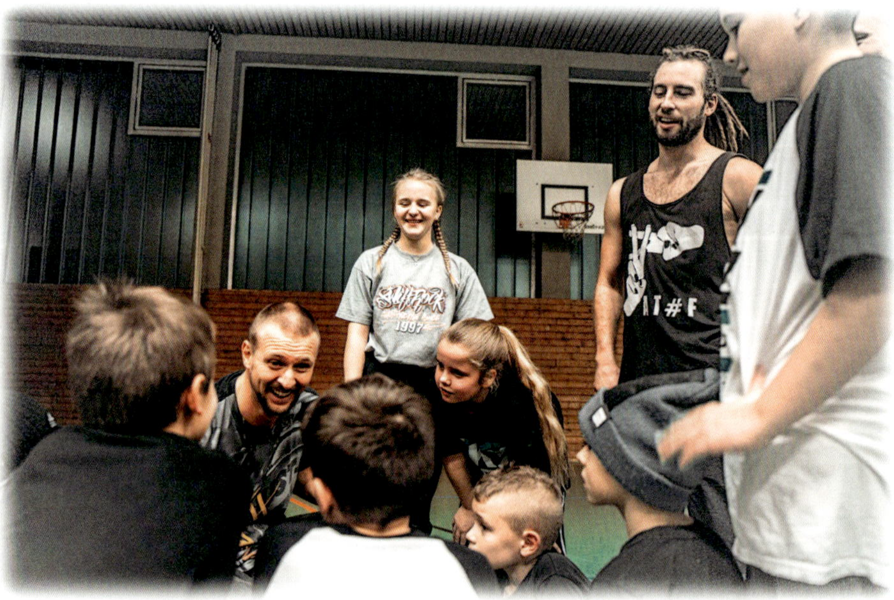

7.2.2 Selbstständiges Training

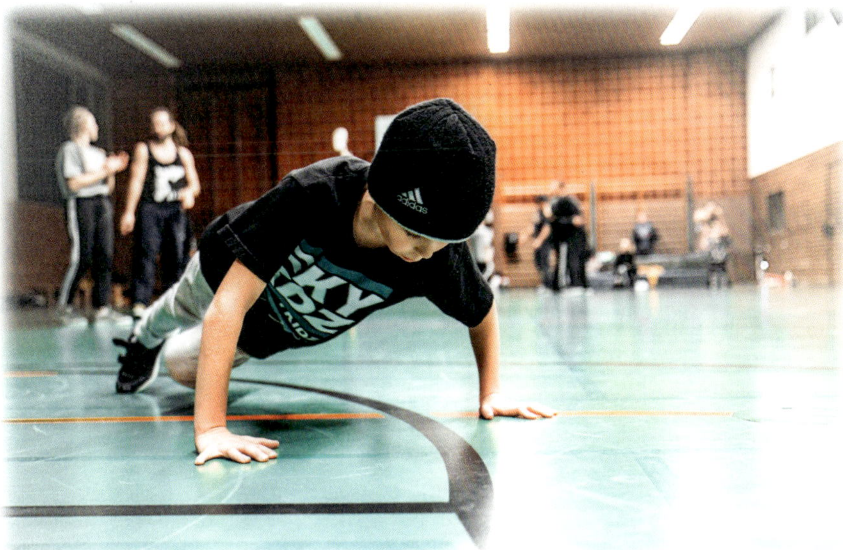

Wie schon viele Male angesprochen, müssen Break-Schüler schnell verstehen, dass das selbstständige Training der Hauptbestandteil des langfristigen Bboy-Unterrichts darstellt. Dafür muss man aber nochmals zusätzliche Regeln aufstellen. Mit einer puren Anfängergruppe kann man noch viel gemeinsam im mitvollziehenden Frontalunterricht umsetzen. Aber auch hier wird sich nach einigen Wochen ein großer Unterschied in der Lernfähigkeit bei den Schülern abzeichnen. Das ist dann der spätestmögliche Moment, an dem man das selbstständige Training einführen muss, um die begabteren Schüler nicht zu langweilen und den langsamer Lernenden nicht zu überfordern.

Man sollte immer bestrebt sein, jedem Einzelnen die Zeit zu geben, die er wirklich braucht. Auch spielen die mitgebrachten Fähigkeiten der Schüler eine große Rolle. Manche Schüler stehen schon auf den Händen und auf dem Kopf und können sofort daran weiterarbeiten. Andere wiederum betätigen sich gern mit dem Körper am Boden. So ist man praktisch gezwungen, ganz individuell mit jedem Schüler an seinen individuellen Fähigkeiten zu arbeiten. Dies ist übrigens auch der Grund, warum es möglich ist, in einer Gruppe Schüler verschiedenen Alters und verschiedener Level unterrichten zu können.

Die Informationen und Regeln, die es braucht, um ein selbstständiges Training umsetzbar zu machen, sind vielschichtig. Das kann nicht alles in einer Stunde erzählt und wirklich rübergebracht werden. Die folgenden Themenbereiche sind daher zwar immer gültig, jedoch braucht es eine Weile, bis jeder Schüler es entweder durch die Teilnahme mitbekommen hat oder es einmal erklärt bekommen hat.

Hier folgen nun zuerst einmal die wichtigsten Zusatzregeln im Umgang des einzelnen Schülers direkt mit dem Lehrer. Zur Einführung in Aussageform:

1. Wechselspiel zwischen Lernen und Üben

„Immer, wenn ich dir eine Technik gezeigt, erklärt und beigebracht habe, dann musst du diese erst mal alleine üben. Da jeder Mensch verschieden schnell lernt, gebe ich jedem einzeln andere Tipps und Hilfestellungen bei seiner Trainingsaufgabe. Daher kann ich nicht ständig bei dir bleiben. Ich beobachte allerdings immer alle und komme regelmäßig wieder bei dir vorbei, helfe dir oder zeige dir die nächste Technik, sobald du so weit bist. Also, gewöhne dich gleich daran, die Technik für dich selbst immer und immer wieder zu wiederholen, damit du sie dir merken kannst. So geht die Übung in ‚Fleisch und Blut' über und ich werde dir dabei helfen, darauf aufzubauen."

2. Bei Fragen, fragen

„Wenn du etwas nicht verstehst oder an einer Aufgabe hängen bleibst, kannst du jederzeit zu mir kommen. Ich werde dir dann dabei helfen, deine Bewegung zu justieren und dein selbstständiges Training unterstützen. Wenn du vor lauter Misserfolg frustriert bist und in der Ecke ‚hockst', kann ich dich nicht sehen und dir somit nicht helfen. Es geht um dich, wenn du nicht trainierst, geht es auch nicht weiter."

3. Rolle des Lehrers (die Regel für die Lehrer)

Solange diese Regeln eingehalten werden, muss der Lehrer immer beruhigend, beschwichtigend, versöhnend und positiv mit den Schülern umgehen. Ein bisschen Händchenhalten und ermahnen, sich nicht entmutigen zu lassen. Den Weg anzeigen, die kleinen Erfolge aufzeigen und sofort mit den Schülern feiern. Hier ist es wichtig, den gescheiterten Versuch, der in die richtige Richtung ging, zu erkennen und postwendend zum Erfolg zu gratulieren. Schieben, ziehen, nochmals erklären, nochmals zeigen, zur stetigen Wiederholung des gescheiterten Versuchs pushen.

Der Lehrer ist in dieser Phase der einzige Indikator, woran der Schüler erkennen kann, welcher der schmerzhaften Misserfolge wohl ein kleines bisschen besser war als die anderen. Sollte ein Schüler gegen eine der Regeln verstoßen, muss man sofort eingreifen und reagieren! Volle Aufmerksamkeit, eine sehr gute Beobachtungsgabe und komplette Übersicht über die Gruppe sind hier die essenziellen Fähigkeiten des Lehrers.

Man muss wirklich sicherstellen, dass auch der Schüler ganz hinten in der Ecke gesehen wird und sofort ein „Daumenhoch" für einen klitzekleinen Erfolg bekommen kann. Man sollte sich hier über eins im Klaren sein: Anfänger und Kinder werden in der Regel ca. alle 20-30 Sekunden und allerspätestens nach dem dritten Versuch zum Lehrer aufschauen, um Feedback zu erhalten. Wenn man diese Momente verpasst, kommt es nicht nur schnell zu Regelverstößen, es kann sogar sein, einen Schüler und potenziellen Bboy oder Bgirl zu verlieren (s. Kap 6.4.1). Hier ist der Lehrer in der Verantwortung für jeden Trainingsschritt jedes einzelnen Schülers.

Story

Ich hatte einmal einen Schüler, der alle drei Sekunden mit einem Blick geprüft hat, ob ich ihn beobachte (das sind ca. 1.000 Blicke in einer Unterrichtsstunde). Wenn dies nicht nach 2-3 Wochen aufhört, ist das als Verhaltensauffälligkeit zu werten, die auf eine emotionale Schieflage und große Schwierigkeiten im privaten oder familiären Umfeld hinweisen. Den Job könnt ihr nicht erfüllen!

Diese Schüler werden vermutlich zukünftig für große Probleme in der Gruppe sorgen, da sie individuell gestaltete Hilfe brauchen. Hier wäre es wichtig, ein Gespräch mit den Eltern zu suchen oder einen Hilfslehrer zur Verfügung zu stellen. Das geht allerdings über den normalen Lehrauftrag eines Breakdance-Unterrichts hinaus und bedarf eventuell eher professioneller Hilfe von psychologischer Seite.

7.3 WEITERMACHEN!

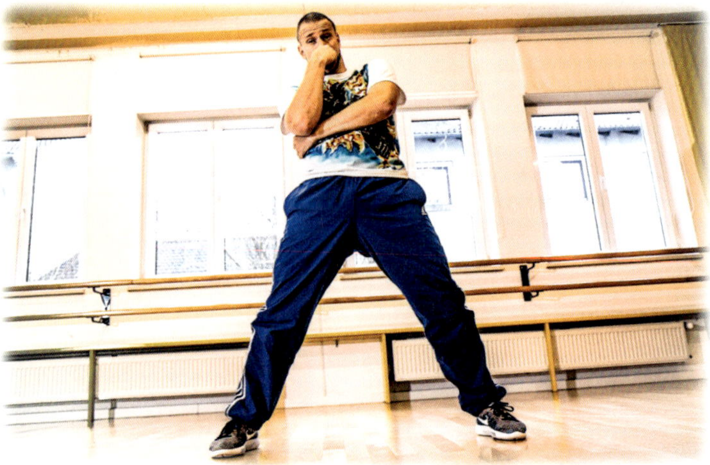

Jetzt reißen wir das Ruder herum und ändern die Richtung von den Regeln zum Freiraum, der innerhalb der Regeln entsteht. Im Folgenden geht es daher über die Regeln hinaus. Es geht um die positiv motivierende Begleitung von Schülern durch die scheinbar endlosen Tiefen des Scheiterns. Ich bin der festen Überzeugung, dass ein großer Anteil des Erfolgs eines Bboy-Unterrichts maßgeblich davon abhängt, wie gut man als Lehrer in eine Mentorrolle steigen und als gutes Vorbild dienen kann. Ich denke, es gleicht ein wenig der Position eines Meisters in der Kampfkunst.

Man muss unbedingt die Schüler erkennen, die wirklich wegen der Bewegungen und des Tanzes den Unterricht besuchen. Bei ihnen kann man mit diesen feinen Hebeln viel bewegen. Hier ist sogar das Potenzial vorhanden, dass man sie langfristig dabei unterstützt, ihr Leben zu ändern.

Somit kann man jetzt schon herauslesen, dass mit der Trainertätigkeit eine große Verantwortung einhergeht. Alle anderen Schüler (s. **Kap. 7.1**) haben zwar die gleiche Aufmerksamkeit verdient, werden aber von zu viel Beachtung eventuell abgeschreckt. Die wollen sogar eher ihre Ruhe.

7.3.1 Leitsätze

Es ist nun geklärt, dass wir es im Break-Unterricht mit verschiedensten Motiven und Erwartungshaltungen zu tun haben. Somit finde ich es am sinnvollsten, proaktiv mit einer Philosophie in den Unterricht zu gehen und diese Philosophie mit einem Leitspruch zusammenzufassen. Als ich beim Militär war, stand über meiner damaligen Kompaniehaustüre der Satz „Klagt nicht, kämpft!“ in Stein gemeißelt.

Ehrlich gesagt, ist dieses „Mindset“ fürs Breaken gar nicht so falsch. Speziell in so einer schweren und komplizierten Tanzform, in der man sich an den Rand der physikalischen Möglichkeiten „pushen“ kann, ist es wichtig, härtere Spielregeln aufzustellen. Dennoch hat man es hier mit Kindern und Jugendlichen zu tun und muss solche Leitsätze feiner umschreiben.

PÄDAGOGISCHE METHODE

Meine persönliche Version, wie ich mit den Schülern kommuniziere, sieht folgendermaßen aus:

Ich frage: „Was machen wir, wenn wir nicht mehr können?“

Die Schüler antworten: „Weitermachen!“

Ich frage: „Was machen wir, wenn es wehtut, aber wir sind nicht verletzt?“

Die Schüler antworten: „Weitermachen!“

Ich frage: „Was machen wir, wenn wir etwas zwar verstanden haben, es aber nach drei Versuchen nicht funktioniert?“

Die Schüler antworten: „Weitermachen!“

Ich frage: „Was machen wir, wenn wir etwas verstanden haben, es aber nach 100 Wiederholungen immer noch nicht funktioniert?“

Die Schüler antworten: „Weitermachen!“

Ich frage: „Was machen wir, wenn wir es aber schon 1-000-mal versucht haben?“

Die Schüler antworten: „Weitermachen!“

Es gibt beim Breaken keine großartigen Ausreden. Solange keine Verletzung vorliegt und die Schüler genügend Instruktionen bekommen, muss man einfach hart weitertrainieren. Nur so können die Muskelerinnerung, die koordinativen Fähigkeiten, die Kraft, das Timing und Feeling einer Bewegung erarbeitet werden. Auch wenn es wehtut und wir nicht mehr können! Die letzten 10 % des Trainings (kurz bevor man WIRKLICH nicht mehr kann) ist die effektivste Zeit des Trainings.

Hierzu muss dringend erwähnt werden, dass Motivation von außen keine langfristige Wirkung beim Schuler erreicht. Schlimmer noch, es macht den Schüler von dieser Personengruppe der sogenannten *Motivierer* abhängig. Deswegen ist diese intellektuell zu verstehende „Weitermachenmentalität" unbedingt zu forcieren. Es gibt nichts Schlimmeres, als Frustration, die einen Schüler nach dem anderen ansteckt und die gesamte Gruppe sowie auch den gesamten Unterricht negativ beeinflusst.

Hier noch eine kleine Auswahl von Zitaten, um sprachliche Möglichkeiten zu geben, die auf den Intellekt der Schüler eingehen. Damit kann man in schweren Momenten versuchen, immer wieder die wahre innere Kraft der Schüler zu wecken, damit die echte, von innen kommende Motivation wieder herausgelockt werden kann.

Zitate berühmter Menschen und erfolgreicher Athleten

Mohammed Ali: *„Mich hat jemand gefragt, wie viele Liegestütze ich schaffe. Ich antwortete: Ich weiß es nicht, da ich immer erst dann anfange zu zählen, wenn es hart wird, weiterzumachen und ich das Gefühl habe, ich kann nicht mehr!"*

Michael Jordan: *„In meiner Laufbahn habe ich mehr als 9.000 Würfe verschossen. Ich habe fast 300 Spiele verloren. 26-mal war ich derjenige, der das Spiel gewinnen konnte und ich habe daneben geworfen. Ich bin immer und immer wieder gescheitert. Und genau deshalb bin ich erfolgreich."*

Arnold Schwarzenegger: *„Die letzten drei oder vier Wiederholungen lassen den Muskel wachsen. Dieser schmerzhafte Bereich trennt den Gewinner von jemandem, der kein Gewinner ist. Das fehlt den meisten Menschen. Sie haben nicht den Mut, weiterzumachen und zu sagen, dass sie den Schmerz ertragen werden, ganz gleich, was passiert."*

Henry Ford: *„Wer immer tut, was er schon kann, bleibt immer das, was er schon ist." „Ob du denkst, du kannst es oder du kannst es nicht – in beiden Fällen hast du recht."*

Samuel Beckett: *„Wieder versuchen. Wieder scheitern. Besser scheitern."*

Winston Churchill: *„Erfolg ist, von Fehler zu Fehler zu schreiten, ohne den Tatendrang zu verlieren."*

Martin Luther King: *„Wenn du nicht fliegen kannst, dann renne! Wenn du nicht rennen kannst, dann gehe! Wenn du nicht gehen kannst, dann krieche! Was immer du auch tust, mache weiter!"*

Johann Wolfgang von Goethe: *„Erfolg hat drei Buchstaben: TUN!"*

7.3.2 Erfolg und Scheitern

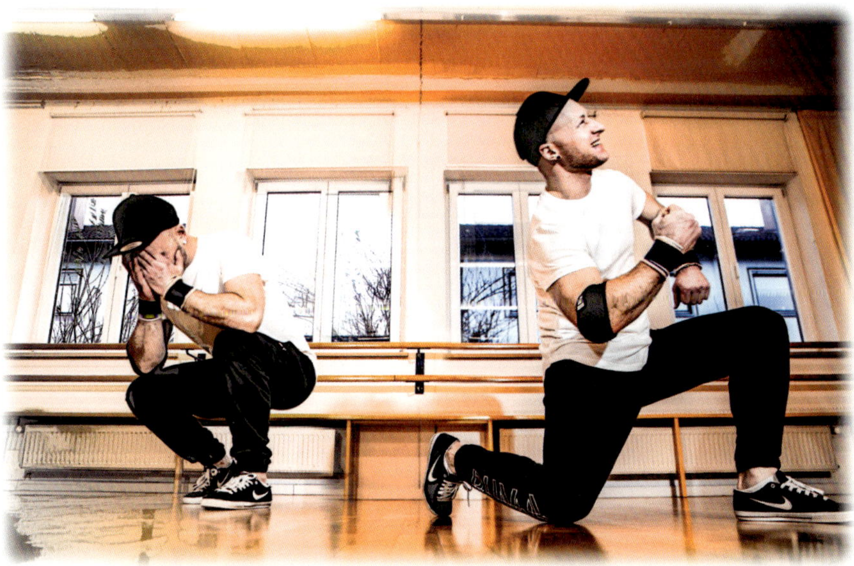

Trotz dem spielerischen Tun und den systematisch erarbeiteten Erfolgen sind Frustration, Misserfolg und Verlust der Moral ein ganz normaler Alltag im Unterricht. Einerlei, wie motiviert die Schüler sind und wie viel Energie sie ins Training auch mitbringen, das Scheitern bringt Ängste und Schmerzen mit sich und diese führen zu Frustration und Unlust. Dieser Prozess ist ein ständiger Begleiter eines jeden Trainings. Als Lehrer hat man hier nicht nur die Aufgabe, zu pushen oder aufzuhelfen. Es gilt vor allem, die Mentalität der Schüler präventiv auf die schwierigen Phasen vorzubereiten.

Die für mich beste Methode ist Wahrheit und Ehrlichkeit. Ich empfehle, den Schülern nicht vorzumachen, dass es ganz einfach geht, oder dass es nicht wehtun wird. Man sollte über seine eigenen Erfahrungen sprechen und die Narben und verhärtete Knochenspitzen seines Körpers als Beispiel zeigen. So kann man gut belegen, dass man das durchstehen kann und auch wird, wenn einmal die Freude an der Sache erkannt ist. Man sollte Hoffnung geben, dass es besser wird und dass man trotz Schmerz und Scheitern neugierig bleiben kann.

Niemand ist jeden Tag mental in der Lage, Schmerzen zu ertragen oder motiviert genug, um viele Male aktiv scheiternd auf die Nase zu fallen, um etwas zu lernen. Daher nun einige Punkte, die beispielhaft als bewusste Entscheidungshilfe geboten werden können, damit der Schüler selbst entscheiden kann, ob er sich auf die Übung einlässt oder nicht.

Angst, zu scheitern

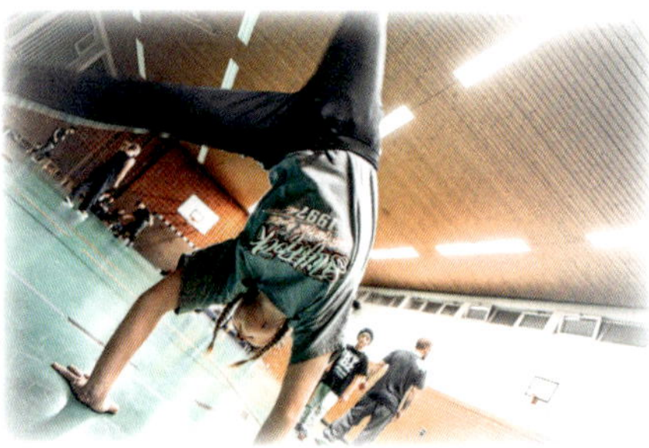

Wenn die Schüler bereits einige Zeit damit verbracht haben, den Handstand zu üben und die Angst vor dem Aufsteigen langsam zurückgeht, kommt die nächste Hürde: das Fallen nach hinten.

Warum ist das so wichtig? Da man das Stürzen und Scheitern auch lernen muss. Unter kontrollierten Umständen ist das Stürzen sicherer und verletzungsärmer. Somit kommt der Punkt, bei dem man sich beim Handstandtraining mit dem Umfallen in Richtung Rückseite anfreunden muss. Ich erkläre, dass ein Handstand für normal sportliche Menschen körperlich kein Problem darstellt. Jedoch ist es die Angst vor dem „Nach-hinten-Umfallen", die allen Einsteigern großen Respekt einflößt. Somit ist der beste Tipp, sich genau damit gesondert zu beschäftigen.

Ich stelle mich auf die Hände, beuge die Knie, sodass die Füße über dem Kopf nach unten hängen und lasse mich dann in die Brücke fallen (s. **Kap. 5.5**). Dann erkläre ich, dass man den ganzen Tag auf den Füßen und Beinen verbringt und man den Fall mit den Füßen locker und ohne Gefahren auffangen kann.

Ich erkläre weiter, dass man sich meist nicht ganz nach oben in den „Zenit" des Handstands traut, weil die Balance sich anfangs schon so anfühlt wie das Umfallen. Um dieses Gefühl aber vom wirklichen Umfallen unterscheiden zu können, muss man nach hinten umfallen. Und wenn ich dann das Gefühl, stehen zu können, erkennen will, muss ich mich immer wieder damit beschäftigen.

Meine kleine Geschichte hierzu ist dann immer die Situation, jemanden kennenlernen zu wollen. Wenn man aber nicht wenigstens ganz an die Person herantritt und ihr einmal die Hand reicht, dann wird es nie funktionieren, sich kennenzulernen. Also muss man da ganz oben im Handstand eine gewisse Zeit verbringen. Da man aber noch nicht stehen kann, muss man dort oben auf dem Weg nach hinten oft vorbei und oft scheitern. Wenn man dann bewusst umfallen und bewusst scheitern kann, dann braucht man auch keine Angst mehr davor zu haben.

Schmerzen

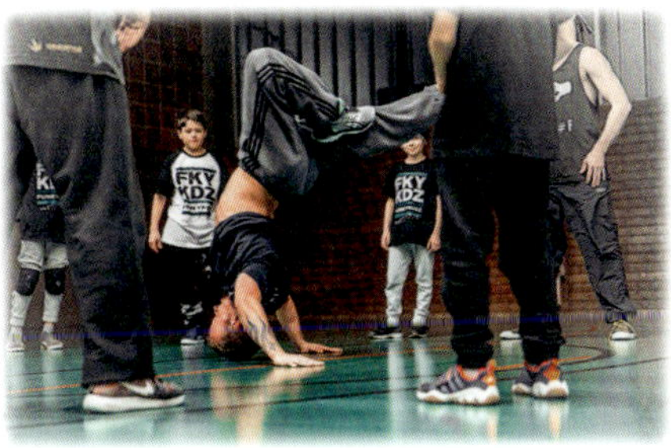

Man beobachtet, dass die Schüler sich mit neuen Schmerzen auseinandersetzen und an einer Übung nicht weiterarbeiten, da sie Angst haben, sich zu verletzen. => Hier ist die Schmerzempfindlichkeit noch zu hoch ausgeprägt und die Leidensfähigkeit noch nicht etabliert. Dies sind auch innere Qualitäten, die es jetzt gilt, ins „richtige Licht zu rücken". Gerade bei der Einführung vom Kopfstand spüren die Kids, dass es, neben der Balance, der Kraft und der Position, noch einen weiteren Störfaktor gibt, an dem man hart arbeiten muss: das Schmerzempfinden.

Bevor ich die Schüler Kopfstand machen lasse, erkläre ich die Grundlagen der Bewegung, Haltung und Physik dieser Übung. Dann erkläre ich, dass mir durchaus bewusst ist, dass es jetzt allen wehtun wird. Auch zeige ich auf, dass das erst mal nicht besser wird. Nach einigen Versuchen Kopfstand frage ich die Schüler, ob es wehtut, und sie antworten meist schnell und kopfreibend mit Ja.

Dann erkläre ich, dass es beim Breaken Bewegungen gibt, die immer wehtun werden und niemals aufhören werden, wehzutun. Man wird sich an den Schmerz gewöhnen und dieser Schmerz ist auch nicht gefährlich, wie z. B. der Dehnungsschmerz im

Warm-up. Dennoch wird man sich mit diesen Schmerzen immer und immer wieder auseinandersetzen müssen. Und solange man sich nicht verletzt, kann man sich an diese Schmerzen gewöhnen, da es ja um die Fähigkeit geht, etwas zu erreichen, auch wenn es schmerzhaft ist.

Manche Schüler scheinen am Kopf nicht so viele Nervenenden zu haben und spüren da nicht so viel. Für andere scheint es eine stark schockierende Erfahrung zu sein, dass so etwas „Einfaches" derart schmerzhaft sein kann. Die, für die es schlimm und schmerzhaft ist, kann man sofort erkennen, da sie das Gesicht verziehen und oft vollkommen erstaunt zu einem aufschauen, dass sie das jetzt wirklich machen müssen. Und sie müssen das wirklich oft tun, bevor es aufhört, wehzutun.

Dann gebe ich aber einem oder mehreren Schülern die Möglichkeit, meine Schädeldecke zu ertasten und mit ihrer zu vergleichen. Wenn der Körper an so einer harten Stelle wiederkehrend belastet wird, fängt er automatisch an, sich darauf einzustellen und sich anzupassen. So wie sich z. B. an der Ferse Hornhaut und weiches Gewebe bildet, ist das dann auch beim Kopf der Fall. Dies dient dazu, der Belastung langfristig standzuhalten und den Körper vor den Erschütterungen zu schützen. Ich erkläre weiter, dass es am Kopf wirklich funktioniert und dass es bei Breakern, die das sehr intensiv betreiben, dazu führen kann, dass an der Stelle keine Haare mehr wachsen.

Daraus resultiert in solchen Momenten ein Mantra: *„Schmerzen sind schön, Schmerzen machen Spaß, Schmerzen sind unsere Freunde!"*

Denn, was nützt es schon, etwas, was man überwinden kann, negativ behaftet zu lassen? Wer Breaken will, muss den Kopf für Freezes und Headspins einsetzen, wer den Kopf einsetzen will, muss das trainieren und wer trainiert, wird auch Erfolg haben. Also: Durchhalten, auch wenn's wehtut! Weitermachen, auch wenn man etwas noch nicht kann.

Story

Mir selbst ist es einmal passiert, dass ich beim Trainieren der Windmill viele Schürfwunden und Prellungen erlitten habe. Anfangs bin ich immer auf mein Sprunggelenk gefallen und habe mir deswegen einen Knieschoner angezogen. Mit fortschreitendem Training hat sich die Fallposition auf das Knie verlagert, somit habe ich den Knieschoner dann nach oben gezogen. Dann nach der nächsten Entwicklungsphase hat sich der Fallpunkt auf die Hüfte verschoben, also habe ich den Knieschoner in den Hosenbund verlegt. So ging es dann bis hoch zur Schulter weiter.

Für die Schultern habe ich mir dann aus einer alten Winterjacke eine Art Schulterschutz gebastelt, der entgegen meinen Erwartungen leider nicht viel gebracht hat, außer, mich außerordentlich zum Schwitzen zu bringen. Am Ende habe ich die Jacke nicht mehr angezogen und einfach mit einem T-Shirt trainiert.

Die Folge war, dass ich eines Tages auf einem sehr stumpfen Boden trainierte, der eigentlich nicht für das Windmill-Training geeignet war. Mir war das aber völlig einerlei. Mir war auch egal, dass ich mir nach wenigen Versuchen die rechte Schulter aufgeschürft habe und zu bluten begann. Es spielte für mich auch keine Rolle, dass ich dann mit jedem weiteren Versuch einen Blutfleck am Boden hinterließ. So lange, bis ich mit meinem Training fertig war.

Diese Entwicklung macht eigentlich jedes Bgirl und jeder Bboy durch. Die Schultern werden geprellt und mit Narben versehen. Man schlägt sich jedes „Eck" des Körpers viele Male wund. Wenn man das einmal durchgemacht hat, versteht man, dass es im Leben darum geht, was man will und nicht darum, was einen davon abhält.

Diese Beispiele sind stellvertretend für all die anderen Momente, in denen zu Beginn ein Scheitern und viele Schmerzen auftreten. Eine weitere Hürde kann zum Beispiel der Moment sein, bei dem man sich bei einem Windmill-Versuch das erste Mal eine brennende und sehr schmerzhafte Schürfwunde an der Schulter zuzieht. Oder beim Versuch, aus dem Turtle-Stand eine Drehung zum Handglide auszuprobieren und dann bemerkt, dass das Handgelenk dabei schmerzt, weil noch zu wenig Stützkrafttraining für das Handgelenk zur Vorbereitung gemacht wurde.

Es spielt keine Rolle, worauf man sich einlässt – das Ziel und den Nutzen aufzuzeigen, ist der Schlüssel, um die Schüler dazu zu motivieren, sich mit ihrer Angst zu scheitern und ihrem Schmerz auseinanderzusetzen. Eine gute Geschichte, ein motivierendes Zitat und eine helfende Hand machen alles ein bisschen einfacher. Und dann führt all das Scheitern und all der Schmerz langfristig auch zum Erfolg!

7.3.3 Bewusstwerden der eigenen Grenzen und der Versuch, diese zu durchbrechen

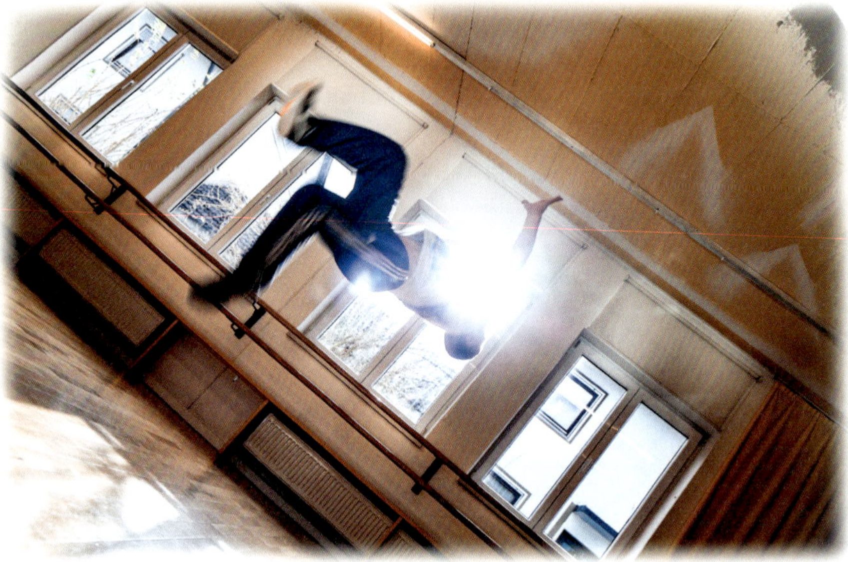

Gerade, wenn Schüler sich auf neue Erfahrungen einlassen, ist es wichtig, dass der Trainer diese Erlebnisse selbst gemacht hat und über die Vorgänge auch Bescheid weiß. Das Wissen über die emotionalen und psychologischen Hintergründe ist das Handwerkszeug der Pädagogik. Wenn man die Wirkung von Niederlage und Scheitern kennt, hat man selbst schon mal damit klarkommen müssen und hoffentlich auf irgendeine Weise gelernt, dadurch stärker zu werden.

Neue Bewegungen zu meistern und diese als Erfolg zu erkennen und anzuerkennen, ist anfangs gar nicht so leicht. Dass man daran glaubt, dass der Trainer einen da hinführen wird, ist der Vertrauensvorschuss, den alle Schüler einem Unterrichtenden geben. Wenn der Lehrer also keine individuellen Methoden für die verschiedenen Problemstellungen und Lerntypen hat, entsteht schnell Enttäuschung über Misserfolge aufgrund unzureichender Fähigkeiten oder fehlender Beachtung durch den Unterrichtenden.

Der Lehrer sollte in der Lage sein, die Grenzen der Schüler zu erkennen und ihnen dabei helfen, darüber hinauszuwachsen. Genauso sollte der Lehrer vorleben, wovon er spricht. Er muss seine eigenen Erfahrungen mit dem Schüler teilen und ihnen motivierend zur Seite stehen.

Unglaublich hilfreich ist es, wenn man erkennt, woran ein Schüler gerade scheitert und aufzeigen kann, was an der Übung schon ein guter Ansatz ist. Es braucht Verständnis, um den Emotionen einen Raum zu gewähren. Dann muss man weitergehen und einige Vorübungen parat haben, um dem Schüler zu helfen. Es geht darum, verschiedene Aspekte herauszunehmen, hervorzuheben und durch Vorübungen einzeln zu betrachten.

Vorgehen

1. Den Schüler beobachten.
2. Die Fehler erkennen.
3. Die Problemstellung des Schülers erkennen.
4. Vorübungen ansetzen, die Methode anpassen und unterrichten.
5. Die Übung nach vollzogenen Vorübungen nochmals angehen.
6. Wenn keine geringfügige Verbesserung sichtbar wird, alles noch einmal von vorn trainieren.

Es zählt, aufzuzeigen, dass man immer wieder neue Ansätze schaffen kann, um eine Hürde anzugehen. Nicht nur verzweifelt immer nur an der gleichen Stelle auf die Nase zu fallen, sondern andere Wege zu nutzen, um ein Problem zu lösen. Und damit dann wirklich und oft unerwartet Grenzen zu überschreiten, ohne nur durch den Schmerz gehen zu müssen.

Manchmal ist auch einfach nur die pädagogische Fähigkeit gefragt, wie man einen Schüler durch sein „Tal der Schmerzen" oder um seine Frustration, Misserfolge und die dadurch resultierende Unlust herumführt. Wenn nämlich einmal alle möglichen Vorübungen „abgefrühstückt" sind, die Kraft aufgebaut ist und eigentlich alles richtig ist, es aber doch noch nicht so klappt, wie es sollte, kommt es darauf an, wie gut man auf diesem Weg den Schüler zu seiner Motivation und Disziplin verholfen hat. Entscheidend ist einzig und allein nur das Weitermachen. Man darf Pausen machen, man darf nachdenken, man darf bei anderen zusehen und andere fragen, man darf eine Weile etwas anderes tun, doch eines muss man auf jeden Fall tun: **Niemals aufgeben!**

Dies bezeichnet den – von meinen Schülern oft benannten: „Fußtritt!"

- Von außen kommende, fürsorgliche Härte, gekoppelt an Motivationsreden.
- Harter Drill, gekoppelt an den spielerischen Umgang mit dem Unterrichtsmaterial.
- Strafaufgaben, gekoppelt an sinnvolle Aufgaben, die die Schüler weiterbringen.
- Und nicht zu vergessen, die eiserne Disziplin, die ein Lehrer im Unterricht sowohl für sich selbst, aber auch für seine Regeln im Unterricht anwenden muss.

Man kann nicht über sich hinauswachsen, wenn man die Grenzen seiner Komfortzone nicht überschreitet und sich nicht aufmacht, um zu suchen, was keiner für einen finden kann: **Mut!**

7.3.4 Erfahrungstransfer in andere Lebensbereiche

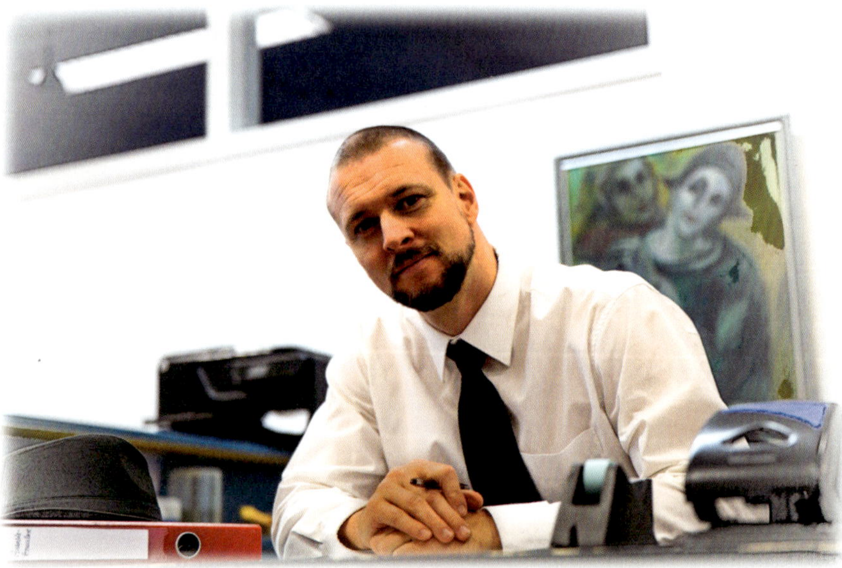

Wenn man es geschafft hat, mit der oben genannten Methode, einen oder mehrere Schüler über eine Hürde zu bringen, dann wird man glaubhaft in dem, was man sagt. Das bedeutet, dass sich für die Schüler der Vertrauensvorschuss ausgezahlt hat. Genauso bedeutet es, dass die Schüler einem mehr Glauben schenken für das, was man im Unterricht erzählt.

Somit kann man auch weiterreichende Hintergründe für die Schüler aufdecken. Motivation entsteht nicht nur in den Tätigkeiten, für die man diese zuerst zu brauchen scheint. Das Durchbrechen von Grenzen – und sei es auch nur in so etwas „Unwichtigem" wie dem Tanz – ist eine Erfahrung, die sich auf andere Lebensbereiche übertragen lässt.

Das erlebte Beispiel, wie man eine schwierige Bewegung gemeistert hat, wird durch die freigesetzte Emotion eines Erfolgserlebnisses tief im Inneren gespeichert. Ebenso wird auch die Erinnerung gespeichert, wie man das geschafft hat. Was am Ende bleibt, ist die Erinnerung an viel Disziplin zur Wiederholung und das Nutzen unterschiedlicher Übungsansätze, die dann zum gewünschten Ziel geführt haben.

Um den Schüler dabei zu unterstützen, sich das selbst bewusst zu machen, reicht es lediglich, darauf aufmerksam zu machen, dass diese Erfahrungen auch in anderen Bereichen des Lebens anwendbar sind. Die eine oder andere Motivationsrede, gekoppelt an ein normales Lebensthema außerhalb des Trainings, ist generell wohltuend und eröffnet andere Blickwinkel auf das Training.

Aus dem Arbeitsleben kenne ich den Fall, dass ein Chef einer mittelständischen Firma einmal gesagt hat: „Wenn in der Bewerbung bei Hobbys steht, dass der Bewerber Breakdance macht, dann schaue ich mir den Jungen auf jeden Fall an. Ein richtiger Breaker ist gewohnt, durchzuhalten, Probleme kreativ anzugehen und er kann auch ein bisschen Schmerzen aushalten. Das sind neben der Bildung wichtige Kriterien, die nicht jeder normale Bewerber mitbringt."

Story

Als ich mit 17 das erste Mal Breaking in einem ortsansässigen Jugendhaus beim „MIR-Projekt" unterrichtet hatte, standen lauter weißrussische Migrantenkinder vor mir. Ein fremdes Land, eine fremde Sprache, keine wirkliche Identität. Man muss hierzu erwähnen, dass diese Menschen zu Weltkriegszeiten aus Deutschland nach Russland geflüchtet sind und dort als Deutsche und Nazis bezeichnet wurden. Nun kommen sie in der zweiten und dritten Generation nach Deutschland zurück und werden als Russen bezeichnet. Das ist keine leichte Situation, schon gar nicht für Kinder.

Aus diesem Projekt kann ich erzählen, dass ich mit diesen Jungs genügsam und entspannt begonnen hatte. Mit der Zeit wurden wir alle besser. Das führte dazu, dass wir dann jahrelang endlos hart trainierten, bis zu einem großen Auftritt. Gleichgültig, wie es danach weiterging, heute haben alle einen Job und eine Familie mit Kindern. Von diesen Jungs ist meines Wissens nach keiner (im Gegensatz zu anderen Freunden dieser Migranten) in die Drogensucht oder Kriminalität abgestürzt. Ehrlich gesagt, hatten sie gar keine Zeit dafür, da sie ja dauernd nur trainiert und die HipHop-Kultur gelebt hatten.

Ob das nun als Indikatoren für den Erfahrungstransfer aus dem Bboying verstanden werden kann oder nicht, bleibt hier jedem selbst überlassen. Ich bin jedenfalls überzeugt davon, dass das Training einen großen Anteil daran hatte.

7.3.5 Lob und Tadel

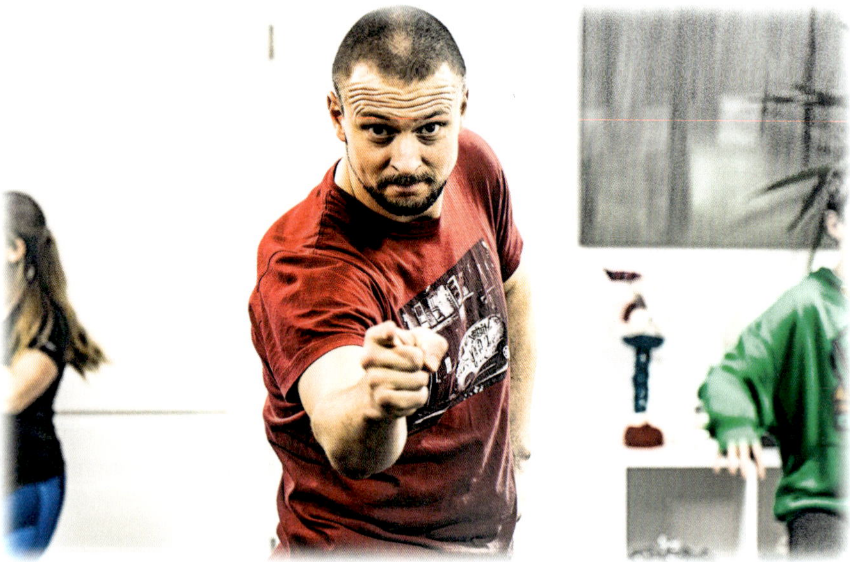

Mit diesen Themen beschäftigt sich die aktuelle Psychologie und Pädagogik sehr intensiv. Ich will diesen Diskurs nicht mit aufnehmen, sondern Impulse geben, über bestimmte Sachverhalte nachzudenken. Wenn man sich im Unterricht ganz natürlich verhält, ist man einfach so, wie man ist. Wenn man aber ein bisschen mehr nachdenkt, kommt man relativ schnell darauf, dass man gezielt steuern möchte, wie die Schüler sind. Das nennt man *Manipulation*. Und die einfachste Methode, um zu manipulieren, ist, den Schüler für das erwünschte Verhalten zu loben und für das unerwünschte Verhalten zu tadeln. Das eigentliche Ergebnis, einen motivierten, kreativen und selbstbewussten Schüler zu fördern, wird dadurch aber nicht erreicht. Warum nicht?

Lob ist subjektive Bewertung und manipulativ (Wertevorstellung)
Das Verhalten eines Menschen nach eigenen Vorstellungen zu bewerten, ist unfair und einengend. Man manipuliert (unbewusst) den Menschen nach seinen eigenen Kriterien. Kreativität entwickelt sich nur in einem Freiraum, vor allem frei von Bewertung.

Lob koppelt Leistung an die Bedingung, Lob zu erhalten und entwickelt Leistungsdruck
Leistungsbereitschaft muss durch die Motivation, die Bewegung beherrschen zu wollen, entstehen, nicht, weil ein Lehrer einen dafür lobt. Wenn der Schüler sich nur anstrengt, weil er dafür belohnt wird, was wird wohl passieren, wenn man das Lob mal vergisst oder durch die Anstrengung kein Ziel erreicht wird?

Lob macht klein
Wer viel Lob erhält, wächst nicht daran. Das Wachstum ist daran gebunden, dass es jemand „Größeren" gibt, der seine „Zustimmung" zum Wachstum gibt. Das hält die Menschen klein und gefügig.

Und genauso ist es mit dem Tadel
Jemanden für sein Verhalten zu tadeln, also eine missbilligende Äußerung zu seinem Tun oder Verhalten auf scharfe Weise zu machen, schließt den Raum, verurteilt und schränkt die weiteren Entwicklungsmöglichkeiten des Schülers in großem Maße ein.

Nicht zu loben und nicht zu tadeln, bedarf eines reflektierten Verhaltens
Also, was tun, wenn man weder loben noch tadeln sollte? Man sollte dem Schüler die Möglichkeit eröffnen, sich über sein Verhalten und die verschiedenen Wege Gedanken zu machen. Das bedeutet, dass man, statt zu loben, ermutigen und, statt zu tadeln, genauso ermutigen könnte. Ermutigung ist ein Geschenk, es benennt die Bemühungen, die ein Schüler vollbracht hat. Oder es ermutigt zu anderem/besserem Verhalten wie das, wofür man jemand tadeln hätte wollen. Dafür muss man aber wirklich deutlich wahrnehmen, was passiert und eine echte Bemerkung darüber machen, die dem Schüler sein Verhalten selbst nochmals bewusst macht.

Alternative Sätze zum Lob

- „Ich freue mich, dass du mit deinem Erfolg glücklich bist."
- „Das sieht viel besser aus als vor einer Woche!"
- „Du hast hart trainiert, um das zu erreichen! Du kannst stolz auf dich sein!"

Alternative Sätze zu Tadel

- „Dich so zu verhalten, hatte bestimmt einen guten Gedanken, jedoch kann ich ihn nicht erkennen. Sage mir, was wolltest du eigentlich?"
- „Du hast dich so verhalten. Wie, glaubst du, fühlt sich der andere dadurch jetzt?"
- „Lasse uns zusammen überlegen, wie du es anders machen kannst."

Man darf das jetzt nicht falsch verstehen. Ich persönlich bin kein „Weichspülpädagoge". Es gibt einen Grund, warum ich auch *MayorPain* genannt werde. Es gibt nicht viele Ausreden, wenn es darum geht, hart an sich arbeiten zu müssen. Das bedeutet aber nicht, dass man das fühlende Wesen in einem Schüler unterdrücken oder ignorieren sollte. Gerade im Bboying möchte man die fühlenden Anteile des Schülers doch dazu anregen, sich spielerisch, frei und kreativ mit den Unterrichtsinhalten zu befassen.

Wie hilfreich kann es dann also sein, wenn man am Ergebnis durch Lob und Tadel manipulativ wirkt? Es ist in jedem Fall besser, wenn man Alternativen aufzeigt und dazu ermutigt, stetig und unnachgiebig an einer Sache dranzubleiben, statt ständig zu bewerten.

7.4 MOTIVATION: ANLEITUNG FÜR EINEN MOTIVIERENDEN UNTERRICHT

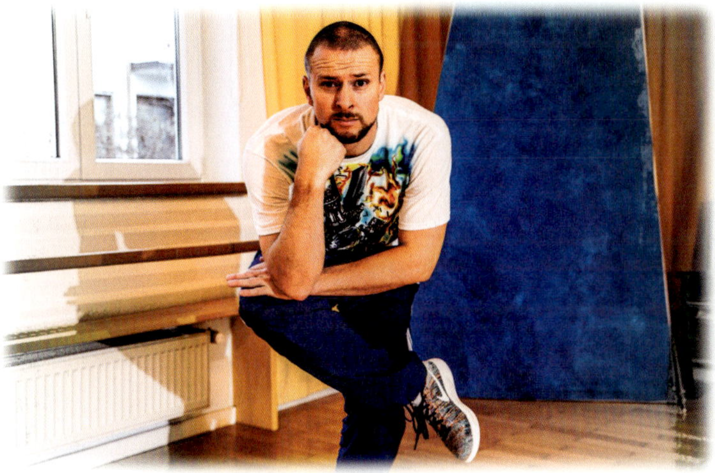

Im Break-Unterricht gibt man den Schülern ständig neue Informationen. Das freie Training ist dann der Raum, in dem die Schüler ihre neue Aufgabe versuchen, zur Umsetzung zu bringen. Dies ist die Zeit, in der man als Lehrer seine Aufmerksamkeit in Richtung aller Schüler verstärken muss. Bei diesem Training gibt es Momente, in denen man die Schüler beobachten kann, wie sie ihre Aufgabe angehen und bestenfalls meistern können. Wenn sich eine Aufgabenstellung für einen Schüler zur Problemstellung verändert, ist das von außen sichtbar. Man kann eine emotionale Veränderung oder Reaktion erkennen.

Die Idee und Strategie des Trainings im Breaken ist, dass die Schüler Methoden und Techniken entwickeln, wie sie mit den gegebenen Aufgaben selbstständig so umgehen können, dass das Training ein Erfolg wird. Wenn vom Schüler eine Methode gewählt wurde, die ihn sichtbar nicht weiterbringt, und schon eine gewisse Frustration erkennbar wird, sollte man als Lehrer in die Situation eingreifen und den Schüler bei der Lösung seiner Problemstellung unterstützen. Diese Unterstützung sollte die Wirkung haben, dass der Schüler hinterher einen Schritt weiter ist.

Der zweite, viel wichtigere Effekt sollte aber sein, dass durch die Unterstützung wieder Motivation und Arbeitsbereitschaft hergestellt ist, auch wenn der Schüler sich mit der Lösung der Aufgabe nicht sichtbar leichter tut. Hier folgen nun die häufigsten Situationen und die beispielhafte Reaktion meinerseits im Unterricht als Einstieg und Leitfaden in die motivierende Pädagogik im Breaken.

7.4.1 Technik vor Geschwindigkeit

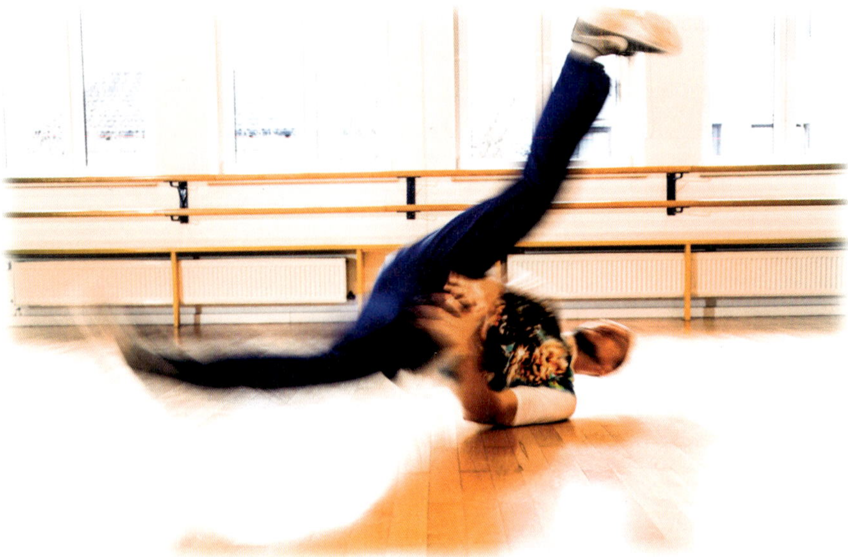

Man beobachtet einen Schüler, der den Krafteinsatz für eine Bewegung übertreibt und damit die eigentlich notwendige Dynamik, Balance und Funktionsweise des Moves zerstört. Es kommt sehr häufig vor, dass Schüler versuchen, einen neuen Move mit aller Gewalt zu forcieren. Jedoch ist die dafür notwendige Technik noch nicht etabliert, daher ist ein Scheitern vorprogrammiert. Der Schüler läuft auch Gefahr, sich fehlerhafte Bewegungsmuster anzueignen, die später dann schwer wieder wegzubekommen sind.

Oder:

Ein Schüler bekommt für einen langsamen, aber technisch sauberen Versuch (der vermutlich nur als Experiment zum eigenen Verständnis gedacht war) Anerkennung vom Lehrer und man bemerkt, dass der Schüler nicht versteht, wofür er jetzt ein Lob bekommen hat.

Beide Schüler sind in der gleichen Trainingsphase. Der eine versucht es aber mit zu viel Kraft und sollte eher experimentell und technisch orientiert trainieren. Der zweite Schüler macht alles richtig, muss aber noch verstehen, dass das langsame technische „Experiment" ihn jetzt schneller voranbringt.

Wenn ein Schüler eine Bewegung übertreibt oder experimentell nur untersucht, ist es wichtig, den Schüler abzuholen und klarzustellen, in welcher Trainingsphase er sich gerade befindet. In den zuvor genannten Beispielen wäre der erste Schüler auf dem richtigen Weg, wenn er die Bewegung erst einmal nur experimentell und langsam üben würde. Der zweite Schüler ist bei seinem langsamen Versuch auf dem richtigen Weg. Bei seiner Trainingsmethode, die er normal für die Bewegung nutzt, ist er aber eher auf dem Holzweg, da er ebenso (wie er vielleicht selbst schon erkannt hat) zurück zur langsamen und mehr experimentellen Ebene zurückkehren muss.

ERKLÄRBEISPIEL

Man bemerkt den Zustand eines Schülers oder hört die Frage des Schülers und bemerkt, dass die zuvor genannten Grundlagen das Thema sind. Hier ist man als Lehrer gefordert, sofort die Musik abzuschalten, den Unterricht und das Training zu unterbrechen und die jeweilige allgemeingültige Ansage zu machen, die sowohl den einzelnen Schüler als auch alle anderen daran erinnert, worum es geht und wie „der Hase läuft".

Ich erkläre allen die gerade beobachtete Situation und mache meine Erklärung daran fest. Ich erkläre die Bewegung für alle nochmals im Detail und gehe dann auf die Übungsmethode „langsamer, aber technisch sauberer Versuch" ein. Ich erkläre, dass man die Versuche ruhig die ersten ca. 100-mal langsam und sauber halten soll. Dies ist wichtig, um die Muskeln für die neuen Zwecke zu aktivieren. Davon wird auch das Nervensystem in Verbindung mit dem Muskelreiz für unser motorisches Gehirn angeregt. Dadurch bekommt man dann generell ein besseres Bewusstsein für die Details der Bewegung.

Wenn man zu früh zu viel Kraft und Schwung hineingibt, erhöht man nur die Anzahl der Fehlversuche, kommt aber kaum voran. Im Gegenteil, man trainiert sich im schlimmsten Fall völlig falsche und kontraproduktive Bewegungsgewohnheiten an.

Dies ist eine sehr brenzlige Situation, die mit Fingerspitzengefühl angegangen werden muss. Man darf hier allgemeingültige Aussagen treffen, sollte aber darauf achten, dass der betreffende Schüler nicht verunsichert oder gar schlechtgemacht wird.

Es ist wichtig, zu motivieren, aber auch zu ermahnen, sich vorwärts zu bewegen. In der Kürze liegt die Würze, es soll aber trotzdem alles gesagt sein.

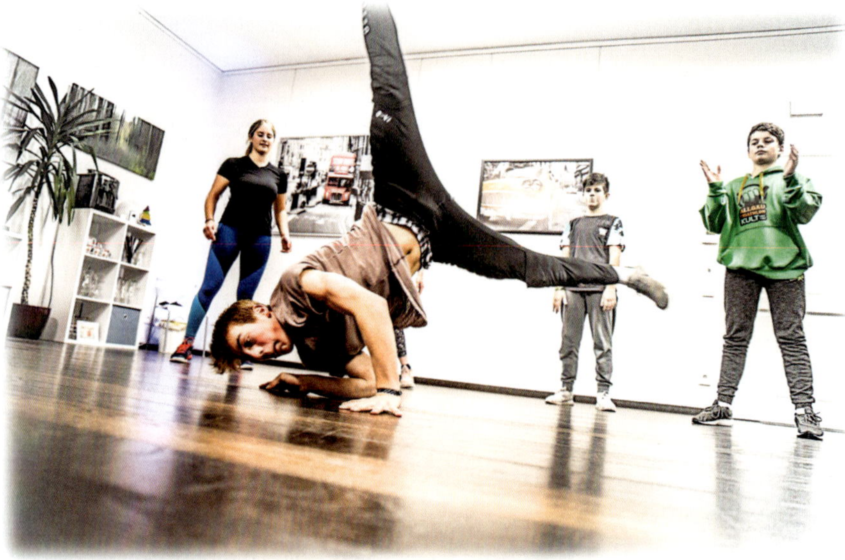

7.4.2 Wiederholungen zählen

Eine häufige Frage von Schülern lautet: „Was mache ich falsch?" Obwohl nichts falsch ist, die Bewegung aber noch nicht so klappt, wie man es gerne hätte. => Hier fehlt es oft an Kraft, Balance, Timing, Flexibilität, Geschwindigkeit, Routine oder an der richtigen Aggressivität. Dies sind alles Dinge, die erst durch viele Versuche und die richtige innere Haltung erreicht werden.

ERKLÄRBEISPIEL

Ich erzähle von meinem Training und dass auch ich oft vor den gleichen Hindernissen stehe. Ich empfehle den Schülern, sich ein Buch oder Notizheft zuzulegen, in das sie Notizen machen können. Die beiden wichtigsten Vorteile hierbei sind, dass man einerseits neue Bewegungsentwicklungen und Sets festhalten kann und dabei den Trainingsfortschritt pro Bewegung nachvollziehbar machen kann.

Wenn man dies nicht will, empfehle ich doch auf jeden Fall, einen Zettel und einen Stift mit ins Training mitzubringen. So kann man sich pro Versuch oder Runde, die man umgesetzt hat, einen Strich auf seinen Zettel machen und hört nicht auf, weiterhin zu trainieren, bis nicht wenigstens 15 Versuche dieser einen Bewegung absolviert sind.

Ich empfehle, dass man von jeder Bewegung, bei der anfangs nur ein Versuch mit einem Crash möglich ist, mindestens 30 Versuche am Stück gemacht werden müssen. Dadurch gibt man den Muskeln genügend Impulse, um eine neue Beanspruchung wahrzunehmen, damit sich die Kraft zu entwickeln beginnt. Auch der wiederholte Reiz für die Nerven und das System wird dabei so stark „getriggert", dass man in der Erholungsphase nach dem Training einen Fortschritt angeregt hat. Man darf so lange nicht aufgeben, bis man die 15 oder 30 Wiederholungsversuche absolviert hat, sonst macht das ganze Mitschreiben und das Training an sich nicht viel Sinn.

Außer, man spürt, dass die Beanspruchung für den Körper zu einer Verletzung führen kann. Dann muss man natürlich unterbrechen und macht einfach das nächste Mal weiter.

Bei der Notiz über die Wiederholungen kann man im Laufe der nächsten Trainingseinheit versuchen, insgesamt erst einmal 300 Versuche zu erreichen, bevor man zu tiefgründige Schlüsse darüber zieht, warum man wohl nicht weiterkommt. In der Regel verhält es sich zum Beispiel bei Powermoves so, dass man eher 3.000-5.000 Versuche umsetzen muss, bevor sich ein wirkliches Beherrschen und Tanzen einer Bewegung erkennen lässt.

Perfektion, Style und Routine sind allerdings erst bei ca. 10.000-15.000 Wiederholungen realistisch. Dann hat man auch flüssige Verbindungen zu vielen anderen Bewegungen entwickelt, beherrscht den Move in unterschiedlichen Variationen und hatte damit auf dem Weg schon jede Menge Spaß!

7.4.3 Durchhaltevermögen und Leidensbereitschaft aufbauen

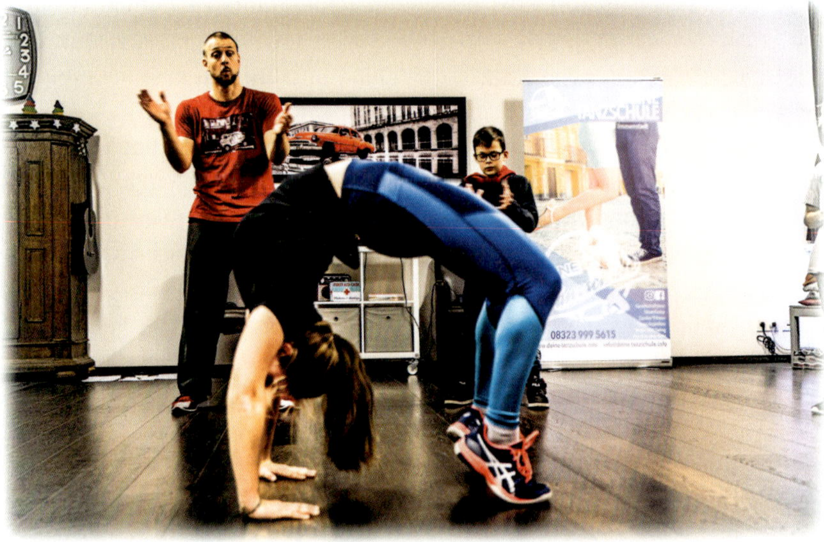

Man hat einem Schüler eine Übung gezeigt und ihm aufgetragen, diese zu üben. Dann verlässt man die Einzelsituation und beobachtet, dass der Schüler nicht übt, wie vorgegeben, sondern die Ablenkung bei und mit anderen Schülern sucht. Und nachdem man ihn 2-3-mal aufgefordert hat, dass er üben soll, tut er dennoch nur so, als ob er arbeiten würde, wenn man gerade hinsieht. => Hier fehlt es an Durchhaltevermögen, Motivation und Frustrationstoleranz. Dies sind innere, psychologische Themen, die man eventuell mit einem klärenden Gespräch in die fürs Training notwendige Bahn lenken kann.

ERKLÄRBEISPIEL

Ich lege einen Gegenstand in die Mitte des Raums und stelle mich an den Rand des Raums. Dann stelle ich die Frage, wie ich denn nun an den Gegenstand herankomme. Natürlich ist die Antwort, dass ich mich dort hinbewegen muss. Dann mache ich einen kleinen Schritt und schaue vorwurfsvoll in die Runde und sage: „Hey, das hat aber nicht funktioniert!?" Die Antwort der Schüler ist klar: „Ja, klar, du musst näher ran!" Ich mache also wieder einen kleinen Schritt und antworte wieder, dass es aber nicht stimmen kann, da ich mich ja schon bewegt habe, aber den Gegenstand immer noch nicht greifen kann.

So mache ich das eine Weile und versuche auch, ein bisschen lustig dabei zu sein. Dann erkläre ich die Situation damit, dass manche Wege, die man gehen möchte, länger, schwerer und oft auch anders sind, als erwartet. Und dass die einzige Möglichkeit, die man hat, um diese Wege zu beschreiten, einfach weitermachen ist. Auch wenn es nicht so erscheint, als ob man sich der Sache nähert! Hieraus resultiert das Frage-Antwort-Mantra, was ich mit den Schülern zum Weitermachen in **Kap. 7.3.1** schon angesprochen habe.

Hier gilt es, als Vorbild zu wirken. Man muss selbst mit den Schülern gemeinsam trainieren und selbst auch etwas üben, bei dem man scheitert, aber dranbleibt und trotz Scheitern weitermacht. Ebenso gilt es, zur Disziplin aufzurufen, die Schüler zu fördern und auch herauszufordern. Eine klare Linie vorzugeben, wie viele Wiederholungen gemacht werden müssen.

Jetzt kommen auch Trainingsmethoden zum Einsatz, die über reines Break-Training hinausgehen. Spielerische Trainingseinheiten, wie um die Wette Handstandlaufen oder Liegestütze in verschiedenen Spielweisen, Six-Step-Contest, wer die meisten Runden schafft etc. Hier sind der Fantasie keine Grenzen gesetzt. Hauptsache, die Schüler werden dazu angeregt, zu verstehen, dass es jetzt mehr Training braucht als zuvor und man eventuell auch zu Hause etwas für das Training tun kann.

7.4.4 Frustrationstoleranz

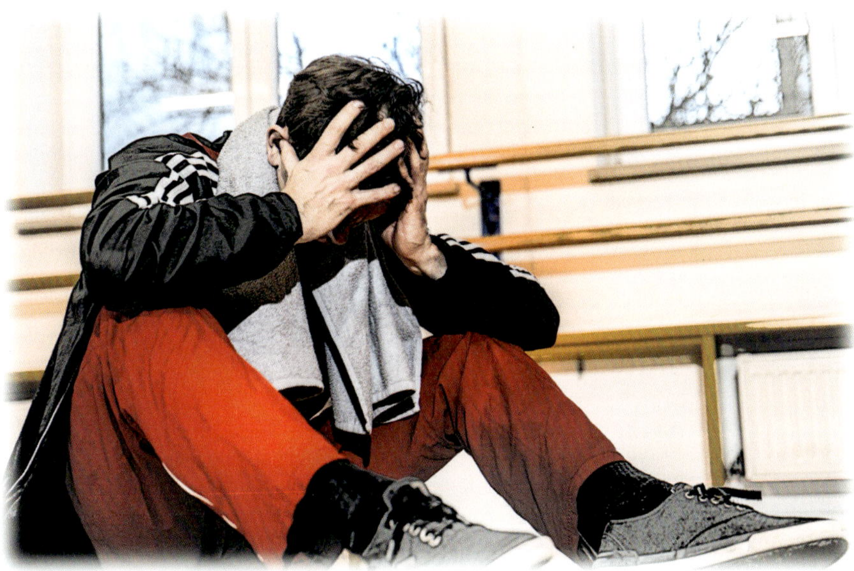

Man entdeckt einen deprimierten und traurigen Schüler, der am Rand steht oder sitzt. Und nach der Frage, ob alles klar ist und ob was nicht klappt oder ob er sich nur kraftlos fühlt, macht er unmotiviert weiter, kommt aber wieder ins Stocken.

ERKLÄRBEISPIEL

Ich erkläre, dass es Tage gibt, an denen klappt einfach nichts richtig. Man kann machen, was man möchte, es haut einfach nicht hin und man ist immer nur knapp davor, sich zu verletzen, statt voranzukommen. Jeder kennt das. Ich erkläre weiter, dass dies die wertvollsten Tage sind und dass man an diesen Tagen unbedingt konzentriert dranbleiben muss, auch wenn nichts klappt. Man trainiert die Muskeln und das Nervensystem trotzdem weiter, auch wenn man die Bewegung als Ganzes nicht weiter versteht oder besser umsetzen kann. Es ist eine wichtige „Programmierarbeit" für das ganze System, also unseren Körper und Geist.

Dann im nächsten Training, so erkläre ich weiter, geht man sowieso mit weniger Erwartungshaltung rein und beginnt mit dem Training etwas entspannter. Und dann passiert die Verwandlung, denn vieles von dem, was vorher nicht gut funktionierte, geht ziemlich leicht von der Hand und funktioniert einfach besser. Man kommt dann einen weiteren Schritt voran.

Die Essenz aus dieser Art der Erzählung ist: „Von sehr unbefriedigenden Trainingseinheiten mit Misserfolgen profitiert man im nächsten Training umso mehr! Also gilt es, in den Trainingseinheiten freudig weiter einen Misserfolg nach dem anderen zu feiern, denn das sind die Erfolge von morgen!"

7.4.5 Emotionstransfer von Aggression (≠ Wut*) in kreative Kraft

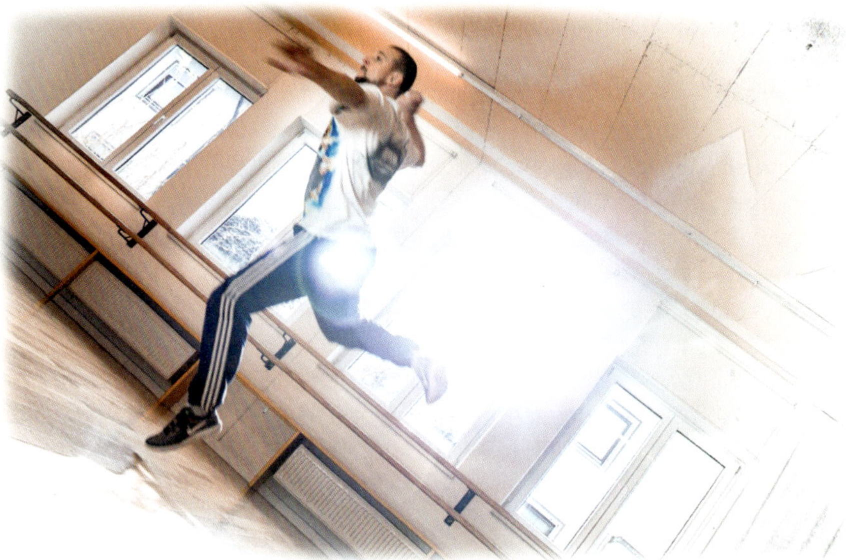

Man entdeckt einen frustrierten und wütenden Schüler, der mit seiner Niederlage, einen Powermove nicht hinzubekommen, nicht klarkommt. => Hier muss man den Transfer der Wut zu positiv wirkender Aggression schaffen, um dem Schüler zu zeigen, dass er auf dem richtigen Gefühl unterwegs ist, nur die Richtung noch nicht richtig kanalisiert ist (*s. **Kap. 2.2.3**).

ERKLÄRBEISPIEL

Ich gehe zum Schüler hin, um ihm zu sagen, dass es super ist, dass er seine Wut entdeckt hat. Ich motiviere ihn zum Weitermachen und dranzubleiben. Ich frage, was er gerade trainiert und stehe ihm zur Seite, mache direkt mit und motiviere ihn, seine Wut rauszulassen. Ich erkläre, dass er die Wut nutzen soll, um aggressiver und härter an den Versuch herangehen zu können. Es heißt schließlich POWER-Move und bedarf eines Mehraufwandes an Kraft und vor allem Entschlossenheit.

Ebenso setzt man mit Aggression die Angst außer Kraft und schärft den Fokus auf die Aufgabe. Ich feuere den Schüler an und feiere jeden Versuch, der nach mehr Kraft und mehr Entschlossenheit aussieht. Hier geht es jetzt nicht um Technik, sondern um die Motivation, sich aus seiner Komfortzone herauszubewegen, Grenzen zu durchbrechen, Neuland zu betreten und dabei Erfahrung zu sammeln, woher Kraft und Energie noch so kommen kann. Nach einigen weiteren Versuchen wird sich der Schüler schnell wieder beruhigen und etwas ruhiger werden. Dazu muss man ihm dann gratulieren und motivieren, diesen Zustand wiederholbar zu machen.

Der Lehrer muss jetzt zur Aggressivität motivieren. Auf den Schüler einreden und ihn anfeuern, wenn nicht sogar „anheizen". Am allerbesten selbst genauso hart mittrainieren und als Vorbild die eigene Aggression zeigen und ins Training legen. Wichtig ist hierbei, positiv zu bleiben und den Schüler für den Mut zur Aggression mit „High Five" oder der sogenannten *Gettofaust* belohnen. Hilfreich ist z. B., dass beim Powermove-Training darauf aufmerksam gemacht wird, dass im Wort „Powermove" das Wort „Power" für brachiale Kraft steht, die sich im Bewegen entfalten muss.

Hierbei ist das Bewusstsein wichtig, dass diese Menschen noch nie in ihrem Leben irgendetwas Vergleichbares gemacht und erlebt haben. Hier ist deren persönliche Grenze des physikalisch Möglichen gesetzt und an diese tasten sie sich nun heran. Das ist ein unglaublich spannender und gleichzeitig verrückter Vorgang.

Was hier innerlich beim Schüler geschieht, kann man mit Worten nicht mehr erklären, das muss man selbst erlebt haben, um es zu verstehen oder gar begleiten zu können. Hier teilt sich auch die „Spreu vom Weizen", wer wirklich Breaking unterrichten kann und wer nicht. Das hieraus resultierende Erfolgserlebnis, eine Bewegung dann endlich mal geschafft zu haben, ist ein Feuerwerk an Endorphinen und Adrenalin. Diese Glücksgefühle, die aus dem Erfolg aus der Aggression heraus resultieren, belohnen all die harte Arbeit und das Motivieren nachhaltig in einem Maße, wie es von außen kommend (also von jemand anderem), niemals darstellbar sein wird.

7.5 REFLEXION, FEEDBACK UND PERSÖNLICHKEITSBILDUNG

Bei all dem Training, der Motivation und der ständigen Auseinandersetzung mit seinen Stärken und Schwächen ist es wichtig, ab und zu darüber nachzudenken und darüber zu sprechen. In der Bboy-Welt sind das die heiligen, oft auch sehr humorvollen philosophischen Gesprächsrunden im Döner- oder Burgerladen um die Ecke, nach einer Trainingssession oder einem Battle. Dass dies gehaltvolle Reflexionsrunden sind, ist den teilnehmenden Mädels und Jungs dabei meist nicht klar bewusst.

Trotzdem erfüllt es genau den Zweck des Austauschs auf intellektueller Ebene. Es wird hier nicht nur unbewertet kommuniziert, sondern oft auch klar und deutlich hervorgehoben, was man beobachtet hat und wie man das Erfahrene erlebt hat. Das ist dann das Feedback, das vor allem für die jüngeren, noch etwas unerfahrenen Breakerinnen und Breaker so wichtig ist.

Auf diese Weise bekommen Crews ihre innere Stärke, werden selbstsicherer und es dient der Persönlichkeitsbildung aller.

7.5.1 Reflexion mit Schülern

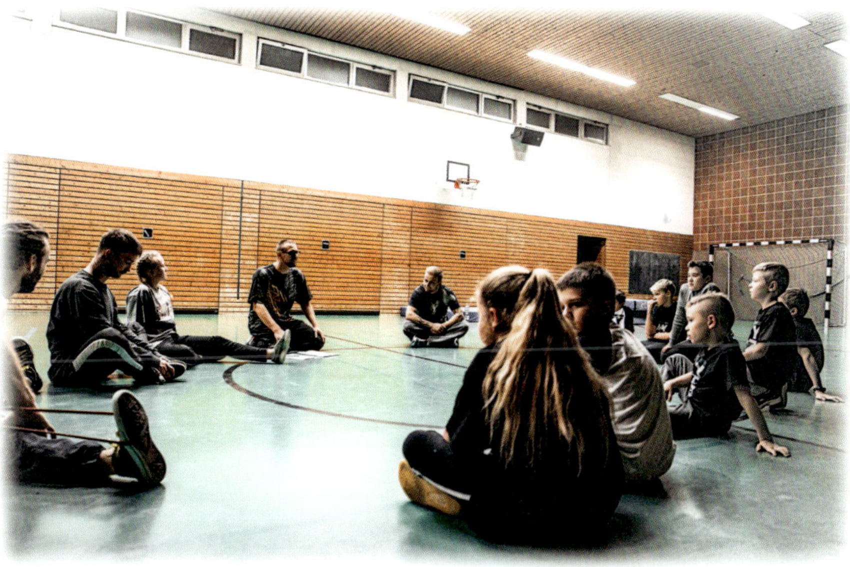

Dies ist die zwischen Schülern und Lehrer oder innerhalb eines Teams/einer Gruppe stattfindende Kommunikationsform, die auf ein bestimmtes Thema gerichtet ist. Der Ausgangspunkt einer Reflexion ist eine Situation, Aufgabe oder Arbeit aus dem gerade zuvor absolvierten Training. Dabei kann der Leitfaden aus maximal drei Impulsfragen bestehen, die der Lehrer oder das Team für sich findet. Die Zielsetzung einer Reflexion ist das weiterverknüpfende Nachdenken und Vergleichen vergangener Situationen mit Bekanntem und neu Erfahrenem. Sie soll den Raum öffnen, die neuen Erfahrungen selbstständig weiterentwickeln zu können.

Dabei lässt man den einzelnen Schüler oder die ganze Gruppe das, was gerade trainiert wird, mit eigenen Worten umschreiben und erklären. Man fragt sowohl nach Schwierigkeiten und Hindernissen als auch nach Erfolgen und positiven

Einschätzungen. Am Ende kann man eine Erklärung oder einen Tipp geben, um einen Ansatz zu finden, an welcher Stelle man ansetzen kann, um die Moves weiterzuentwickeln.

Bei älteren, reiferen Schülern kann man den Tipp oder die Erklärung auch aus dem Schüler selbst herausholen. Hierfür lenkt man die Schüler mit Fragen dazu, lösungsorientiert zu denken und verschiedene Situationen selbstständig zu „überlegen", also übereinanderzulegen, um sie von verschiedenen Blickwinkeln aus zu betrachten.

Es geht um das Nachdenken, Überlegen und Befragen der aktuellen Bewegung oder Situation und nicht um die Bewertung und das Urteil über etwas. Das höchste Gebot in der Reflexion ist, wertfrei und urteilsfrei zu bleiben und auch die Schüler dazu zu ermutigen. Man hat für eine positive Grundstimmung zu sorgen und Freiraum zu geben. Hierbei gibt es ein paar Regeln:

1. Keine Ja-/Neinfragen ➜ sie schließen den Raum für weitere Gedanken.
2. Keine emotionale Situation besprechen ➜ das wäre ein therapeutischer Ansatz.
3. Die Bewusstmachung der intuitiven Seite durch klare Analyse ➜ es hilft, um eine weitere Verknüpfung zu finden, welcher man sich noch nicht bewusst war.
4. Die Antworten sollten immer mit „Ich ..." beginnen und sich auf einen bestimmten Themenbereich beziehen, z. B.:
    - Ich und mein Bewegen und Tanzen.
    - Ich und meine Kreativität.
    - Ich und mein Lernen.
    - Ich und die anderen.

Eine Reflexion kann man entweder zu Beginn der Stunde oder einer Übungsphase mit Eröffnungsfragen einleiten, die am Ende oder nach der Übungsphase zusammen besprochen werden. Oder man stellt für die Reflexion eine Abschlussfrage. Für einen langfristig erfolgreichen Unterricht ist die Sozialkompetenz des Einzelnen von großer Bedeutung. Was bedeutet, dass eine gewisse Persönlichkeitsbildung im Unterricht geschieht und gefördert werden sollte. Reflexion ist der Schlüssel zur Persönlichkeitsbildung, denn über sein Handeln bewusst nachzudenken, verhilft dem Menschen zu besserem Verständnis über den Sachverhalt und sich selbst.

Generell gilt deshalb:

- Ohne Sprache keine Reflexion.
- Ohne Reflexion keine Entwicklung der Sprache.
- Ohne Sprache und Reflexion => keine Persönlichkeitsbildung.

7.5.2 Feedback

Ein *Feedback* ist meist nur zwischen zwei Personen oder von einer Person an eine Gruppe gerichtet. Voraussetzung ist eine Fragestellung. Dabei ist der Fokus auf folgende Aufgabe gerichtet:

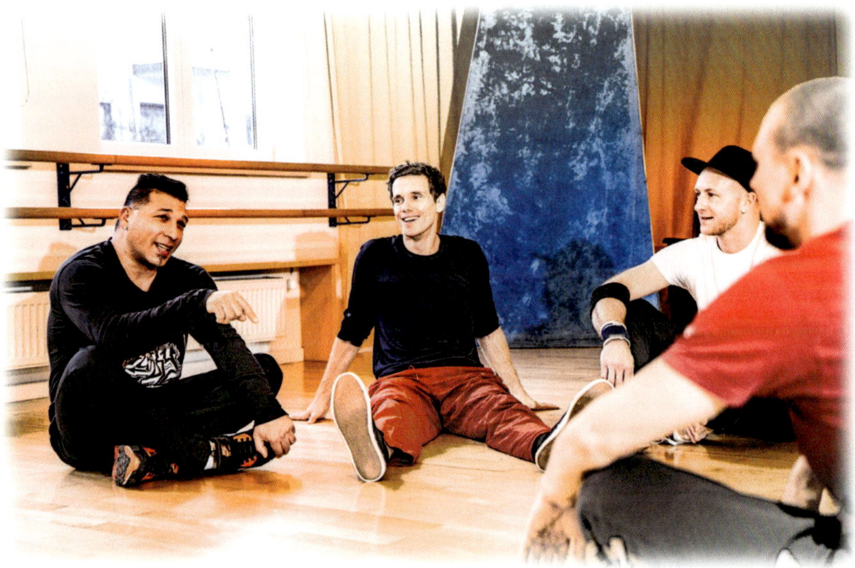

Ich schenke dem anderen meine Wahrnehmung als Antwort auf eine Frage, die er/sie/die Gruppe an mich gerichtet hat.

Eine gewisse Aufrichtigkeit und Ehrlichkeit ist dafür die Voraussetzung, doch die Gelegenheit sollte nicht dazu genutzt werden, sich über den anderen einmal richtig „auskotzen" zu können. Man sollte sich seiner Verantwortung bewusst sein, denn durch ein ernst gemeintes Feedbackgespräch können tief greifende Änderungen angeregt werden. Das Feedback ist als Geschenk zu betrachten und darf niemals in einem Streit enden. Es ist ein Gefallen, den der Befragte dem Fragenden tut:

„Ich schenke dem anderen meine Wahrnehmung zur Frage, die an mich gerichtet wurde. Mein Feedback ist ein Geschenk und muss auch als solches wertgeschätzt werden, auch wenn es sich manchmal für einen selbst verletzend anfühlt."

Ein Feedback sollte man nur erfragen, wenn man ernst gemeinte Gründe dafür hat. Genauso sollte man ein Feedback nur geben, wenn man eben solche beim anderen erkennen kann. Feedback zu geben, ist eine Hilfe. Ungefragt Feedback zu geben, ist eine Meinungsäußerung und kann schwere persönliche Auseinandersetzungen auslösen.

Wenn man allerdings ein ernst gemeintes Feedback bei einer Person erfragt, die einem nicht positiv gestimmt zu sein scheint, muss man sich darauf einstellen, dass die Person das auch als Möglichkeit nutzen könnte, einen zu verletzen. Dennoch ist in diesem Feedback oft mehr Wachstumspotenzial für einen selbst, als in einem Feedback einer Person, die einem positiv gesinnt ist.

7.5.3 Reflexion des eigenen Unterrichts

Am Anfang einer Unterrichtsstunde liegt im Allgemeinen die Vorbereitung. Die Idee, die man an die Schüler weiterzugeben versucht. Die Idee der Umsetzung mit der möglichst sinnvoll geklärten Methodik und Didaktik. Man sollte jede Stunde ein Thema für alle Schüler zum gemeinsamen Üben haben und dieses möglichst differenziert sich selbst erklären können. => Jetzt geht es los und der Unterricht kann stattfinden. Juhu!

Nach dem Unterricht ist nicht einfach alles vorbei und man kann die nächste Stunde einfach vorbereiten. NEIN. Jetzt muss man erst einmal überprüfen, was man vorhatte, zu zeigen und zu erklären und wie die Schüler einzeln damit umgegangen sind und wo sie durch meinen Unterricht angekommen sind. Diese sogenannte *Nachüberlegung* ist grundlegend für eine qualitative Verbesserung des Unterrichts und für alles, was man sich an Fähigkeiten noch versuchen sollte, anzueignen. Bei der Reflexion in einer Gruppe geht es immer um das ICH, das WIR und die SACHE.

7.5.3.1 Mögliche Punkte einer allgemeinen Nachüberlegung (nach der Unterrichtsstunde)

- Bin ich mit der Unterrichtsstunde allgemein zufrieden?
- Ist es mir gelungen, auf jeden einzelnen Schüler einzugehen?
- Habe ich das vorbereitete Thema zu einem zielführenden Training gebracht? (oder auch woanders hin?) Woran wird dies deutlich?
- Welche Schwierigkeiten/Störungen tauchten auf und welche Gründe könnten diese haben?
- Konnte ich meinen Plan umsetzen? Warum? Warum nicht?
- Wie war die Reaktion und das Verhalten der Schüler und der Gruppe?
- Welche Nachwirkungen konnte ich beobachten?

7.5.3.2 Mögliche Punkte einer persönlichen Reflexion

- Habe ich den Überblick behalten?
- Erfolgte eine Lenkung oder das Dirigieren meiner Entscheidungen durch die Schüler?
- Wurden Gruppensituationen/Bedürfnisse der Schüler von mir aufgegriffen?
- Gab ich genug Hilfestellung?
- Bevorzugte oder benachteiligte ich Schüler?
- Zeigte ich Flexibilität?
- War ich ein angemessenes Modell für die Schüler? Lebte ich das, was ich erreichen wollte, auch selbst vor?
- Wie ging es mir selbst dabei?
- Wie waren meine Vorbereitungen, meine Sprache, mein Verhalten den Schülern gegenüber?
- Konnte ich Kontakt zur Gruppe herstellen oder eher nicht?
- Welche Auswirkungen hatten mein Befinden oder mein Verhalten auf den Verlauf der Stunde und auf die Schüler?

7.5.3.3 Folgen und Konsequenzen

- Was muss ich aufgrund meiner Beobachtungen und Überlegungen bei weiteren Beschäftigungen beachten?
- Was nehme ich mir persönlich vor?

Wenn ich bereit bin, meine Arbeit mit einem fragenden Blick zu betrachten, werde ich feststellen, dass es immer etwas zu tun gibt. Niemand ist perfekt und das ist auch gar nicht wichtig. Allein die Sicht aus verschiedenen Blickwinkeln eröffnet mir schon Chancen, etwas zu lernen.

Die Informationen, welche man durch die Reflexion mit den Schülern bespricht, sind nicht nur für deren Persönlichkeitsbildung hilfreich, sondern helfen dem Lehrer bei seiner eigenen Reflexion des Unterrichts.

Wer nicht bereit ist, seinen Unterricht anzusehen und zu verändern, wird sich über kurz oder lang von seinem Trainer- oder Lehrerberuf verabschieden müssen, da es irgendwann den Reiz verloren hat, nur Anfänger zu unterrichten. Fortgeschrittene Gruppen, mit denen man aufwendigeren Unterricht und interessantere Routines betreiben kann, bleiben einem nämlich nur langfristig erhalten, wenn der Unterricht sich (genau wie die Schüler) ständig weiterentwickelt und interessant bleibt.

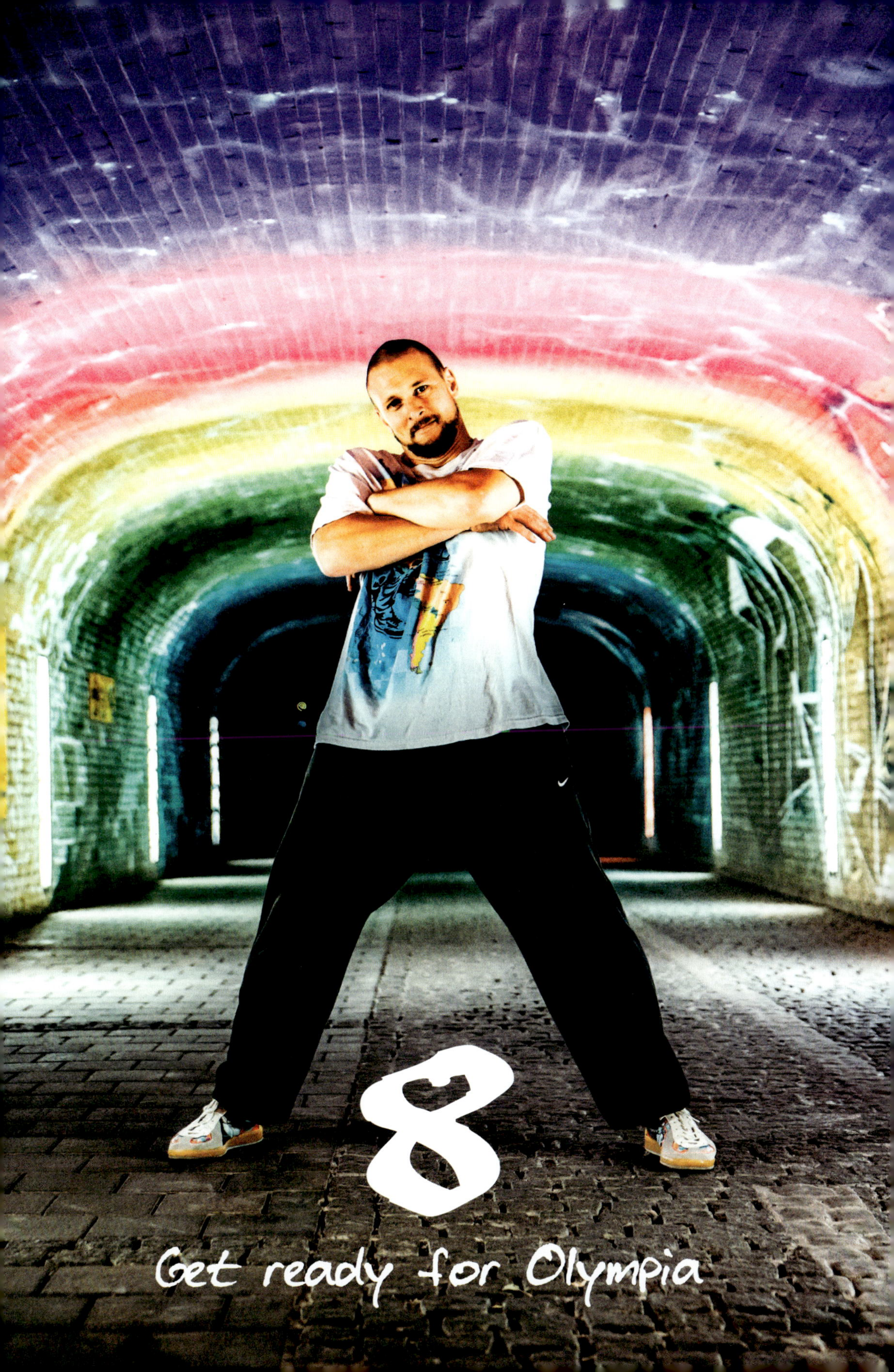
8
Get ready for Olympia

8 Get ready for Olympia

Herzlich willkommen im professionellen Arbeiten und Trainieren. Hier geht es jetzt, neben dem ganzen Spaß am Tanzen, um die professionelle Passion, sich diesem außerordentlich artistischen und überdurchschnittlich anspruchsvollen Tanzstil voll und ganz zu widmen. Wir sprechen hier von Dimensionen, die dem Schwierigkeitsgrad der olympischen Turndisziplinen in nichts nachstehen. Viel mehr noch: Es geht zusätzlich um Attitude, Ausdruck und Style. Die authentische Darstellung der eigenen Persönlichkeit im Tanz und des kreativen Ideenreichtums.

Das Training muss sich also stark den zusätzlichen Ansprüchen anpassen. Zusatzaufgaben, wie Beweglichkeits-, Ausdauer- und Krafttraining, müssen in den Alltag integriert werden. Die Ernährung, das Schlafpensum und die Disziplin, alle diese Punkte ins Leben einzupassen, ist die erste Herausforderung hierbei. Da es ganz wenige Tänzer gibt, die nur vom Tanzen leben können, muss dadurch auch der Tagesablauf, neben der Arbeit, Unterrichtsstunden oder Studium, an die Zusatzbelastung angepasst werden. Jetzt wird das Trainieren professionell.

8.1 ERWEITERTE TRAININGSKONZEPTE

In **Kap. 3.4** habe ich die Trainingskonzepte für den Unterricht schon einmal erklärt. Nun muss man diese Konzepte nicht nur in das Training zu integrieren, sondern daraus ein separat fokussiertes Training pro Konzept gestalten.

Ein waschechter Bboy ist meist schon fit genug, um 2-3 Stunden Training durchzuhalten. Ebenso ist er kreativ genug, um auch im normalen Training Neues entwickeln zu können. Die Bewegungen viele Male zu üben, ist ganz typischer Trainingsalltag und das Tanzen und Breaken macht sowieso immer Spaß.

Jetzt geht es einen Schritt weiter. Man muss in den einzelnen Disziplinen seine Grenzen erweitern und aus der Komfortzone springen. Das geht nur durch eine intensivere Beschäftigung mit den einzelnen Teilbereichen und durch härteres Training. Es ist nämlich eine wahnsinnige Herausforderung, auf einem Battle über mehrere Stunden hinweg befähigt zu sein, jederzeit 180 % Leistung von „jetzt auf gleich" spontan abrufbereit zu haben. Hierauf bereiten wir uns jetzt vor!

8.1.1 The School: Lernen/Üben/Move-Training

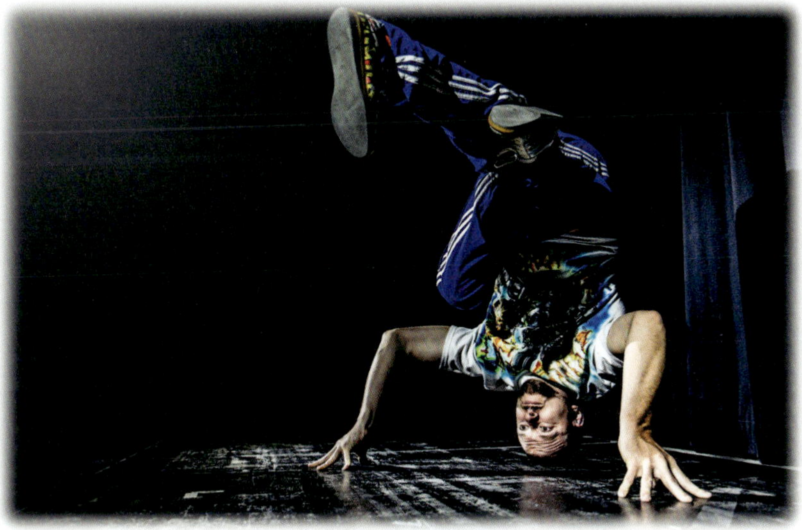

Sobald man vorhat, auf Battles zu gehen, ist man sich bestens darüber im Klaren, dass es immer etwas zu trainieren oder zu verbessern gibt. Niemand beherrscht alle Moves und Styles komplett. Für die Styler, also diejenigen, die eher in Styles und Footworks fleißig und erfolgreich sind, gilt es, in den Powermoves weiterzukommen. Für die Powermover ist es genau andersherum. Die Übungsfelder sind vielfältig und oft unübersichtlich.

Ich möchte hier eine kleine Vorsortierung vornehmen, um beim Training eine Hilfestellung bieten zu können. Bei diesem Training sind immer folgende Punkte im Fokus: **Basics – Technique – Balance – Momentum – Timing – Flow – Speed!**

Powermoves

Übungsfeld 1
Lernen und Training der Basics eines einzelnen Powermoves.

Übungsfeld 2
Training verschiedener Variationen des Powermoves.

Übungsfeld 3
Training der Übergänge von und zu anderen Powermoves, ausgehend von dem, der im Fokus steht.

Übungsfeld 4
Training der steigenden Anzahl der Wiederholungen des Powermoves und seiner Variationen.

Styles und Footworks

Übungsfeld 1
Lernen und Training einer einzelnen Footwork-Bewegung.

Übungsfeld 2
Training verschiedener Variationen der Footwork-Bewegung.

Übungsfeld 3
Training von Übergängen von und zu einer anderen Footwork-Bewegung.

Übungsfeld 4
Training von Richtungswechseln in der Footwork-Bewegung.

Blow-ups

Übungsfeld 1
Training von Verbindungen zwischen Powermoves und Footworks als Blow-ups in Style-Variationen.

Übungsfeld 2
Training von Powermoves und Footworks in Kombination.

Die Voraussetzung für dieses Training ist ein umfangreiches Warm-up und die Bereitschaft und Motivation, an seine Grenzen und darüber hinaus zu gehen. Man muss bereit sein, ein und dieselbe Bewegung viele Male zu wiederholen und auch, wenn die Kraft ausgeht, dranzubleiben und die Übung fortzusetzen.

Zuvor habe ich schon einmal beschrieben, dass, wenn die Kraft nachlässt, kommen die statischen Positionen und besseren Hebel im Körper zum Vorschein und verändern die Bewegung nochmals zum Positiven. Dafür muss man aber so lange trainieren, bis die Kraft nachlässt. Und das kann manchmal ein sehr langer und harter Weg sein.

Klar ist, dass man mit allen Bewegungen die Technik, die Balance, den Schwung, das Timing, den Flow und die Geschwindigkeit sicher und fehlerfrei beherrschen muss. Denn eine ungeschriebene Regel ist, dass man bei einem Battle einen ganzheitlichen Bewegungsablauf fehlerfrei darstellen muss, um positiv bewertet zu werden. Wenn man sich Fehler oder Patzer erlaubt, wird es vermutlich für das ganze vorgetragene Set eine Art Punktabzug geben. Einer der Schlüssel ist also, keinen Fehler zu machen, statt etwas zu wagen, was dann in einem Crash endet. Will nicht heißen, dass man im Battle nicht über sich hinauswachsen darf, von diesem oft nur temporären Höhenflug darf man im Training aber nicht ausgehen.

8.1.2 The Laboratory: Kreative Arbeit

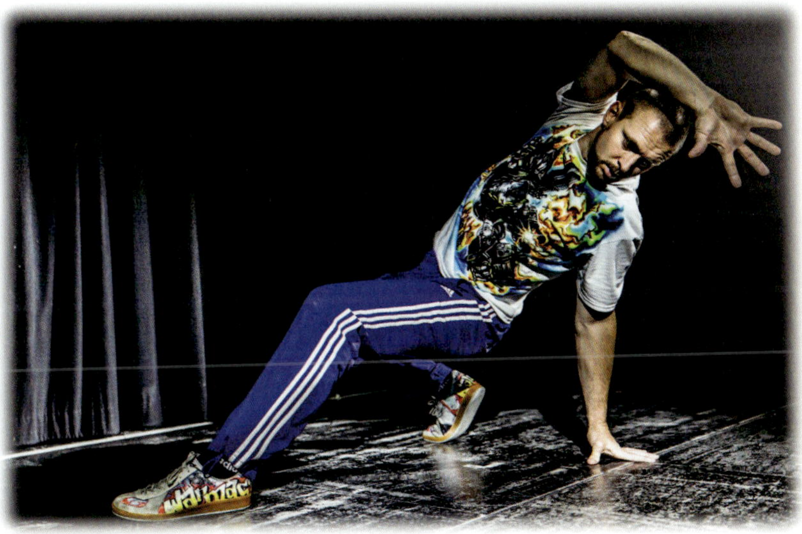

Wenn man einmal das Konzept des Bboyings verstanden hat, hat man auch verstanden, dass es nicht nur um das Nachvollziehen von Grundlagen-Moves und bekanntem Bewegungsmaterial geht. It's all about style – will sagen: Die Individualität, „WIE" man etwas macht, bekommt mit der Zeit eine immer größere Bedeutung.

Wenn man Basic-Moves bereits beherrscht, geht es darum, diese abzuwandeln, ganz eigene Konzepte daraus zu machen und durch kreative Arbeit seinen Erfindergeist in seinem Tun zu verarbeiten. Hierfür muss auch verstanden sein, was mit „Beherrschen" eigentlich gemeint ist.

Die Definition des *Beherrschens* liegt in den zuvor genannten Fokussierungen Basics, Technique, Balance, Momentum, Timing, Flow und Speed. Erst wenn man befähigt ist, all diese Einzelteile so umzusetzen, dass man sie auch manipulieren und verändern kann, ist man so weit, dass die kreative Arbeit wirklich losgehen kann.

Das Verändern der Polaritäten Kraft, Weg und Geschwindigkeit verändert eine Bewegung oft so stark, dass sie zu etwas völlig Neuem werden kann und mit der ursprünglichen Grundlage nur noch verwandt ist. Auch die Veränderung der Balance oder der dreidimensionalen Position des Körpers im Raum bringt völlig neue Aspekte hinzu. Durch das kreative Spiel mit den Bewegungen kommt es auch schnell zu neuen Schöpfungen und Kreationen, die vielleicht zuvor noch gar nicht bekannt waren.

Das Laboratory ist das Finden von Variationen, eigenen Kreationen oder gänzlich neuem Bewegungsmaterial. Zu bedenken sei hier noch, dass die größten Erfindungen oft Fehler oder Abfallprodukte von Versuchen mit ganz anderer Zielsetzung waren. Daher ist auch die Fehleranalyse ein wichtiges schöpferisches Kriterium. Für die kreative Arbeit gibt es also viele Herangehensweisen. Nachfolgend eine Aufzählung der mir bekannten und gebräuchlichsten Methoden im Breaking.

8.1.2.1 Bodystorming

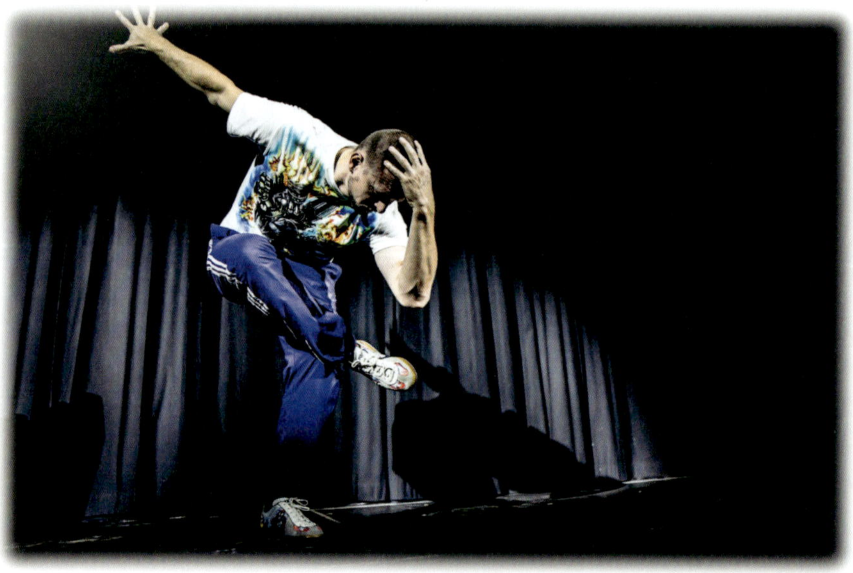

So, wie beim Brainstorming, also dem Heraussagen oder -schreiben aller Gedanken, die einem zum Thema einfallen, läuft es auch beim *Bodystorming*. Man bewegt sich völlig frei und unkontrolliert, nach Lust und Laune. Was auch immer aus dem Körper für Bewegungen herauskommen, man lässt alles zu und führt es aus.

Die Wiederholbarkeit der aufkommenden Bewegungen ist die schwierigste Aufgabe dabei. Man muss geistig in die Position des Beobachters gehen und genau beobachten, was man tut. Die schnelle Reaktion, es sich zu merken, wenn etwas auffällt, was einem gefällt, um damit arbeiten zu können, ist die Herausforderung. Es kann hilfreich sein, dabei eine Kamera mitlaufen zu lassen, da in kurzer Zeit sehr viel aufkommen kann. Somit kann dies zwar eine der ergiebigsten Methoden sein, es ist allerdings auch die komplexeste.

Voraussetzung hierfür ist ein geschützter Raum. Das bedeutet, dass man entweder einen freien Raum hat, in dem niemand oder nur Menschen sind, vor denen man sich frei fühlt. Oder man schafft es, in sich einen geschützten Raum zu finden, in dem man sich nur nach innen orientiert und die äußere Umgebung abschaltet. Ganz mit sich allein in sich oder in einem geschützten Raum, ohne Bewertung von außen, lässt es sich am leichtesten arbeiten. Eigene emotionale Reaktionen bei sich selbst wird es sowieso geben! Daher ist es leichter, nur mit seiner eigenen Emotion konfrontiert zu sein und nicht von außen auch noch gestört, abgelenkt und beeinflusst zu werden.

Dennoch ist es auch wichtig, dass man sich daran gewöhnt, sein ganz eigenes, freies, ungehemmtes Bodystorming auch vor anderen Menschen vollziehen zu können. Bei Battles hat dies einen sehr großen Mehrwert, wenn man ganz frei und unbekümmert mit spontan entstehenden Bewegungsinspirationen vor den Judges und dem Publikum spielen kann. Es erweitert einfach die sichtbare Vielfältigkeit des Tänzers und wird als Qualität bewertet.

Man kann die Bboys, die sich das zur Aufgabe gemacht haben, oft daran erkennen, dass sie ihr Baseballcap tief ins Gesicht gezogen haben oder die Kapuze über dem Kopf haben. Wenn diese in den Kreis gehen, starten sie im Top-Rock auch oft mit einer Handbewegung, die das Gesicht verdeckt oder die Mütze/Kapuze tiefer ins Gesicht zieht. Das ist ihr Ritual, sich auf die Musik einzulassen, kurz in sich zu gehen und ihrem Bodystorm freien Lauf lassen zu können.

8.1.2.2 Spielen mit Polaritäten

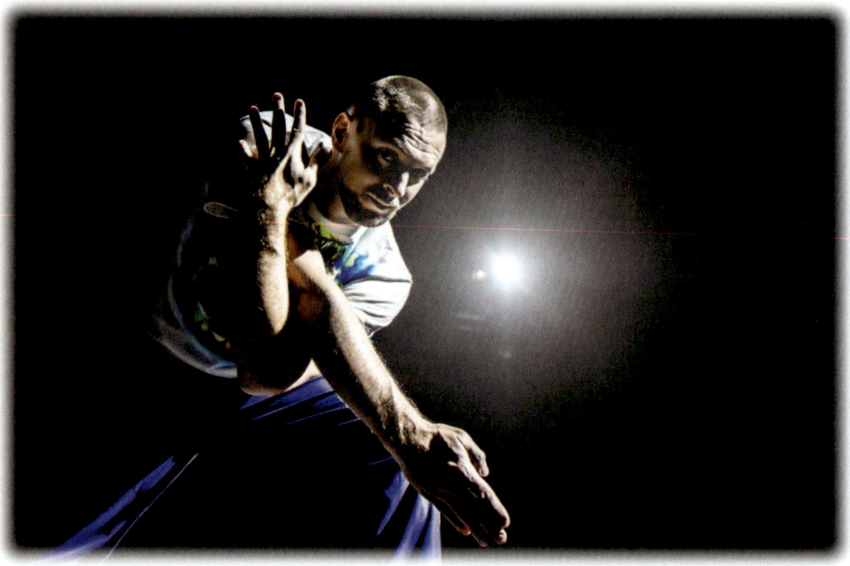

Die Polaritäten im Tanz sind in den Bewegungsstudien von Rudolf von Laban (*1879-1951) vor über 100 Jahren schon entwickelt und etabliert worden. Es ist, einfach gesagt, die Definition von verschiedenen Eckpunkten, um Bewegung definierbar und sprachlich benennbar zu machen. Drei der ausschlaggebenden Polaritäten der Bewegung sind:

Weg – Kraft – Zeit

Wenn man bei einer Bewegung nun einen dieser Eckpunkte verändert, verwandelt sich die gesamte Bewegung.

Beispiel:

Weg: direkte Bewegung (gerade) vs. indirekte Bewegung (z. B. kurvig).

Kraft: starke Bewegung (z. B. Abspringen) vs. leichte Bewegung (z. B. Schweben).

Zeit: schnelle Bewegung (z. B. Stoßen) vs. langsame Bewegung (z. B. Drücken).

Die Polaritäten und Richtungen bei schon bekanntem und geübtem Bewegungsmaterial/Moves wurden durch das Training gefestigt und einstudiert. Durch das

Spiel mit den Polaritäten bricht man das gelernte System wieder auf, um darin noch tiefer liegende Möglichkeiten zu suchen. Nun folgen einige Beispiele, wie man Veränderungen herbeiführen kann, um sein Bewegungsmaterial experimentell und spielerisch zu untersuchen, ohne dabei wie beim Bodystorming völlig leer und blank zu beginnen.

Weg

Der Weg definiert sich in oben, unten, rechts, links, vorn und hinten. Ebenso zählen alle dazwischen liegenden Diagonalen und die Bewegungen entlang dieser Linien oder auf den Ebenen. Sinken und Aufsteigen ist ein Prinzip innerhalb dieser Arbeit.

Raumwege

Man sucht sich einen Move aus, den man gewohnt ist, auf einer Stelle im Kreis zu vollziehen. Dann nimmt man sich eine Richtung vor, in die man sich mit diesem Move durch den Raum bewegen möchte. Nun versucht man, sich durch die Bewegungen des ausgesuchten Moves den Weg durch den Raum zu bahnen. Klingt simpel, kann es auch durchaus sein, ist aber langfristig eine echte Bereicherung des Tanzens, da man in Battles auch bewertet, wie gut der Bboy den gegebenen Raum einnimmt und nutzt.

Ebenen

Eine weitere räumliche Veränderung ist die Ebene. Man kann Moves in der Hocke oder im Stand versuchen. Genauso kann man auch dabei liegen und mit den Füßen, statt um die am Boden stehenden Hände zu gehen, um den am Boden liegenden Oberkörper herumgehen. Ein Beispiel wäre hier der Six-Step. Diesen kann man im Stehen, in der Hocke oder am Boden liegend umsetzen. Jede Variation ist dabei wiederum eine Wegkreuzung, um sich von dort aus in völlig andere Richtungen weiterzuentwickeln.

Kraft

Der Versuch, bestimmte Bewegungen zu verändern, startet oft mit der Veränderung der hier genannten Polaritäten. Interessant wird es, wenn man bei starken oder kraftaufwendigen Bewegungen versucht, andere Wege zu finden, um diese mit anderen „Motoren", beziehungsweise Kraft- und Schwungquellen, trotzdem umsetzbar zu machen.

Es kann durchaus sein, dass man dafür bereit sein muss, sein gesamtes Konzept des Tanzens und der Übung der einzelnen Bewegung zu hinterfragen. Diese Herangehensweise ist oft damit verbunden, dass man in andere Tanztechniken, wie in den Contemporary oder ins Ballett, hineinschnuppern muss, um der Sache auf den

Grund zu gehen. Empfehlen würde ich den Ausflug in andere Tanztechniken sowieso. Das erweitert allgemein das Wissen über Bewegen und Tanz und vergrößert das Bewegungsspektrum.

Zeit (Geschwindigkeit)

Manche Bewegungen kann man erst gar nicht langsam machen. Zum Beispiel ist es fast unmöglich, einen Salto in Zeitlupe zu springen. Hier setzt die Physik (Schwerkraft) ihre Grenzen. Dennoch kann man aber zum Beispiel die Flugzeit durch höheres oder weiteres Springen erhöhen, um durch die längere Flugzeit den Salto oder Gainer etwas verzögerter vollziehen zu können.

Bei Footworks ist die Geschwindigkeit ein sehr wichtiges Kriterium. Denn die Musik hat einen Rhythmus, dieser Rhythmus hat eine bestimmte Geschwindigkeit. Wenn man seine Variationsfähigkeit in der Bewegungsgeschwindigkeit während des Tanzens erweitert, dann kann man seine Schritte und Moves viel effektvoller einsetzen. So werden einfache Bewegungen zu sogenannten *Beatkillern*. Sie zeigen, dass der Tänzer die Musik hört, darauf eingeht und es beherrscht, mit ihrer Bewegungsgeschwindigkeit zu spielen.

Killing the Beat oder, politisch korrekt ausgedrückt, *Hitting the Beat*, bedeutet, dass man seine Schritte, Kicks und Bewegungen exakt auf die Taktschläge der Musik abstimmt und damit wirklich zum Instrument wird. Dies ist ein wichtiges Kriterium für Battles. Allerdings muss man sich eingestehen, dass diese Fähigkeit zu den Königsklassen im Breaken gehört! Wenn man seine Moves voll und ganz auf die Geschwindigkeit und Variation der Töne und Rhythmen in der Musik anpassen kann, hat man sich von allen Gedanken und Hemmungen befreit und schwebt sowieso auf einer anderen Ebene. Dies ist das hohe Gebet des Breakens, die Meditation des Tanzes, das Atmen des Beats – Extase ...!

8.1.2.3 Spielen mit Prinzipien

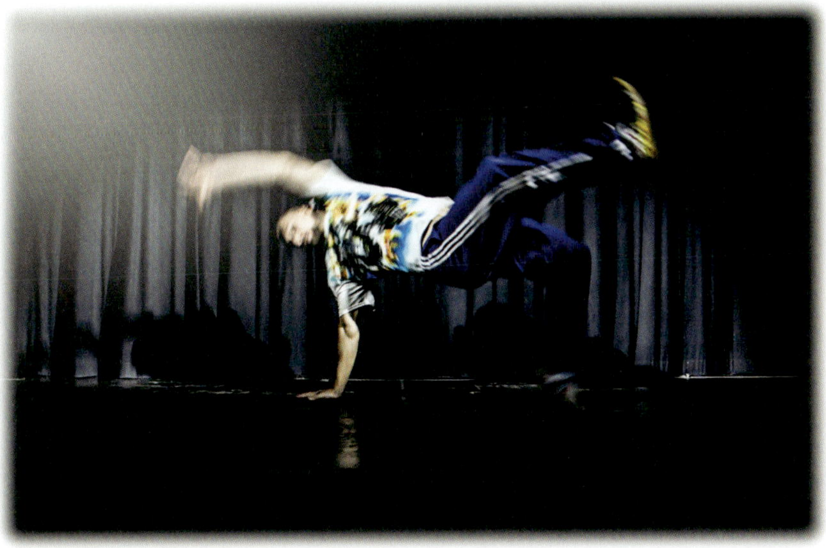

Es gibt im Breaken Bewegungsprinzipien, die zuvor schon in Kap. 6.4 beschrieben worden sind. Um seine Laboratory-Arbeit noch vielfältiger zu gestalten, verwendet man Prinzipien, die alleine gar kein Move oder keine Bewegung an sich sind. Es sind Add-ons, also hinzugefügte Haltungen oder Bewegungsstrukturen, die einen erhöhten Schwierigkeitsgrad mit sich bringen und damit einen Move nochmals „veredeln" und erweitern können. Hier einige Beispiele für das Einfügen und Anwenden von zusätzlichen Prinzipien zu bekanntem Bewegungsmaterial.

Figure 4

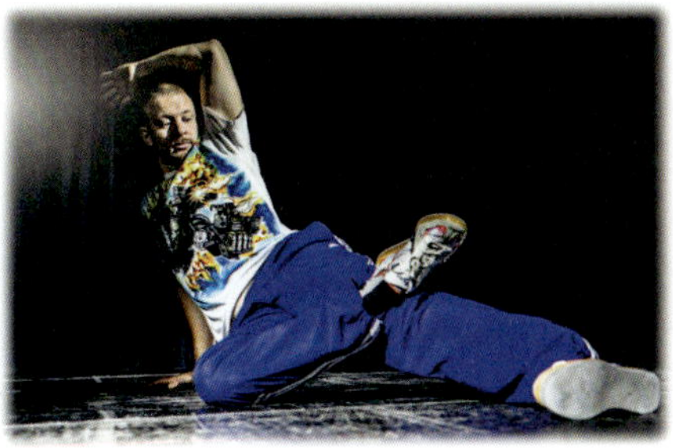

Es ist das Auflegen des Schienbeinbereichs kurz vor dem Sprunggelenk des einen Beins auf die Oberschenkelfläche oberhalb der Kniescheibe des anderen. Bei der Betrachtung der Beine kann man damit die Zahl 4 erkennen. Wenn man diese Haltung in verschiedene Bewegungsstrukturen einarbeitet, werden sie zu etwas Neuem. Dies erfordert, dass man den Move mit diesem Add-on auch noch mal speziell trainiert.

Figure 8

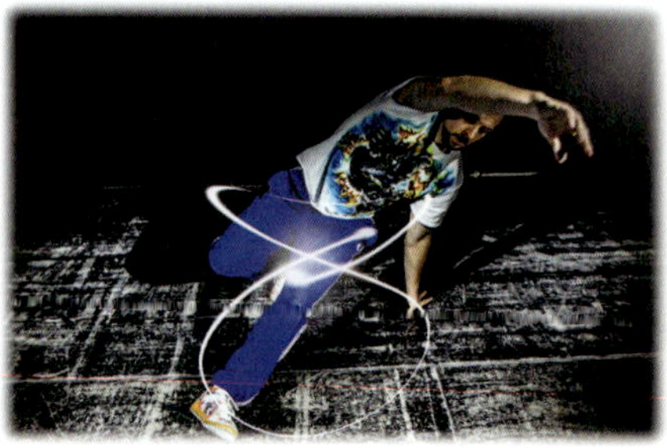

Es ist das Vollziehen des Weges, damit durch die gewählte Bewegung auf irgendeine Weise eine Acht dargestellt wird. Entweder durch das Ablaufen eines Wegs in Form einer Acht oder durch einen Körperteil, der die Linie der Acht durch die Luft vollzieht, wie in der Zeichnung vereinfacht dargestellt. Der Fantasie sind hier keine Grenzen gesetzt.

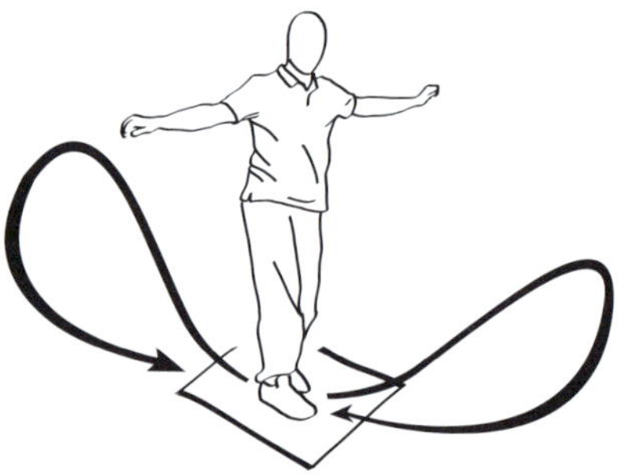

Grab and Threat

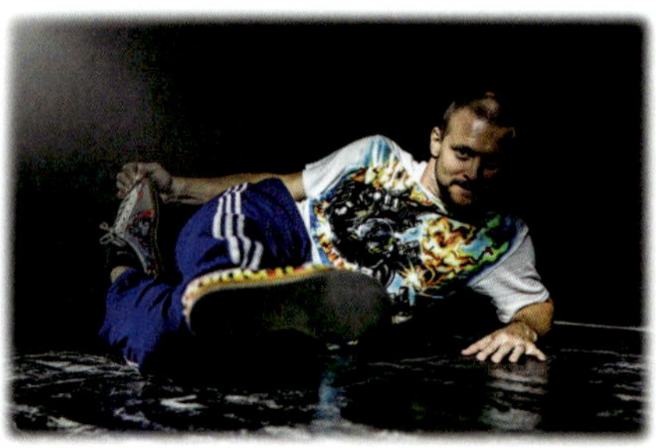

Der *Grab* ist der Versuch, bei verschiedenen Bewegungen oder Haltungen mit der Hand, z. B. an die Fußspitze oder den Kopf, das Knie etc., zu greifen.

Der *Thread* ist die Weiterentwicklung des *Grabs*, indem man durch die somit entstandene „Öse" ein Bein, den Kopf oder einen Arm, wie einen „Faden in die Öse einer Nadel", durchschieben und somit einfädeln kann. Das ist ein bekannter Move und gehört eigentlich zu den Basic-Moves. Dennoch wird dieser Move zu einer echten Herausforderung, wenn man diese Bewegung in eine andere, laufende Bewegung einbaut.

Turn

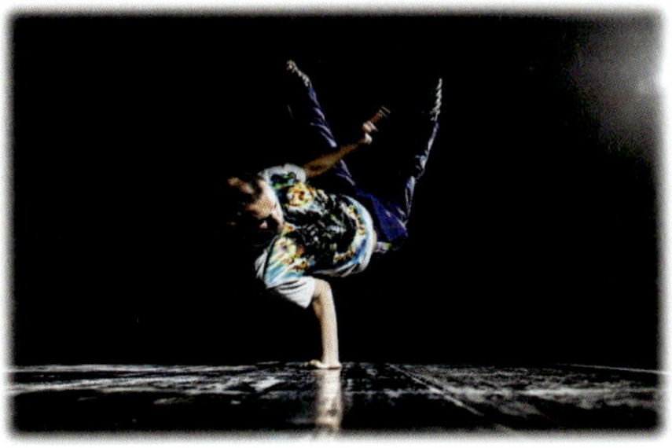

Es ist der Versuch, eine Haltung oder Bewegung, die normal statisch oder in eine Richtung ausgerichtet ist, um die eigene Achse zu drehen. Ein bekanntes Beispiel ist der *Spinning Airchair*. Eigentlich war der *Airchair* ein „neuer", sehr anspruchsvoller Freeze. Durch die stetige Weiterentwicklung, die zur Zeit der Erfindung dieses Moves stattfand, wurde dieser Move plötzlich mit einem Spin auf der stehenden Hand gedreht. Somit wurde die Liste der Powermoves von heute auf morgen um einen weiteren Powermove erweitert.

Transition

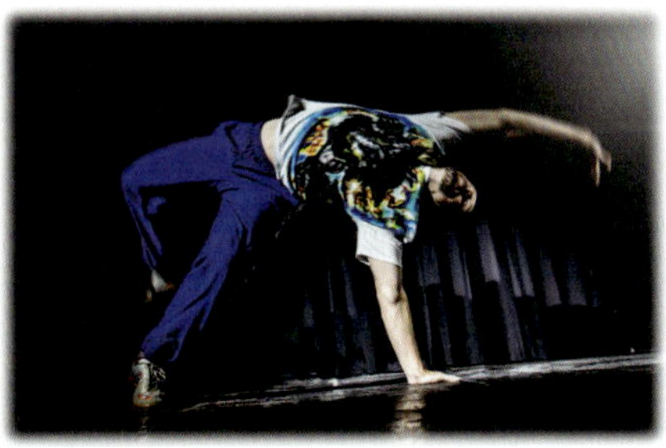

Hier gibt es zweierlei Verständnisse. Eine Idee ist: der Versuch, von einer Bewegung in die andere überzugehen, obwohl es unmöglich oder schwer denkbar erscheint. Dieses Experimentieren eröffnet als Nebenprodukt auch neues Bewegungsmaterial, mit dem man dann weiterarbeiten kann. Sobald man eine Art „neue" Bewegung darin gefunden hat, kann man die eigentliche Grundübung beiseitelegen und den neuen Move trainieren. Sinnvoll ist es, die Grundübung zu einem späteren Zeitpunkt nochmals aufzugreifen.

Die zweite Herangehensweise verfolgt die Idee, einen Move, den man in die eine Richtung beherrscht, zu unterbrechen und in die Gegenrichtung, sozusagen rückwärts, zu vollziehen.

Ein phänomenales Beispiel für eine solche Form von Kreativität war einmal die Show einer Gruppe auf dem Battle of the Year. Die Show lief bereits seit drei Minuten. Bis plötzlich – mitten in der Situation, als ein Bboy der Crew in der Mitte der Bühne einen Airflair nach dem anderen vollzog und alle anderen kreisförmig um ihn herumwirbelten – die Musik langsamer wurde und dann gänzlich stoppte. Auf die Musik reagierend, wurden alle Tänzer (auch der in der Mitte) zuerst langsamer und stoppten ebenso. Die Hauptfigur blieb aber mitten in einer sehr anspruchsvollen Move-Position auf den Händen stehen.

Dann, als die Musik rückwärts ertönte, begannen auch alle Tänzer ihre Bewegungen in die Gegenrichtung wieder aufzunehmen. An der mittig stehenden Hauptfigur konnte man die Veränderung am deutlichsten wahrnehmen: Alle zusammen tanzten nun die Show rückwärts, als wenn man ein Video zurückspulen würde. Der weitere Verlauf der Show war dann auch tatsächlich komplett in die andere Richtung, also rückwärts getanzt, während die Musik weiter vorwärts lief.

Das erfordert ein immens hohes Maß an Kontrolle und Training mit genau diesem Aspekt, dass es mit Sicherheit viele Monate gedauert hat, bis diese Show entwickelt, erarbeitet und trainiert war.

8.1.2.4 Inspiration von außen

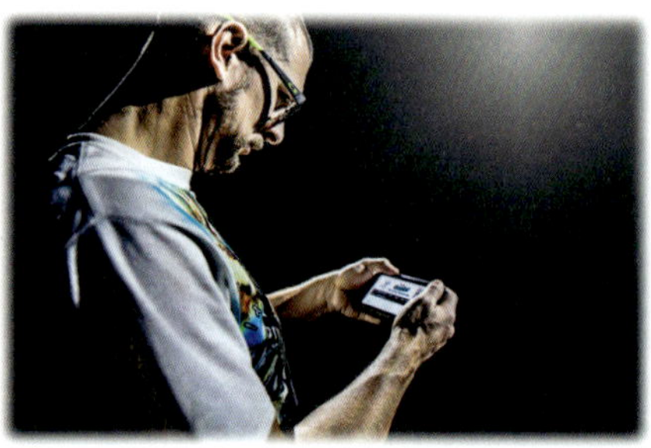

Beim Laboratory gibt es auch viele Möglichkeiten, sich von außen inspirieren zu lassen.

Trainingspartner

Am schönsten ist es, wenn man nicht alles selbst und allein in seinem stillen Kämmerlein entwickeln muss, sondern sich mit einem Trainingspartner, der in etwa auf dem gleichen Level ist, austauschen kann. Und noch besser ist es, wenn dieser Partner dann auch gleich mit einem auf die Battles geht, damit man seinen Austausch in das Battle hinein weitertragen kann.

Beispiele

Es ist auch hilfreich, sich im Internet oder auf Jams Beispiele zu suchen und dann versucht, diese Beispiele in der Vorstellung zu behalten. Es geht hier allerdings nicht darum, ein und dieselbe Bewegung nachzumachen, sondern seine ganz eigene Vorstellung im Gedächtnis zu speichern, um dann im Training diese Vorstellung auf den Körper zu übertragen. Beim Training passiert dann sowieso eine Transformation der Idee. Denn wenn man, von der Idee ausgehend, in die Bewegung geht, kann man sich darauf verlassen, dass der Körper einem hilft, etwas Neues und zum Körper Passendes zu machen.

Musik

Ebenso – wie sollte es auch anders sein – ist Musik eine ganz wichtige Inspirationsquelle. Frei, ohne zu denken, die Musik auf sich wirken zu lassen und ständig zu versuchen, aus seinen Bewegungsroutinen auszubrechen, ist der Schlüssel dafür, Neues zu kreieren. Hilfreich hierbei ist es, andere Körperteile zur Musik zu bewegen, als es die erste Reaktion des Körpers auf die Musik normalerweise wäre. Kreative Arbeit hat sehr viel mit dem Verlassen der Komfortzone zu tun. Also das Umsetzen von Dingen, die man normalerweise nicht tut.

8.1.2.5 Kommunikation und Attitude (engl.: Attitüde, Haltung, Verhalten)

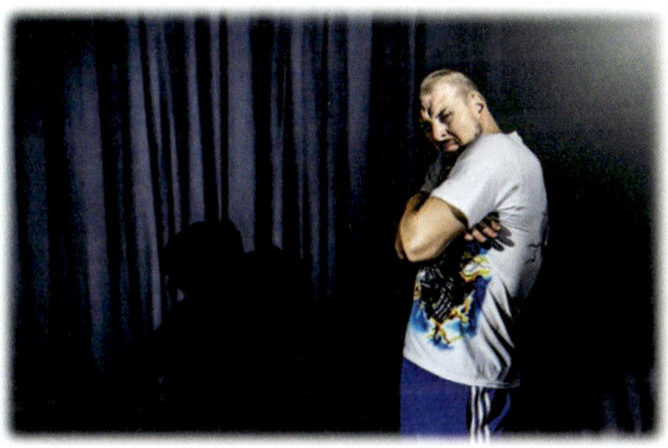

Kreative Arbeit im Bboying hat auch sehr viel damit zu tun, dass man sich darauf vorbereitet, mit einem Gegenüber zu kommunizieren. Es geht um Ausdruck, Andeutung und Provokation. Der Battle-Gegner soll durch den Ausdruck der eigenen Attitude an Selbstsicherheit verlieren. Gleichzeitig provoziert man den Gegner aber auch dazu, über sich hinauszuwachsen. Man nimmt das Gespräch auf, um auf die Bewegungen und Moves des anderen zu antworten.

Um dieses Gespräch führen zu können, muss man sich schon im Training einen Gegner visualisieren. So kann man daran arbeiten, seine Bewegungen in eine Richtung auszurichten. Ebenso ist es hilfreich, auch seine Mimik und Gestik in die Übung mit einzubeziehen, damit man durch diese Übung eine gewisse Sicherheit gewinnt. Man darf dennoch nicht vergessen, dass man bei Battles Judges hat, die von der Seite einen anderen Blickwinkel auf die Moves haben. Dies zu beachten, ist hierbei nicht unerheblich.

8.1.2.6 Unterbrechung/Wiederholung

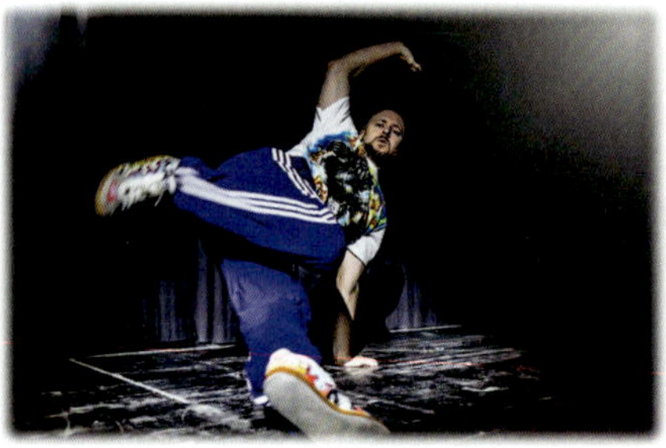

Eine recht interessante Arbeit ist es, wenn man versucht, Bewegungen zu unterbrechen und bestimmte Aspekte der Bewegung mehrfach wiederholt, bevor man wieder in den Flow des Tanzens geht. Das muss man sich ein bisschen so vorstellen, wie das Scratchen eines DJs.

Der DJ hält – während die Musik von der LP wiedergegeben wird – die Drehscheibe des Turntables kurz an und bewegt sie so vor und zurück, dass mit der Tonwiedergabe ein Rhythmus entsteht.

So versucht man es mit der Bewegung oder dem sich bewegenden Körperteil. Die Bewegung wird unterbrochen und einige Male im Takt vor- und zurückbewegt. Dann geht es direkt wieder in den ursprünglichen Flow der Bewegung. Bei manchen Bewegungen ist das unmöglich, bei anderen kann das sehr einfach sein.

Es spielt keine Rolle, welche Methode man für die kreative Arbeit im Laboratory anwendet, die Voraussetzungen hierfür sind ein wacher Geist, die nötige Zeit und Ruhe, um sich ohne Druck mit der Bewegungsarbeit und dem Bodystorming zu beschäftigen. Ein gutes Warm-up, ein erholter Körper und die „richtige" Musik erleichtert das kreative Arbeiten immens. Ebenso ist es hilfreich, seine Laune und emotionalen Zustände zu kennen, aus denen heraus man besonders kreativ sein kann. Einige Menschen sind kreativ, wenn sie besonders gut drauf sind, andere wiederum schöpfen die Kreativität aus schlechter Laune oder Trauer, da ist jeder anders.

Es gibt viele Bboys (ich gehöre auch dazu), die erzählen, dass sie morgens aufwachen und wie aus dem Nichts einen bestimmten Move oder eine bestimmte Move-Kombination vor ihrem inneren Auge sehen. Etwas, woran man noch nie gedacht hat. Oft ist es so, dass man danach im nächsten Training steht und sich nicht mehr an seine Vision erinnern kann. Das zeigt, dass es wichtig ist, sich die Möglichkeit zu schaffen, diese Gedanken nachvollziehbar aufschreiben zu können. Ein sogenanntes Set-Book, also ein kleines Notizbuch, in das man seine Gedanken und Übungsergebnisse schreibt, ist dafür irgendwann unumgänglich.

8.1.3 The Gym: Fitness- und Routine-Training

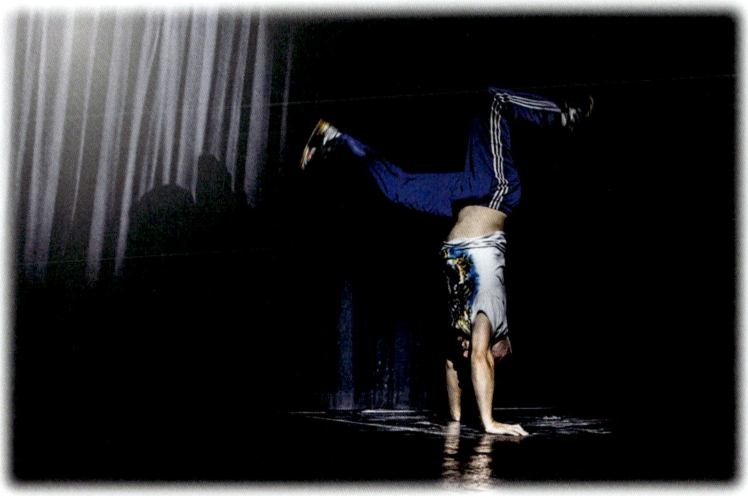

Um sich beim Tanzen voll und ganz mit den tänzerischen Aspekten beschäftigen zu können, ist es klug, das körperliche Training auch als eigenen Punkt zu betrachten. Es ist vor allem so, dass man manches Training irgendwann auch unterbrechen muss, weil einem z. B. die Gelenke schmerzen oder die Kraft nicht mehr ausreicht, um die Moves noch sauber zu machen. Bei starker Erschöpfung steigt das Verletzungsrisiko dann doch immens. Daher sollten einige Trainingsaspekte zusätzlich zum Tanztraining in ein separates Fitnesstraining gepackt werden.

8.1.3.1 Routine

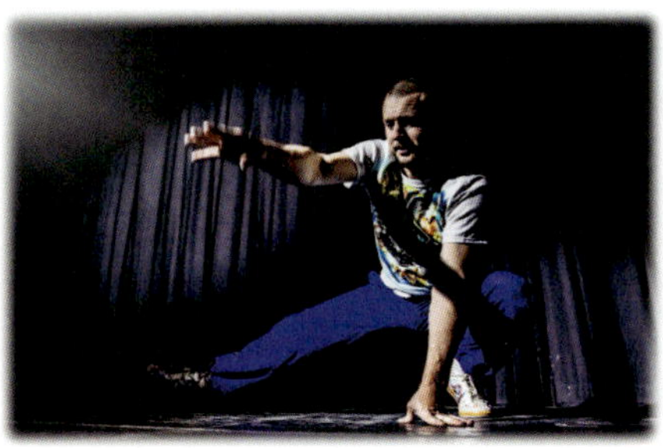

So ist es sinnvoll, Bewegungen, die man schon gut beherrscht, oft zu wiederholen und dadurch ein Fitnesstraining zu entwickeln. Manche Muskeln, und vor allem die Muskelkoordination, können nur durch das vielmalige Wiederholen der tatsächlichen Tanzbewegung sinnvoll trainiert werden. Wenn man also leichte Bewegungen sehr oft wiederholt, schafft das eine spürbare und sichtbare Routine. Durch dieses Training wird man nicht nur geübter in der Bewegung, sondern auch fitter.

8.1.3.2 Ausdauer

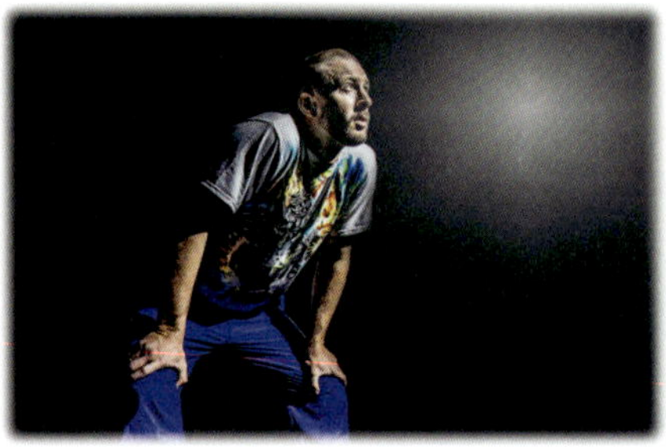

Ausdauertraining ist extrem wichtig für lange Battles. Wenn man gewinnen möchte, muss man ins Finale kommen und das Finale kommt immer ganz am Schluss. Wenn man im Finale gegen den anderen Besten der Besten noch „was reißen" will, sollte man hier eine gehörige Portion Ausdauer mitbringen. Man kann seine Ausdauer durchaus durch lange, harte und ausgiebige Tanz-Trainingseinheiten voranbringen. Aber das ist nur der halbe Weg.

Beim Break-Training macht man zwischen den Tanzeinheiten immer wieder kurze Pausen und gibt dann wieder über 100 %. Anders ist das beim Laufen, Radfahren oder Schwimmen. Hier fordert man vom Herz-Kreislauf-System, kontinuierlich 60-80 % der Leistung durchgehend beizubehalten. Das schafft eine grundlegende Ausdauer. Meine persönliche Empfehlung ist, 60 % zu laufen und das restliche Ausdauertraining auf Schwimmen und Radfahren zu verteilen.

Laufen ist deswegen so essenziell, weil durch die gesprungenen Schritte die glatte Muskulatur, die die Organe in Position hält, mittrainiert wird (ähnlich wie beim Seilspringen). Dies trägt positiv zur allgemeinen Verfassung bei und unterstützt die Körperspannung beim Breaken. Ganz nebenbei wird man von der Umgebung, durch die man läuft, auch inspiriert und abgelenkt.

Um hier noch weiterzugehen, ist es für das Breaken sinnvoll, ein Intervalltraining mit draufzupacken. Das kann zum Beispiel so aussehen, dass man alle zwei Minuten einen 20-30 Sekunden langen Sprint mit ins normale Laufen einsetzt. Das kommt dann den Anforderungen eines Battles mit abwechselnden Belastungs- und Erholungsphasen sehr nahe.

8.1.3.3 Kraft

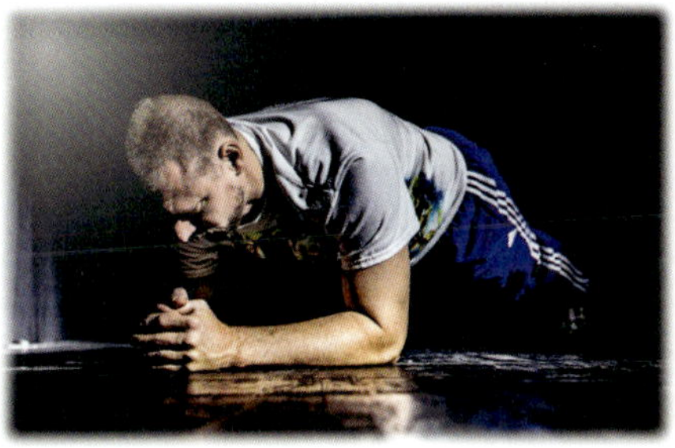

Die oben beschriebene, vielfache Wiederholung mancher Moves schafft zwar Routine. Dennoch gibt es Moves, die so kräftezehrend sind, dass die vielfache Wiederholung stark limitiert ist. Daher ist es sehr hilfreich, die Muskulatur zusätzlich zu trainieren. Dadurch kann man die Kraftreserven stark nach oben schrauben, ohne die ohnehin hohe Verletzungsgefahr bei hartem Training weiter herauszufordern.

Am besten ist die Arbeit mit dem eigenen Körpergewicht, um neben der Kraft auch die Muskelkoordination zu trainieren. Aber auch hier gibt es Grenzen. Die Lösung ist das zusätzliche Arbeiten mit Gewichten. Dadurch kann man für stark ermüdete Muskeln nochmals einen Trainingsreiz geben, ohne das Risiko, sich zu verletzen oder die Gelenke zu schädigen.

Für dieses Training gibt es im Internet so unglaublich viel Wissen und Unterstützung, dass ich hier nicht tiefer darauf eingehen muss.

8.1.3.4 Flexibilität

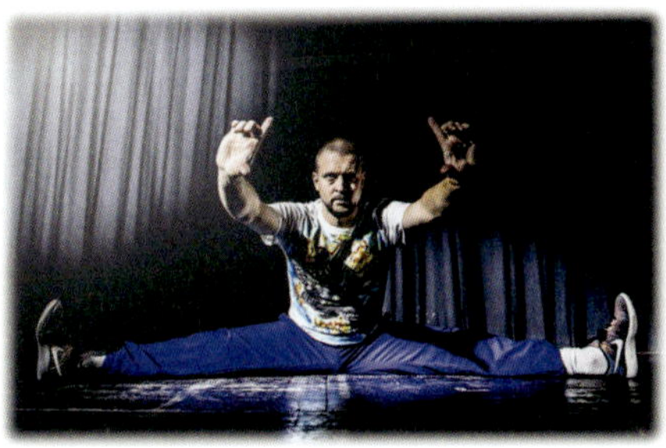

Wer hart trainiert, muss auch hart dehnen, um beweglich zu bleiben. Das Stretching ist nicht nur eine Warm-up-Übung. Für den Profi wird auch das zu einer ausgiebigen Trainingseinheit. Gerade wenn man zusätzlich Kraft- und Ausdauertraining betreibt, ist es wichtig, die Muskeln frei und flexibel zu halten.

Für das Stretching sollte man erwärmt sein und seine Grenzen kennen. Dennoch habe ich die Erfahrung gemacht, dass viele Menschen zu lasch dehnen und die Beschäftigung mit dem Dehnungsschmerz zu früh aufgegeben wird. Das richtige Atmen und die richtige Haltung sind dabei sehr wichtige Aspekte.

Hier sollte man jedoch nicht nur das Internet durchforsten, sondern einen Menschen haben, der von außen mit einem fachkundigen Auge draufschaut und korrigiert. Es macht durchaus Sinn, sich bei Pilates-, Yoga-, Ballett- oder Kampfkunststudios vorzustellen. Dies gibt einem auch Inspiration für gutes und ganzheitliches Training.

8.1.3.5 Gesundheit

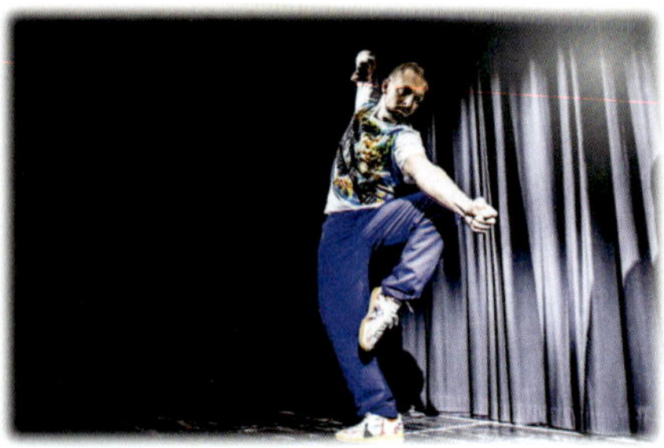

Die Erweiterung des Punktes Flexibilität sind Lockerungsübungen für Gelenke und Wirbelsäule. Den Muskel zu dehnen, ist das eine, die Muskulatur wirklich loslassen und die Gelenke wieder frei werden lassen, etwas ganz anderes. Massagen für die Muskeln, Wirbelsäulenaufrichtung und das Öffnen der Gelenke ist nicht erst dann notwendig, wenn man schon die negativen Folgen zu spüren bekommt, weil man sich darum nicht gekümmert hat! Tägliche Präventivarbeit durch leichte Gymnastik, Yoga, Bartenieff Fundamentals, Constructive Resting Position usw. hält den Körper leistungsfähig und gesund.

Auch hier gibt es unendlich viele Wege, um dies zu lernen und noch mehr Wissen, das man sich kostenlos im Internet abgreifen kann. Man darf hier offen sein und eine Weile stöbern, um herauszufinden, was einem zusagt und womit man sich auseinandersetzen möchte. Dennoch ist hier auch die Bildung und Weitergabe des Wissens von Mensch zu Mensch wichtig. Die ganz kleinen Korrekturen und das tiefere Verständnis vom Körper sind hier unumgänglich. Mein persönlicher Weg verläuft von Übungen der Shaolin über Übungen aus dem zeitgenössischen Tanz und Ballett bis hin zu Natural-Movement-Übungen.

8.1.3.6 Geist

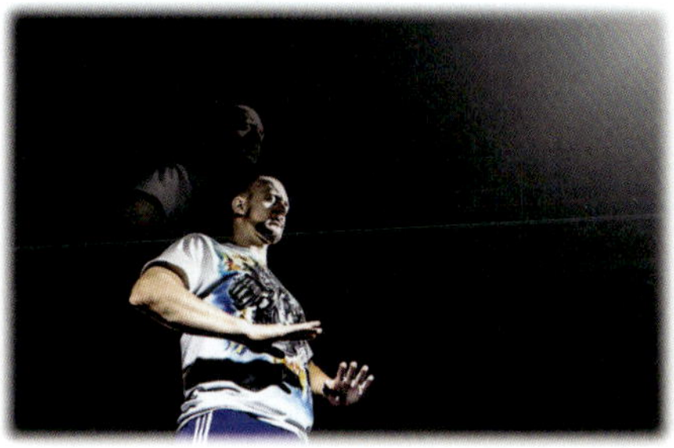

Hier wird es für viele, sehr praktisch veranlagte Menschen vielleicht etwas schwierig mit der Praxis des mentalen Trainings. Dennoch ist nachgewiesen, dass Bewegungen, die man sich vorstellt, genauso viele Reize im Körper setzen, wie die tatsächlich praktisch umgesetzte Bewegung. Autogenes Training und Meditation sind hier die Schlüsselworte. In **Kap. 7** habe ich schon viel davon verpackt, was man als Lehrer für seinen Schüler tun kann. Um sich selbst zu coachen, braucht es aber noch eine ganze Menge mehr, um über seine eigenen „Mindtricks" hinauszukommen.

Man muss realistisch sein: Wenn man so weit gekommen ist, dass man sich auf Battles und Jams begibt und anderen gegenüber sein Können unter Beweis stellt, dann hat man sowieso gelernt, hart zu trainieren. Dennoch sprechen wir hier nicht mehr von „unter Beweis stellen", sondern von Olympia. Das bedeutet, sich wirklich aus seiner Komfortzone hinauszubewegen, sich selbst ständig in den Allerwertesten zu treten und noch mehr zu tun, als das zuvor der Fall war.

8.1.4 The Set-Training: Kombination von Moves

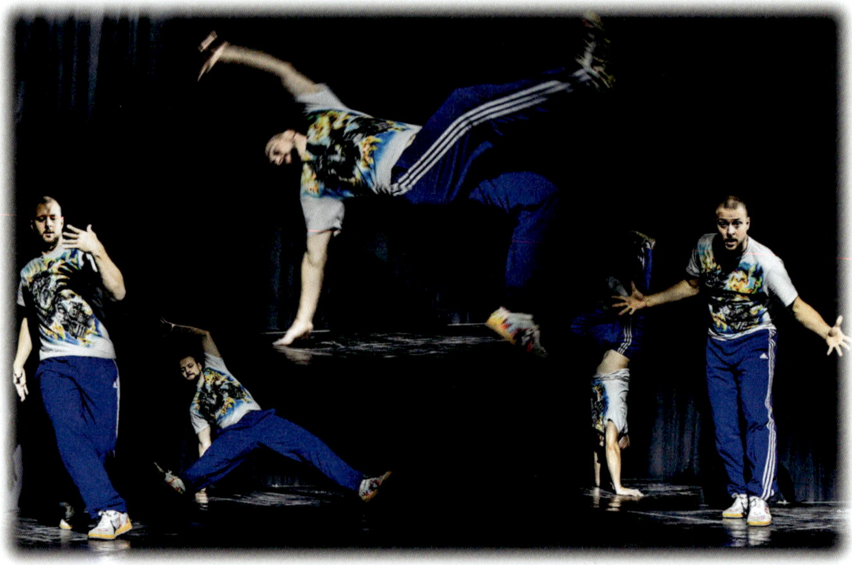

Dieses Training befasst sich separat mit dem Bilden von Tanzabläufen. Das ist vergleichbar mit der Erstellung einer Kür beim Kunstturnen oder Eiskunstlauf. Jedoch ist das beim Bboying um ein Hundertfaches aufwendiger. Man sucht sich nicht nur die Bewegungskombinationen heraus, von denen man weiß, dass sie möglichst viele Punkte ergeben. Das wäre für die Zuschauer auch irgendwann etwas langweilig. Es geht um die Erstellung von vielen kleinen Mikrosets und größeren Set-Routines, bei denen man darauf achten muss, keine Wiederholungen (Continues) einzubauen. Zuerst müssen weitere Begriffe geklärt werden, um den Inhalt dieses Unterkapitels verständlich abbilden zu können:

Mikroset: Das ist die Verbindung von zwei bis maximal vier Bewegungen in Kombination, die für einen möglich und interessant sind. Oft ist in solch einem Mikroset ein Blow-up mitverarbeitet.

Set-Routines: Das ist ein kompletter Tanzablauf, angefangen von den Top-Rocks über einen speziellen Go-Down zu Styles und Powermoves bis hin zum Freeze und Bboy-Stance.

Set-Training

Das Set-Training ist neben der Übung von Verbindungen, Übergängen und Zusammenstellungen von Bewegungsabläufen auch eine sehr kreative Arbeit. Es beginnt meist mit der Zusammenstellung von vielen kleinen Mikrosets, die dann im weiteren Verlauf zu einer Set-Routine zusammengefasst werden.

Beim Zusammenstellen aller Bewegungen entstehen weitere Ideen, mit denen der Tanzablauf zusätzlich aufbereitet wird. Um sich das alles merken zu können, ist es hilfreich, sich ein Buch (Set-Book) anzuschaffen, in dem man sich Notizen zu den Sets macht, um sie nicht zu vergessen.

Der Grund, warum man Sets vergessen könnte, liegt aber nicht am Schwierigkeitsgrad, sondern an der Vielzahl an Kombinationsmöglichkeiten. Ich habe einmal errechnet, dass eine Zusammenstellung aller mir bekannten Moves in alle vier Richtungen auf allen drei Ebenen und die Kombination dieser durch Übergänge ungefähr 1,9 Millionen unterschiedliche Bewegungsmuster ergibt. Das kann sich niemand merken, da es sich mit fortlaufendem Training auch ständig verändert.

Das Set-Book ist auch noch aus einem ganz anderen Gesichtspunkt sehr sinnvoll. Man kann tracken (nachverfolgen) und zählen, wie viele Set-Routines man schon erarbeitet hat bzw. einem noch fehlen. Wenn man sich wirklich ordentlich auf ein Battle vorbereiten möchte, muss man sich eine große Auswahl an Sets schaffen.

Dies ist zum einen gut, um sich auch auf den Gegner einstellen zu können, zum anderen auch, um unter Stress sichere Tanzabläufe abrufbereit zu haben. Was dann aber passiert, wenn man mit der Idee einer Set-Routine beim Battle in den Circle geht, steht wieder auf einem ganz anderen Blatt. Beim Tanzen mit der Musik, der Stimmung und den Kraftreserven wird sich immer wieder alles verändern.

Diese Arbeit hat viel damit zu tun, dass man sich Standards schafft, die einerseits fest verankerte Plattformen sind, von denen aus man jederzeit abspringen kann und auch sollte, um seiner Kreativität freien Lauf zu lassen. Andererseits bieten diese Standard-Routines dann Sicherheiten, die immer abrufbar sind und auf die man jederzeit zurückspringen kann, wenn man sich verloren hat.

Wenn man also auf einem Battle auf Platz eins, zwei oder drei kommen möchte, sollte man viele Sets als Standard parat haben. Auf jeden Fall muss man ein Minimum von 12 Sets vorbereiten. Warum?

Hier eine kleine Rechnung

Normalerweise wird zuerst eine Pre-Selection durchgeführt. Hier wird ausgewählt, wer/welche Crew in die Top 16 kommt:

=> Ein Set für die Pre-Selection
Es treten üblicherweise 16 Crews nach der Pre-Selection bei einem großen Battle an.

=> Zwei Sets für das Achtelfinale
Bei der ersten Runde Battles fallen im K.-o.-System acht Crews raus.

=> Zwei Sets für das Viertelfinale
Bei der nächsten Runde fallen weitere vier Crews raus.

=> Zwei (oder drei) Sets für das Halbfinale
Bei der nächsten Runde kämpft man dann um Platz eins und zwei oder um Platz drei und vier.

=> Drei Sets für das Finale bzw das Battle um Platz drei.
Ersatzrunden im Falle eines oder mehrerer Draws => zwei Sets.

Das ergibt => 12 Set-Routines

Wer sich so vorbereitet hat, zumindest genug vorbereitet, um ein Battle einigermaßen entspannt angehen zu können. Dennoch hat dies noch nichts mit dem absoluten Siegeswillen zu tun. Denn für einen Sieg auf einem olympischen Battle reichen 12 Sets bei Weitem nicht aus.

Wenn man sich wirklich genügend Auswahlmöglichkeiten schaffen möchte, sprechen wir eher von 36 Set-Routines. Ich bitte hier alle Leser, nicht zu vergessen, dass Bboying eine Sprache ist! Um sich mit jedem unterhalten zu können, muss ich auf den Gegner eingehen können und seine Moves in mein Set aufnehmen. Bei 36 Sets ist es sehr wahrscheinlich, dass ich oft eine passende Antwort parat habe, die für die jeweilige Musik und den jeweiligen Gegner annähernd passend ist.

Und hier kommen jetzt die Mikrosets wieder zum Einsatz. Die Set-Routines bestehen meist aus zwei, drei, vier oder mehr Mikrosets. Wenn die Situation kommt, bei der die Musik zum dritten Mikroset der eigenen Set-Routine Nummer 26 passt und der Gegner eine Bewegung aus dem ersten Mikroset der eigenen Set-Routine Nummer 4 macht und im zweiten Mikroset der eigenen Set-Routine Nummer 31, kann man zum finalen Schlag ausholen, dann baut man diese neue Set-Routine spontan zusammen und hat alle Waffen eingesetzt, die man sich vorher fein säuberlich zurechtgelegt hat.

Diese Hin- und Herrechnerei ist eine gute Idee, im gleichen Moment aber auch totaler Quatsch. Denn selbst wenn man sein Set-Book akribisch pflegt, wird man bei einem Battle trotzdem relativ spontan reagieren und dem Gefühl und der Energie die Führung übergeben. Man kann sich seine Sets meist sowieso nicht derart gut merken, dass man dann so superspontan alle parat hätte. Tanz ist eine Kunstform und diese kommt aus dem Herzen. Und wenn diese Herzensangelegenheit spontan und mit Freude von innen hervorprescht, dann gibt es keine Grenzen.

Aber es ist eine sehr gute Idee, sich auch auf diese Weise mit seinem Tanzen zu beschäftigen. Viele gute Bboys pflegen (oder pflegten eine Zeit lang) ein Set-Book. Jeder Bboy hat Mikrosets und Set-Routines. Und jeder, der auf einem Battle schlagfertig sein will, braucht das auch. Wie weit man das treibt und wie intensiv man sich damit beschäftigt, ist eine Frage der Zeit, des Geschmacks und eine Frage des Menschentyps. Fakt ist allerdings, dass eine ordentliche Vorbereitung vieler verschiedener Tanzabläufe und Set-Kombinationen seine Vorteile hat.

Man hat dadurch wirklich alles getan, um darauf vorbereitet zu sein, im Battle weit nach vorn zu kommen. Wenn man dennoch verliert und vorzeitig rausfliegt, muss man hinterher trotzdem mit seiner Niederlage klarkommen. Sollte man es mit dem Battle wirklich ernst gemeint haben, hilft eine gute Vorbereitung auch für die Nachbereitung. Man kann sich hinterher leichter dadurch beruhigen, dass man die Leistung der anderen wirklich anerkennt, weil man selbst so hart dafür gearbeitet hat. Gleichzeitig hat man einen realistisch messbaren und reflektierbaren Ansatz, woran man für das nächste Battle arbeiten kann. War die Auswahl des spontan abrufbaren Tanzmaterials zu gering, dann muss ich dieses Training für das nächste Mal intensivieren.

8.1.5 The Circle/Cypher: Einfach tanzen

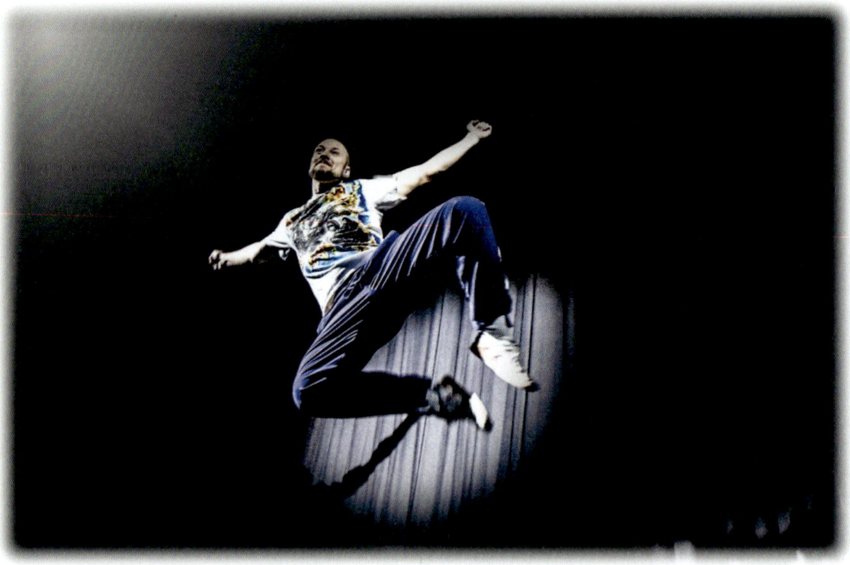

Das vorausgegangene Unterkapitel war sehr kopflastig und hat viel damit zu tun, sich intellektuell mit Standards zu befassen, die man sich bewusst erarbeiten kann. Konträr dazu ist die Arbeit im Circle/Cypher oder einfach im Kreis zu tanzen. Dieser Austausch ist an ein paar Voraussetzungen gebunden, die man dafür haben sollte:

1. Man braucht mindestens zwei andere Bboys/Bgirls, die Lust haben, im Kreis zu tanzen.
2. Man braucht einen Platz oder Raum, in dem man sich wohlfühlt.
3. Man braucht Musik: also ein Musikwiedergabegerät und die passende Musik.

Hier geht es als Allererstes darum, sich emotional frei zu fühlen. Das kann entweder in einem geschützten Raum sein, ganz ohne andere Personen, außer denen, die mittanzen. Es kann aber auch mitten auf einem öffentlichen Platz mit Zuschauern sein. Je nachdem, welche Laune man gerade hat, welche Leute dabei sind und wo man gerade ist. Es geht darum, eine gute Zeit damit zu haben, was man am liebsten tut: tanzen.

In so einem Circle kann man einfach alles vergessen und völlig ungezwungen drauflostanzen. Ob man etwas ausprobiert oder einfach mit Bewegungen spielt, ist einerlei. Um dieses Cyphern auch als Training nutzbar zu machen, ist es hilfreich, sich die Aufgabe zu setzen, aus seiner Komfortzone zu springen. Man sollte sich hierbei mit der gegenseitigen Inspiration beschäftigen. Dinge ausprobieren, die im Training eben nicht vorbereitet sind und wirklich aktiv „Blödsinn" machen. Das Spielen und Tanzen soll eine Freiheit generieren, in der man aktiv versagen kann, ohne sich Gedanken darüber zu machen. Auch das „Lustigsein" und das „Freisein" kann aktiv trainiert werden.

Dieses freie Tanzen und das Spiel mit dem Tanz ist eine wundervolle Methode, um verschiedene unterbewusste Aspekte zu trainieren, die in den vorausgehenden Unterkapiteln zu kurz kamen:

1. Mit spontanen Ideen, Inspirationen und Bewegungsmaterial herumzuspielen, ohne den Anspruch, etwas Ernstes damit anzufangen.
2. Bewegungen aufzunehmen und spontan weiterzuentwickeln, also eine tänzerische Unterhaltung zu führen.
3. Ängste, zu scheitern, hinter sich zu lassen.
4. Neben all dem harten Training sich den Spaß an der Sache in Erinnerung zu rufen.

Ununterbrochen voranzukommen, ist nicht möglich, daher ist das regelmäßige Loslassen und Herumspielen genauso essenziell wie ein starker Wille, voranzukommen und die Disziplin, das auch zur Umsetzung zu bringen.

8.2 BATTLE TACTICS

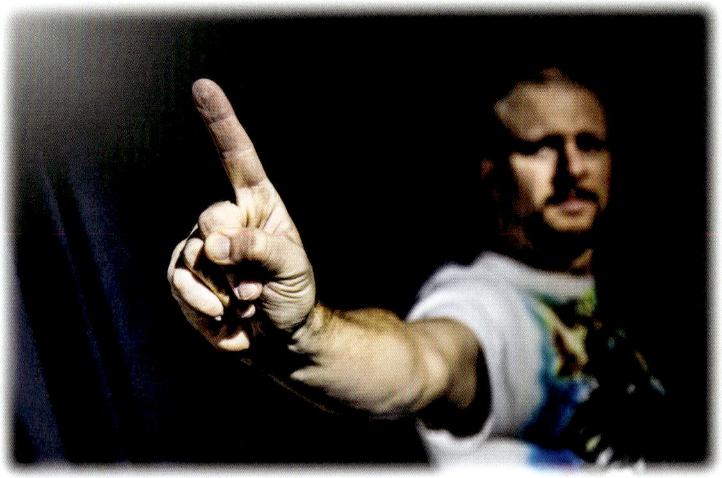

Dieses Spektrum der genutzten Körpersprache kommt unter anderem aus der Zeit des *Rockings*, bei dem die Zielsetzung darin bestand, eine echte kämpferische Auseinandersetzung zu bieten. Da Rocking eines der Herkunftsfundamente des Breakings war, ist diese Version der Kommunikation eben noch bis heute in den Battles sichtbar.

Diese Disziplin wird bei Olympia nur zum Teil zugelassen werden, somit ist dieses Kapitel nicht unbedingt für Olympia gültig, sondern gilt – wie alles andere – für alle anderen weltweiten Battles. Daher beschreibt dieses Kapitel eine recht vage Disziplin, die weder bestimmten Regeln unterliegt noch überall die gleiche Gültigkeit genießt.

Hier kommen Werkzeuge zum Einsatz, die über das Tanzen hinausgehen. Es sind Strategien, wie man sich selbst versucht, besser zu positionieren, während man dem Gegner Herausforderungen anbietet oder stellt. Teile davon haben nebenbei auch zum Ziel, die Selbstsicherheit des Gegners zu beeinträchtigen. Dieser Aspekt der Unterhaltung mit Ursache und Wirkung ist ein schmaler Grat mit gewissen Risiken.

8.2.1 Fishing

Fishing ist die Methode, leichte Schritte und Basics vorzugeben, um den Gegner zum Gespräch herauszufordern. Es soll den Gegner dazu verlocken, in seiner Antwort die Bewegungen aufzunehmen und damit weiterzuarbeiten. Wenn der Gegner darauf angesprungen ist, kann man in seiner zweiten darauf folgenden Runde die Runde des anderen „zerstören", indem man etwas nachsetzt, dass man als seine Spezialität kennt und dem gegenüber er kaum noch etwas nachzusetzen hat.

Zuallererst macht das nur Sinn, wenn man mindestens drei Runden tanzt, da man sonst eine Runde verliert, da man hier die „Falle" gestellt hat und andere Aspekte seines eigenen Tanzens nicht einsetzen konnte. Das Risiko hierbei ist nämlich, dass der Gegner in seiner Runde etwas nachsetzen kann, das viel hochwertiger ist als die eigene nachfolgende. Oder er reagiert erst gar nicht darauf und man hat damit eine Runde verspielt, in der man seine wahre Leistung präsentieren hätte können.

8.2.2 Routines

Im Tanz nennt man eine Routine generell *Choreografie*. Dies geht natürlich nur, wenn man mindestens zu zweit ist. Beim Breaking ist es erst möglich, synchron zu tanzen, wenn die schwierigen Bewegungen in der Geschwindigkeit, Dynamik und Richtung von beiden Tänzern auf die gleiche Weise kontrolliert dargebracht werden können. Dafür ist eine Menge Übung notwendig, sodass man die Bewegungen routiniert und leicht umsetzen kann. Daher nennt man diese Art der Choreografie im Breaking *Routine*.

Routines sind wichtig und gut, da sie grundsätzlich Zusatzpunkte geben. Es zeigt, dass ein Team vorbereitet ist. Es zeigt auch, dass die Tänzer fähig sind, sich aufeinander einzustellen und sie beweisen somit den mitgebrachten Teamgeist. Es ist auch nicht verwunderlich, dass man Routines oft erst im Halbfinale oder Finale zu sehen bekommt, da diese eine zusätzliche Vorbereitung brauchen.

8.2.3 Commandos

Ein *Commando* ist auch eine Routine, geht aber schon über das reine gemeinsame Tanzen hinaus. Es ist das Zusammensetzen von Sets, Routines und Interaktionen zwischen den Teammitgliedern. Es bedeutet, dass Routines als gemeinsame Übergänge genutzt werden, um während einer Runde eines Tänzers einen gemeinsam getanzten Teil einzubauen, um den Tanzenden in der Mitte noch während der Runde sozusagen auszutauschen. Dies dient nicht nur dazu, mehr als nur einen Tänzer „zu Wort" kommen zu lassen, sondern bietet auch die Gelegenheit, in einer Runde möglichst viel vom gesamten Können der Gruppe zu präsentieren.

8.2.4 Handzeichen – Kommunikation

Im Generellen gelten Handzeichen als legitim, wenn sie zur neutralen *Kommunikation* genutzt werden. Im Breaken werden Handzeichen aber auch strategisch eingesetzt. Dies sind erfahrungsgemäß Gesten, um die Leistung des anderen herabzusetzen. Die sogenannten *Dizzes* darf man nicht zu ernst nehmen, da die Judges angehalten sind, sich hierdurch nicht beeinflussen zu lassen. Trotzdem gehört es zur Strategie im Battle, seine eigenen Leistungen und die Leistungen der Teamkollegen hochleben zu lassen und die Leistung des Gegners durch Gesten abzuschwächen, was hier auch Dizzen genannt wird. Ebenso werden hiermit Herausforderungen angedeutet.

Es gibt unzählige spielerische Darstellungen von Körpersprache mit den Händen, wie das Werfen von Würfeln bis hin zum Schere-Stein-Papier-Spiel. Daher werde ich nur auf die am häufigsten genutzten Handzeichen, die auch spezifisch im Breakdance eingesetzt werden, eingehen.

8.2.4.1 Biting

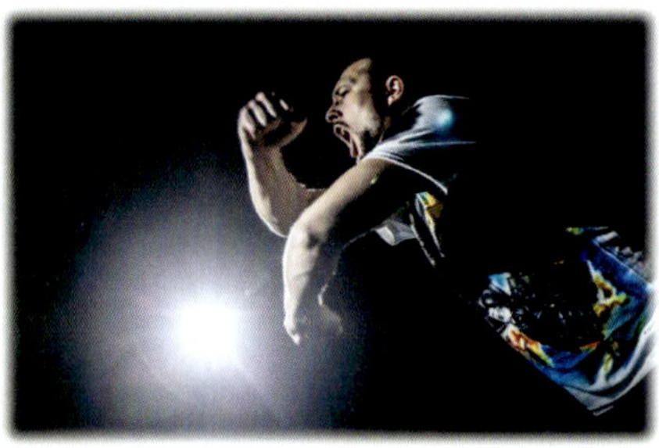

Biting ist eine mit den Armen vollbrachte Geste, die besagt, dass der Move des Gegners von jemand anderem gestohlen, „gebitet", wurde.

Diese Geste ist heutzutage fast völliger Quatsch. Wir lernen heute von anderen Tänzern in mündlicher Überlieferung oder per Video Dinge, die es vorher schon gab. Die Erfindung des Tanzes und seiner vielen Variationen fand in den ersten 40 Jahren bis ca. 2010 statt. Natürlich entwickelt sich der Tanz immer noch weiter, dennoch verlangsamte sich die Entwicklung stetig und ist nur noch in sehr detaillierten Facetten zu erkennen.

Wenn man von der Tatsache ausgeht, dass Breaken eine Sprache ist, sollte diese sogar nutzbar gemacht werden. Die Unterhaltung zweier Bboys, die die gleichen Bewegungen nutzen, ist in ein gemeinsames kreatives Spiel verstrickt, das auch sehr spannend anzusehen ist. Das macht auch dem Zuschauer Spaß. Ebenso können irgendwo auf der Welt zur gleichen Zeit zwei verschiedene Menschen völlig unabhängig voneinander auf die gleiche Bewegungsvariation kommen und später damit in einem Battle aufeinandertreffen.

Dennoch gibt es in seltenen Fällen noch so etwas wie *Signature Moves*, die von einem Breaker als Erster öffentlich sichtbar und sehr einprägsam genutzt wurden. Berühmte Beispiele dafür sind z. B. die fantastischen Sprünge von *Bboy Neguin*, das spezielle Rotieren des Unterschenkels von *Bboy Lilu* oder die unglaublichen Handstand-Moves von *Bboy Junior*. Durch diese Moves sind diese Breaker bekannt geworden und man kann sie dadurch überall erkennen. Diese Moves in genau gleicher Weise einzusetzen, ist kein „No-Go", dennoch kann man solche dann durchaus als „gebitet" verstehen und durch diese Armbewegung anzeigen.

8.2.4.2 Bring It In!

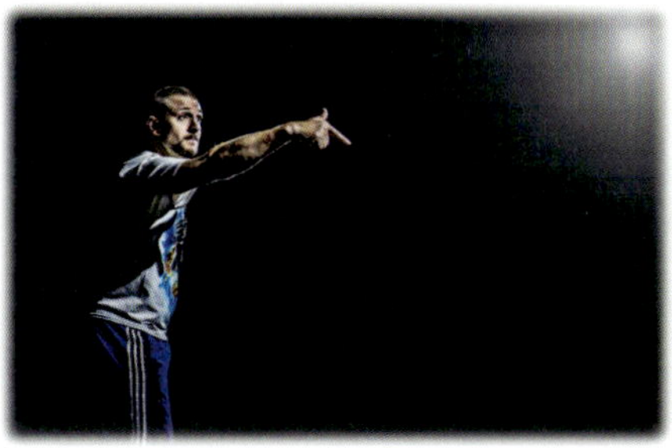

Handzeichen, die den anderen in den Circle winken oder zuerst auf den Gegner und dann auf den Boden deuten, sollen ausdrücken, dass der andere aufgefordert ist, zu zeigen, was er draufhat. Die „Bring-It-In-Geste", direkt nach seiner eigenen Runde angebracht, fordert den anderen auf, zu versuchen, es besser zu machen.

8.2.4.3 Listen! Hör hin!

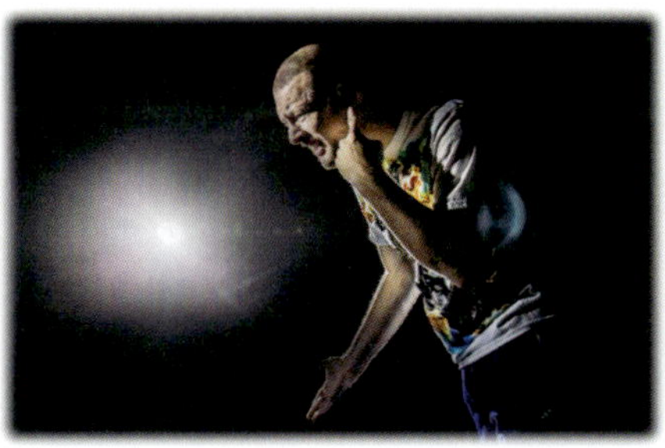

Wenn ein Bgirl oder Bboy das Gesicht auf eine fragende Weise verzieht, also eine Mimik der Unklarheit zeigt und dabei mit dem Zeigefinger an das Ohr tippt, gibt das einen Hinweis auf die Musikalität des Getanzten. Entweder wird die Musikalität und Rhythmustreue des anderen kritisiert oder die Tänzerin oder der Tänzer macht darauf aufmerksam, wie er oder sie in seiner oder ihrer kommenden oder vergangenen Runde auf den Rhythmus und die Musik arbeiten wird oder gearbeitet hat.

8.2.4.4 Schwacher Move!

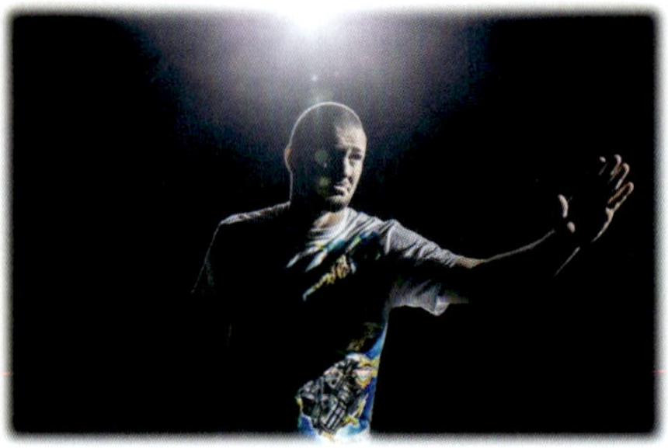

Kopfschütteln, mit dem Finger verneinen, mit den Schultern zucken oder mit der Hand abwinken, soll anzeigen, dass man die Leistung des Gegners nicht anerkennt. Diese abwertende Bewegung ist oft gefolgt von eben diesem Move, nur besser ausgeführt oder in komplexerer Weise mit anderen Bewegungen kombiniert. So macht diese Strategie auch Sinn.

Wenn man solche Gesten allerdings macht und beim Versuch, es besser zu machen, scheitert, hat es genau die gegenteilige Wirkung.

8.2.4.5 Smoked You!

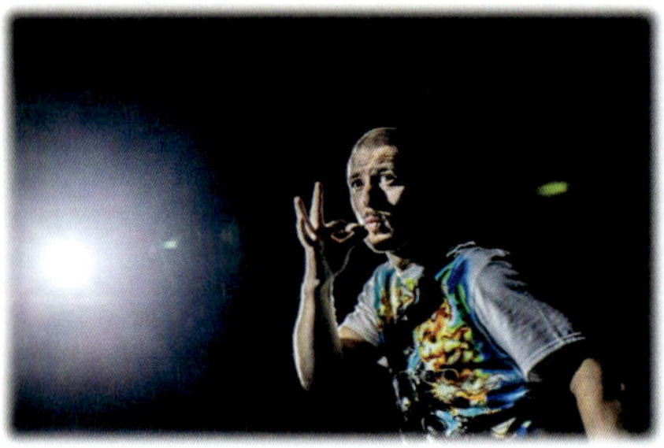

Dieser Move wird gerne an das Ende eines Sets beim Bboy-Stance oder schon beim Einstieg in den Top-Rock eingesetzt. Man führt den Daumen und den Zeigefinger so an die Lippen, wie wenn man eine Zigarette aus dem Mund nimmt und während man den Rauch herauspustet, deutet man an, dass man den Zigarettenstummel in die Richtung des Gegners wirft. Das geht zurück auf den umgangssprachlich genutzten Satz: „Dich rauche ich in der Pfeife!" Damit kann man andeuten, dass das kommende oder abgeschlossene Set stärker sein soll als das vorausgegangene Set des Gegners. Gleichbedeutend wird auch das Von-der-Schulter-Wischen von imaginärem Staub eingesetzt.

8.2.4.6 Continue

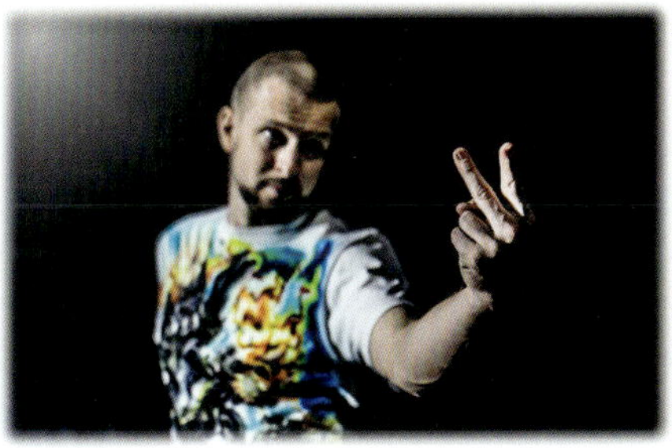

Continue ist eine mit dem Zeigefinger und Mittelfinger vollführte Bewegung, um eine Wiederholung eines Moves anzuzeigen.

Dabei zeigt man an, dass man eine Bewegung erkannt hat, die zuvor schon im Battle vom Gegner genutzt worden ist. Zielsetzung ist dabei, es allen zu zeigen, dass dieser Move nicht mehr in die Wertung mit einfließen sollte und setzt dadurch die Vielfältigkeit des Tänzers herab.

8.2.4.7 Darstellung von Waffen

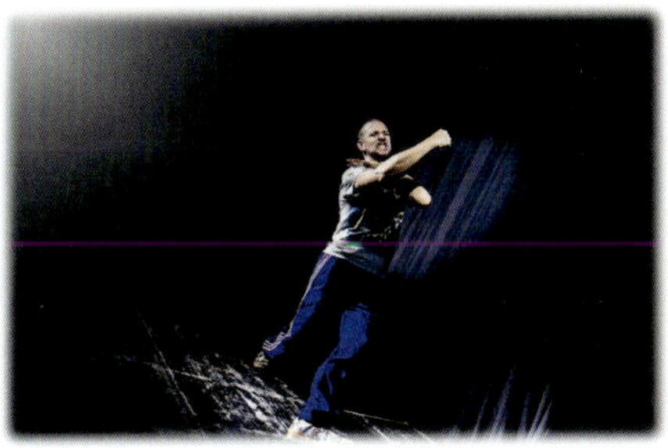

Im Battle wird fast alles über die Körpersprache kommuniziert. Und natürlich spielt man dabei die Rolle des Kämpfers, also des Angreifers und Verteidigers. Da ist es nur natürlich, sämtliche Darstellungen von Waffen und deren Anwendung zu mimen. Das Abfeuern von Pfeil und Bogen bis zur angedeuteten Bazooka, das Werfen von Granaten oder schlicht das Schlagen oder Schneiden mit Gegenständen in der Hand und eben auch die Abwehr und die Verteidigung gegen eben solche. Hier ist auch wichtig, das nicht wirklich ernst zu nehmen. Diese Art der Gesten ist mir persönlich tatsächlich lieber als die ganze Sparte obszöner Darstellungen und angedeuteter Erniedrigungen unterhalb der Gürtellinie.

Über diese Strategien in einem Battle hat *Alien Ness* ein eigenes Buch verfasst. Da er aber in der gesamten Szene einen eher zwiespältigen Ruf genießt, hatten seine Ausführungen nie die Chance, als mögliches Regelwerk anerkannt zu werden. Gleichwohl diese Strategien allgemein bekannt sind und auch äußerst effektiv eingesetzt werden, ist mir eine Definition dieses Gebietes sonst nie irgendwo anders untergekommen.

Die Vorbereitung von Routines und Commandos halte ich für extrem sinnvoll und wichtig. Handzeichen und eine körperliche Unterhaltung sind ein Zeichen von

Selbstsicherheit und ganz natürlich im Austausch miteinander. Dem Sachverhalt, dass man die Leistung des anderen schlecht macht oder durch angedeutete Beleidigungen erniedrigt, möchte ich in meinem Leben und Tanzen keinen Raum geben und lehne dies eher ab. Doch auch das ist eine klare Geschmackssache und hängt auch von vielen anderen Faktoren ab.

Ganz nach dem Motto „Make love not war" kann man sich unter Freunden durchaus „liebevoll" veräppeln, ohne es ernst zu meinen. Wer weiß schon, wie gut sich die Kontrahenten kennen und welche „Insiderinformationen" in vielen Gesten verpackt sind. Hier gilt es, sich zurückzulehnen, die Show zu genießen und dann hinterher im nächsten Burger- oder Dönerladen miteinander zu reflektieren. Habt Spaß, lacht gemeinsam und lasst die wütenden „Rumpelstilzchen" ihre Energie im Cypher und Battle verbrennen.

8.3 BATTLE-REGELN – BEWERTUNG

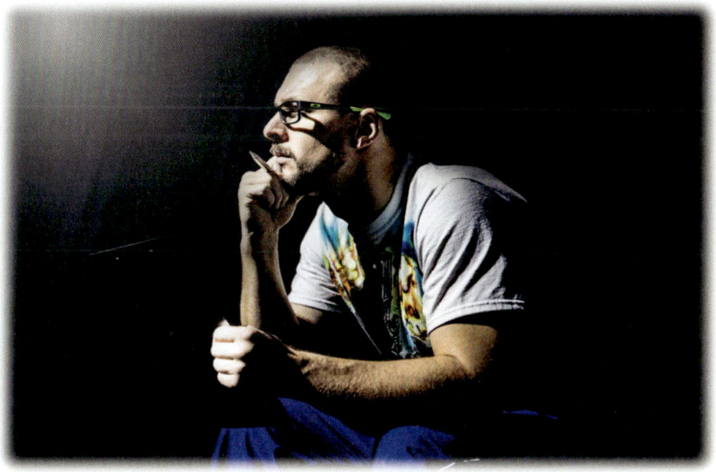

Zum Zeitpunkt der Veröffentlichung dieses Buches ist das genaue Regelwerk für Olympia 2024 noch nicht bekannt. Daher stelle ich die Regelwerke vor, die aktuell auf Battles gelten. Wichtig ist noch, ob es sich um ein 1:1-Battle oder um ein Gruppen-Battle mit zwei oder mehr Tänzern in einer Gruppe handelt.

1. Die oberste Regel, die über allen steht, ist, dass man sich nicht berühren darf!

2. Die zweite Regel ist pro Runde immer nur ein Tänzer oder ein Tänzer einer Gruppe!

3. Regel Nummer zwei ist außer Kraft gesetzt, wenn man eine Routine oder ein Commando vorbereitet hat.

Es gibt nach diesen ersten Grundregeln verschiedene Kategorien, nach denen bewertet wird. Hier die von Niels Storm Robitzky angefertigte Grafik zum Vergleich der populärsten Regelwerke

TRIVIUM	O.U.R.
• Holistic approach based on connection Mind Body Soul. • Direct subjective comparison of individual dancers. Looking for balance by use of cross faders.	• Deterministic approach based on singled out categories. • Standardized categories applied on all dancers. • Five values represented by numbered buttons.
9 CRITERIA: 1. Artistic Quality 2. Creativity 3. Personality 4. Physical Quality 5. Technique 6. Variety 7. Interpretative Quality 8. Performativity 9. Musicality	**5 CRITERIA:** 1. Originality: Creativity/Artistry 2. Dynamics: Difficulty 3. Foundation: Confidence and Musicality 4. Battle: Tactics 5. Execution: Confidence and Perfection
All judges assigned to all criteria.	One judge assigned to one criterion.
Winning by democratic decision.	Winning by majority of categories.
Crosschecking of judges: Done each round of battle.	Crosschecking of judges: Never happens, since there are no second opinions per category.
Objectivity: created by coherence of judges.	**Objectivity:** created by set of guidelines.
Fairness: each judge is tested with the rest of jury and thus is tested.	**Fairness:** each judge reigns the one category. No questioning possible.
Upgrades: no need since always 2 performances are directly compared.	**Ugrades:** needs systematic update each time a dancer raises the bar or shows new possibilities.
Judges choice: Persons that know the entire style of Bboying and its interpretation.	**Judges choice:** Specialists in their particular category form the field.

Was jetzt als richtig oder falsch empfunden wird, steht in dieser Betrachtungsweise erst einmal außen vor. Die *Trivium*-Methode wurde auf Olympiaveranstaltungen eingesetzt. Das gängigste System ist das sogenannte *Threefold*, was der *Trivium-Methode* ähnelt. Dennoch spielt es für die Vorbereitung weniger eine Rolle, wie bewertet wird, es geht mir in diesem Kapitel viel mehr darum, was von den Tänzern in einem Battle erwartet wird.

8.3.1 Originalität (der eigene Style)

1. **Originalität**
   Die Originalität erkennt man daran, WAS man macht und WIE man eine Bewegung umsetzt. Es zählt die Authentizität des Tuns.
2. **Kreativität**
   Die Kreativität zeichnet sich unter anderem durch das veränderte, also selbst erarbeitete und selbst entwickelte Bewegungsmaterial aus. Kreativität ist allerdings um einiges mehr.
3. **Persönlichkeit**
   In sportlichen Disziplinen geht es unter sehr vielen anderen Aspekten zum Beispiel darum, wie sauber die Ausführung gemacht wird. Im Breaken ist die Erkennbarkeit der Identität im Bewegungsstil ein Pluspunkt.

8.3.2 Dynamik (Bewegungsfluss)

4. **Artistik**
   Artistik im eigentlichen Sinn ist der Sammelbegriff für Darbietungen, die nicht eindeutig einem Bereich der Kunst oder Musik zuzuordnen sind. Artistik bezeichnet die Kunstform, in der die Artisten oft die hoch spezialisierten körperlichen und geistigen Fähigkeiten als Ausdrucksmittel verwenden.
5. **Physische Qualität**
   Die physische Qualität bezeichnet die deutliche Sichtbarkeit dessen, wie Bewegungen ausgetanzt bzw. vollständig und kontrolliert ausgeführt werden.
6. **Technische Perfektion**
   Ein weiterer Aspekt der vollständig ausgetanzten und kontrollierten Bewegung ist die fehlerfreie und sichere Umsetzung.

8.3.3 Grundlagen (Sicherheit in den Basics des Tanzes)

7. **Die Qualität der Interpretation von Musik und Battle-Gegner**
   Diese Betrachtung richtet sich darauf, wie der Tänzer die Musik interpretiert und diese Impulse in seinen Tanz integriert. Genauso geht es um das Gespräch zwischen den beiden Battle-Gegnern und wie man die Bewegungen des anderen in seinen Tanz einbaut und weiterführt.
8. **Performativität (Qualität der Darstellung)**
   Performativität bezeichnet eigentlich die Ausführung oder Konkretisierung des

gesprochenen Wortes. Wenn man Bboying als Sprache versteht, geht es hier um die Qualität des Vortrags, den man unter anderem mit der Ausdrucksform, Authentizität, Novelty und Dramaturgie des Tanzens bezeichnet.

9. **Musikalität**
   Hier geht es um den Aspekt, wie man sein gesamtes Tanzen auf den Rhythmus, die Tonlagen, die Kadenz, die musikalischen Regeln und viele Andere Aspekte der Musik einstellt.

8.3.4 Battle Tactics

10. **Routines (Kap 3.5.8) und Commandos (Kap 8.2.3)**
    Der Aspekt, dass man etwas als Gruppe vorbereitet hat und somit auch seinen Teamgeist unter Beweis stellt.
11. **Kommunikation mit Zeichensprache**
    Hier kommen, wie im Kapitel zuvor schon ausführlich erklärt, Werkzeuge zum Einsatz, die über das Tanzen hinausgehen.

Diese zusammenfassende Erklärung begründet wunderbar, warum so viel mehr Trainingskonzepte notwendig sind, wenn man sich ernsthaft auf ein Battle vorbereitet. Wenn jedes aufgezählte Kriterium in die Entscheidung mit einbezogen wird, gilt es, sich mit jedem einzelnen Aspekt zu befassen. Einige Dinge kann man alleine trainieren. Für einiges braucht man einen Trainingspartner und ein zweites Paar Augen, das auf das eigene Training blickt und Feedback geben kann. Andere Aspekte kann man tatsächlich nur beim Wettkampf erfahren, lernen und üben.

Es sei noch deutlich zu sagen: Bgirls und Bboys, die für die Teilnahme an einem Battle trainieren, richten ihr gesamtes Tanzen anders aus als Tänzer, die in der Kultur aufgehen und die aufgeschlossene und kommunikative Version des Tanzes leben. Das eine schließt das anderen natürlich nicht aus. Es gibt auch noch mehr Aspekte. Manche tanzen z. B. nur, weil es der Seele gut tut und gibt es Leute, für die Breaking ein Workout darstellt. Hier gilt es für die „Battle-Breaker", eine Balance zwischen den verschiedenen Welten zu halten. Diese Balance bringt einen Tänzer in ganz unterschiedlichen Aspekten weiter.

8.4 ZUSAMMENFASSUNG ALLER TRAININGSGEBIETE

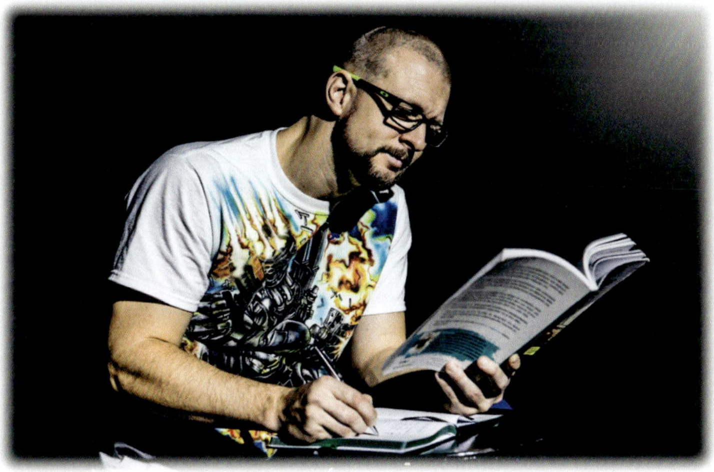

Abschließend möchte ich alles Gesagte nochmals aus einem anderen Blickwinkel bewusst machen. Diese Aufzählung nach Lebensgebieten betrachtet das Training nochmals aus der Perspektive der menschlichen Fähigkeiten und macht dadurch die Trainingsbereiche nochmals auf eine andere Weise sichtbar.

8.4.1 Lebensgrundlagen

1. **Geist:** Leer, geklärt, fokussiert, entwickelte Wahrnehmungsfähigkeiten, genug Schlaf.
2. **Atmung:** Rhythmus, Bewusstsein des Inneren und Äußeren sowie das Bewusstsein der Abhängigkeiten von beidem.
3. **Spirit:** Die Erfüllung des natürlichen Bedürfnisses nach seelischem Gleichgewicht.
4. **Ernährung:** Gesundes Essen, bezogen auf Größe, Gewicht und Energieverbrauch. Das Zuführen und Auffüllen von Proteinen, Vitaminen und Mineralstoffen, angepasst an die Trainingsintensität.

8.4.2 Körperliche Fähigkeiten

1. **Kraft:** Entwicklung der Muskulatur, Kraftaufbau, die Fähigkeit, das eigene Körpergewicht in jeglicher Lage tragen und halten zu können. Training der Kraft-Masse-Balance, Hautabhärtung.
2. **Ausdauer:** Verlängern der Sets im Circle, Laufen gehen (Ausdauersport) und Intervalltraining.
3. **Flexibllltät:** Verbesserung und Pflege der Flexibilität durch Stretching.
4. **Balance:** Auge-Körper-Gehirn-Harmonisierung => das Bewusstsein der Position in Raum und Zeit, Erweiterung der Balancefähigkeiten, Stärkung der Stabilisierungsmuskulatur.
5. **Wendigkeit-Beweglichkeit:** Vertikaldrills: von oben nach unten und wieder zurück. Horizontaldrills: von links nach rechts und zurück, vorwärts und wieder zurück, um die eigene Achse und diagonal/polygonal.
6. **Zeit:** Unterscheidung von Geschwindigkeiten, wie still, langsam, allmählich, plötzlich und schnell.

8.4.3 Kognitive Fähigkeiten

1. **Spezialitäten:** Bilden von Mikrosets und großen Set-Kombinationen.
2. **Aufbereitung:** Verfeinern der Sicherheit in den Sets, Zusammenstellung von Konzepten für das Set-Ende, Wiederholung und Übung in den Details für die Muskelerinnerung, um die Konzepte perfektioniert wiederholbar zu machen.
3. **Routines:** Ausarbeitung und Üben von choreografischen Abläufen mit Partnern.
4. **Freestyle:** Loslassen von Routinen, spontanes Kreieren und Spielen mit Konzepten bei stetiger Erhaltung der sauberen Ausführung und Perfektion.

8.4.4 Darstellende Fähigkeiten

1. **Schauspiel:** Charakterdarstellung, Unterhaltungswert aus der Perspektive der Zuschauer, Übung der Körpersprache und physisch dargestelltem Humor.
2. **Battle Tactics:** Eine Zusammenstellung der Gesten zur Verteidigung gegen „Dizzes" bereithalten, damit sie je nach Anlass angemessen eingesetzt werden können.

Ich habe lange innegehalten, gewartet und überlegt, was ich am Ende dieses Kapitels und somit am Ende des gesamten Buches an Weisheiten noch mit auf den Weg geben kann. Aber ich bin leer und doch vollkommen erfüllt. Daher nutze ich Zitate von schon einmal Gesagtem und sample diese zu meinem persönlichen Featuring zusammen:

Just do it (nike):
Es ist nicht das Schreiben, Lesen, Wissen oder die Diskussion darüber, es ist und bleibt das Tun, das einen weiterbringt.

Don´t stop (Rapper's Delight – The Sugarhill Gang):
Halte nicht zu oft und zu lange inne! Mach weiter!

Don´t worry (Bobby McFerrin – Don't Worry Be Happy):
Denkt nicht zu viel darüber nach!

Never Quit (NAVY SEALS):
Lasst euch niemals von Niederlagen entmutigen, sondern nutzt alle Fehler als Chance!

Relax (Frankie Goes to Hollywood – Relax):
Körperliche Erschöpfung ist mit Ruhe und Schlaf zu beantworten. Mentale Erschöpfung ist mit Meditation und mit dem Besuch der Natur zu beantworten. Und für die Auffrischung der inneren Haltung und eures Spirits sind gute Freunde und der gute Umgang mit anderen Menschen zuständig.

No hasch-hasch, no amfetamin (Dr Alban – No Coke):
Esst gesund, lebt gesund, dann bleibt ihr gesund und leistungsfähig.

Genießt und pflegt eure Gesundheit und Fähigkeiten in vollen Zügen. Breaken zu können, ist ein Privileg, eine Ehre und ein sehr gutes Karma, das euch die Möglichkeiten gibt, überhaupt in der Lage zu sein, so etwas umsetzen zu können! Nur durch das wirkliche Tun und durch den Austausch mit der gesamten HipHop-Gemeinschaft auf Jams und Battles bekommt und zeigt ihr den Respekt und die Anerkennung, die jeder Mensch verdient!

Anhang

1 Literturliste/Links

Kimminich, E. (2003). Booklet: *Tanzstile der Hip Hop Kultur – Bewegungskult und Körper-Kommunikation*. Freiburg/Berlin.

Ness, A. (2007). *The art of battle*. New York.

Robitzky, N. (2000). *Von Swipe to Storm*. Hamburg: Backspin Verlag.

Quelle für die Grafik des Regelvergleichs „Trivium" & „O.U.R.": Niels „Storm" Robitzky

Quelle für Regelwerk Trivium: https://www.breakingforgold.com/rules

2 Bildnachweis

Covermotiv: Alexander Schenk

Covergestaltung: Annika Naas

Innenlayout: Anja Elsen/Annika Naas

Satz: Guido Maetzing, www.mmedia-agentur.de

Fotos Innenteil: Alexander Schenk

Grafiken Innenteil: Stefan Sauter

Lektorat: Dr. Irmgard Jaeger

Danksagung

Spezieller Dank gilt neben allen Schülern, ohne die ich nicht unterrichten lernen konnte, Lehrern und Mentoren vor allem auch Menschen in meinem Umfeld, die mich unterstützt und inspiriert haben, allen voran Sabrina. Bedanken möchte ich mich auch beim Verlag, der mir dieses Buch überhaupt möglich macht.

Ebenso sind die Menschen zu nennen, die einen immer wieder infrage stellen und zur Weiterentwicklung anregen, allen voran Alexander Schenk und Dr. Wolfgang Drexler.

Des Weiteren sind die Institutionen zu nennen, die immer wieder Möglichkeiten und Räumlichkeiten auftun, um sich darin auszubreiten (alphabetische Reihenfolge): dance for style, Deine Tanzschule Immenstadt, Funky Kidz (Jugend Aktiv) Biberach a. d. Riß, Jugendhaus Kempten, Mobilé und Filmburg Marktoberdorf und meine Vermieter und Nachbarn.

Und am Schluss die ganzen Tänzerinnen und Tänzer, die Bock darauf hatten, dieses Buch mit ihren Moves auf den Bildern zu verschönern (alphabetische Reihenfolge): Andreas Götz, David Zvonarev, Dominik Priziwarra, Edukin Balik, Fabio Sanna, Jan Dillenz, Jennifer Wiest, Joshua Renner, Julian Gleisberg, Karina Konradi, Kevin Garro, Laurens Holzammer, Levin Kopp, Liam Abraham, Lilly Gleisberg, Lisa Löscher, Matheo Schelke, Maximilian Aberle, Maximilan Simmerle, Mia-Amalia Hafner, Michael Schätzle, Milena Dillenz, Oskar Tauber, Philipp Raiss, Sandro-Giuseppe Rizzo, Sebastian Aberle, Serdar Bektas, Timo Braun.

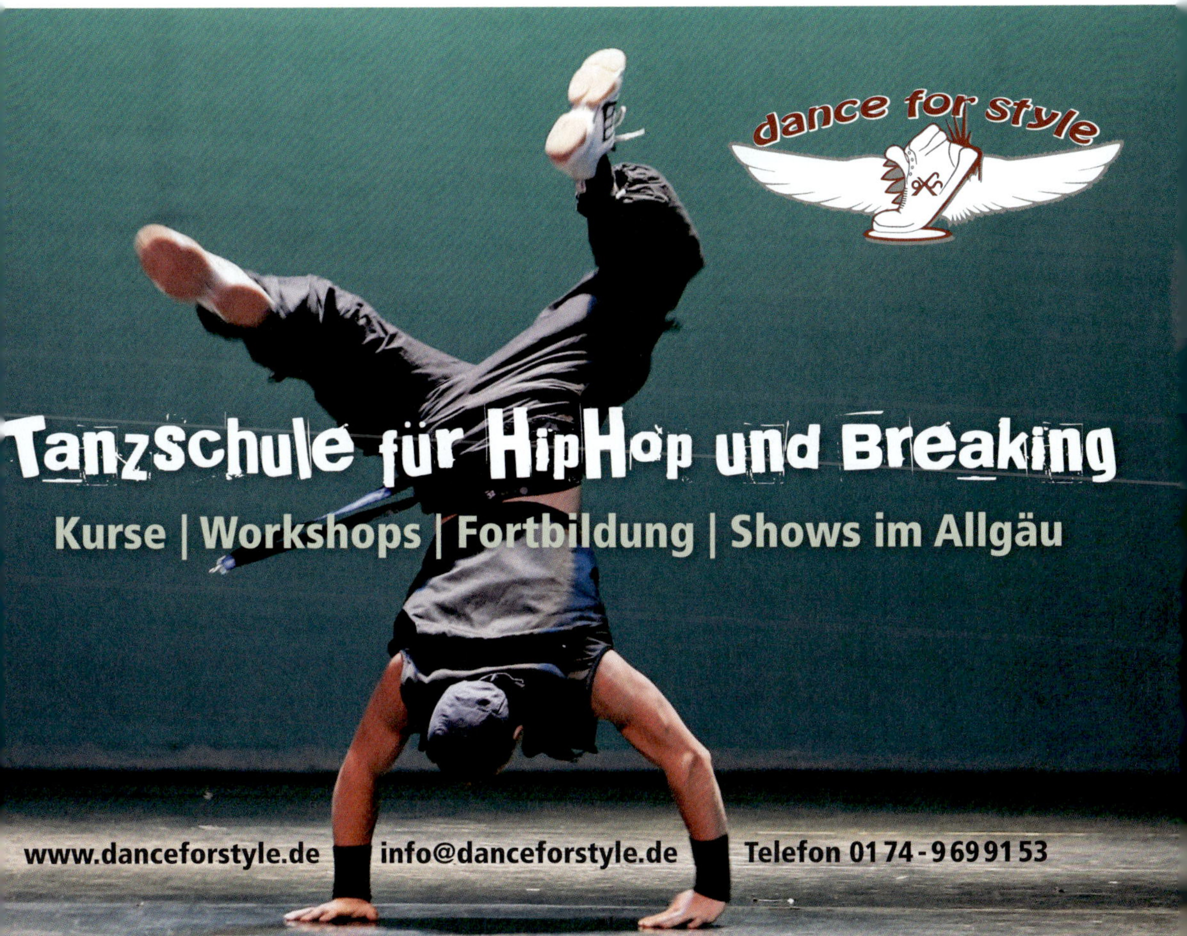
dance for style
Tanzschule für HipHop und Breaking
Kurse | Workshops | Fortbildung | Shows im Allgäu
www.danceforstyle.de
info@danceforstyle.de
Telefon 0174-9699153